CAMBRIDGE LIBRARY COLLECTION

Books of enduring scholarly value

Printing and Publishing History

The interface between authors and their readers is a fascinating subject in its own right, revealing a great deal about social attitudes, technological progress, aesthetic values, fashionable interests, political positions, economic constraints, and individual personalities. This part of the Cambridge Library Collection reissues classic studies in the area of printing and publishing history that shed light on developments in typography and book design, printing and binding, the rise and fall of publishing houses and periodicals, and the roles of authors and illustrators. It documents the ebb and flow of the book trade supplying a wide range of customers with products from almanacs to novels, bibles to erotica, and poetry to statistics.

Catalog der Hebräischen Handschriften in der Stadtbibliothek zu Hamburg und der sich anschliessenden in anderen Sprachen

Moritz Steinschneider (1816–1907) is regarded as one of the founding fathers of the study of modern Judaism, and his work is still relevant today. Steinschneider's studies encompassed traditional Jewish subjects as well as classical and Semitic languages and cultures. He belonged to a small group of scholars who changed the scope of Jewish learning from that of rabbinics to a broader view of Jewish civilisation. Steinschneider also sought to provide a complete and accurate record of printed publications of Hebraica and Judaica. In this 1878 publication, Steinschneider lists all the Hebrew manuscripts held in the Hamburg State Library. He divides the manuscripts into thirteen categories, including homiletics, prayers, the Kabbalah, and theology and philosophy. Also represented are poetry, rhetoric, mathematics and medicine. Steinschneider also comments on each manuscript and evaluates the significance of the Hamburg collection compared to other German library collections.

T0370797

Cambridge University Press has long been a pioneer in the reissuing of out-of-print titles from its own backlist, producing digital reprints of books that are still sought after by scholars and students but could not be reprinted economically using traditional technology. The Cambridge Library Collection extends this activity to a wider range of books which are still of importance to researchers and professionals, either for the source material they contain, or as landmarks in the history of their academic discipline.

Drawing from the world-renowned collections in the Cambridge University Library and other partner libraries, and guided by the advice of experts in each subject area, Cambridge University Press is using state-of-the-art scanning machines in its own Printing House to capture the content of each book selected for inclusion. The files are processed to give a consistently clear, crisp image, and the books finished to the high quality standard for which the Press is recognised around the world. The latest print-on-demand technology ensures that the books will remain available indefinitely, and that orders for single or multiple copies can quickly be supplied.

The Cambridge Library Collection brings back to life books of enduring scholarly value (including out-of-copyright works originally issued by other publishers) across a wide range of disciplines in the humanities and social sciences and in science and technology.

Catalog der
Hebräischen Handschriften
in der Stadtbibliothek
zu Hamburg
und der sich anschliessenden
in anderen Sprachen

Moritz Steinschneider

CAMBRIDGE
UNIVERSITY PRESS

CAMBRIDGE UNIVERSITY PRESS

Cambridge, New York, Melbourne, Madrid, Cape Town,
Singapore, São Paolo, Delhi, Mexico City

Published in the United States of America by Cambridge University Press, New York

www.cambridge.org
Information on this title: www.cambridge.org/9781108053792

© in this compilation Cambridge University Press 2013

This edition first published 1878
This digitally printed version 2013

ISBN 978-1-108-05379-2 Paperback

This book reproduces the text of the original edition. The content and language reflect
the beliefs, practices and terminology of their time, and have not been updated.

Cambridge University Press wishes to make clear that the book, unless originally published
by Cambridge, is not being republished by, in association or collaboration with, or
with the endorsement or approval of, the original publisher or its successors in title.

CATALOG

DER

HANDSCHRIFTEN

in der

Stadtbibliothek zu Hamburg.

I. BAND:

Hebräische Handschriften.

Von

Moritz Steinschneider.

HAMBURG.

OTTO MEISSNER.

1878.

CATALOG

DER

HEBRÄISCHEN HANDSCHRIFTEN

in der

Stadtbibliothek zu Hamburg

und

der sich anschliessenden in anderen Sprachen.

Von

Moritz Steinschneider.

HAMBURG.

OTTO MEISSNER.

1878.

Vorrede.

Die *Geschichte* hebräischer Sammlungen ist gewöhnlich aus Vermerken der Besitzer mühsam oder spärlich zusammenzulesen. Die hier zu gebende ist im Ganzen und Grossen bekannt[1]); für die auszuführenden Einzelnheiten sei ein- für allemal auf die Belege in den Registern verwiesen. Unserem Zwecke entspricht zunächst der Weg rückwärts, von dem Ganzen zu den Bestandtheilen.

Abgesehen von wenigen Geschenken und Erwerbungen der neueren Zeit, namentlich der vorzugsweise spanischen und portugiesischen HSS. **Fidalgo**'s (März 1859)[2]), stammen die in unserem Catalog beschriebenen HSS. von dem berühmten Verfasser der „Bibliotheca Hebraica" Jo. Christoph **Wolf** (gest. 1739),[3]) und so knüpft sich daran ein Stück Geschichte der jüdischen Wissenschaft unter den Christen, welche in ihm einen Höhepunkt erreichte, um für längere Zeit herabzusinken, bis J. B. de Rossi in Parma an der Grenze unseres Jahrhunderts ihr einen neuen Aufschwung gab.

Zwei Drittheile der HSS. ungefähr gehörten früher Zach. Conr. von **Uffenbach** in Frankfurt a. M., dessen Sammlung zu seiner Zeit gerechtes Aufsehen erregte. Da die Schätze *München's* und ihre Cataloge den Gelehrten fast unbekannt geblieben waren,[4]) so wurden die hebräischen Sammlungen Deutschlands, abgesehen von jüdischen Privatbibliotheken, wie David Oppen-

---

[1]) *Chr. Petersen*, Geschichte der Hamburgischen Stadtbibliothek, Hamb. 1838 S. 62 ff., nicht benutzt von *J. Fürst*, Bibl. Jud. III S. LXI, obwohl schon im Art. Jüd. Literatur in Ersch u. Gruber S. 469 A. 18 darauf hingewiesen ist.

[2]) N. 339—349. 352. Benjamin Mussaphia Fidalgo in Altona (s. N. 352), als Büchersammler erwähnt von Zunz (zur Gesch. 244), geb. 10. Tischri 1711, starb 24. Tebet 1801 (Mittheilung des Dr. Isler). Ein kurzes Verzeichniss der Titel von *F. L. Hoffmann*, an der Bibliothek in Hamburg (gest. 20. Juni 1871, s. Hebr. Bibliogr. XII, 67), gab *Kayserling* mit einigen Bemerkungen in der H. B. III, 95, IV, 24, 51.

[3]) Über Wolf vgl. Catal. Bodl. p. 2730, Introd. p. XXXIV; Petersen S. 62 ff., 70, wo 300 „orientalische" HSS. angegeben sind.

[4]) S. meine Abhandl. in den Sitzungsberichten der Münchener Akademie, 1876 (Sitzung vom 15. Juli 1875) S. 198.

heimer's in Hannover, hauptsächlich durch die Wiener Bibliothek mit ungefähr 100 Bänden vertreten,[5]) so dass die Uffenbach's den ersten Rang einnahm, wie noch heute Hamburg
den zweiten behauptet, nachdem Oppenheimer's und Michael's
doppelt grosse Sammlungen von Hamburg aus nach Oxford
haben wandern müssen.

141 HSS. Uffenbach's beschrieb bei Lebzeiten des Be-
sitzers Jo. Henr. **Mai** (gest. 17. Juni 1732)[6]) auf 416 Columnen
in Fol. seiner *„Bibliotheca Uffenbachiana Mssta."* etc. Halae
Hermund. 1720.[7]) Er theilt ganze Stücke und einzelne Stellen
in Text und (nicht durchaus richtiger) lateinischer Übersetzung
mit.[8]) Die Auswahl ist einseitig, wie die Beschreibung nicht unpar-
theiisch. Die jüdische, oder s. g. „rabbinische" Literatur wurde
damals ausschliesslich vom Gesichtspunkt des dogmatischen und
politischen Verhältnisses zu Christenthum und Christenheit angesehen und beurtheilt.[9]) Auch Mai verweilt am liebsten bei Anti-
christlichem und Mysteriösem, wie bei Absurditäten.[10]) Hass
macht blind, und so ist diesem genauen, im Ganzen richtig

---

[5]) Auch dort bildet die Stammsammlung ein Geschenk des Bibliothe-
kars Seb. Tengnagel (gest. 1636), und wurden erst in neuester Zeit unter
Münch-Bellinghausen neue Erwerbungen gemacht; s. die Vorrede zum Catalog von Krafft und Deutsch; Flügel's Catalog III S. IX.

[6]) Jöcher III, 66. Zunz, zur Gesch. 15 (und daher Catal. Bodl. p. 1643)
und Monatstage (1872) S. 49, lässt Mai, den Verf. des Catalogs, am 1. Sept.
1719 sterben; allein „III nonas Sept. anni proximi" starb der gleichnamige
Vater (Bibl. Uffenb., Vorr. datirt IX. Kal. April 1720, Bl. h), geb. 1653
(Jöcher III, 66), dessen Schriften in meinem Bibliogr. Handb. S. 87, Fürst,
Bibl. Jud. II,286, wo der Sohn fehlt (auch III, 457 u. LXI Nichts vom Catalog).

[7]) Vgl. Catal. Bodl. p. 2689. — HS. 1—96 bis Col. 226 sind classificirt,
die übrigen als „Appendix" nachgetragen, ihre resp. Klasse ist im Vorwort
Bl. g 2 angegeben.

[8]) Die Stücke sind in Catal. Bodl. p. 1643 angegeben. In Bezug auf die
Übersetzung s. z. B. unseren Catalog. S. 71 A. 3.

[9]) Uffenbach schreibt an Mai (Bl. b. verso): „Nemo mirabitur, quod
mortuum foetidumque Ebraeorum mare nominarim, qui cogitat, quantis
ineptiis ac putidis commentis Rabbinorum scripta sint refertissima, quan-
tumque taedii atque laboris insumendum sit ei, qui uniones ex isthoc ster-
quilino ruspari ac veteres Codices Ebraicos lectu atque intellectu difficil-
limos, ac non raro pessime scriptos, situ et squalore obsitos, *horrendo,
quod plurima meorum Voluminum subierunt, incendio* pene oblitos, male ha-
bitos, sordidis verporum manibus deturpatos, ac denique cepe atque allium
olentes evolvere ac perlustrare conatur. .... omnes vero agnoscent, non
modo poma Adamitica hic legi, sed *eximia multa detegi posse,* quae ad
Theologiam, Philologiam, Historiam Eclesiasticam, Res potissimum Judaicas,
ac omnem Eruditionem faciunt."

[10]) Vorw. Bl. g verso: „Exegetici libri ac ... Liturgici, hoc est tales,
qui sacras et solennes Judaeorum preces complectuntur, in quibus recen-
sendis *copiosiores fuimus,* quam fere in aliis, *ad malitiam detegendam Ju-*

beschreibenden Catalogisten Manches entgangen, was nahe genug lag[11].) Zu der an werthvollen HSS. reichen Sammlung kamen noch 94 Nummern, worunter wenig den frühern ebenbürtige, viele, dem Inhalte nach kaum der Aufbewahrung würdige. Mai's Catalog hatte vielleicht Veranlassung gegeben, allerhand in jüngerer Zeit Geschriebenes, Privat- od. Schul-Notizen, Predigten und Entwürfe, exegetische Bonmots,[12]) Indices, Entwürfe zu, Excerpte aus gedruckten Büchern, namentlich aus der Gegend von Frankfurt a. M., zum Theil aus *losen Blättern und Heften* bestehend, zu sammeln. Ueber diese *Accessionen* sind grossentheils Privatmittheilungen Mai's an Wolf im III. Band der Bibl. Hebr. zu finden; doch differirt die dort angegebene Accessionsnummer um 1 im Verhältniss zu den fortlaufenden CXLII—CCXXXV, welche diese HSS. später erhielten. Eine kurze, häufig unrichtige Inhaltsangabe darüber, in Anschluss an einen ähnlichen Auszug aus Mai's Beschreibung der älteren 141 HSS., enthält der III. Bd. der „*Bibliotheca Uffenb. Universalis*" (8⁰ Francof. 1730), wo auf ein anonymes Vorwort nebst Conspectus ein Titelblatt folgt: *Bibliothecae Uffenb. Msstae. compendiariae Pars Prima* etc., dann auf S. 1—47 der kurze Catalog, welchen Wolf im IV. Bande unter dem letzteren Titel citirt.[13])

Die meisten, aber nicht alle Uffenbach'schen HSS. sind an dem eingeklebten Wappen zu erkennen; die oben erwähnten Ziffern habe ich fast nirgends bemerkt, so dass die Identification vom Inhalte ausgehen musste, daher namentlich bei den Accessionen umständlich und nicht ganz ausführbar war. Dazu kömmt, dass wahrscheinlich *nicht alle* Uffenbach'schen HSS., und manche nicht unverändert, durch Kauf in den Besitz Wolf's (1731) und später indirect in die Hamburger Bibliothek gelangten. Ueber die eigenthümlichen langjährigen Verhandlungen mit Wolf's Erben muss auf Petersen (S. 62 ff.) verwiesen werden.

---

daicam, quae in hoc potissimum librorum genere nec non in commentariis, regnat." Er entschuldigt sich noch, dass er, gegen Renaudot, den Ausdruck liturgisch auch auf den jüdischen Cultus anwende.

[11]) Z. B. N. 181, N. 320²· ⁴b (S. 150 uns. Catalogs); an absichtliche Entstellung streifen seine Bemerkungen zu N. 185 (S. 68), 325⁹ (S. 156, vgl. dazu Uffenbach's eigene Angabe oben Anm. 9).

[12]) Sogen. „Pschätchen" (N. 72), Diminutiv von פשט; dergleichen sammelten die armen Talmudjünger zum Vortrag an dem wechselnden Sabbattisch („Billet" oder „Plet").

[13]) Vgl. Petersen S. 191, Catal. Bodl. p. 2689, wo ich das Buch selbst noch nicht kannte.

Manches scheint beim Binden [14]) verloren oder in Unordnung
gerathen zu sein, wie das bei der angedeuteten Beschaffenheit
vieler Nummern so leicht möglich war. [15]) Einiges habe ich
neu geordnet und in die betreffenden Codices einheften lassen:
was nicht sicher unterzubringen war, ist vorläufig in den Frag-
mentenband (N. 335) gelegt. Nach der Paginirung der bis dahin
unpaginirten HSS. im J. 1876 zeigte sich der Mangel von Stücken,
deren Inhalt ich unter jedem Codex nach jenen Catalogen in
Klammern angegeben. Glücklicher Weise stellt sich dieser
Verlust, so wie der einiger ganzen Nummern, als leicht zu ver-
schmerzender heraus [16]).

Gering an Zahl (gegen 30), aber durchaus werthvoll sind die
HSS., welche, von dem allzufrüh verstorbenen Pastor in Herren-
laurschütz u. Ritz, Christian Theophil **Unger** (geb. 17. Nov. 1671,
gest. 16. Oct. 1719) gesammelt, im J. 1721 nebst den Büchern
für 600 Joachimsthaler von Wolf erworben wurden. Nicht als
eigentlichem Autor, wohl aber als „begeistertem Sammler für
jüdische Bibliographie" [17]) gebührt ihm ein Ehrenplatz in der
Geschichte derselben. Seine Correspondenz mit jüdischen Gelehrten, namentlich in Italien (s. N. 335), zum Theil auch La-
Croze's Correspondenz (*Thesauri epistolici Lacroziani* T. II.

---

[14]) Lichtenstein, p. XLIII, spricht von HSS. die er binden liess.

[15]) Ähnliches geschah in München (s. l. c. oben Anm. 4) und in der
Bodleiana, wo ich sogar einen werthvollen hebr. Band in einem arabischen
entdeckte (Conspectus Codd. 1857, p. 11, 12, 16, 20).

[16]) In der Tabelle S. 200 sind bisher nicht nachgewiesen: 12—14 Rollen
Esther und Ruth (12 u. 14 Lichtenstein n. 41, 39). — 79 (W. [2]1416) 5 f. Oct.
kabbalist. Namen, Specimen bei Mai p. 104. — 83 Mai p. 110; 73 f. Duodez,
Besitzer Isak b. Baruch מבריעט ועלר: *Elia Levita*, הרכבה und פרקי אליה aus ed.
1546. — 134, p. 394: 28 f. Qu. תיקון סופרים והוא תיקון שטרות, copirt aus der
Copie des David Blume aus Sulzburg im Breisgau (s. zu N. 218 S. 88, vgl.
333[3]?). — 148, 10 f. Qu. neue Hand: [1] Psalmen; [2] über den Sündenfall. —
160, 3 f. gr. Fol., Excerpte aus der Fortsetzung von [David Gans] צמח דוד.—
167, 52 f. Qu. rabb. theils in *deutscher* Sprache: „Midraschim" über Pentat.,
Psalmen etc. — 171 (Blattzahl? W. [3]1214. [4]1057 n. 628): [1] Kabbalistisches
aus Nachmani, Cordovero, Heilmittel etc.; [2] Fragm. eines Psalmcomm. (in
ital. Minuskel). — 173, 27 f. Qu., Fragm. des Purimgedichts in n. 89 (s. Catal.
S. 99 unter 247[2]) und „Midraschim" nach Pericopen. — 185, 13 f. Qu.: [1] zur
Gemara; [2] Predigtfragm. עקב 'פ; [3] „Oratio ante et post lectionem libri (!) qui
עקידה inscribitur ... recitanda" [das Wort libri stand sicher nicht in der HS.
und ist an Is. Arama nicht zu denken]; [4] (über תפוח מצפון?); [5] Festgebete.
— 188 (W. [4]782) 73 f. Duod.; *Elia Levita*, שבי תלים. — 189, 72 f. Oct.: [1] Index zu
עמק יהושע [Josua Falk b. Zebi. Catal. Bodl. 1558 u. 2964 n. 8646]; [2] Bemerkungen zum Pentat.; [3] aus *Isak Loria's* Schriften; [4] מוסרי תלים (W. [3]1200,
[4]1049 n. 349b). — 193, 91 f. Qu.: Fragm. Machsor deutsch.

[17]) Zunz, zur Gesch. S. 15.

Lipsiae 1743) bieten Materialien zur Würdigung seiner Bemühungen.[18]).

Die werthvollsten HSS. kaufte Unger Jan. 1719 (s. N. 282) von Lud. **Bourguet** aus Nîmes (geb. 23. April 1678, gest. 13. Dec. 1742),[19]) welcher sich als Bibliophile auch kennzeichnet durch genaue Angaben über Ort und Zeit des Erwerbs (Venedig 1701—2), so wie über die Personen, von denen er die HSS. kaufte, nämlich: *Saul Merari* und *Mose Merari* b. Josef (s. S. 163), *Samuel, Boen* (= Bueno?) und *Manasse*[20]).

Eine grössere Sammlung *orientalischer* HSS. des Koranübersetzers Abr. **Hinckelmann** (gest. 1695), von Joachim **Morgenweg,** Pastor des Hamburger Waisenhauses (gest. 1730), im J. 1716 erworben und später vermehrt, zählt kaum 10 hebräische Nummern.[21])

Einzelne Nummern gehörten anderen bekannten Gelehrten, wie *Trigland,* Fr. *Winkler,* Pastor in Hamburg (gest. 1738),[22]) und Anderen[23]).

---

[18]) Eine vorläufige Zusammenstellung gebe ich in dem Artikel Chr. Th. Unger, in H. B. XVII, 88, wo u. A. über Unger's Antheil an den Grabschriften N. 314. — Der Brief David Nieto's an ihn in N. 335[3] ist eben in Berliner's Magazin IV, Beilage S. 85, veröffentlicht.

[19]) Biogr. Universelle ed. 1812, V, 384, aus Obigem zu ergänzen; vgl. Wolf's Briefe an Lacroze (Thes. epistol. II p. 124, 127, 172, 175, 214). Bourguet schenkte auch 1707 eine HS. an Jablonski, s. Wolf [4]485, vgl. unten S. 163 A. 1.

[20]) Ob Man. *Chefez* in Verona in derselben N. 252? Über Manasse b. Jakob Chefez s. Wolf [3]703 n. 1642c, Nepi, Secher Zadd. 237 n. 11, vgl. 167 n. 63. — Die HS. von Meir b. Simon's Polemik, welche Unger von *Jacob Aboab* erhielt (Wolf [3]679) ist nicht nach Hamburg gekommen; vgl. Renan, Les Rabbins S. 559, wo die Jahrzahl 1649 auf Confusion mit dem Holländer Jakob beruht? vgl. Hebr. Biblgr. XVII, 89.

[21]) In *Bibliotheca manuscripta Abr. Hinckelmanni* etc. (4 Hamb. 1695) und im *Thesaur. libr. Mss. quos . . Joachim Morgenweg . . . collegit* (8 s. l. e. a. 16 S., 1736, nach Petersen S. 193. fehlt in der Berliner k. Bibliothek) sind es folgende (die eingeklammerte N. ist die unseres Catalogs): 161 (19), 162 (215), 163 angeblich geschrieben 1205 (wahrscheinlich N. 251), 165 Psalmen und סדר המעמדות, Perg. 286 S. nach Cat. Morgenweg, Wolf [2]1359, Lichtenstein n. LXXIX n. 35, auch bei Frensdorff unter n. 218, wofür jetzt unser N. 100 S. 41 (scheint das Gebetbuch N. 120), 166 „*incogn. charact.*", im Hamburger Expl. des Catal. Morgenweg corrigirt: „*hisp sed litt. hebr.*" (N. 338), 167 (Rotulus Esther), 185 (N. 195 u. 64); bei Morgenweg kam hinzu 201 (N. 20).

[22]) Nach Petersen, S. 192, sind die aethiop. HSS. Winkler's schon 1730 an Morgenweg übergegangen.

[23]) Die christlichen Besitzer sind im Register an der Cursivschrift zu erkennen.

II.

Der Besitz der HSS. wird zu einem Gute erst durch ihre Verwerthung in Verzeichnissen, in Mittheilungen über dieselben und aus ihnen. So wenden wir uns von den Sammlungen zu den *Catalogen*, die uns wiederum aus der Vergangenheit in die Gegenwart führen.

Von **Mai's** ausführlicher Beschreibung, den kurzen Catalogen der Accessionen und der Hinckelmann-Morgenweg'schen HSS. ist bereits gesprochen worden. Von einem Verzeichniss, das Jo. Chr. **Wolf** selbst angelegt hätte, ist nirgends die Rede, obwohl in einzelnen Bänden Indices von seiner Hand zu finden sind. Aber auch in seiner *Bibliotheca Hebr.* habe ich, nach Durchlesung aller Artikel „Anonyma" in Bd. II. III. IV und sorgfältiger Aufsuchung aller sonstigen in Betracht kommenden (stets citirten) Stellen, fast nirgends eine Spur über jene Cataloge hinausgehender Untersuchung gefunden. [1]) Wolf's Notizen über seine eigenen HSS. wären stiefväterlich zu nennen, wenn nicht alle Bibliographen — ja die Menschen überhaupt — das Fremde und Unbekannte gierig verfolgten, das Eigene und Sichere für eine Mussezeit versparend, zu welcher jene Jagd sie nicht kommen lässt.

Ein Jahr nach Wolf's Ableben brachte der II. Theil von **Montfaucon's** *Bibliotheca Bibliothecarum* (Paris 1730 S. 1169 ff.) ein Verzeichniss von 278 HSS. Wolf's, nämlich Uffenbach's. Morgenweg's, und Unger's, mit vielen Verstümmlungen und ohne nähere Angabe der betr. Sammlung [2]). Martin Fried. **Pitiscus**, Prof. der orientalischen Sprachen und erster Bibliothekar, beschäftigte sich 1788—94 mit einem Catalog sämmtlicher HSS., den ich nicht benutzt habe. Die Beschreibnng der biblischen ist abgedruckt in einer Monographie seines Nachfolgers [3]) A. A. H. **Lichtenstein**. Dieser Prof., 1796—8 alleiniger Bibliothekar, dann Abt in Helmstadt, revidirte den Catalog der he-

---

[1]) Eine verunglückte Ausnahme s. S. 120 N. 290. — Nicht aufgefunden oder identificirt sind die Gebete des *Isak Loria* (Wolf [3]594, [4]884) und der angebl. פ׳ על שלחן ערוך [ohne Zweifel fingirter Titel] v. J. 1134 Perg., Schulting's HS. n. 44. Unter den theologischen HSS. finden sich vielleicht: *Dassov's* Übersetzungen rabbinischer Commentare ([3]1213, vgl. [1]74, 302, 842, 845) und eine deutsche Widerlegung des N. T. ([2]1051).

[2]) Petersen S. 193. Voran gehen die Bibelbände geordnet; n. 33 ist Uff. 21; 192 U. 181; 211 U. 201; 245 („Algador") U. 235.

[3]) Das scheint Petersen (S. 151) entgangen zu sein.

bräischen HSS.[4]) und veröffentlichte eine fleissig gearbeitete
Monographie über die biblischen u. d. T. *Paralipomena critica,
circa textum V. T. codicum .. ope restituendum e supellectili bibl.
publ. Hamb. hausta.* 4. Helmst. 1800 (mit unbequemer römischer
Pagination). Auf dieses Buch beziehen sich die Citate („Licht.")
der I. Abtheilung des gegenwärtigen Catalog's, welcher nur
das Unerlässliche wiedergiebt, Einiges berichtigend. Lichtenstein bezeichnet jeden Codex durch irgend eine specielle Eigen-
schaft, giebt sämmtliche Beschreibungen seiner Vorgänger (Mai,
Wolf, Pitiscus) vollständig, unterscheidet selbst genau die an den
Schriften wahrnehmbaren Hände der Copisten, Punctatoren und
Correctoren und bespricht die merkwürdigen Lesearten. Eine
grosse Tafel am Schluss stellt die Resultate übersichtlich dar.
Lichtenstein's verdienstliche Arbeit umfasst selbständige Bibel-
handschr. und Annexa,[5]) aber nur einige der vielen *Ritualien,*
die bekanntlieh biblische Bücher und Stücke enthalten, hier
jedoch unter IV (S. 35 ff.) eiuzureihen waren, auch einige rituale *Rollen* (*rotuli*), welche hier ausgeschlossen worden. Die
Reihenfolge der Nummern habe ich bis 32 beibehalten[6]). Zur
Auffindung der Stelle eines Hamburger Codex (nach der jetzi-
gen Aufstellung) bei Lichtenstein dient indirect die vergleichende
Tabelle S. 201 insofern sie die N. des Catalogs angiebt.

Nach Abberufung Lichtenstein's an der Grenze unseres
Jahrhunderts fand eine, die Ordnung störende Umstellung der
HSS. überhaupt und eine von Petersen mit Recht betonte Unter-
brechung der Bibliothekstradition statt[7]). Eine Specialverzeich-
nung nach der gegenwärtigen Aufstellung enthält ein Quartheft
von 37 S. betitelt: „*Catalogus libror. man. scriptor. hebraeor. qui
Bibliotheca Hamb. public. continentur. fec.* **Frensdorff.**" Ein Datum
ist nicht angegeben, Hr. Dr. Isler vermuthet, dass dieses Verzeichniss gegen 1829—30 geschrieben sei, wo der, jetzt als Schriftsteller bekannte S. Frensdorff (in Hannover, geb. 1804) das Ham-

---

[4]) Petersen S. 159.
[5]) Die bei Lichtenstein, ausser N. 30, fehlenden Bibelannexa s. am Ende
des Titelindex S. 216.
[6]) Für n. 29—31 s. die Verweisungen S. 5, für die übrigen diene fol-
gender Schlüssel: 33a (N. 123), 33b (180), 34a (192), 34b (89), 35 (wahrscheinlich 120, s. oben S. IX A. 21), 36a (49), 37 ff. sind die hier wegge-
lassenen Rollen.
[7]) Petersen S. 161 und S. 172 über Verluste von HSS.; die hebräische
Sammlung scheinen solche, wenigstens seit dieser Zeit, nicht betroffen zu
haben; vgl. oben S. X A. 1. Über ein MS. Unger's s. zu N. 282 S. 116 A. 1.

burger Gymnasinm besuchte. Es wird darin bis S. 23 der Inhalt von N. 1—313,[8]) jedoch mit einigen Intercalationen (a, b),
in Doppelcolumnen lateinisch und hebräisch kurz angegeben;[9])
S. 27 ff. enthalten den Titelindex.

In den Jahren 1839—42 (?)[10]) bearbeitete der bekannte
Literat Leopold **Dukes** aus Pressburg (seit mehreren Jahren in
Wien in stiller Zurückgezogenheit lebend) einen handschriftlichen
Catalog, welcher auf 227 Columnen in Folio N. 1—328 mit grös-
serer oder geringerer Ausführlichkeit beschreibt, Einzelnes als
„werthlos" kurz abfertigt. Auf ihn habe ich namentlich in der
IV. Abtheilung öfter verwiesen, wenn die dort angegebenen,
dem Benutzer der HS. erwünschten Einzelheiten die hier ge-
steckten Grenzen überschritten hätten[11]). Berichtigungen und
Ergänzungen sind seitdem von verschiedenen Händen (von der
meinigen schon im J. 1847) hinzugeschrieben. Dukes selbst
hat übei einzelne HSS. in seinen Schriften und Artikeln in
Zeitschriften, namentlich im Literaturblatt des Orient, herausg.
von Jul. Fürst (1840—51),[12]) verschiedenartige Mittheilnngen
gemacht; desgleichen thaten Zunz, Lebrecht und Andere nach
Autopsie oder nach erbeienen Excerpten u. s. w. Einige HSS. liess
der bekannte Hamburger Bibliophile und Gelehrte H. J. *Michael*
(gest. 10. Juni 1846) durch Dukes u. And. für seine Sammlung
(jetzt in Oxford) copiren, wie ich theilweise im Register zum
„Catalog der Michael'schen Bibliothek" (1848) angegeben[13]).
Manche HS. ist zu einer Ausgabe benutzt (s. z. B. N. 32[4]) oder

---

[8]) Vgl. Petersen S. 190, 194. — N. 314—16 und einige Einschaltungen
mit b sind von Dukes nachgetragen.

[9]) Wenige Angaben scheinen auf früheren Zetteln zu beruhen, z. B.
n. 63 שטה מקובצת (N. 171), von Dukes im Index (S. 37) berichtigt, 118
מחזור (N. 207), 133 als Pergament (N. 119), 270 עשרה מאמרות (auch bei Dukes,
s. N. 79). Eine Umstellung scheint n. 296 רפואות 'ס. — Zum schnellen Hand-
gebrauch u. zur Bibliotheksrevision ist das Verzeichniss noch jetzt bequem.

[10]) Dukes spricht in dem Vorw. zu seinem Mose b. Esra (datirt Juni
1839) bereits vom Auftrag, den er im neuen Gebäude vollendete, also nicht
vor 1840, die Jahreszahl seines Catalogs ist vom Buchbinder abgeschnitten.

[11]) Seitenzahl des Cod. oder Nummer des Hymnus wird manchmal vermisst, aber der grössere Theil dieser HSS. ist erst 1876 behufs der Beschreibung paginirt worden. — Einige andere Bemerkungen gebe ich später
in der Hebr. Bibliographie.

[12]) Meine Citate daraus zu den einzelnen HSS. sind nichts weniger als
erschöpfend.

[13]) Noch immer werde ich als Verfasser jenes Catalogs selbst citirt und
in Bücherverzeichnissen aufgeführt. — Michael hat ohne Zweifel in seinem,
leider unvollendet und unedirt gebliebenen biographischen Wörterbuch
Manches über unsere HSS., s. z. B. seine Entdeckung des מהכים N. 187.

herausgegeben worden, namentlich durch Ad. *Jellinek* seit ungefähr 25 Jahren nach Abschriften des Hrn. Joch. Wittkowski (jetzt Wittkower sich nennend), welcher auch selbständig Verschiedenes in der Zeitschrift שומר ציון 1852—54 und sonst edirt hat (s. z. B. zu N. 101, 282, 327).[14]) — Hoffentlich wird die nunmehr erweiterte Kenntniss der Sammlung noch Manches an's Licht fördern, das im Catalog Angebahnte durch sorgfältige Untersuchung besser gewürdigt werden. Es sei beispielsweise auf תשבץ (N. 188 ff.), Jüdisch-Deutsches,[15]) Grabschriften (N. 315) hingewiesen.

Werth und Bedeutung der Hamburger Sammlnng liegt nicht in der, z. B. in München hervortretenden, Mannigfaltigkeit: die von den Juden im Süden und Osten gepflegten allgemeinen oder s. g. *profanen Wissenschaften*, für deren Geschichte in der hebräischen Literatnr mancher werthvolle Beitrag theils gefunden, theils noch zu suchen ist, sind hier nur spärlich vertreten, dagegen die jüdischen Schriften *Deutschlands* in höchst seltener Weise durch Alter und Beschaffenheit der Codices. Gegenüber dem oben geschilderten jüngeren Kehricht, der nur die allgemeine Verkommenheit des XVI. und XVII. Jahrh. in unerquicklicher, jedoch belehrender Weise abspiegelt, steht eine grosse Zahl von stattlichen *Pergament*bänden, namentlich der IV. Abtheilung, welche die Riesenarbeit Zunz's über die synagogale Poesie und indirect die jüdische Geschichte hie und da zu ergänzen, jedenfalls aber anschaulich zu machen geeignet ist, wenn erst daran gedacht wird, das Schriftthum selbst kennen zu lernen, dessen Geschichte, wie sonst nirgends, der Veröffentlichung von Texten voraufgegangen ist.

Auch in Bezug auf *Schriftcharactere*, die im Hebräischen sich mehr nach Ländern als Zeiten unterscheiden, ist hier die beste Gelegenheit geboten, den deutschen, oder deutsch-französischen in allen Nuancen kennen zu lernen.[16]) Eine beabsichtigte Schrifttafel ist aus unvorhergesehenen Umständen nicht beigegeben.

---

[14]) Auch in המגיד 1872 S. 335, und S. 345 aus N. 137.

[15]) Namentlich N. 33, 288 (vgl. Anhang S. 175, 183), die Lieder in 209; Jüdischdeutsches findet sich ausserdem in N. 34, 35, 56, 57, 60, 68, 121, 207—10, 285², 302³, 318, 321—23, 325, 328³, 335².

[16]) *Gothisch* nenne ich den alten spitzen, schnörkligen, italienisch-deutsch

III.

In Anbetracht der speciellen Vorarbeiten und anderweitiger Hilfsmittel habe ich es unternommen, auf Grund näherer Prüfung der HSS. in Hamburg im Juli 1876, unter Vorbehalt der Nachsendung einiger dort unerledigten, den nunmehr beendeten Catalog anzufertigen, über dessen Beschaffenheit ich mich um so kürzer fasse, je mehr die Ansichten über Anlage und Ausführung eines solchen auseinandergehen. Ich bin nach dreissigjähriger Thätigkeit auf diesem Gebiete zu der Ueberzeugung gelangt, dass die jeweilige Beschaffenheit der Sammlung und der vorangegangenen Berichte vor Allem maassgebend sei, dass der Fortschritt der bibliographischen Hilfsmittel die Beschreibung von HSS. immer mehr auf Unbekanntes, Eigenthümliches oder ungenügend Erörtertes hinweise. Daher glaubte ich, der diesmal meinen Wünschen entgegenkommenden Liberalität in den Mitteln durch Selbstbeschränkung entsprechen zu sollen. Das Verhältniss dieses I. Bandes der Cataloge über die Hamburger HSS. zu den nachfolgenden war zu beachten, ohne die verschiedenartigen Stoffe mit einem Procrustesbett zu messen.

Die *äussere* Einrichtung ist mit Rücksicht auf die typographischen Schwierigkeiten möglichst vereinfacht, der Stoff übersichtlich und durch *Tabellen* und *Register* nach allen Richtungen leicht benutzbar gemacht. [1]) Die Beschaffenheit der HSS. liess eine Abtheilung nach Disciplinen zu; bei der unwichtigen Folge derselben war der handschriftl. Catalog der hebr. Druckwerke maassgebend. Die Folge der einzelnen Bände ist vorwiegend chronologisch, bei wenig bekannten Autoren ist die Zeit angegeben. Auf die fortlaufende Fettziffer folgt die Nummer der gegenwärtigen Aufstellung, auf diese die Uffenbach'sche in Parenthese Gänzlich ausgeschlossen (und daher in Tabelle II S. 201 unbesetzt) sind einige *Druck*werke, welche als seltene unter den HSS. standen;[2]) 2 HSS., welche den theologischen

---

den der Deutschen in Italien (vgl. die Tafeln zu meinem, binnen Kurzem erscheinenden Catalog der hebr. HSS. der k. Bibliothek zu Berlin). In Aussicht genommen hatte ich N. 23, 39, 44, 45 (f. 96b), 48, 52, 98 (gothische Figur f. 71b), 109, 116 (f. 155), 152, 153 (f. 22b), 154 (f. 32b), 165, 168, 171, 178 (f. 49b), 179, 181, 195, 198, 296, (f. 27), 306, 353, letzteren wie N. 86 (f. 114 betende Juden) für Ornamentik.

[1]) S. Inhalt, unten S. XX.

[2]) N. 86 מור III u. IV ed. 1478, jetzt neu besetzt; 215: יוצרות etc. 4⁰, alter (Prager?) Pergamentdruck, vielleicht unbekannte Ausgabe, defect (Sign. וי

überwiesen worden[3]); Cod. 256 (N. 320) ist bei Frensdorff als
ס הקבלה verzeichnet, aber am Rande als Comm. in Maimonid.
etc., also identisch mit 259, wo Fr. und Dukes פי׳ על קידוש החודש
angeben, wahrscheinlich eine Umstellung.

Zu den literarischen Untersuchungen und Citaten[4]) konnte
ich Renan's *Rabbins français*[5]) nicht mehr heranziehen; so weit
ich bei flüchtigem Blättern sehe, hatte ich ohne abschweifende
Discussion wenig Veranlassung dazu.[6])

Während ich das Circular Robert's (Anhang S. 180) corri-
girte, erhielt ich durch Vermittlung des Prof. Ign. Guidi in Rom
eine Abschrift eines, wie es scheint, unedirten in *abweichenden
Formen versendeten* lateinischen Textes, welchen Hr. Minieri
Riccio, auf Veranlassung des Prof. Amari, aus dem Archiv copirt und demselben übergeben; ich hatte nämlich Hrn. Prof.
Mommsen vor seiner letzten Reise nach Italien gebeten, mir
dieses Document zu verschaffen. Dasselbe mag an einem andern Orte seinen Platz finden, hier genügt eine kurze Notiz.
Es beginnt: „Robertus etc. Justitiario terre laboris et Comitatus
Molisii fideli suo etc. Tibi aliisque fidelibus quos sincera fides
et fervens maiestatis nostre dilectio individue copulavit." Nach
der Schlussstelle der hebr. Uebersetzung (ad celesta palacia
et gaudia transferatur) folgt noch einmal ein Hinweis auf die
schwangere Herzogin und das Datum Neapoli A. D. 1328 die 11.
Novembris etc. Dann wird bemerkt: „Eodem die ibidem similes

E—Z, Bogen Z und a zweimal, צ bis צד paginirt, a—f, A א bis C ג; f. קנג
enthält מלך עליון (עליון); 317 (N. 286 meiner ersten Anordnung), nach Dukes ein
Flugblatt: שיר על מיתת הגאון ר׳ אברהם ברודא, Elegie auf Abr. Broda [gest. 1723]
von Gottschlik Sittenhuber [Zittenhofer?] aus Prag; fehlt in Catal. Bodl. —
Gelegentlich mag auch auf *F. L. Hoffmann*'s Artikel über ein Exemplar
der Proph. u. Hagiogr. ed. 1494 (H. B. 1,100) hingewiesen sein. Nachrichten
desselben über hebr. Grammatiken und Wörterbücher christlicher Autoren
bis Ende XVI. J. in der Hamburger Stadtbibliothek finden sich in Kobak's
Jeschurun, VI, 1868.

[3]) N. 177 Samuel Maroccanus (fehlt bei Wolf [3]1105; s. mein Polem. u.
apologet. Lit. S. 137, 408) nebst Nicolaus Lyranus (Uff. p. 562 n. V, Wolf
[4]930; Catal. Bodl. 2555); 319 Dassov's Antiquarius und Schrader.

[4]) H. B. bedeutet Hebräische Bibliographie u. s. unten S. XIX.

[5]) Histoire liter. de la France T. XXVII; vgl. H. B. XVII N. 101.

[6]) Zu S. 133 über die Pariser HSS. s. Rénan p. 594, אבריינגה S. 134 ist
nach Rénan p. 747 Orange. [Nach Privatmittheilung Neubauer's enthält N.
1190[4] die erotemat. Einleitung!] — Über תשב״ץ p. 457 sind die Acten nicht
geschlossen; die Unterscheidung von מהר״ם und מהר״מנע ist nicht „evidem-
ment prouvé," und שו״ת des Meir ben Baruch מספר משפטים heisst nicht
„extraites du livre des jugements," sondern zu Maimonides Buch XIII ge-
hörig; vgl. H. B. XVII, 74.

facte sunt Justitiario principatus citra serras montorii . . . . . die
15. eiusdem ibidem similes facte sunt usque ubi legitur aspera
pertransimus." Weiter: „Deinde hic sequitur respiramus etiam
in eo quod vobis annunciamus ad gaudinm quod iam de ipso
proles remansit et e pregnante coniuge filium expectamus. Do-
minus quidein dedit etc. (so, vgl. hebr. S. 180 Z. 4 v. u.) *Amota
ipsa clausula*, a fine dictarum litterarum que sequitur infra-
scripta forma". Folgt wieder ein Verzeichniss von Städten:
Massilie etc., darunter Civitatis *Aquensis* d. i. Aix, welchem
ohne Zweifel das hebr. אייניש entspricht, vgl. איניש Catal. Bodl.
2292. Sollte das Circular in der *Provence* übersetzt sein? Dort
lebte 1328 der im Auftrag Robert's übersetzende Kalonymos.
Im Original folgt noch eine Formel: „Robertus etc. *universis*
hominibus civitatis *Aquile* dilectis fidelibus suis etc. (so) Vobis
quos sincera fides etc. ut super" u. s. w., die uns hier nicht
weiter interessirt. — Im Einzelnen ist noch zu bemerken: den
Worten מהבית הקדש אל צרפת (Z. 8) entspricht: sacre domus
francie, wohl של צרפת zu lesen. Z. 7 v. u. ist sicherlich Etwas
übersprungen; im Latein. Nichts von Bibel, aber: „utinam gratie
de manu dei suscepimus mala autem quare non sustineamus."
Gegen Ende: „quod in cathedralibus et parrochialibus (so) Ecclesiis
et specialiter in domibus Religiosorum missarum et orationum
aliarum suffragia crebra etc." Weiterer Emendationen und
Vergleichungen, so wie etwaiger Deductionen aus dieser be-
achtenswerthen Uebersetzung enthalte ich mich hier. —

Dem Uebelstande der Entfernung von den Handschr. habe
ich durch wiederholte Anfragen entgegenzuwirken gesucht, die
Correspondenzen über meine verschiedenen Cataloge nehmen
ganze Bände ein; doch ist es unmöglich, *allen* Ungenauigkeiten
auf diesem Wege zu entgehen.

Der Nachsicht bedarf namentlich die unzureichende *Correctur*, welche neben sachlichen und anderen Schwierigkeiten,
wie der Entfernung vom Druckort, meiner abnehmenden Fähig-
keit zur Last fällt. Ich habe zwei Abzüge mit dem Ms. und
eine Revision gelesen; ausserdem hat mich Hr. Wittkower durch
eine Correctur am Druckorte unterstützt. Hr. Dr. Isler wurde
leider durch ein Augenübel verhindert, die anfänglich gewährte
Unterstützung fortzusetzen. Beim Anfertigen des Index habe

die Berichtigungen notirt, welche ich zu beachten bitte, namentlich ist die Angabe des *Formats* einiger Nummern, welche meistens im Ms. vermerkt war, ergänzt.

Es ist der Beruf eines Catalogs, eine Ausnutzung der Handschriften zu veranlassen, wodurch er selbst überflüssig wird; der Verfasser muss sich belohnt fühlen, wenn gründliche Arbeiten ihn der Vergessenheit überliefern.

Berlin, Ende December 1877.

Berichtigungen (und einige Zusätze).

Seite 5 N. 23 Format Quart.
— 10 N. 40 s. Geiger's j. Zeitschr. S. 230; für Carmoly falsch Dukes in Renan's Rabb. 436.
— 19 N. 48 1. Z. lies מעון.
— 23 N. 57 und S. 26 N. 63 Format Quart.
— 27 N. 64 Z. 8 1. Lev. XVI—XXVII.
— 28 N. 68 1. Uff. 90.
— 43 N. 112 „vielleicht," 1. vielfach.
— 47 Z. 2 1. מלכיאל.
— 51 Z. 6 מקרא 1. מקרה.
— 55 N. 147 Z. 7 „gehörte Unger" zu streichen.
— 57 1. Z. 1. 163ז.
— 58 N. 153 1. שמך לעד.
— 60 N. 176 1. Deckel abgelöst.
— 61 N. 157 1. 8. Leipzig 1664. Ob das bei Wolf 4321 aus einem Catalog (Dresden 1722) angeführte Exemplar? — Das. N. 159 Format Quart.
— 66 Z. 3 בהיותי 1. בהיותו.
— 67 N. 181 und S. 68 N. 184 Format Quart.
— 71 Z. 5 ואימן 1. ואימו. — Das. A. 1 Z. 1 „unten" 1. unter.
— 76 Z. 13 das Anmerkungszeichen 2 zu streichen.
— 77 Z. 1: 1864 1. 1846.
— 78 N. 195 Z. 3 שיצמחן 1. | שיצמח.
— 85 Z. 3: c lies e. — Das. N. 211 Format Oct.
— 86 N. 212 1. Isserls. — N. 215 Z. 4 1. Hinckelmann.
— 88 N. 218 1. zusammenges., Format Oct.
— 93 N. 233 4 1. 1.
— 94 N. 234 Z. 3 1. נייאשטאט.
— 100 N. 2483 Z. 4 קאן 1. קן. — N. 249 Z. 8 v. u. 1. בספר.

Seite 101 N. 250 Format Quart.

— 106 N. 258 1. nach Mai's Vermuthung; aber u. s. w. — Das. ⁴ 1. ‏במאמרו‏.

— 109 Z. 6 1. Kalonymos.

— 111 A. 2 Z. 2 1. Leyden.

— 113 1. Z. ‏לכבוד‏ 1. ‏לכבוד‏.

— 118 N. 285 1. Z. 1. Talmudische.

— 120 1. Z. 1. ‏זילף דארף‏.

— 125 Z. 13 1. 290³.

— 130 Z. 4 1. Meir b. Natan b. Josua.

— 136 A. 1 1. Asher.

— 140 Z. 11 1. nel . . . de.

— 145 Ende ⁹ 1. auch 1—5 im Medic. Cod.

— 149 N. 319 Z. 4 1. n. ³.

— 152⁶ ‏שערי ציון‏, eine anonyme HS. bei Brüll, Jahrb. III, 1877 S. 97.

— 157 N. 328¹ 1. ‏חיבוט‏.

— 159³ Z. 4 1. Parenthese, Z. 7 naque, ⁴ Z. 4 Süsslein, ⁵ Z. 6 ‏עירוי‏.

— 160 N. 332⁷ 1. ‏מתוחים‏. — N. 332⁵ Z. 4 1. ‏אברהם בר יעקב נתן שלי״ט‏, wie Z. 6.
— ⁶ 819 1. 8, 9.

— 165 N. 340 1. Morteyra.

— 166 N. 341¹, hiernach erledigt sich die Conjectur in Catal. Bodl. S. 1076, 6.
— N. 341² bei Hoffmann, H. B. IV, 24 n. 7; früher übersehen, weil S.
51 ungenau als Schluss von III, 96 angegeben ist.

— 167 Z. 4 1. Sarrasi's.

— 174 Z. 11 ‏והגי‏ 1. ‏והגה‏; bei Neubauer aus der Petersb. Bibl. S. 75, 124
‏מלינובסקי‏ nicht „Linobowski."

— 176 ff. Hr. Dr. Neubauer war so freundlich, bei seinem kurzen Aufenthalt
in Paris die HS. 712 anzusehn und mir eine kurze Mittheilung darüber
zu machen, der ich Folgendes entnehme. In der von Dukes (Litbl.
VIII, 84) mitgetheilten Stelle liest Hr. N. ‏בהרר נתן האופ‏, also Abbrev.
von ‏האופיציאל‏, und ‏יוסיף המקנא‏, wie der Catalog. [In seinem Werke: The
fifty third chapter of Jsaiah etc. Oxford 1876, p. IX n. 18, wo auch
die Hamburger HS. benutzt ist, gab er noch den Titel ‏יוסף‏, übersetzte
„Joseph the Zealot," und setzte das Werk in die Mitte XIII. J.] Er
ist nunmehr geneigt, den Titel nicht auf Josef, sondern auf die ganze
Sammlung zu beziehen (deren Index f. 3), auch auf die 47 §§ über das
Evangelium. Letztere verzeichnet der Catalog hinter dem ‏ויכוח‏ des Jechiel (vgl. oben S. 73). Zu der noch erforderlichen genauen Prüfung
werden die Materialien aus der Hamburger HS. zu verwerthen sein.

— 182 Z. 3 1. ‏השנית‏.

Titel

einiger in diesem Catalog citirten Schriften des Verfassers.

Catalogus librorum hebr. in Bibliotheca Bodleiana. 4⁰. Berol.
1852—60.
Conspectus Codd. MSS. hebr. in Bibliotheca Bodleiana. Ap-
pendicis instar etc. 4. Berol. 1857.
Jewish Literature from the eigth to the eighteenth century
with an introduction on Talmud and Midrash. A histori-
cal essay. 8. London 1857. (Seit einigen Jahren vergriffen.)
Catalogus Codd. hebr. Bibliothecae Academ. Lugduno-Batavae.
8⁰. Lugduni-Bat. 1858.
Bibliographisches Handbuch über die . . . Literatur für hebr.
Sprachkunde. 8. Leipzig 1859.
Zur pseudepigraphischen Literatur, insbesondere der geheimen
Wissenschaften des Mittelalters. 8. Berlin 1862.
Intorno ad alcuni matematici del medio evo . . . Lettere a Don
B. Boncompagni. gr. 4. Roma 1863.
Donnolo. Pharmakolog. Fragmente aus dem X. Jahrh., nebst
Beiträgen zur Literatur der Salernitaner etc. (mit hebr. Text).
8. Berlin 1868.
Alfarabi, des arabischen Philosophen, Leben und Schriften, mit
besond. Rücksicht auf die Gesch. der griech. Wissenschaft
unter den Arabern. gr. 4. Petersburg 1869.
Zum Speculum astron. des Albertus M., über die darin ange-
führten Schriftsteller und Schriften. 8. Leipzig 1871.
Über die Volksliteratur der Juden. 8. Leipzig 1871.
Catalog hebr. Handschr., grösstentheils aus dem Nachlasse des
Rabb. M. S. Ghirondi (autographirt). 8. Berlin 1872.
Verzeichniss karait. u. anderer hebr. HSS. (Fischl). 8. Berlin 1872.
Gifte und ihre Heilung v. Maimonides, . . als Einleitung: Die
toxicolog. Schriften der Araber bis Ende 12. Jahrh. 8.
Berlin 1873.
Vite di matematici arabi tratte da un opera ined. di B. Baldi
con note. gr. 4. Roma 1874 (in 50 Exemplaren).
Die hebr. Handschriften der k. Hof- und Staatsbibliothek in
München. 8. München 1875. (Eine gleich betitelte Ab-
handlung in den Sitzungsberichten der Münchener Aka-
demie 1875, S. 169—206).
Polemische und apologetische Literatur in arabischer Sprache,
zwischen Muslimen, Christen und Juden. 8. Leipzig 1877.
Hebräische Bibliographie. Blätter für neuere und ältere Literatur des Judenthums, bisher 17 Jahrgänge. 8. Berlin
1859—64, 1869—77.

XX

Inhalt.

Tabellen: I Uffenbach S. 200   II Codd. Hamb. S. 201
Register: **1.** Autoren S. 203. **2.** Abschreiber S. 208. **3.** Besitzer S.
209. **4.** hebr. Titel (u. titellose) S. 212. **5.** Geograph. S. 217.

Hebräische Handschriften.

I. BIBEL.

1. (Kenn. 615). Perg. 333 f. Fol. in 2 Col., grosse deutsche Quadratschrift, nachpunktirt, XIV. J.? Gehörte Winkler. Wolf ²311, ⁴89. Lichtenstein p. XIII hebt das Dagesch der Buchst. ש ק צ ס נ מ ל ט ז hervor.

Pentateuch, Megillot, Haftarot, Hiob, grosse und kleine Masora (theilweise figurirt).

2. (Kenn. 617). Perg. 220 f. Fol., mittl. dicke deutsche Quadratschr.. XIV. J.? Punkte beinahe verblasst. F. 1 נאום משה היילפרון; zuletzt verzeichnet derselbe Sonntag 14. Ab 229 (1469) die Geburt eines Sohnes Mordechai מהיקרה המהוללה צלעתי מנקוש מ׳ח׳ב, auch a. 232 (1472) die Geburt einer Tochter von derselben Frau, eine andere Hand 27. Tischri 235 (1474) die Geburt eines Sohnes Astruc, hebr. Gad¹), ohne Namen der Mutter. F. 219—20 Kalendertabellen nebst Anweisung für Cyclus „266 oder 267 oder 268 oder 269" (also um 1300) und der Name „Jacob Bastonneta" (so); die verlöschte Zahl scheint 1483. F. 220b בלוח זה תמצא כל המחזורים . . . תוכל לקבוע כל השנים על פי הי״ט שורות אשר עשה רבינו יצחק, wahrscheinlich Isak Israeli. Licht. p. XVII macht aus dem Kalender „Tabulae Kabbalisticae." Wolf ²320, ⁴91. Gehörte Unger.

Pentateuch (von Gen. 36, 18 an u. sonst defect) mit Onkelos nach jedem Vers, Megillot defect, Haftarot, mit Fragm. des Targum, Hiob bis 42, 17 mit Raschi, — grosse u. kleine Masora (theils figurirt).

3. (Kenn. 616). Perg. 216 f. Fol. in 2 Col., deutsche grosse punktirte Quadratschr., XII. J. (?) nach Bruns u. Licht. p. XIX. — Das Vorblatt ist nach allen Richtungen in verschied. Character. (auch goth.) beschrieben; u. A. oben: בחמשי בשבת לירח מרחשון מרדכי מאיר ז״ל (ממונביליאש) (oder) יוסף מניובבילא (ist nicht Heilpron in N. 2); 218b הגיע לתלקי יחיאל נתנאל בכ״מ משה נורלינגא משה טרבוט . . . כשהלקתי עם אחי יצ״ו אוטו רס״ח (1507). In der Mitte „Moixes (so) da Valenza" u. (so) משה וואליינצא (daher bei Licht. „Cod. Valentinus"); ferner: לעולם יכתוב אדם שמו על ספרו פן יבא אחד מן השוק ויערער עליו ויאמר שלי הוא ע״כ כתבתי וחתמתי שמי על ספרי אני משה בן הנ״ר נתנאל זצ״ל, die Namen auf Rasur von anderer Hand. F. 219 אלעזר בר׳ שמואל. Gehörte Unger. Wolf ²321. ⁴91.

Propheten, theils später ergänzt.

---

¹) Beide Namen bedeuten Glück, vgl. H. B. XII, 60.

4—7. (Kenn. 612). Perg. 519 S., 188, 201, 227 f. Fol. in 3 Col., viererlei mittl. und grosse alte deutsche punktirte Quadratschr., neue farbige Titelbl. mit gereimten Titeln. N. 4 S. 386 יהודה הסופר לא יזק; die Worte בשנת חמשת אלפים עולם לבריאת ואחת ושלשים [ומאה] מאת verbinden Kenn. (bei Zunz, z. Gesch. 208b) und Dukes mit dem Schreiber; schon Wolf ⁴90 bemerkt, dass sie von junger [u. zw. spanischer, nicht christl., wie Licht. p. XXIX] Hand sind, aber nicht, dass dazwischen Punktationsregeln von alter deutscher stehen. S. 208—11 von neuer span. Hand ergänzt; Megillot wahrscheinlich jünger; S. 311 ישמעאל די לונזאנו יצ"ו בן מנחם זצלה"ה. N. 5 hat altdeutsche Verzierungen, z. B. Salomo auf dem Thron. Ende Kön. חלי (so) ...אני יצחק בר אושיעא ליעף כה בריך הנותן; זצ"ל הצור יזכני לכתוב ולגמור זה הספר אמן; N. 6 scheint von derselben Hand. Schreiber fehlt bei Zunz l. c. Ende N. 7: סיימתי יום ג' פרשת האזינו סט"ל הש"י, יתן לי כה לגמור, was nicht 99 [Licht. p. XXVIII] sondern 69 (ס"ט לפרט) bedeutet, also 1303. — Gehörte Trigland, dann Winkler.

Pentateuch mit Onkelos nach jedem Verse, und Megillot; Propheten (N. 6, 7), Hagiogr., Masora theils figurirt.

8. (Uff. 3, Kenn. 631). Perg. 198 f. Riesenfol. in 3 Col., grosse alte deutsche Quadratschr., punktirt. F. 174 (Ende Haft.) הסופר ונתחזק חזק; f. 127 (Ende Deut.) dasselbe und בסולם חמור שיעלה עד לעולם ולא היום לא יזוק ולא; etwa XIV. J. Wolf ²309.

Pentateuch mit Onkelos und beiden Masora's, Haftarot, Hiob, Hohel. und Esther, theils defect.

9. (Kenn. 614). Perg. 227 f. breit Fol. in 2 Col., grosse deutsche Quadratschr., punktirt, Anf. XIII. J.? zuletzt bloss ונתחזק חזק. Jer. 1, 1—12, 12 älter. F. 1 שלי זה המקרא יוסף ש"ן בר יהוזקאל ש"ן י"ץ. F. 2 רפה ב' אלול יוסף מחסן בר דוד מחסן יי"א מפבויא. Zuletzt: „Cod. hunc ... acquisivit Ludovicus Bourguetus Nemausensis a Rabino Boën, Venetiis Die 20. Aprilis A. D. Millesimo septingentesimo primo." Gehörte Unger. Wolf ²321, ⁴92.

Propheten. Am Rande zu einzelnen Stellen, namentlich solchen die zu Haftarot gehören, deutsche Uebersetzung von alter Hand.

10. 29 (Uff. 4 u. 15, Kenn. 630). Perg. 143 f. breit Fol. in 3 Col., mittl. dicke deutsche oder ital. Quadratschr., punktirt, XIV. J.? Wolf ²310.

Genesis 6, 14— Exod. 13, 15 (mit Lücken), Onkelos nach jedem Verse, beide Masora's; Fragm. von Haftarot.

11. 22 (Uff. 7, Kenn. 632). Perg. 206 f. breit. Fol. in 3 Col., mittlere deutsche (?) Quadratschr., punktirt. Anf. XIII. J.? Wolf ²309.

Propheten, bis Richt. 1, 32 defect.

12. (s. unten N. 144).

Fragm. von Threni, Hiob bis 42, 17, Jeremia bis 23, 6.

13. 24 (Uff. 9). Perg. 53 f. Fol., gross deutsch, punktirt, Titelbl. mit roher Federzeichnung von Bibelversen, ohne eigentl. Titel, XVI. Jahrh. ? Wolf ²310. Psalmen für die Recitation, vorne יהי רצון, abgedruckt und behandelt bei Mai p. 6.

14. 47 (Kenn. 623). Perg. 101 f. kl. Fol., gross schön deutsch, punktirt, sehr alt, XII. J. nach Wolf u. Licht. p. XI. Den Comm. schrieb zum eigenen Gebrauch Jehuda Paltiel b. Chiskijja, daher z. B. f. 33 פלטיאל am Rande hervorgehoben. F. 101b: „Hoc Psalterium cum commentariis acquisivit Ludovicus Bourguetus Nemausensis. Venetiis a Rabino Boën, die 20 Mensis Aprilis A. D. 1701." Gehörte Unger. Wolf ²321, ⁴92 u. 835 n. 768 c. Zunz, z. Gesch. 208 ff., nennt Jehuda nicht, s. Literaturgesch. 621 n. 25.

Psalmen, zu Anf. defect, mit Commentar, wesentlich mit Raschi übereinstimmend, was Wolf trotz des mitgetheilten Specimens zu Ps. 60 nicht erkannte; s. Licht. p. XLI, welcher diese HS. für die vorzüglichste unter den biblischen halten möchte, indem sie an unzähligen Stellen von der Masora abweicht.

15. 25, 26 (Uff. 1, Kenn. 618). Perg. 2 Bde., 339 u. 196 (535) f. breit Folio in 2 Col., mittl. alte deutsche Quadratschr., punktirt. II, 86b יוסף בן חזק ונתחזק, הק' ר' יצחק (falsch הקירי bei Licht. p. XLII). Nach dem Epigr. II, 1486 (נשלם הפטרות וחמשת מגילות, ושבח לאלהי צבאות) mussten die, f. 149 folg. Meg. vorangehen. Wolf ²309.

Pentateuch mit Onkelos nach jedem Verse, Megillot, Haftarot, Hiob, zum Theil defect.

16. 27, 28 (Uff. 6, Kenn. 180). Perg. 169 (incl. 1 Vorbl.) u. 138 f. breit Fol. in 2 Col., mittl. schön alt, wahrsch. ital. (nach Bruns XII. Jahrh.?); auf Vorbl. (eigentl. 2 Bl. Oct., enthaltend den chald. Hymnus אקדמות) אני יועץ ב'ר' יצחק שלי"ט; יעקב בר יוסף הלוי שלי"ט u. יוסף ב'ר' אפרים הלוי שלי"ט I. 2 המכונה גוטליב זייכמר תמו; שלמה בר שלמה I f. 123 am Rande להאשה הצנועה יום ה' סיון רפ"א älter ist (?) הקצין כהר"ר נתן פויבש (so) להבחור חשוב. Zu allerletzt nur חזק ונתחזק והחסידה מרת בילה שתי' מרת שתי'. Wolf ²309, ⁴119.

Propheten und Hagiogr., theils defect, mit dreifacher Masora. Abweichungen des Textes grösstentheils corrigirt; s. Licht. p. XLVII.

17. 10. (Uff. 2) 254 f. breit Fol. in 2 Col., grosse punktirte Schrift des Jedidja etc.; f. 253 וכן אראה אפאר אל אשר אמץ זרועו אלי עבדו ידידיה בן חננאל f. 253 אני ידידיה המכונה גוטליפא כתבתי ונקדתי זה החומש בנחמה ישועה להנחיל יש ומתן נחליאל וחמש מגלות והפטרות וסיימתיו בשנת ק"ף לאלף הששי בעשרה ימים לירח זיו ביום ד' בפרשת אשר יעשה אותם האדם ומכרתיו לר' אברהם בר' אשר הכהן[1] שי' המקום יזכהו... (noch

---

[1] Abr. b. Ascher Kohen in Lunel 1375—85 bei Isak Lattas, Resp. 98—9, vgl. auch H. B. IX, 111.

3 Zeilen). f. 3b אני נתן בר משה בר שליט אשר שליט von alter deutscher Hand, wie auf
dem leeren f. 254 ‏שלי זה הספר בלי בושת וחפר נאם אברהם יזכני ה' להגותבו אני וזרעי וזרע זרעי‏,
und ‏שלי זה הספר ירושה ממשפחתי הקטון‏ (so) ‏נאם אלכסנדר בן לא"א משה יקותיאל ז"ל‏
‏ממשפחת שפירא תשרי תסח‏. Wolf [2]309.

Pentateuch, Megillot, Haftarot, theils defect, Anfangs ergänzt,
ohne Punkte. Licht. p. XLIX.

18. 44 (Uff. 5). Perg. 69 f. breit Fol., verschiedene plumpe deutsche
Hände, theilweise unpunktirt. Wolf [2]309.

Num. u. Deut. (defect), Megillot. Licht. p. L.

19. 45 (Kenn. 613). Perg. 201 f. breit Quart in 3 Col., schön gross
ital. punktirt, Vignetten colorirt, Masora figurirt. Besitzer Mose ‏משפורטש‏ f. 1.
Epigr. f. 200b (bei Licht. p. LII lies ‏כלול‏ und ‏ישראל אלהי לי‏ (‏וסימ' א'ז'מ'ר' לי אלהי ישראל‏
Sonntag 27 Tischri 248, ist Herbst 1487. ‏באלבה די טורמיש‏ schon verblasst. Gehörte Hinckelmanu. Wolf [2]311.

Propheten u. Hagiogr. mit Masora, Megillat Antiochus ohne
Ueberschrift. Ende stark defect. Licht. p. LIII rechnet die HS.
zu den besten der Bibliothek.

20. 46 (Kenn. 624). Perg. 225 f. breit Qu. in 3 Col., mittl. schön ital.
XIV—XV. J. F. 189 und wahrscheinlich auch zuletzt (abgerissen) ‏חזק‏
‏ונתחזק הסופר‏ . . . ‏ולא לעולם עד שיעלה חמור בסולם‏. Gehörte einem Deutschen:
Mose b. Ascher, dann Morgenweg. Wolf [4]89.

Pentateuch (Anfang def.), Megillot, Haftarot, Hiob, Jerem.
(defect), zuletzt Jes. 34 1—10 u. 1 bis Vers 27. Onkelos unpunktirt
am Rand bis Lev. 4, 21 und von Num. 19 1 bis 36, 16; Masora.
Licht. p. LV.

21. 102 (Uff. 8, Kenn. 622). Perg. 202 f. schmal Qu. in 2 Col., ungleich,
alt deutsch rabb., Anfang XIV. J.? F. 201 ist die Geburt der Tochter Rahel
a. 181 u. deren Tod a. 198, Geburt des Sohnes ‏ויבש‏ 1. Pesachtag ‏פסח‏ ‏בט'ל'‏
u. Tod A. 190 angegeben. Wolf [2]309.

Pentateuch (def.), unpunktirt mit dreifacher Masora bis Ende
Num.; Megillot (ohne Esther), Haftarot, Hiob, theilweise punktirt. Licht. p. LVI.

22. 99 (Uff. 11, Kenn. 621). Perg. 218 f. Oct. mit breiten Rändern,
splendid, gross, dick, deutsch, punktirt; XIV—XV. J. Wolf [2]310.

Daniel, Esra (Neheinia), Chron. Nach Licht. p. LVIII eine
der ältesten und besten (d. h. nicht masoret.) Bibelhs. in Hamburg.

22B. 178. Perg. 100f. kl. Qu. (breit 12°) in 2 Col., sehr schön, aber auch
meist verblasst, ital. wahrscheinlich XV. J.; 4 Vorbl., auf 1 ‏דוד עטיאס‏
„David Atias" (Vornamen fehlt bei Licht. p. LXI); 2b „Laus Deo Adij 24

Maijo Anno 1685," gehörte Goeze; beschrieben von Tychsen in Eichhorn's Repert. II, 127, 150.

Pentateuch mit Masora (in Figuren).

23. 94 (Uff. 97, Kenn. 619). Pap. u. Perg. 100 f. ausser den durchschossenen weissen. Eigenthümliche rabb. Schrift eines Spaniers oder Griechen. Vorne „Liber Jacobi Fabri" etc. (s. Mai p. 227), von welchem wohl die wenigen latein. Noten in kleinster Schrift herrühren. Das Alter setzt Bruns sicher zu hoch an, vgl. Licht. p. LXII.

Genesis u. Exodus defect, benutzt in Burcklin's Bibelausgabe.

24. 179 (Kenn. 620). Perg. 131 f. breit Oct., mittl. dicke alte deutsche oder ital. unpunkt. Schrift; f. 17, 18 durch jüngere rabb. ergänzt. Vorne: „Pentat. hunc acquis. Lud. Bourguetus Nem. Venetiis die 20 Mens. April A. D. 1701: a Rabbino Boën." Gehörte Unger. Wolf ³310.

Pentateuch, Anf. bis Gen. 20 und Deut. 33 ff. fehlt. Licht. p. LXIII.

25. 202 (Uff. 129, Kenn. 628). Perg. 136 f. 16⁰, mittl. deutsche punkt. Quadratschr. XV. J.? Wolf ³310.

Psalm 1, 5 — 150, 6. Licht. p. LXIII.

26. 203 (Kenn. 627). Perg. 98 f. (inclus. 4 Vorbl.) 16⁰, klein punkt., wahrscheinlich eines deutschen Schreibers in Italien, XV. J.? farbige Initalien und zierliche Randeinfassung roth. Wolf ⁴92.

Psalmen. Licht. p. LXV.

27. 204 (Uff. 10, Kenn. 626). Perg. 217 f. 16⁰, kleinere punkt. Quadr. deutsch (um 1400?); Wolf ³310.

Psalmen. Zu 1—7 am Rand von deutscher rabb. Schrift Raschi's Commentar. Licht. p. LXVI.

28. 213 Perg. 52 f. 16⁰, schöne span. Hand, punktirt F. 4b „Esdra decaualliero." Gehörte Rostgard. Wolf ⁴92.

Sprüche Salomonis. Vorne von anderer Hand לוח המאמרים שאומרים קודם הוצאת התורה, Psalmverse für jeden Wochenabschnitt. Licht. p. LXVII.

29. 11 (Uff. 34, Kenn. 629), s. N. 119B.
[Lichtenstein p. LXX, LXXI, n. 30, 31, s. unten N. 105, 106.]

30. 165 (Uff. 17). Perg. 115 f. (falsch gebunden) 16⁰, mittl. deutsche Quadratschr., XIV—XV. Jahrh.?

Pericopentheile (Paraschijjot) und Haftarot, nur noch zum grössten Theil von Num. u. Deut. vorhanden. Fehlt bei Lichtenstein.

31. 20 (Uff. 16). Perg. 58 f. breit Fol., alte, nicht durchaus dieselbe, nach-punktirte deutsche Quadr. in 3 Col.

Haftarot mit Targum nach jedem Verse; zu Anf. בראשית בישעיה, geht bis incl. פ׳ חקת. Fehlt bei Lichtenstein.

32. 48 (Kenn. 625). Aus IV HS. zusammenges. 233 f. Fol. 1. mittl. ital., nach Licht. p. LXXII im XII. J.? II mit grösserem vocalisirtem Text; III alt deutsch rabb.; IV wahrsch. ital., grösser, theilweise ergänzt durch die alte deutsche Hand: נשלם ספר המחברת בתפארת אומר הגומר חיים עזריאל בר שמואל ז"ל, dar-unter von span. Hand(!) נכתב בשנת תתקא לאלף חרביעיו (Confusion mit Parchon?). Gehörte Hinckelmann, dann Morgenweg. W. ²294, wird von Licht. p. LXXII des Neides beschuldigt!

¹ Psalmen (defect) und Hiob.

² 64b [חגנים, nicht חגנית oder תרשיש, Homonymen von Mose ibn Esra] mit anonymem Commentar. Aus dieser HS. hat J. Witt-kowski die Einleitung und Ps. VII—X mitgetheilt in שומר ציון (Altona) Jahrg. 1851—52 f. 211b — 247b. — Daselbst 1853 f. 297 aus diesem Cod. f. 64 חידה angebl. von Mose ibn Esra an Abraham ibn Esra, זכור נא בהסבנו 12 Zeilen, meist aus Eigennamen be-stehend mit Noten von Wittkowski, der Cod. Opp. 572 Oct. und Mich. 846 angiebt (s. Edelmann, Ginse Oxford, S. XIV). Verf. scheint Abraham; umstellt und kürzer bei Pinsker ליקוטי Anh. 136; ein ähnliches an Jakob Tam von S. Sachs mitgetheilt in הכרמל VII, 210. Zuletzt מעשה שהיה בימי שלמה von Asmodai; H. B. IX, 15.

³110 Fragment eines anonymen Commentars zu den Psal-men. 133 ff., Ende f. 112. Als Probe diene Ps. 138¹). Auf das Ende חוא יושב ועושה פלא הללוהו בכל מיני הלל כל הנשמה תהלל יה הללו יה, folgt, wie es ...והלה שבח תהלים פשטי סליקו scheint, ein Nachtrag: ומאת ה׳ היתה זאת וכשנכנסו לירושלים התחילו אשרי תמימי; לומר אנא ייי הושיעה נא ...; Rückseite (abgeschnitten) ...כי מצוותיך — f. 117b; דרך נראה לפי הפשט שזה אמר דוד בשעה... לא שכחתי מלשמור. סליק פירוש של תמני אלפי (so) שיר המעלות נראה מעלות שירו כי הפשט לפי, und Nichts weiter.

⁴118 [Menachem b. Saruk, מחברת] Wörterbuch, zur Ausgabe London 1854 benutzt.

_____

¹) לדוד על צרות שהם בימי שאול [אמר זה המזמור. נגד אלהים נגד שפטים ושרים כמו ראה נתתיך..אלהים לפרעה והרבה כמוהו ובשלוחותו היה מזכיר את הצרה ואת הישועה. תרהיבני בנפש עוז, הגדלתני כל רהב לשון גדול והגברה. ונתתה בנפשי עוז. יודוך י"י כל מלכי ארץ, על הגדולה שנתתה לי. כי שמרו אמרי פיך, שהרי שמעו כל העולם שנדרת להמליכני, ועתה קיימת לכך יודוך. וישירו בדרכי י"י, ויקחו מוסר, וילכו בדרך ישר.

33. 313. 327 S. Qu., deutsch rabb. XVI. Jahrh.? Zuletzt דיי הון איך
גשריבן מיט מיינר מיינר האנד, לי[טע]ן [?] פון רעגנסבורג. בין איך גננט, מיינר גוטן גוגירין בריידלן
.[בריידלין] איסט זיא גננט, צו בר (?) זול זיא עס גוצן און ליאן דס בגער איך (Diese
Zeilen vergass ich selbst zu copiren). Ich kann in dieser Litte nur die
Schreiberin, nicht die Verfasserin erkennen, wie Wolf [4]201, Zunz, zur Gesch.
173 (Serapeum 1869 S. 152, mein: Volkslit. der Juden S. 14, H. B. IX, 59),
Gosche, Sendschr. an Zarncke 1872 S. 8 (H. B. XII, 4), annehmen.

[Samuelbuch] David's Geschichte in Reimen, Anf. u. Ende
defect, s. Probe im Anhang.

34. 144 (Uff. 82). 102 f. Qu., zweierlei deutsch rabb.; 39 ff. schrieb
raham b. Mordechai ha-Kohen aus Grossen Engels Mittwoch 2. Tammus
391 (1631) פה בוירישלר (so deutlich). F. 111 b. Besitzer Pesach b. Kalman
in Frankfurt.

(מגלה im Epigr.) Die Geschichte Esther in Reimen; Anf.
defect, geht vom „Stuhl“ (Thron Salomonis, s. Mai p. 110, Serapeum 1864 S. 93) zu Sanherib über; f. 7, בליבן (so) מיר לושן סנחרב

אחשורוש בוירכט זיך, מיר זיין נון זיינר זאט, f. 8 Nebukadnezar, f. 9b
הירמיט וויל איך בשליסן דיא. Epilog f. 111. אויף דען שטול צו זיטצן
מגלה אין טוּיטש גירוויטט, איר זכות ועלין מיר גיניסין, דש משיח קומט
אונגיזאוימט, ... איר וואלט(so) זוילך בוך קויפֿן, אויערן ווייבר אונ׳ קינדע,
אוים איין גירינג׳ געלט צו שפין נאטש ווארכֿט דארין צו וינדן. איך
וויש עש טוט זיך ואר גלייכֿן, קינן שמואל אונ׳ מלכים גיווייש, מיט
גזונט זאלט איר עש ברואיכֿן, ואלר טוגנט אונ׳ נאטש וארכט עש איש.
Später fordert er Frauen und Männer auf; die kleinen Söhne
werden ihm auch gerne Etwas schenken ... אויער פרוינט קאפֿלמן
פלויף אין דויון יארן, הב איך עש אן גיוונן. אין הב עש אך בלד טון
עגדין, בוֹם אן ונק ביש צום עגד, אין מיינם גרושן אילעגדין, דא מיר ויל
ווידרווערטיקייט אישט קומן צו הנט, ... בויף טויזנט אונ׳ דרייא הונדרט
און פוינציק יאר בון בשעפֿניש דער וועלט גימינדרט, אונ׳ זיין ואר לאפֿן
צווֹאר, אכטצעהן הונדרט אונ׳ זעקש אונ׳ דרייסיג, הט דש ליבֿט בון אסתֿר
גישינין. Namen und Jahrzahl (1590) haben Mai u. Wolf ([2]1361 n.
401 unter מעשים) unbeachtet gelassen. Sollte dieser Koppelmann
Jakob b. Samuel sein? (Cat. Bodl. p. 1252, vgl. p. 172 u. 1135 die
gereimten Megillot, die mir nicht zu Gebote stehen, u. unten N. 261).

35. 181. 149 f. Qu., deutsch rabb.; f. 113 סיימתי ס׳ תהילים יום ה׳ ב׳ אב שנת
רצ״ב לפרט קטן השם יצילינו משוד ומשטן ויברך אותנו עס פרי בטן סליק. אני הסופר אליעזר
ב״ר ישראל זצ״ל ממדינת פיהם מק״ק פראג. Das letzte Epigr. nimmt die ganze Seite
ein; der Name desselben Schreibers steht in einem s. g. Davidsschild, Datum:
Dienstag 14. Ab; obenan steht חזק ונתחזק הסופר לא יוזק...בסולם באשר יעקב אבינו
ראש ספר תהילים אין טוּיטשן דש הון איך מיט וליש גישריבן מיינר zuletzt; תחתיו חלם

מאטרונין פעסלן בת ר' ועקב ז"ל אין דר וארטן דש זי זאל דו רוין ליאן אין ספר משלי צו
בו"ר אויש זו ווערט גוט געבן דש זי וירט אז קלוג אונ' ור נופטיג אז זיין מוטר בון שלמה (so)
המלך דש ווש בת שבע אונ' מושט (?) קומן אובר הונדרט יאר דו זי הין קומן אישט '‏‎TT‎'‏אונ'מוש
איר קינדר ציהן צו גוטס אז בת שבע אירן זון גיצוהן הוט: אין אין יאקליכר ורויאן זג איכש בור
אמן בול גשאיר

¹ Psalmen, deutsch (auf dem Rückenschild: „versibus"!),
anf. (Wolf ⁴203): אשרי וואל דעם מן דער ניט ניט גיט; Ende דיא זיל זול
לובן גוט לובט גוט. In Cod. De Rossi fol. 1 stehen die Verba im
Praeter. Die Uebersetzung Levita's (s. Serapeum 1869 S. 153)
konnte ich nicht vergleichen.

² 114: משלי שְׁלֹמָה (so) ישראל (so) זון דוד קונג זון שְׁלֹמָה שפיל בייא (so) מְשְׁלֵי שְׁלֹמֹה:
אונ' לובט זי אונטר דען טורן איר וערק; Ende דר וארטן צו לושן ווישן,
also verschieden von der Uebersetzung des Jakob b. Mordechai
(Cat. Bodl. n. 261); vgl. Serapeum 1869 S. 154 n. 430.

36. 93a. 37 f. Qu., punktirte Quadr. (Autogr.). Zum Druck eingerichtet, Titelbl. noch nicht ausgefüllt. Kapitelüberschr. fehlen.

ספר חכמת בן האסיר, vorne: „Jesus Sirach ins Hebräische
übersetzt von Meyer Israel Bresselau, Notar zu Hamburg. Der
hamb. Stadtbibl. geschenkt am 31. Oct. 1857 von dessen Sohne
Dr. Med. Bresselau" (gestorben Juli 1876, 64 Jahre alt). Auf
dem Deckel: „Lib. Ecclesiasticum Ex Syriaco Idiomate in
Ebraeum vertit M. J. Bresselau." Anf. כל חכמה | חכמת בן האסיר
מאה יהודה | והיא עמו מן העולם: | חול הים ונטפי המטר וימי עולם מי יספור.

II. EXEGESE.

37. 32 (Uff. 20). Perg. Fol. 166 f. in 2 Col., zuletzt: סליקו פירושי הפטרות
חזק ונתחזק הסופר ולעד לא יוזק, grosse altdeutsche Hand: einer der ältesten Codices in Hamburg; war falsch gebunden u. ist jetzt defect hinter f. 142, 145,
162; f. 165b von alter Hand; לעולם יתחם אדם שמו על ספרו כדי שלא יבא אחר מן השוק
ויערער עליו ויאמר שלי למען (so) חתמתי שמי עליו מאיר ב"ר ישראל שלי"ט המכונה מאיר..
(so). Dukes, ציון II, 100.

¹ Salomo Isaki (Raschi), Pentateuchcommentar; s. Berliner,
Raschi S. XII; vgl. Zunz z. G. 196, e.

² 79 Comm. zum Hohenl., nach Zunz, z. G. 70 vgl. 203a)
wahrscheinlich von Samuel b. Meir (in H. B. IX, 142 unter
anonymen, gehört zu S. 140 n. 79, wo Cod. de Rossi 405),
unter dessen Namen edirt von Jellinek 1855 hinter dem Comm.
zu Kohelet; S. 37 die Ueberschrift ... פתח דבר nicht aus der HS.

³ 85 Comm. über Ruth, hauptsächlich nach Raschi, Josef Kara (vgl. Zunz, z. G. 69) und Samuel b Meir (Zunz S. 78), zwischen dem zu Esther und Klagl. edirt von Jellinek 1855.

⁴ 87 פירוש של ר' שמואל Samuel [b. Meir] zu Kohelet.

⁵ 95b Comm. über Esther, wie über Ruth (vgl. HS. Bloch in Geigers w. Zeitschr. IV, 139? daselbst auch Hohel.)

⁶ 100d Comm. zu Klagel.

⁷ 104 Comm. zu Hiob, anf. איש היה בארץ עוץ אין היה היה אלא ;לשון הווה. end. כך לא קץ בחייו שהיה מתגבר בטובו כל ימיו. Aus-züge aus K. 36, 37 bei Dukes ציון II, 100 ff. Citirte Autoren bei Zunz S. 79; das Citat ס' תהכמוני של ר' שבתי הרופא ist wohl entlehnt. Ueber Samuel דייקן s. unter N. 187,⁵.

⁸ 120d בטוב גדא אתחיל לכתוב מדרש ממגלה . . אבא אורייו איש ציידן אמר חמשה דברים, diese Lesart der HS. übergeht Jellinek im Abdruck u. d. T. מדרש אבא גוריון (Beth Hamidr. I, S. XIV); אודיין (Druckf.) in Catal. Paris n. 174 u. d. T. מדרש אסתר (s. החלוץ VIII, 168). — Fol 124: מדרש אחר (bei Jell. S. 19: על מגלת אסתר), Schluss סליק מדרש ממגלה (so; bei Jell. S. 22 מגלה). Ist verschieden von מדרש מגלת אסתר ed. Constant. (Cat. Bodl. p. 588 N. 3748), welcher Mordechai's Traum und Briefe (ib. S. 207 n. 1394) kennt („uralte Edition" bei Jell. V, S. IX?). פי מגלה מפרקי ר' אליעזר Paris 334,¹³ (aus Kap. 50?) soll bei Asulai שם II erwähnt sein? Ich finde es unter פירוש und מדרש nicht.

⁹ 125 Hiob in grosser punktirter Schrift (Mai giebt nur bis 41,² an). — F. 139b Jer. 2, 29—6, 13.

¹⁰ 143 Commentar über Haftarot, kurz, meist aus Raschi (Zunz S. 81), anf. בורא השמים ונוטיהם שנטה אותם כיריעה. Wolf ²1400 n. 567 und nochmals n. 568 mit Hinweisung auf Mai, Observ. sacr. lit. III p. 11, 49 71, 110, 118 etc., wo unser Cod. benutzt sei. F. 163a leer, dann Jona, Ende אמת רק חזק ואמץ.

38. 50. Perg. 131 f. Fol., schön, span. rabb. XIV—V. Jahrh., revid. von Fra Luigi de Bologna 1599; s. z. B. f. 46b. F. 2 „Subsignavi Ego Guidus mè ustius regius (?) not. de mandato (?) .. D. Jacobi Giraldini comiss. Apostolici et ducalis die 18. Maii 1556"; vgl. Biscioni p. 16, H. B. V, 68 Anm. Vorne פואה נחלי ישראל ומלואה נחלי הארץ 'לה; f. 1 u. 1b Besitzer Benjamin מקולוניא, aus späterer Zeit Obadja b. Abr. aus Castello (מקסטילו); f. 2 Jacob ממודיינו (?) bei der Erbtheilung Jan. 338 (1578); 131b בית אל הבאתי איך לזכרון מדרש של ... יוחנן טריויש ג. חתיכות ספרים האחד הוא ספר מצוות הגדול מקלף וא' פי' רש"י מקלף וא' חומש .. והפטרות ותרגום. Gehörte Unger, s. Wolf ⁴1044.

Commentar über den Pentateuch [von Salomo b. Isak].

39. 103. Perg. 215 f. Qu., klein, sehr deutlich ital., mit breiten Rändern. Zuletz oben und unten חזק ונתחזק יעקב הסופר לא יזק לא היום ולא לעולם עד שיעלו שיעלו עד לעולם ולא היום לא יזק לא הסופר יעקב ונתחזק חזק חזק. אמן. דבורים אבוסים ארושטיטי בטולם אשר יעקב אבינו חלם.; dazwischen Schluss des Textes u. Epigr. des Jakob b. Nehemia Segre (שגרי), welcher den Cod. Freitag 5. Ijjar 234 (וברוך, 1474) für Isak de Castello (דקשטילו) beendet. „Codicem hunc Manuscriptum elegantissimum commentarior. ... acquisivit. a judaeo R. Schemuele Ludovicus Bourguetus Nemausensis. Verona d. 6. Octobris An. D. Millesimo septingentesimo secundo." Gehörte Unger, Wolf ³1044.

[Salomo b. Isak] Commentar über den Pentateuch; Genes. K. 1—6 fehlt. Die Pericopen sind am oberen Rand notirt.

40. 52 (Uff. 18). 246 (1, 2 fehlen; Mai: 255) f. gr. Qu., deutsch (XVI. J.?) mit Zusätzen am breiten Rande, theils von jüngerer Hand. Auf dem Deckel: (so) מערקל בר יחיאל ז"ל מק"ק דאבטשו איך וואלט גאט'ית' דאש איך דיא היים וואר וואלין גאטש וואר וואר.

Anonymer Commentar zum Pentateuch, grossentheils an Raschi knüpfend, defect bis Genes. 2, 22 und von Deut. 25 ff. mit zahlreichen Nachträgen am Rande, zum Theil aus Raschi. Bei Zunz, z. G. 83 als Uffenb. 18 zu streichen, da dieser Cod. identisch mit unserem bei Zunz S. 99; die weniger vollständige HS. Michael 418 ist mir nicht näher bekannt; was Neubauer (Geiger's Zeitschr. IX, 219) darüber mittheilt, ist mit unrichtigen Folgerungen vermengt. Das Datum 1240 bei Mai p. 18 (Zunz S. 83) ist offenbar einer älteren Quelle entlehnt; etwa aus הנן? (Zunz S. 78; über den Verf. Ahron b. Josef Kohen s. Carmoly, Litbl. d. Or. XI, 548; Neub. S. 217, 219 glaubt Neues zu entdecken). An derselben Stelle (f. 5) heisst es, R. Asche sei im J. 738 [Alex.] geboren (!), habe nach der Tradition 60 (ר ist Fehler für ם, vgl. Scherira ed. Wallerstein S. 45) Jahre gelebt, sei demnach 418 der Zerstörung [also 486 n. Chr.] gestorben, ולפי מניין שאנו מונין עבר מפטירתו תתי"ד שנים; 486+814 ergiebt 1300 (wie Dukes 1388 herausgerechnet, begreife ich nicht). In der Quelle ist wohl das angebl. Geburtsjahr richtig als Todesjahr angegeben, was 1240 ergiebt.

Wenn schon die ganze Gattung solcher Compilationen (Tosafot) bibliographische Schwierigkeiten bietet, so kommt hier noch ein unsicheres Verhältniss der (mit grösseren oder kleineren Lettern geschriebenen) *Randnoten* hinzu. Betrachten wir zunächst den Text. Einen mechanischen Abschreiber verräth f. 129 (תצוה vom Brustschild): כתוב בשם ר' אברהם שהאבנים היו סדורות כמו שכתוב לעיל מעבר לדף, die Tabelle steht aber auf der-

selben Seite. Die gewöhnlichen Formeln sind: יש מקשים, תימה, תימה,
עתה מיושב לשון, ונ״ל דייל, שמעתי, פ״א, häufig ציע, ויים, יש שואלין
הקונטרים. Die Auslegung benutzt häufig den Midrasch, wendet
גימטריא an und polemisirt 'gegen das Christenthum, wovon nur
Proben bei Mai (p. 22 z. B. fehlen 'Stellen aus f. 104b u. 105
תשובה למינים, 114 עין תחת עין פוקרין חמינין). Kenntniss der arabischen Schule (Maimonides?) verräth die Auseinandersetzung
f. 84b ועתה אומר לך טעם כלל במצות רבית. Seit der Zeit der עיץ
läugnete man ידיעתו הפרטית u. s. w., auch über Wunderglauben
bis f. 85. Die angeführten Autoren (vgl. Zunz S. 99), gehen
kaum über das XIII. Jahrh. herunter; z. B. אלחים אחרים פי' הר״ר
הר״ר היים פלטיאל (4b), הר״ר אלחנן זצ״ל (105), אברהם ב״ע בקוצר
(90, 11b, vgl. unter folg. N.), welcher an diesen Stellen nicht als
Lehrer bezeichnet wird, הרי״ח (118); הר״ר יוסף ז״ל und ohne ז״ל (31),
J. בכור שור, auch שאל הר״ר בכור זצ״ל (80 Ende וארא), חר״ר יוסף כהן
והקשה הר״ר יצחק (51), והקשה הר״ר יעקב (wahrscheinlich auch
מקרא in Verbindung mit והקשה, nicht wie Zunz den Irrthum bei Dukes erklärt), בספר ר' משה מיימון (107), לר״ס אותיות
שמואל בן הרב ר מאיר (83 בא) מלך לומר שהוא ר״ה למלכים וכו'
oft, auch לרש״י רבי' שמואל נתווכח (37b וישב), s. Geigers Nachgel.
Schr. II, 58), הקשה מורי זקני הר״ר שמואל מפליסא זצ״ל über
Tefillin bei Beschneidung (12, wohl aus פענח רוא nach HS., vgl.
Zunz S. 93, nicht ein anderer Enkel, wie Neub. 219 A. 1);
(דצ״ך), ושמע מו' בשם רבי' שמשון מקוצי זצ״ל über בא (92 Ende
שניאור בן הר' אליה הכהן (citirt auch פענח, HS. München 50 f.
243b, nachzutragen bei Z. l. c.). Dukes (Catalog ms.) nennt
ohne Stellenangabe ידידיה und den Lehrer ר' שלמה מקטלינדון
[Samuel b. Jehuda aus Chateaulandon? um 1280, Zunz S. 98,
vgl. H. B. VI, 11 A. 8, bei Asulai I f. 85 מלונדון, s. dagegen Cod.
Mich. 854, im Register S. 353 falsch מלונדון, Opp. 651 Fol.; bei
Dukes in Jew. Chron. 1849 S. 295 verwandelt inמאנגלטירא ריש;
„Catilanus" bei Neub. 219; vgl. auch S. aus Chateaudon bei
Zunz S. 94, nachzutragen im Register S. 601]; וכן יסד הפיוט
כמין מטבע אש הראהו (126). — Den 1. Commentar in Cod. Oppenh.
260 Fol. (vgl. Zunz-S. 89, nach dem Catal. ms.) erklärt Carmoly, Litbl. IX, 548, geradezu für identisch mit dem unseren
etc.; Neubauer l. c. S. 215 (wo ol. 200 Druckf.) meint, es sei
„durchaus nicht derselbe Comm." Nach meinen Notizen v. J.
בראשית . . . וק' והרי מילה שקדמו וכן מצות גיד הנשה 1854 beginnt er:

(beinahe wie מנחת יהודה u. HS. Paris 173, wo מהרי״ק schwerlich
Josef Kolon; ob J. Canizal?) und scheint das Ende defect; zu
Wajikra heisst es מפי הר״ר, zu Tasria וכבר כתבתי בליקוטים
כמו שהשיב הר׳ פנחם מבריאה (Menachem bei Neub.?), zu Pinchas הר׳
יחיאל מפאריש אל המין והמשומד דונין; die Stelle in מטות bei Carm.
lautet וגר׳ להר״ר שמואל. מפי הר׳ שלמה;[1]) vgl. auch Catal. Lugd. p. 114.
Die Traditionskette hat, wie im kleinen א״ז ms., nur einmal
שבתי, in unserem Cod. (f. 71b) שבתי שקבל ממהר״ר שבתאי. —
Am *Rand* f. 31 oben: (so) אנסה הקולמוס אם ילך בנעימום, von derselben Hand wie f. 134b; f. 7 נח שכחתי לעיל ויולד und 9b ובפ׳
אליעזר? שלח לך הארכתי הרבה. Citirt werden שיטת מטוך (102b,
טוב Cat. Lugd. 373, Jew. Lit. 331 n. 24); הר״ר אליקים (94 über
מהר״ר יוסף מטרוייש פי׳ בסto ספר ידידות; häufig חזקוני (97b), שבגוים,
מנחת aus Zunz 112 i .s ,(95b) בשער שמוש היוצאים והעומדים...
ופ״א ממהר״ר יוסף לואניץ ז״ל ק׳ למה הביא רש״י על (78a); יהודה
ist Joseph Ross- (87b) המקרא מבכור השפחה ואמר עד בכור השבי
heim? vgl. Carmoly France Isr. 137), יוסף קרא (z. B. 97b), ונראה
(zu להר״ר משה בין ביבש כדכתיב ראשית דגנך ... בין בלח בין ביבש
Exod. 22, 28 מלאתך;) מפי מהר״ר משה הספרדי יצ״ו (16, 19b,
28 u. sonst); ר׳ משהמקוצי (101b, 142b), וק׳ לר׳ת מאורלייש (so)
(142 Lev. 1, 2, ist aus מנחת יהודה); פי׳ התו משאנץ (84b בא, ib.)

41. 55 (Uff. 22).   182 f. Fol., deutsch rabb. XV. J.? wahrscheinlich
Autograph, mit zahlreichen, gegen Ende abnehmenden Randnoten, wenn
auch ungleicher Schrift. Bis f. 22 stark beschädigt. Der Namen דו״ד mit
grösseren Buchst. z. B. 54, 107b, 158. Wolf. 1401 n. 376.

Commentar und theilweise Ergänzung eines deutschen Anonymus zu Raschi's Commentar über den Pentateuch, anf. בראשית
לא היה צריך .. מקשי׳ העולם על רש״י כי השי׳ נפלאותיו וגבורותיו הוא
מעשה בראשית. Eine Probe aus Par. Noah giebt Mai p. 27;
f. 88 פ׳ סליק כי לא מצאתי יותר מואלה המשפטים. f. 182b beginnt
שופטים. Zunz, z. Gesch., hat diesen Cod. nicht aufgenommen.

Der Verf. macht sich weniger eine eigentliche Erklärung
als vielmehr eine Motivirung und Begründung der Angaben
Raschi's zur Aufgabe, die er nach Art und in der Ausdrucks-
weise der s. g. Tosafot compilirt; daher die stereotypen Phrasen
und Abbreviaturen א״ת, תימה (בדוחק) וי״ל und (ועוד יש לאמר) ועי״ל,
רש״י מדקדק, (דאם לא כן מאי קמשמע לן) דל״כ מק״ל, מנ״ל לרש״י

---

[1]) Über den Enkel des Samuel החסיד bei Carm. u. Neub. S. 216 in
Cod 260,² vgl. Catal. Bodl. 2417, H. B. XIV, 65 A. 2.

‫(הקונטרום)‬ (auch ‫בא לפרש, בא להוכיח, בא ליישב‬. Den Schluss
bildet sehr häufig ‫ודוק‬, auch mit einem beurtheilenden (‫היטב‬),
‫(הוא) כי קל להבין‬ (‫פשט) הגון) כי טעם‬ (s. auch unten). Seine eigenen Ansichten leitet er meist ein mit der Bescheidenheitsformel
(vgl. Zunz, ges. Schr. III, 49, 277) ‫קצרה דעתי לחבין, אני הדיוט ודל דיע‬,
‫ע״כ אמרתי אשמור לפי להרבות ולפרש כי אני הדיוט ודל דיע ואין דעתי‬
‫משגת והייתי כמתעתע ולא זה בלבד כי הפשטים הקשו ופרשו הרבה‬
‫(85b, s. weiter unten) ועיין בהם והם יגידו לך מה שאין עמדי‬. Von
den s. g. Geheimnissen abstrahirt er absichtlich: ‫והוא ע״ד הסוד ואין‬
‫(26), oder ואיני רוצה להבין בו צורך לכתוב כאן‬. Jedoch erklärt er
(Rand 141): ‫וברכה .. מלשון בריכת מים כאשר כתבו חכמי הקבלה‬.
Manchmal vermisst er für Raschi's Angabe die Autorität:
‫שעלה אוקינוס והציף שליש העולם ראיתי כתוב כמה פעמים וכמו כן‬
‫(f. 12); שמעתי אך לא זכיתיו (so) מני״ל שכך היה מנדיאל היא רומי‬
‫(41 Ende) חייבת (so) קצרה דעתי להבין מני״ל זה וישלח‬; vgl. Zunz,
Syn. Poesie 438 und zu ‫חייבת‬ mein Polem. u. apol. Lit. S. 267).

Nicht selten übersetzt er ins Deutsche, u. zw. in süddeutschem
Dialect, gekennzeichnet durch das ‫א‬ am Ende der Wörter.
Den Beweis für die hebräische Sprache von ‫איש‬ und ‫אשה‬
beanstandet er (f. 7), da man auch im Deutschen ‫מאן‬ und ‫מאנינא‬
(Männin) sage. Warum erkläre man nicht ‫לנוכח‬ von ‫הוכחה‬,
deutsch ‫צו בשיידן זין ויבא‬ (31). Ganze Sätze Raschi's sind übersetzt z. B.: ‫אונא וש אזא זי שפרך מיר איז קיינר אזא גצימט אזא דער‬
‫אונא זי זול וורדן בולן בראהט איר מורמל קייט אבל‬ (43b); ‫טאג דיזער‬
‫מורמלוננא משמע תלונות הרבה‬ (139 ‫שלח‬; in ed. Berliner S. 272 zu 17,
25, ist ‫תלונותם‬ und ‫תלונתם‬ und ‫תלונות‬ zu umstellen). Ob der Verf. ein Vorwort
geschrieben und über seine Quellen Rechenschaft gegeben, lässt
sich nicht entscheiden. Er scheint seine Erklärungen allmählig gesammelt zu haben, da er selbst bei sehr häufig citirten Quellen
öfter die Formel (‫בשם‬) ‫אחר כך מצאתי‬ gebraucht. Am meisten citirt
er ‫הזקוני‬, ‫פענח רזא‬ und die ‫פשטים‬, als deren Autor f. 164 Chajjim
Paltiel (‫[²]זלה״ה‬) genannt ist (wohl ‫הר׳ חיים‬ am Rand 56b, und

---

[1]) S. die Citate in H. B. XII, 110 A. 1 (vgl. 81 A. 1), ausserdem Gika-
tilia, ‫שערי אורה‬ f. 5 a, b ed. 1561, Recanati, Pentateuchcomm. f. 43b ed. 1545;
Josef Caspi, WB. (Litbl. X, 74); vgl. auch Jellinek zu Franck, Kabb. 78. Eine
Andeutung in Bereschit Rabba findet Beer, Leben Abr. 125 A. 190.

[2]) Ohne Zweifel Ch. P. b. Jacob (um 1280—1300), s. Zunz, z. Gesch.
193, vgl. Ritus S. 22, Zunz, ges. Schr. III, 211, und oben zu N. 40, unten zu
N. 191—201 — nicht Ch. P. b. Baruch bei Zunz Lit. 493 — Jakob Paltiel
bei Neubauer (Geiger, Zeitschr. IX, 216) ist um so verdächtiger, als Paltiel ein
Begleitnamen von Chajjim zu sein scheint.

פשטים של wahrscheinlich die ;(ע"כ מצאתי zuletzt ,61b מהר"ה
חומש (f. 105); öfter heisst es ועיין פשטים, manchmal mit dem
Zusatz (היטב) ושם מבואר (7b, 81b), oder ושם פי' טעם אחר (11b,
s. auch oben aus 85b); מקשין העולם ובן הפשטים 81b Rand.

An einzelnen Stellen erscheinen: ר' אברהם, d.i. ibnEsra, u.A.
וצדקו כל דברי ר' אברהם בעניין הזה אלא שהוא כמו מתנבא ואינו יודע
דבר (f. 59b); מצאתי בנן (61, vgl. zu No. 40); כן תירץ הר"ה זלה"ה
(20b), הגיד לי מהר"ה ז"ל שכך בגמרא (45b), והקשה מרה"ה זלה"ה
(87b), ob הרב הגדול oder dergleichen? ריב"ן (129b), ראיתי כתוב
שיסד מהר"ל מפראג, oder בס' הנצחון שכתב מה"ר ליפמן זלה"ה מפראנא
זלה"ה (7, 64), scheint der jüngste namentlich angeführte Autor;
ראיתי בחבור מנחם בן סרוק (36b, 85b, 166b, aus Autopsie wie es
scheint); המיימון (81), auch ושאר גדולי עולם öfter ר' משה בר' מיימון
בהקדמה של ח' פרקים של בס' המדע (10, 11), u. zw. המיימוני, und
פי' רמב"ם ז"ל בפ"ו אשר תיקן ועשה ה' פרקים בכלל (27b), מס' אבות
רבי' משה בר (50 R.); במורה הנבוכים (97b Rand), פירושו ממס' אבות
נחמן manchmal, u. zw. meist aus einem Compendium (s. unten
N. 53) citirt als בס' הקוצר שנקרא (81), נהמני הקוצר (21), ס' נחמני
נהמני (96, vgl. Text oder Rand 55b, 74b, 142, 143, 149), זהו
(95b), לשון רבי' נחמן בר משה (!) אשר כתב כאן בס' שנקרא נ' הקוצר
eine Einschaltung f. 4b (!) על זה לשון רבי' משה בר מנהם (!) והא לך
וז"ל הכתוב נתן לאדם . . . וזהו טעם השחיטה צער ב"ה דאורייתא וזה
כדכתבנו מ'ק'ב'ו'י'ן על השחיטה. ועוד אדבר . . . גומר הש"י עלי
היה רעה ששטמה ידוע בסמ"ג ראיתי שהוא (89b, 95b, 96 עכ"ל סמ"ג
בסמ"ג ובכספרי [so] ib. ;כמו אבני (?) השדה שנקרא בל"א וער וולפא
הרוקח, (שמעתי שכך כתוב בסמ"ק (82, 90b u. oft, 172b:סמ"ק (פסקים
ועוד תירץ (126b R.), ראיתי כתוב בספר רקנט (3b, 117b R., 147),
אה"כ רשב"ם (50, vgl. oben), החר' שלמה במהר"ה זלה"ה manchmal;
ראיתי כתוב בפי' (75b), ראיתי בס' רבי' שמעון שהביא מן המכילתא
השיר הייחוד (63b R.); auch אריסטוטולום ist 38bR. zu finden. Allgemeine Anführungsformeln sind: (כתוב) מצאתי, מצאתי על הגליון
(3b), כך שמעתי ונלאתי לכתוב הטעם ,שמעתי ;ע"כ ראיתי כתוב (23),
שמעתי והגון הוא בעיני, טעם זה שמעתי והגון הוא.

42. 111 (Uff. 25). 132 f. Qu., klein, ungleich, deutsch rabb., XVII. J.?
Initialen mit Federzeichnungen.

Supercommentar zu Raschi über den Pentateuch, auf. וישב
אחר שכתוב לך ישובו וכו' כך פירושו שרוצה לפרש כמו שאפרש בסמוך
ואלה של תולדות יעקב ר"ל ישובוהון (so) של תולדות יעקב כדמפרש בסמוך

שאל תיקשה לי מעליה לרשי דקאי על ושוביהון של תולדותיו דלמא לא
ובכלי המקרא; רוצה לפרש אלא תולדותיו ולא ישובו
מכאן כו בפר פנחס פירשתיו .. סליק. . פרשת מסעי וסליקא ספרא דבמדבר
Der Verf. kennt Elia Misrachi (מהרראי"ם f. 69), die Venetianer
Ausgaben (so דפוסים של ויניצאיה f. 126), erklärt einzelne Wörter
deutsch und hebt vorzugsweise die Motive zu Raschi's Bemerkungen hervor: דק' לרשי. Den Anf. von Exodus giebt Mai p. 30;
Wolf ²1401 n. 576.

43. 51. Perg. 284 f. gr. Qu., kleine, sehr schöne, aber zum Theil abge-
sprungene, theils blasse italien. Schrift XV. J. mit Censur v. J. 1555,
f. 283 v. J. 1657, deren Spuren z. B. f. 49. Zuletzt: כבורך י"י (vgl. H. B.
XIV S. VII, XVI, 64). Die Pericope überall als Columnentitel. Gehörte
Unger; Wolf ³797.

בשם האל .. אתחיל לכתוב חידושים בפירושי התורה [Mose
Nachmani's] Pentateuchcommentar. Von den Nachträgen findet
sich f. 284b die Vorbemerkung .. אחר שהלך הרב הגדול und der
kleine Brief über die Münzen.

44. 88. 227 f. gr. Qu., span. oder griech. Schrift aus dem Mittelalter.
Vorne: קנין כספי אני שמואל כהן בקאעי ג'ר' zeh und זה הספר לר' אהרן ז"ל כהן בקאעי
Zuletzt זכיתי וקניתי זה הספר המחודר והוא ... והוא חלק שני בסך ק'ע' (so) והוא מירושת
אני (?) מ' (gelöchert? ע') א'ר' ז'ל' ר' ל' א' ל' ש .ל'ע'י'ק' ג'ב'ת'ו'י'א'. מרי אבא ת'נ'צ'צ'ב'ה'
.שמואל כהן בקאעי אהרן [ב'] ר' יוסף כהן לוי (?)

בשם האל הגדול .. אתחיל לכתוב חידושים בפירוש התורה von
Mose Nachmani, bis Ende Exodus. Wolf ⁴921.

45. 235 (Uff. 235). Perg. 190 f. Qu., kl. deutsch rabb., XIV—XV. J.,
zuletzt von Brand beschädigt, an vielen Stellen verlöscht. Besitzer Baruch
b. Naftali und (der Sohn?) Gerson b. Baruch, ersterer auch Baruch b. Jakob
halevi שלי"ט Bendet (בענדיט) אוזינגה, 114b (.. מימנה!)

[1] Doppelter Commentar über den Pentateuch in Parallel-
columnen, überschrieben פשטים und פסקים, d. h. Erörterungen
mit vorzugsweise halachischen Resultaten; letztere, durch פ
hervorgehoben und bis 500 gezählt (der Index derselben geht
voran bis f. 7), beginnen in פ' נח über חלב ראם, die letzten sind:
תפ'ט. כל הדרשנים יש להם לפתוח ולחתום בשבחו של מקום. ת"ק. משיח
בן יוסף יבא קודם משיח בן דוד .. נשלמו סימני פסקי ר' אביגדור, also
nur „Abigedor."

Anf. der Peschatim: בראשית ברא וגו' נר' לפר' טרם נבראו שמים
וארץ, וקודם בריאת הארץ היתה תוהו ובוהו, וק' לפי זה לא היה לו לומר
והארץ כי לא נבראת עדיין, וי'ל והארץ פי' מה שהוא עתה ארץ זה היה

Häufig For- ‏א״ר יצחק לא היה להתחיל התו׳‏   ‏בו בפעם תוהו ובוהו.‏
meln wie ‏אך (אך קשה)‏ u. dgl., zuletzt ‏דוק ותשכח ודוק‏; am meisten wird auf Raschi Rücksicht genommen. Ende 126b ‏ובן יהי‏
‏אותי מינה י״י ללמד אתכם‏ Ende der Pes. ‏רצוי אחיו פי׳ .. בו אחיו‏
‏לעיני כל ישראל.‏

In den Pes. werden alte Autoritäten citirt, z. B. ‏רי״צב״א, ר״א, ר״ת‏,
‏רבי׳ מייכון; רבי׳ יחיאל מפריש (רבי׳ שמואל בר שלמה) ונחלק עליו ר׳ שמואל בר שלמה‏, 86b, ‏שלח)‏
‏ר׳ יעקב דאורלייש‏ (87, wo auch ‏אך אין נראה מנהג האשכנזי׳ שאין‏
‏(ציצית, von ‏מסירין אותן אך מניחין אותן והכנפות הוא לארון.‏
‏² 127‏ ‏בטוב גדא אתחיל לכתוב פ׳שטים מן ההפטרות ואין לי על.כל‏
‏ההפטרות אלא בדילוגים. וירא. והמלא תסיעי. מכאן אדם שרואה בלילה‏
‏א״ק לפי זה א״כ ילך לנינוה‏ Ende 129b; ‏שתיבתו מליאה כסף או זהב‏
‏ושם ישאר ואחרי כן אל יחזור לא׳׳י ודוק. סליקו..‏
‏³ 130‏ ‏עמ״י עש׳ו מתחיל פירושי הר׳ אביגדור כהן צדק על חמש‏
‏מגילות.‏

a) Esther anf. ‏ויהי בימי .. פי׳ רבותינו כל.מקום שנ׳ ויהי בימי ווי‏
Ende 132b; ‏היה בימיו ועוד אחר מצאתי כ״מ.שנ׳ ויהי רצה להפוך דתות‏
unleserlich. ‏תרי אחשורוש היו אחר היה חכם ואחד היה שוטה ...‏

b) Hohel. ‏שי׳ן של שיר רבתי פי׳ גדול במסורה לומ׳ לפי .. שיר‏
Ende 136 ‏על ק״ש שאין שירה משובחת מזו חבירים מקשיבים לקולך‏
H. B. IX, 111: Fehlt in dem Verzeichniss der Commentatoren, ‏נדרש בפ׳ ואתחנן‏

c) Ruth 136b ‏ויהי בימי .. לכך קורין רות בעצרת בזמן ירידת התורה‏;
Ende 139 ... ‏מ׳נחה ח׳דשה ל׳ ... העו׳ מקשין למה אוכלין בלדן בשבועות‏
‏ב׳שבועת׳ ראשי תיבות ח׳ל׳ב׳ בשבועות אבל קוליו (?) איני יודע.‏

d) Threni 136b ‏איכה ישבה ב׳. נכתב מג׳ קינות בא״ב ללמד שלא‏
‏ולא געלתים לכלותם ואיננו‏ Ende 143; ‏נחרב בהמ׳ק עד שעברו כל התורה‏
eine Erklärung der ‏... לכך נקוה אל י״י‏ Hieran schliesst sich — .‏כפל דברים בפסוק א׳‏
noch nicht vorgekommen. ‏הפט׳ חזון ישעיה‏, die oben in den Haftarot

e) Kohelet 143 Col. 2. ‏דברי .. כל מקום שנ׳ דבר דברי דברים‏
Ende ‏דברות; אינו אלא דברי תוכחות כי זה כל האדם י׳ אותיות כנגד י׳ דברות‏
‏ח׳ הסלת ז׳ה לה׳ סיימתי חמש מגילות מפרישת הר׳ אביגדור כהן זצ״ל‏
‏והרבה גימטריאות יש בהן מן הסרסר (so) ובודאי ממש גמור יש בהן וראייה‏
‏ממס׳ תענית דאמ׳ הת׳ וסתם נזירות היינו ל׳ יום מלמד דאיתא ממש בגי׳ ודוק.‏

Zunz, welcher den Codex erst 1856 gesehen, theilte mir
seine Ansicht mit, dass nur die Erklärung der 5 Megillot von
Abigedor Kohen sei (s. Nachtr. zur Lit. S. 17). Ueber Abigedor

Kohen b. Elia in Wien, s. Zunz z. Gesch. 38 (woher Carmoly,
Ben Chananja 1865 S. 180); Wolf ³1213 n. 607b conjicirt das
Ganze mit פשטים verschiedener Autoren in einer Oppenh. HS.
(²1412 n. 607), hingegen ⁴750 mit den Erklärungen des Ab. in
Cod. Uri 345 (s. meinen Conspectus Codd. p. 12, Dukes, Litbl.
XI, 366 zu 145 beachtet die Differenz der Nummern nicht),
welche Zunz, zur Gesch. 105 dem Ab. Kara beilegt, wie er
S. 567 unsere HS. aus הקנה ableiten möchte. Welcher Ab. ist
Verf. unserer HS.?

⁴149 Meir Rothenburg, תשובות, oder פסקים, Index zählt
294, n. 1 המודה בדבר ומעכבו עבור. 244 המשאיל סום לחבירו ונאבד
תביעו; n. 274—288 sind vorangestellt; f. 152 beginnt n. 1 ראובן
תבע משמעון, f. 188 steht n. 265; das Ende ist unleserlich, theilweise abgerissen.¹) Wolf ⁴897. Vgl. Frankel Entw. e. Gesch.
d. Lit. der nachtalmud. Resp. S. 51. Zunz, Lit. 623.

46. 108 (Uff. 23). Perg. 100 f. Qu., deutsch rabb., das ה (einigemal auch
ח und andere Buchstaben) zu Anfang der Zeile stets mit einer langen Schleife
vom Rande ausgehend. Beendet Sonntag 22. Tammus 388 (1628); auf dem
Vorderdeckel: אברם בן מהור״ר קלמן ואלק כ״ץ זצ״ל u. von anderer Hand אברהם בן
חותך. Nicht sehr correct, z. B. f. 98 מופת חוקך für מהור״ר קלונימיס כ״ץ ז״ל.
Wolf ²1397.

Compilation über den Pentateuch nach Art der בעלי תוספות,
auf die halachische Literatur Rücksicht nehmend; Formeln:
שמעתי; ונלע״ד, ונ״ל דלא קשה מידי, וי״ל, וא״ת, תירץ, הקשה selten
(46b שמיני) וצריך לפרש כמו שפירשתי והמפרש בעניין אחר טועה; alle
(ויש מפרשים) וי״מ haben פילנשים plene, f. 6; חומשים מדוייקים
u. dgl. Citirt werden, ausser dem ungenannten Lehrer (מורי f. 5),
(44 Schemini דהוראת שעה היתה), אבל מר אברהם שמעתי מהר״א
שראה בפירוש שרש״י ז״ל בעצמו כתב מכוון שמכת בצורת שקולה וכן נראה
פירש (בהר 62b) הראב״ן, (וינגש 13b) הר״ר אהרן öfter, ראב״ע; 19b
52 שמיני (45b) הר״ר oder ר׳ אליקים, (ויקהל 36b) הרבי (so) אליעזר
שאלו לרב האי האי גאון זצ״ל למה (עקב 90b), ואתחנן 88b, קרח 75b, אחרי
מתיין בזי״ן דתזכרו ואמרו בה טעם לפי שתזר״ן עולה לתרי״ג... ושמעתי
הר׳ רבינו חיים, (וישלח 10b) הר״ר חזקיה, (שלה 75) טעם אהר משום ריב״ם
(שמיני 45b), ותירץ הר״ש und הר״ח הקשה, (בלק 81 תזריע 48b
ר׳ יהודה החסיד (תירץ und הקשה meist) ר״י, (46) ותירץ הר״ח manchmal, תשא (33 הר״ר יוסף, (קדושים 54b) הר״ר יונתן הקשה, auch
הר״ר יעקב ותירץ הר״ר יעקב.. הקשה 35b (ויקהל), הר״ר יחיאל manchmal.

---

¹) Drucke waren mir nicht zur Hand.

באור 62 מהרמ"ש בשם ר' יעקב דאורליניש, בחקותי Anf. (64 דאורלייניש
und ש‎ זו וילך 98b בשם הנר ר' מתתיה והרב ר' יעקב מעיר אולנט‎
31, 7), ריב"א (60b אמור=אשר‎ בר יצחק, Catal. Bodl. 2642),
שלח 75b), vielleicht יצחק מוויטא (55 קדושים). שמעתי מהר"ר יצחק כהן
הר' כהן [sic] f. 1b), ungewiss יצחק הר"ר (30b, 152b), הר"ס (30 Anf.
תצוה 34b, תשא auch רבותיו בשם 76b קרה), משה מהר' (45 שמיני),
(25 תירץ הר"ן (s. oben), הגר ר' מתתיה oder רבינו משה öfter, הר"ס מקוצי
מצאתי (מסעי, (85b Anf. רבינו נסים גאון (אנכי בהפוך איך אני יתרו nämlich
בספר התרומה שחבר רבינו נסים (!) שמקשה ואומר וכיאדם השוב כמשה איך
רבינו סעדיא פי' בס' האמונות, (72 zu Num. 21, 22), אמר להקב"ה
פי' חק' und פ"ה ,פי' הקונטר' ,רש"י manchmal, ר' פרץ (אהרי 53b),
häufig, ר"ת u. ר' תם. שמעיה ,הר"ר שמחה öfter, ורשב"ם und הר"ר שמואל
ויש אומרים שיש בס' יצירה (!) שכל שנה — אמור 60b), אין נכון פירושו)
ראשונה שמת אדם יש בו רוח בהמה ומרגיש כמו בהמה 15b zu Gen.
(וילך 98b אני ראיתי במדרש אגדה שהלך משה אצל כל שבט . . , 29 ,47;
מצאתי בחבור מקובל דשם נתייחד הדבור רק עם המלאך 18 zu)
Exod. 3, 5). Mai p. 27 verweist auf seine Observ. sacr. lib. IV.

47. 53. Perg. 216 f. u. 1 Vorbl. kl. Fol. in Doppelcolumnen, bis 121b
kleinere, dann bis 198 grössere, bis 200ff. wieder kleinere ital. Schrift. 198b
אני יקותיאל יזיי כתבתי על (so) זה הפירוש מה"ר מנחם זלה"ה מפרש'. קדושים עד סוף הספר.
וכתבתיו למ"ר יהושע י"ז/י"י/ ב'כ'ר' בנימין ז"ל ושילמתיו (!) היום יום ה' כ"א אגוש' ק'ע'י/] פרש'
אם יהיה נדחך . . . ה' יזכנו להגות בו ובשאר ספרי הקודש . . . וחלקי המחונקק יהיה ספון . . .
וקבלתי המעות מידו z. und sonst, 165 als auch f. קדושים) in) Allein sowohl 121b
B. 79, 134b, ist der Namen עמנואל am Columnenrand hervorgehoben. Der
Schreiber ist schwerlich עמנואל, ר'כ'מ'ר ב'כ'ר' דניאל זצ"ל, was mit sehr grossen Lettern
f. 2 wahrscheinlich auf der leergelassenen Seite, mit dunkler Tinte, wie Anderes
vorne u. f. 215, hinzugeschrieben ist. Eine chronolog. Notiz f. 216 schliesst
זה פירוש חומש . . . וקניתי (radirt) דניאל זצ"ל ממר F. 1 ה' אלפים וקע"ג שנים אגוש' קעג.
יהושע בכ'ר' בנימין ע"ה בשכר (radirt) פרחים זה טובים וכבדים בארבעה עשר ליום (!) לירח סיון
שהוא החמשה עשר יום לחדש סנת קע"ג פה בפירושה ה'ו'ל'ב'א'ו'א' ושלו' קעג. Ist etwa
עמנואל radirt? Vorher von anderer Hand (?) מתוקן על ידי יצחק מארוץ, darunter
in Minuskel מזוקק.

[1] Menachem Recanati, Commentar über den Pentateuch.
Wolf [3]701.

[2] 200 [desselben] Commentar zu den Gebeten, beginnend
mit der unedirten Einleitung über Sefirot etc. ית' וית' ויתרומם
שם הנאדר (s. zu Cod. München 112, Wolf [3]702).

f. 201b Col. 2 קודם שנכנס בפי' התפלות endet f. 214 ותרוויהו
לעלמיא וכו' (so).

[3] Vorbl. verso מנורה, der Leuchterpsalm.

---

¹) Vgl. H. B. XI, 105 A. 2 und N. 156.

4 Verschiedene Notizen aus Kalenderschriften, z. B. f. 1
מסורת f. 1b‎ .למנדע חיטא אי יקרן אי יזלן‎. ראה וחשוב תקופת טבת
‎.. יינרו (so) אתא קלודת‎. אין אתא הסופר‎. לעזרא הסופר; s. Zeitschr. D. M. Gesellsch. Bd. 28 S. 654, Polem. u. apologet. Lit. S. 203.

f. 215 וזדע כי ב"א הוא היותר נכבד וכו'‎, der Mensch hat die
Eigenschaften aller Thiere (H. B. XIII, 14, 104). 30 Arten von
Bäumen in 3 Rubriken aufgezählt: שקדים אמינגדלי (s. Pseudo-Ben-
Sira f. 11b ed. 1858, החלוץ VIII, 169))[1]. Das Gedichtchen:
מצחק בקוביא מכתו תרייא (so), 6 Zeilen (Geiger's j. Zeitschr. X, 139).
עמנואל א'ב'י‎; אמר לפידריאו (!) הצפרי טובה לאצבע הטלך 215b
enthält nur noch die Art. מרלא, קורלו, קורטאולה, אמיטישטה —,
dann unmittelbar ein Fragment vom Neid.

48. 76 (Uff. 208). 84 f. Fol., grössere deutsche rabb. Schrift v. J. 1421:
אני דוד בר משח הקטן שבכתמנים סיימתי זה הספר נצחון ביום ב' ה' תשרי שנת ק'פ'ב' לפרט
להג'ה'ר' [לחנכבד הרב ר'] אור (so) שרגא בר' שמעון י"ר שיהנה בו וזרעו וזרע וזרעו בשם דר
מעו (ungenau Litbl. VII, 501 A. 16).

נצחון des [Jomtob] Lipman Mühlhausen; vorne fehlt 1 Bl.,
beginnt mit Index § 242. Wolf 3661, 4894. Eine der ältesten HS.

49 138 (Uff. 68). 134 f. Qu., deutsche rabb. Schrift XVI—XVII. J., von
205 an verschieden, vorne: „Emi in auct. libror. Jac. Rhenferdii cujus Catal.
vid. p. 293, ubi: Commentar etc."

נצחון [des Jomtob]. Endet mit der Notiz v. J. 1380.
Wolf 3661.

50. 138a. 7 u. 140 f. kl. Qu., kleine sehr schöne span. Hand des Isak
b. Mose Rafael di Cordova, beendet (f. 136b) Freitag 10 Adar 435 (כמע"שה
אפוד, 1675) in Hamburg.

קושיות [von Jomtob], dazu (f. 137 ff., eigentl. 144 ff.)
ותשובות, die antichristlichen Stellen in David Kimchi's Psalm-
Commentar.

51. 95 (Uff. 201). 26 f. Qu., kleine sehr deutliche deutsche Schrift
eines Simon, für הנעים הבחור Phöbus (וייבש) bar Jospa (!) להגות בו הוא וזרעו
... וזרע וזרע; XVI. Jahrh.?

אות נפש חברו הפילוסוף רבי אשר בר אברהם נ"ע‎, gehört also
zu den sehr wenigen HSS., welche den wahren Autor, Ascher b.
Abraham [Crescas, vor 1438, s. zu Cod. Ghir. 80 und bei Berliner,
Pletat, S. 43], während andere fälschlich Levi b. Gerson, oder
keinen nennen. Wolf 4792=3650. Anf. בראשית הכמינו אמרו שהבית

---

[1]) Vgl. Adam u. Enoch bei ibn Awam C. 29 § 13, französ. II, 1 S. 353?

נוסף כבית בראשונת ואלו היה כן היה קמוצה הבית וטעם בראשית הערב
f. 11b ‫;‬וכו' ר"ל שאם הבית נוספת משפט הלשון להיותה קמוצה פ' שמות
‫;‬כי האיש ואשתו הוא האדם ר"ל שזכר ונקבה נבראו 18b ספר ויקרא
‫;‬מצאנו ברית יהיד בעבור שני דברים זה הלשון הוציא החכם מספר יצירה
21b ‫.‬ספר‪,‬במדבר. שאו את ראש כמו כי תשא ושם מפורש פי' שם כי מנהג
‫;‬החושבים לשים בראש האגרת הכללי 23b ספר אלה הדברים בעבור הירדן
וגו' ואם תבין סוד הי"ב גם ויכתוב משה וכו' ההכם דקדק הנה באמת
‫;‬שאלה הדברים דבר משה בעבר הירדן begnügt sich mit der Bemerkung, dass nach ibn Esra nicht Mose, sondern Josua dies
geschrieben, aber לך לך f. 6, wo er dahin verweist, fügt er
hinzu: ואנחנו לא נאות אליו בזה הדעת שכל התורה כתבה משה מפי
‫;‬השם בלי חילוק ושינוי ähnlich Ende וירא f. 7. Die Kürze dieses
Supercommentars zu ibn Esra geht schon aus dem geringen
Umfang der HS. hervor; ויקהל besteht aus 3 Zeilen. Zu der
bekannten Stelle כי מאור החפץ (f. 4) sagt Verf. ausdrücklich והנה
‫;‬לא ירדתי לסוף ונראתה הקשת zu gesteht er ‫‪;‬‬ביארנו רמז החכם בקצרה
דעתו. Er citirt fast Niemand (השמים העולם 'ס 1b, חכמת הטבע
und כ' אפלטון 2. חכמת הכדור 3), giebt nicht verschiedene Erklärungen, vertheidigt ibn Esra gegen die Unterschiebung eines
Glaubens an die Anfangslosigkeit der Sphären (f. 1). Den
Ausdruck ולא אוכל לפרש erklärt er ergänzend: בלי אריכות. Von
Astrologie verstand er Nichts (תשא f. 17b): כל מה שאמר מהמחברות
‫.‬הוא ממלאכת המשפט ולא אדע לכוין

52. 110 (Uff. 19). 170 f. Qu., plump deutsch rabb. (Wasserzeichen:
kleiner Ochsenkopf)‪,‬‫;‬f. 25b סליק הסתומות שכתבתי בשנת רכה ל' בפרש' כי תשא zuletzt (so) חמר 'חזק ונתחזק הסופר עד שיעל' und eine Leiter. Anfang überklebt.

[1] Notizen zu fast allen Pericopen, meist Worterklärung,
theils nach עָרוך, Einzelnes deutsch übersetzt, manchmal שמעתי.
Anf. אלהי ישעי .. מדקדק עם בריותיו .. וי'ו למה .. בראשית וכל אלהי'
25; Wolf ²1397; Zunz, z. Gesch. 106. Vgl. Mai p. ‫.‬ללמדך ישועה Ende יחי ראובן ואל ימות לעולם הבא Ende עולם הבא.

[2] [Raschi] Commentar zu 5 Megillot. Wolf ³1045.

53. 92. Zusammengesetzter Cod. Qu., verschiedene deutsche rabb. Schrift,
wohl meist aus XV. Jahrh. Auf dem Hinterdeckel ein verblasster Vermerk
זה הספר נפל לי בחלקי, dann קניתי זה הספר מהח' ... בר נתן ... נאו' יוסף בר' גרשון
‫.‬.ובגורלי מירושת אבא מורי החסיד זצ"ל נאום יעקב בר כבוד המורה הר"ר יוסף זלה"ה., wahrscheinlich vom Sohne des Vorgenannten, Josef b. Gerson, der auch die Er-
mordung des Simson b. Michael am 10 Schebat 289 (1529) (so) בין מקום ענהיי'
durch zwei unbekannte Personen vermerkt; dann נאם ידל (?) בר לבין כפר פשטי

יוסוף (so), wahrscheinlich Jüdel. — Bei Wolf, B. H., scheint Nichts aus dieser HS. verzeichnet.

[1] (57 f.) Hebräisches alphabet. Glossar, meist nur in einer Zeile die Wortbedeutung und Bibelstellen angebend; zu Anf. fehlt wahrscheinlich nur 1 Blatt, Ende (Art. תיו): והתאוית תיו ..ה׳ע|הוא ענין] רישום וכתב. סליק המחברות, וגולתהכותרת, ממני נעדרת, עטרת תפארת, ישראל, יזכו לראות בבנין אריאל; vor dem Buchst. ב als Ueberschrift מחברת של ב׳, also ist מחברת (Zunz z. Gesch. 120, vgl. 69) schwerlich Titel des Ganzen. Benutzt תרגום, citirt יוסף קרא ציין II, 102), manchmal וי״א. Als Specimen diene: דהם..נדהם בערב (so) קורין לדאגה הם וקבלתי אני הכותב כאיש אותיות, (?)כאדם הישן קבלתי, also von הם? Jona (vgl. Josef Kimchi bei David K. s. v.) vergleich מדהום, wonach דהם zu lesen wäre. (so) חמש. צלע החחמישית וונפטא ריפא

[2] 59 אתחיל מעט מבכור שור ומגן, ש״ל הנותן לי כח ומגן, aber zuletzt einige unbeholfene Reime: נשלם ספר ואלה הדברים בהילול קול מרים, ...בשמים מנצה הנתבע. נשלם פי ההומש מהרב׳ ונישלמו ה׳ ספרים; auf dem Vorderdeckel: חיבור על סדר התורה מליקוטי הקטן (so); allein das Mystische im Commentar סודות הרמב׳׳ן מפי׳ לחומש des Mose b. Nachman ist eben nicht aufgenommen, vgl. oben N. 41.

[3] (8 f., im Index des Deckels übergangen) ohne Ueberschrift anf. דבר ידוע הוא כי הנקודה היא הנשמה [לאות] ובה הברתה ותנועתה כמו כוכב חולם. ודומיהם(?). סליקו, Ende: האמתית ואבן התנועות הם חמשה סוד הנקודה (so) lies הנקודות; eine kleine kabbalistische Abhandlung aus der Schule Abraham Abulafia's und Josef Gikatilia's; s. zu Cod. Ghir. 110 P (S. 139 unten). — b) אחל לכתוב סוד נקודות השם המיוחד בעזר אל אחד. יהוה יודע לך׳ כי סוד השם אשר וזהו סוד הא לכם זרע..שם טוב בא מעם ה׳ Ende; הוא ראש לכל פועל אל יחשוב f. 9b: וזיהו (so) סוד יהוה ליראיו. ברוך אשר גילה סודו לעבדיו קורא בקונטרסי אם ימצא שניאות רבות באותיות או בתיבות כי בדידי תליא אמת (?) האמת תופסי משובש למאד. וכל תיבה ואות שלא הבנתיה בתבתיה כאשר מצאתיה ורשמתי עליה ג׳ נקודות עד אמצא טופס אחר להניהו. In der That ist zu einzelnen bezeichneten Wörtern eine Berichtigung am Rande zu finden.

[4] (75 f.) ohne Ueberschrift תנא מסכת ברכות לאלהי המערכות. וי״י יעזרנו בישועתו, ויאר לבנו Ende: ר׳ אליעזר אומר ג׳ משמורות פתח אולם סוגר בנין; dann ein Distichon: בתורתו א׳ם סליק. לא יותר. F. 74 beginnt מס׳ קידושין. Der Index auf dem Deckel giebt richtig אוצר הכבוד [von Todros ha-Levi Abulafia] an.

⁵ (20 f.) Anf. defect zuletzt עתידין ליתן את הדין. סליק מס׳ נדרים
Enthält בריך רחמנא דסייען. לא״י. ופי׳ זה יסד רבינו שלמה בן אדרת ז׳׳ל
demnach die Erklärung aggadischer Stellen(פי׳ קצת אנדות im Index)
von Salomo ibn Aderet. F. 1 liest man ואנגלה בע״ה פירוש׳ וכוונתם
ואיני כתבן כאן על סדר המסכתות ומדרשי ספר הקדוש רק כפי המזדמן
אחת הנה ואחת הנה עד שיגמור הש״י ברחמיו ואסדר אותם בעזרו איש על
נשנב דגלו באותות על ספרי. יש בהנדה זו סוד (dass Gott Tefillin lege).

⁶ (44 f.) Josef b. Zaddik, עולם הקטן, Religionsphilosophie,
aus dem Arabischen, nicht von Mose ibn Tibbon, wie Jellinek
auf den Titel seiner Ausgabe gesetzt hat, welcher unsere HS.
zu Grunde liegt. Vielleicht hiess der Schreiber Mose; Cat.
Bodl. 1543.

54. 112 (Uff. 98). · 281 f. (früher תרעי עמודים שכא דפים, nach der fortlaufenden doppelten Bezeichnung am oberen Rande) Qu., deutsch rabb.
XV—XVI. J.

Commentar über Proph. pr. (Josua, Richter und ein Theil
von Samuel fehlen), Jeremia (f. 111), Jesaia (f. 186), Ende defect; aus David Kimchi excerpirt wie der מעתיק (bei Mai p.
228) ausdrücklich bemerkt, mit Verweisung auf den פירוש הארוך
(Mai p. 229). Mai restituirt antichristliches in den Ausgaben
Weggelassenes. Wolf ³192.

55. 114 (Uff. 168). 355 f. Qu. deutsch rabb., 1591 nach Mai bei Wolf
³1211 n. 564b, ⁴1056 n. 564c.

Kurzer, hauptsächlich nach Raschi und Kimchi erklärender,
zuweilen *deutsch* übersetzender Commentar über sämmtliche
Propheten und Hagiographen (auf dem oberen Rande sind die
einzelnen Bücher angegeben); nach einer Lücke am Ende des
Bandes zu schliessen, enthielt er auch das jetzt fehlende Buch
Hiob, wovon ein Stück in N. 56. — Anf. ויהי אחרי מות משה וגו׳
למה התחיל במשה ולא התחיל מיד ביהושע; Ende Pr. pr. f. 54
וארחתו פי׳ סעיתו. Jes f. 55 חזון ישעיה הזון לשון נבואה; Ende f. 153b
דראון לשון בזיון בל״א ור שטעאונג. והיה מדי חדש וגו׳ חזק Proph.
enden f. 304b חזק וגו׳ הנה אנכי שולח הנה. חרם לשון חובה (die
letzten Versstellen sind angefügt, um nicht mit Bösem zu
schliessen). Psalm. beginnen של (so) אשריו ותהלתיו, [כמו] כ׳ אשרי
איש; Spr. enden משבר ידיה כי מעשיה של אשה. Nachzutragen in
Serapeum 1864 S. 90.

56. 109 (Uff. 177). Zusammenges. 10 f. Qu., zweierlei deutsch rabb.
XVI—XVII. J.

¹ Anfang eines Commentars über Hiob (s. No. 55), der häufig Wörter deutsch übersetzt, anf. wie Raschi ... (!) אִישׁ רִ׳ אִישׁ חוֹשֵׁב, dann fortfahrend והיה (so) מארם היה והיה האיש כ׳, ומכני נחור (!) ונוחר, (so) תמיד תם וישר וגו׳ כאברהם ויצחק ויעקב והיה סר אהם׳ מרע כך שמעתי יצמד בל״א באר, d. i. Paar, also schwäbischer Dialect; endet zu. 9, 13 mit dem Custos ורצוקט.¹) Wolf ³1212, ⁴1056 N. 569d. Serapeum 1864 S. 92 n. 431b.

² Fragment eines Commentars über Abot, Kap. 4 und 5, letzteres beginnt f. 8 פעמים כתיב ויאמר נבי בריאת פִּי׳ .. בעשרה letzteres beginnt f. 8 עולם ואין להקשות הלא לא כתיב אלא ט׳ פעמים וי״ל דבראשית עולה ועוד יש קושיות רבות אשר בלתי (vgl. Raschi); f. 10 במקום מאמר א׳ לכתוב (so). Ende .. סליק. בקנין. מה להלן בקנין אף כאן במקדש בקנין. Mai bei Wolf ⁴1037n. 590c: „manu antiqua."

57. 113 (Uff. 103). 303 f., verschied. deutsch rabb. XVI. J., wahrscheinlich Autograph.

¹ Commentar über die Psalmen, meist aus Raschi mit geringen Zusätzen Einiges am Rand aus רד״ק, aber mit vielfach eingeflochtener deutscher Uebersetzung, so zu Anf Vers 1, 2 nach Raschi, V. 3 והיה אונ׳ ער ווערט זיין דער זעלביג מן שתול דער דא איזט אל די זעל זי זול Ende 47b גיפלנצט, פלני בעך, ועליהו, אונ׳ זיין בלעטר לובן נוט גילובט זייא דער אלמעכטיג נוט. תם ונשלם ספר תהלים תהלה לאל אני יחיאל בר שלום שליט.| Diese unter einer Zierschleife deutlich geschriebenen Worte hat Mai p. 237 ff. (Wolf ²1400 n. 570) nicht beachtet, der nur Antichristliches im Auge hatte, übrigens als Probe Ps. 22 mittheilt; vgl. Serapeum 1864 S. 91 n. 24 (vgl. unten). — Eine andere Erklärung der Psalmen s. N. 322.

² 48 Commentar über Jesaia in ähnlicher Weise, anf. wie Raschi, dann גדלתי איך הב נגרוישט (gegrüsst) מיט ביזת מצרים וכדי ווען עש; Ende f. 106a ורוממתי איך הב דרהויפּט זיא מיט ביזת ים ; ווערט זיין שבת יבא כל בשר להשתחוות לפני אומר י״י. סליק ספר ישעיה ישעיה ist durchstrichen und (?) ישׁוּעַ יר׳ substituirt. Wolf ²1399 n. 564; Serapeum 1864 S. 90; s. folg. Stück.

³ 108 (eigentlich 107) Commentar über Jesaia, erste Anlage, ungeordnet, vielfach geändert. In jedem Kapitel geht das deutsche Glossar voran, dann folgt Raschi, dann Auszug aus David Kimchi (der mitunter auch als Autorität für die Ueber-

---

¹) Das Verhältniss zu Cod. 96 (N. 318) habe ich nicht genauer untersucht.

setzung genannt ist). Auf. חזון ישעיה גדלתי איך הב דרצאאן, am
Rand גדלתי איך הב גינרוישט זי מיט ביזת מצרים ורוממתי בביזת הים,
also aus der vorangehenden Bearbeitung, u. so häufig, was Mai
nicht beachtet hat. — Der Rest dieses Werkes findet sich in
N. 293, [4] f. 27 und mag gleich hier erledigt werden.

Das Specimen bei Mai S. 307 endet (so) אין צריך לפי'. Dazu
gehörte wohl noch Alles bis f. 64, aber der grösste Theil ist
(absichtlich?) verbrannt. Eingeschaltet ist aus Lipmann's נצחון
§ 238 die Erklärung von הנה ישכיל עבדי; das Ende von K. 53
scheint f. 30b היה ממלא מקום מטטרון, worauf K. 54 vom Verf.
folgt. F. 27b lautet eine, von Mai übergangene Randnote שמעתי
מא"מ מהרר ש"ר [שלום רופא] ז"ל תשובה למינים זו נאמר ומרמזין הכל
על איוב וכל אשר תמצא באויב תמצא כולה בקפיטל כאן מראשו ועד סופו;
der hier erwähnte Vater scheint der Arzt Schalom b. Joëz,
der noch 1583 lebte, also ist Jechiel b. Schalom (s. N. 310) der
Verf. von N. 57. In N. 293 fehlt jetzt f. 63, wo nach Mai p.
308 (nicht 108, wie bei Wolf [3]179 n. 456b) ein Brief eines
David b. Eljakim, welcher Raschi's Erklärung von Jes. 7 der
Kimchi's vorzieht. Ein Brief desselben David, an den Arzt
Schalom („Sallum" bei Mai p. 240, übersehen von Wolf) aus
Bonn nach לינץ (bei Bonn) gesendet, über Jes. 29, 18 u. 20, 2,
war an f. 206 der N. 57 geheftet, fehlt aber jetzt ebenfalls.

58. 90 (Uff. 24). 67 f. kl. Qu., wovon 40 beschrieben, ursprünglich
308 f., aber wohl das unbeschriebene Papier zwischen מו und רפו entfernt;
zu Anfang falsch gebunden. Zuerst deutsch rabb., dann moderne Cursiv;
אני מאמין באמונה שלה' הארץ ומלואה תבל ויושבי בה: יוסף בן המנוח מהור"ר אהרן f. 65
משה ליפשיץ תלתא זימנא הוי חזקה דקיימין הלכה כרשב"ג ולא כרבים. — F. 2b (leeres
Bl. nach dem Tit.) oben היאך בנימין בן הר"ר נפתלי ז"ל.

[1] לקט יוסף, ein angefangenes (doch mit vollständigem Titel
wie zum Druck versehenes), aus Schriften und Vorträgen com-
pilirtes Werk über den Pentateuch im Geschmack des ausge-
henden XVII. Jahrh. von dem Jüngling (הבחור) Josef b. Alexander,
der nach Inschrift f. 2b Lehrer (מלמד, auch מורי צדק sic!) in
Gelnhausen (גאלהויזן u. נל הויין) war. Anf. ist Bl. ב (nicht auf f. 3,
wo noch das ' oben zu sehen ist, also unrichtig Mai p. 29: „a.
Genes. XII") בפסוק והכל הביא מבכורות. Gegen Identification des
Vf. mit Josef Witzenhausen (Wolf [3] 384) s. Cat. Bodl. p. 1539.

[2] 53 ff. (רצד) hat einzelne Notizen zu 5 B. M. mit der
Nachschrift (רצ"ז) נשלם פי' על חמשה חומשי תורה בשם ה' mit der

Tabelle der Pericopen; dann Notizen zu Megillot u. Haftarot
u. noch 3 Seiten, ein Gebet vor Lection der Propheten etc. (s.
Mai), Alles von der Hand des Josef b. Ahron Mose Lipschütz.

59. 164 (Uff. 225).　70 f. Oct., deutsche Current. Anf. XVIII. J.; Besitzer
Jehuda Loeb b. Jakob aus Slonim (סלאנימי) bei Brzesc u. Josef b. Josua.
Der Verf. verzeichnet vorne die Bücher, die er besitzt.

¹ מנחת יהודה von Jehuda Loeb b. Isak, Schwiegersohn ('s?)
des אב״ד דק״ק בריסק דליטא Salomo Salman מתושבי ק״ק בריסק דליטא.
Das findet sich in der anonymen Approbation, beginnend: בהיותי
אב״ד ור״מ בק״ק פראג עבר פה האיש. Bemerkungen zum Pentat. bis
עקב (f. 39). Tit. fehlt bei Uff. u. Wolf ⁴834 n. 742 h. Ob Verf.
identisch mit Cat. Bodl. 1329 N. 5717??

² 64b—65 Vorr. und Titelbl. des B. עין יוסף von Josef
Chassan b. Elia, Predigten über den Pentat. nach der Ausg.
Smyrna 1675 (Cat. Bodl. p. 1451).

60. 137.　83 f. schmal Qu., deutsch rabb., beendet Sonntag 20. Elul
ער״ג (1513) in אלסנדרא (Alessandria in Italien) von Isak Kohen יצחק, אלסנדרא
durchstrichen, daneben ימח שמו, also wohl Apostat; vorne 3 mal אני יוסף בר
משה יצ״ו. Zuletzt: „Vocabularium ... Acquisivit a Judaeo Ludovicus Bourguetus Nemausensis. Verona d. 13: Maij 1701." Gehörte Unger.

Hebräisch-deutsches Glossar nach Anordnung des Penta-
teuchs, anf. המורא די בורכט לעיני Ende ובהו אונ לער תהו ושט;
כל ישראל חזק, ¹Letzteres um nicht mit „Furcht" zu schliessen.
Wolf ³765. Serapeum 1864 n. 426: „vielleicht die älteste datirte
[jüd.-d.] HS."; allein Cod. Berlin 310 Qu. ist 1490, De Rossi
polon. 1 1510—1 datirt, s. Serapeum 1869 S. 153.

61. 195 (Uff. 125).　33 f. Oct., deutsche Cursiv XVII. Jahrh.? F. 1
sind allerlei italienische Wörter deutsch übersetzt, z. B. שאציא איך בין זאט
אשרוואנדרישיאא (so) אל צייט אויאר דינר. F.4—33 ist א bis ל gezählt; es fehlen also 55
f., da Mai 88 angiebt, auch im Index פ vorkömmt.

חלק ה׳ במסורה שחדשתי וחברתי כיד ה׳ הטובה עלי (f. 1), nicht
„masorae" wie Mai p. 380 übersetzt, so dass der Inhalt der
andern 4 Theile unbekannt bleibt. Wolf ²534: „Observationes
masorethicae." F. 2b—4 Index der verschiedenartigen Deutungen
der Masora (f. 4 וידו מיוסד על מאמ׳ הגלאנטי, wohl Moses G.
sen.? Cat. Bodl. 1817), welcher unter אשרי הגבר (4b) f. מ״ז angiebt,
bei Mai aus f. „L" mitgetheilt (also stimmend).

62. 306 (Uff. 204?).　11 f. Qu., verschied. deutsche Cursiv XVII—XVIII.
Jahrh.

¹ Halachische Notizen, meist ודוק endend, citirt מהרש״א.

² 4 Einleitung מרשות חאל הגדול und Anf. einer Predigt über משפטים פ. Vgl. Wolf ³1199, ⁴1048 n. 348b.

³ 8 חול של תפלת סדר. Fragment.

63. 311 (Uff. 200). Verschiedene Hefte, zusammen 387 S., verschiedene Schrift. Wolf ³1213 nach Mai's Mittheilung, ⁴1056 n. 569c.

¹ Praefatio Jacobi, Filii Chajjim, Filii Isaaci etc. in tertiam editionem Bibliorum Hebr. in Fol. Venetiis per Dan. Bombergum. Inquit translator (!): Celebretur creator qui reperitur (h. e. existens, vel qui est) et quem oculus non videt. 52 S.;

² 53 („28") Commentarius R. Salomonis in eandem Oba. diae Prophetiam. Visio Obadiae. Quid docent verba haec. Wolf ⁴987; vgl. Zunz, Zeitschr. für die Wiss. d. Judenth. 348.

³ 61 (31) Comment. R. Salomonis, in Jonae Prophetiam. Cap. I. Clama adversus illam, proclamationem meam. Wolf 1056 n. 569b.

⁴ 77 Prophetia Jonae cum Comment. R. D. K. [David Kimchi]. Cap. 1. Fuit autem verbum . . . Hujus Prophetae non vidimus prophetiam scriptam, nisi isthanc. Wolf l. c.

⁵ 93 (48) Comment. R. D. Kimchi super prophetiam Micae (so). Cap. 1. Verbum Domini . . . Invenimus Prophetiam hanc in libro Jeremiae.

⁶ 106 Comment. R. S. J. (Sal. Jarchi) in caput idem. Verbum — Moraschtitem ex urbe Morescha.

⁶ 109 (5) Fragm. eines Commentars zu Levit., S. 110 beginnt C. XII: Duo in hoc capite tractantur, prius e' de puerperae impuritate; stets Argumentum und Usus. S. 140 beginnt C. 24.

⁷ 149 (76) complicat, durchaus in Abbreviaturen, Fragm. eines theolog. Werkes über Auserwählung, am Rande Datum aber ohne Jahreszahl. S. 150 Cap. 13: De effectibus reprobationis. Sicut electionis effectus est non solum. S. 193 Cap. ultimum, quod sobrie et prudenter praedicanda sit praedestinatio.

⁸ 197 (101) Constitutiones de Synedrio. Cap. 1. Praeceptum legis est affirmativum, ut constituant judices et Ministros seu praefectos, nach Mose Maimonides; Wolf ⁴916.

⁹ 237 (120) Constitutiones de votis. Sunt in universum tria praecepta: duo affirmativa, nach Mose Maimonides, Wolf ⁴915.

¹⁰ 293 (148) Apophthegmata. Capita (Sententiae) patrum.
Toti Israel portio est in seculo futuro: uti dicitur, Et univerus
populus (5 Cap.). — Wolf ⁴321 (auch die folgg.); vgl. unten
N. 157.

¹¹ 317 (160) All Israel haben הבא לעולם חלק, als d. Pasuk sagt:
Und deyn Volk, sy sind allsammt צדיקים. S. 338 האבן פרקים דיא
העבד אונזר אונז שטעהק גוט ענד אויין. S. 341 folgen durchstri-
chene (erledigte) Noten. — Fehlt in Serapeum 1869 S. 140
unter 419.

¹² 365 (184) Capitula Sententiae, sive Apophthegmata Patrum.
Cuilibet Israelitae pars est in futuro seculo: sicuti dicitur: Et
omnis populus, bis Cap. 3 S. 372, und Schluss bis c. 6 S. 375—80.
S. 373 Excerpte aus Hott[inger], S. 374 Dubia, S. 387 Notizen,
Alles durchstrichen.

64—65. 321 u. 321 B. 5 Bde. Qu.

Nucleus Talmudico-Biblicus, Collectus, dispositus et expo-
situs a Balthasare *Scheidio* Theol. D. L. L. Orient. in Acad.
Argentor. Prof., h. e. omnia dicta Biblica quae citant vel ex-
plicant Doctores Talmud Babylonici ... Latine reddita, additis
subinde Talmudicis Juribus, Axiomatibus, Theorematibusque, Hi-
storiis, Fabulis, Parabolis, Sententiis, Adagiis etc. Quibus utantur
Theologi, Jurisconsulti, Medici, Philosophi et Philologi ... T. I
Genesis, 1034 S.; T. III. Levit. (C. I—XV) 1331 S.; [T. IV?]
Lev. XVI—XVII (V. 33); S. 938—2383; T. V. Deuter. 1836 S.;
T. VII: Psalm. Prov. Eccles. Cantic. 1003 S.

B. Totius lib. Biblici V. T. Dispositio et Divisio; 70 S.
und nochmals T. I. Genesis. „De hac Scheidii commentatione
lege Cl. J. A. Fabricii Bibliographiam Antiquariam p. 9. Specimen
hoc ego descripsi ex Rev. Jo. Morgenvegii, Pastoris Orphanotr.
Hamburg., ad quem illud ex Bibl. Hinckelmanniana pervenit.
Possidet vero idem hunc Nucleum in ceteros Pentateuchi libros,
si Exodum excipias. Habet et partem Berachot ab eodem
Lat. conversam."

66. 322. 86 S. Qu.

Interpretatio Commentarii R. S[alom.] Jarchii in Leviticum.
S. 3 Prolegomena R. Salomon Jarchi, vel potius Jerachi (!) seculo XI. uixit ..; giebt eine Bibliographie der Übersetzungen
der einzelnen Bücher, die jüngste ist Obadja von L. M. Grotig

1673. S. 4 beg. Cap. 1: Et vocavit (Deus) omnia verba locu-
tionis. — Ich finde diese HS. nicht bei Wolf, der [1]1064 erwähnt,
dass Theod. Dassovius eine Übersetzung von Exod. und Levit.
versprochen habe.

III. MIDRASCH.

67. 54 (Uff. 21). Perg. kl. Fol., 80 f., zweierlei alt deutsch, vorne
theilweise unleserlich.

[1] [מדרש תהלים] nur C. 17—74; Wolf [2]1331.

[2] 57 [Salomo Isaki] Commentar über Psalm 17—77,7. Die
בלעז fehlen mitunter. Antichristiana giebt Mai p. 26. Wolf
[3]1045. Zu Ps. 75, 8 findet sich ein Zusatz (Josef b. Natan), s.
Zunz, z. Gesch. 86b, wo für n. 57 (auch im Verzeichniss S. 573
unter רשי (פירוש רשי) l. 54; vgl. Zunz, Lit. 271.

68. 308 (Uff. 100). 7 f. Qu., deutsche Cursiv, XVIII. Jahrh.? Die
Schrift hat keine Ähnlichkeit mit Uff. 104 (Cod. 167 N. 162).

[1] בשעה אז משה רבינו האט פטירת משה jüdisch-deutsch, Anf.
זאל שטערבן האט ער כל ישראל גבענשט כמה שנאמר וזאת הברכה בירך
משה למה בירך משה רבינו דוקא אלא ער האט גדרשת (so) הפסוק רבות
ע'כ וערן מיר אך פון וועגן משה עולם הבא זוכה זיין אמן ;בנות.
Ende Wolf [2]1394 n. 550. Serapeum 1864 S. 78 n. 418. Verschieden
von den'Ausgaben. — [Mai p. 146 giebt 14 Bl. an, u. zw. noch:
[2]9 Fragm. einer Grammatik: שער האותיות u. שער הניקוד, worin
Elia Levita citirt wird. — [3]11 Antichristliches, die Stellen des
N. T. jüdisch-deutsch mit neuem Tit. ויכוח אמונה (Mai p. 169),
Wolf [2]1293 n. 174 unter ויכוח, daher bei de Rossi, Bibl. antichr.
p. 123 n. 170; Serapeum 1864 S. 38. — [4]13 (Mai p. 169) דרשה
שעני נייסטליכי אייזערלעזני אונט unvollständig. — [5]14 לשבת תשובה
זינרייכע רעצל שטיקליין איש נאטש ווארט געצאגין, zuerst deutsche,
offenbar aus christlicher Quelle umschrieben (z. B. יאהנעש und
מעלהיזדק מלכי צדק für, bei Mai p. 170); das vorletzte hebr. lautet
im Cod. München 246, 17 ובא אביו בלא ⁄. ובא עלי אילן . . עוף עף.
רנל, לוקחהו ולא דינל. Vgl. auch Cat. Lugd. p. 80. Wolf [2]1301
n. 213 unter חידות; vgl. Serapeum 1864 S. 38.

69. 97. 155 f. Qu., verschied. grössere span. Cursiv, theilweise mit rothen
Initialen und Arabesken, XV. Jahrh.? Zuletzt: „Commentaria haec allegorica
in Pentateuchum emit Ludovicus Bourguetus Nemausensis, a Saulo Merarj
Judaeo. Verona d. 12: Maij 1701." Gehörte Unger.

[פירוש] מדרשות רבה ותנחומא וספרי על דרך החכמה לן בונט
Ibn Bonet [d. i. Jedaja ha-Penini, s. H. B. XVI, 20][1] erklärt
und sublimirt in philosophischer und ethischer Weise einzelne
Stellen aus den in der Ueberschrift genannten Midraschim, deren
Pericopen angegeben sind.

auf.[1] בתחלה נברא אדם... ואין שניהם בלא שכינה. כוונת המאמר שהאשה
המקבלת הזכר ראויה שתהיה מוכנת בקבולו עד שכל אשה שתזדמן
לא יתכן שיתחבר. אליה אי זה זכר. זה כבר התבאר והתאמת. וזה שכל
זכר לא יתחבר לאיזו נקבה אבל יחפש אותה הנאותה וחמיוחדת, ועמה
לבדה ימצא, עד שאלו הסתרנוה ממנו או תסרב הוא בחברתו בשנוי
תכונותיה הראויות בקיום החברה הנה כאלו הוא אז מסתלק מהנאות לבד
'אבל גם אולי מהמצא זהו ענין הבראם הא' מן הא. Exod. beginnt f. 9,
Levit. 27, Num. 40b, Deut. 60b; Ende 68b חכמה
למה לא למדת חכמה 68b; Ende
אימשנם (so) הצטער.

החלק השני בביאור מאמרי בעלי (so) בראשית התורה בתנחומא 68b [2]
בראשית. ילמדנו רבינו י"י בחכמה יסד ארץ כשברא הקב"ה את עולמו נתעיין
בתורה... לי גבורה הכונה שהתורה היא התכלית בבריאת העולם; Ende
וחשיבות הנהגתו. והנה הגענו בזה השיעור להשלמת מה שהסבכמנו 124b
על בריתו וביאורו מהמאמרים בעלי הרמז וההסתר בחמשה ספרי תורה
מהתנחומא. תם

ספרי. חביבין ישראל שאע"פ שהם טמאים.. טומאותם. ידוע 125 [3]
שמשה לא Ende; הוא שהטומאה ב' מינים טומאת הגוף טומאת הנפש
היה יודע אימתי מדבר עמו כמו שהתבאר. וזה מה שנפלה עליה הברירה
בספרי במאמרים אשר הזדמן לי בהם הבנת חדוש חדוש ורמז מועיל סתם.

69B. 56. Oriental. Papier 116 f. kl. Fol., oriental. kleine, sehr deutliche
Schrift des im Epigraph sich nennenden, zum eigenen Gebrauch copirenden
Moses (מ'ש'ה' ist auch in Zeilenanfängen hervorgehoben) b. כבו' גדו' קדו' מרי ורבי
Isak המלמד, 1. Elul 1754 Contr. (1443, nicht 1444, wie Wolf [4]868) in Haleb
(מדינת צובה). Im arab. Verkaufsvermerk sind einige Worte überstrichen:
ממא אשתרא הדה אלמצחף אל ש' | שיך'] ... מן אלש' מוסי תראבלסי והופא (so) אל..
רחמה " אללה תע' ת'ם אשתרינאהם הדה ואכ'יה מן ארתת אלמרחום ען ופאדין בחצ'רה" אלש'
עבד אלרחמאן בן אלריאן ובחצ'רה" אלש' מוסי אבן אלמרחום ובחצרה" אלש' מוסי אלקטאן
ואבעה ולדה אלש' שמט אלמרחום בתמן [בת'מן] מא אשתראה מן ש' מוסי תראבלסי .. איצ'א
עלי יד אלש' מעתוק 'אכיה אלש' יעקב 'בן דייאן ס'ט' ובחצ'רה"
(so) בן דייאן[2]) ובחצ'רה" אכיה אלש' יעקב 'בן דייאן ס'ט' ובחצ'רה"
אלש' מוסי תראבלוסי ס'ט'.

---

[1]) Ich finde die HS. nicht bei Wolf, der ¹35 n. 59 (²1457) die HS. Vat.
(293, Zunz, z. G. 467) nach Bart. u. Sabb. unter Abraham ibn Bonet anführt.
Jedaia nennt sich En-B. Abram, d. h. ben Abraham.

[2]) **Wohl eher** אלדייאן für דייאן (auch arabisch) mit Dagesch, vgl. אבן אלרבי;
s. H. B. IV, 65; VII, 26, XI, 135—6; XIV, 29, XV, 84; Cod. München 137; vgl.
אלרב בן in כ"ח IV, 86 (Geiger, Divan des Abul Hasan 89).

תורת המנחה, Homilien über den Pentateuch von Jakob b. Chananel Sikili, oder Sikilli (סקילי, aus Sicilien, „Sikeli" bei Zunz, zur Gesch. 516); im Epigr. כמה שלקט וחבר הרב הגדול המעוז המגדול נר הגולה עמוד הימיני הפטיש החזק הרב המובהק יחיד צקלי) יעקב חסקלי, und הדור ופלאו ממזרח השמש עד מבואו nach arab. Umschreibung hat Asulai s. w. (תורת). Anf. לך אני הושיעני כי דרשו מעל ספר האל וקראו דת עז פקודיך דרשתי und 4 Verszeilen מבטחה, schliessend mit dem Titel. Vorw. וזאת תורת המנחה אשר הבאתי והכנתי, ובנפת האמת סלתה הנפתי; es folgt jedoch unmittelbar טעמו וראו ותנו ושאו אז (¹לפרשת בהעלתך); zuletzt 16 Verse, Ende תמצא סוד מילולי. Die Homilien umfassen auch die Festtage; zum Versöhnungstage geht ein רשות voran, endend ולפיכך אבנים (so) עצמי במקום שאיני ראשי ברשות שמים כו'; einige Pericopen sind zugleich Gelegenheitsreden, z. B. כי תצא ולפטירת צדיק וחכם; andere haben 2, auch 3 Homilien. Der Vf. verbreitet sich meistens über haggadische Stellen mit philosophischem Anstrich (citirt חכמי המחקר und חכמי הטבע), hat oft ד"א. Autoren sind äusserst selten angeführt, z. B. תבוא f. 67 ein Differenzpunkt zwischen Nachmanides (auch sonst) und Abr. b. Chijja ha-Sefaradi; ואתחנן 2 mal). Vom הרמב"ם ז"ל בתשובת שאלה (תצא) 62b, vgl. in Arabischen hat Jakob schwerlich viel verstanden, obwohl es in בהצטיירות נשמיות שקורין לה אלקוה אלמתכיילה (62b) heisst תצא in Cod. Uri 97 f. 149b וקוראים אלרדאיל אלנאטקיה. Im Vorwort heisst es כאשר הביא אלוה בידי מגלה טפח ומכסה טפחים ולא הבאתי ממדרש רז"ל כ"א מעט מזער כי סמכתי על החבור הגדול שלקטתי ואספתי על התורה וקראתיו תלמוד תורה (vgl. H. B. XVI, 107). Selten sind Ausfälle auf andere Religionen, z. B. zu Debarim (zugleich über Threni u. 9 Ab) ולא די להם זה אלא שציירו כל החצר של מקדש מתבנית ע"ז כמו שעושים הנוצרים היום בבית ע"ז שלהם דכתיב ואבא ואראה וכל תבנית רמש וכו'. Vgl. auch Polem. u. apolog. Lit. S. 337 (l. XIV. J.), s. S. 367. Ende הקות f. 14 ועד שנחרב והוא ארבע מאות וחמשה וארבעים (ועשרה ובין הכל שמונה מאות ותשעים תוסיף עליהם חצים שהוא ארבע מאות וחמשה וארבעים הרי אלף ושלש מאות ושלשים וחמשה) הרי אלף ושלש מאות שלשים וחמשה ומה שנאמר ומעת הוסר התמיד וגו' אלו החמשה וארבעים שחסרים מחשבון זה לחשבון זה הם הזמן שיהיה בין משיח בן אפרים לבין משיח בן דוד. Eine HS. Gen. Exod. sah Asulai; die Bodl. enthält Gen.—

---

¹) Wolf ⁴867 hatte noch als Anfang אחרי מות, giebt aber auch 144 Bl. an.'

Levit. (Uri 97, und wahrscheinlich Copie Uri 94, Wolf ³459),
und Lev.—Deut. (Uri 166, von mir ergänzt aus Uri 360, s.
meinen Conspectus Codd. p. 6); bei Wolf ²1451 n. 751, ³292
n. 682, s. Cat. Bodl. p. 1291.

70. 237 (Uff. 152). Zusammengesetzt 56 f. Qu., verschied. deutsche
Cursiv, XVII—XVIII. J. Auf dem Vorderdeckel היא ג"כ ג' ספרים יחד.

[1] Predigten und Entwürfe, anf. דרוש ליקרא אצל החבר ג"ח ער"ח;
f. 2b ניסן תמ"ז. דרוש לשבת הגדול פ' צו תמ"זל. Uff. betitelt das
מדרשים; fehlt bei Wolf ⁴1048 n. 348b. Vgl. folg. N.

[2] 11, 12, oben כאשר יתעורר, ליחוד קב"ה ושכינתיה, rechts 6., anf.
אדם אחר חצות משינתו יאמר פקח עיניך וראה ויכווין כי שם הוי"ה; vgl.
unten [5].

[3] 13 Predigten über תרומה פ', anf. מורי ורבותי לא לדרשה
קאתינאי ולא לבקשה קאתינאי; fehlt Schluss.

[4] 25, 26, verblasstes Fragment.

[5] 27—30 (hinter 34 gehörend) Fragm. von סדר היום, ein
ethisches und rituales Werk [höchst wahrscheinlich von Benjamin (oder Benusch) b. Jehuda Loeb Kohen, vgl. Cat. Bodl.
p. 790], am Rande von f. 31 steht אליעזר עם שש אותיותיו ועם
הכולל ני', auch f. 31b am Rande gehört zu Namenserklärungen;
Vorbemerkung: ידוע הוא מ"ש ד"ה ע"ה ראשית חכמה וגו' ע"כ מן הראוי,
der Vf. will zuerst behandeln הנהגת האדם בינו לבין המקום הוא להציג,
dann בינו לבין עצמו, dann בינו לבין חברו, Alles בקיצור מופלג. Den
Anfang bildet ein Citat aus ס' היראה des Jona (Gerundi): טוב.
אמר המחבר ראיתי להעתיק לך איזה פרפרת נאה :unten 31 .F לגבר.
ממה שכתבתי בחיבורי ספר שם טוב והוא מיוסד על סדר הנהגת האדם
ע"פ הקבלה, וזהו כאשר יתעורר האדם משינתו יעורר אצמו (!) לקום. Das
hier offenbar gemeinte, zuerst 1706 gedruckte שם טוב קטן kann
ich nicht vergleichen; f. 27 ע"ב הגיע שכלי הדל לכתוב מה שהוא מן
הצורך הגדול בהנהגת האדם בינו לבין בוראו ... בינו לבין עצמו.
Vgl. oben [2] und unten [13]; ein Fragment in No. 333. — Bei
Uff. und Wolf ⁴1053 n. 457c als הנהגות.

[6] 35 („34") Notizen.

[7] 37 jüdisch deutsche Notizen דוד המלך זאגט אין תהלים אין
תמינא אפי זאת היתה לי .. איז קשה ער זאגט זאת איז משמע ער טייט
אויף עפש אויף וואש טייט ער דז ער זאגט זאת ע"ק וואז כי שטיט.

[8] 40 שנת ועלר מיסל יעקל כמר של הברית על וארא לפ דרוש
וארא über תכ"ב לפק.

⁹ 42 Notizen und Erklärungen.

¹⁰ 45 Predigt ברשות אל שוכן רומה.

¹¹ 48 Ein Bussgebet, Anf. fehlend, worin die Leiden der
Juden aufgezählt werden: ודוד ראובני הבא (so) מאונם פארטינאל
ממדינת עשרת השבטים מעבר לנהר גוזן הארבעים וארבע שבשנת ש״א
לאלף השׁשׁי עינו את היהודים שבמדינת פיהם u. s. w.; n. 53 ist die
polnische Calamität vom J. תט״ז; darauf heisst es (48b) כל אילו
הצרות נודעים לי אשר מצאו אותנו ועברו על ראשינו לבד מה שעברו עלינו
אשר לא נודעו לי und werden die Länder aufgezählt. Ende 49b
כרהם אב... וסלחת לעווניגו כי רב הוא, בא״י חנון חמרבה לסלוה.

¹² f. 50, 52 wiederum Fragmente von Notizen.

¹³ 54 הקנאה היא מדה נרועה ist wiederum ein Fragm. des
ע״כ הגיע שכלנו הדל לכתוב ולהורות הדרך שילך ויתנהג f. 55b; סדר היום
האדם עם חביריו ובזה נשלם כל נ׳ ההנהגות... ולע״ד זהו כוונת רבינו
הקדוש בפירקי אבות שאמר איזהו דרך ישרה.

¹⁴ 56 Fragm. von Notizen.

71. 227 (Uff. 206?). 135 f. Oct., deutsche, nicht durchaus gleiche Cursiv
XVII—XVIII. J.; oft durchstrichen, Autogr.

Predigten und Notizen zu solchen und Fragmente, zuerst
über Ab. Sara 17b אלעזר בן דורדיא; f. 6 43 דקדוקים über Cha-
giga f. 3 אצל חבור׳ נ׳ה ר׳ח תמוז תס״ד (1704) 11; ר׳ יהושע בפקיעין
in Worms, 12 desgl. 1709; 18 סיום על משניות ר׳ח אלול תס״ה; f.
64b —67, 88, 90, 115, 119, 124 scheint nachträglich כתבתי am
Anfang der kurzen Erklärungen notirt. F. 79 פ׳ וילך ש״ש תמה,
darunter bloss בעיר. רוסטין (?) — Uff. 206 (Wolf ⁴1048 n. 348b)
giebt מדרשים und CLXV f. an. Vgl. vorige N.

72. 115. 68 f. kl. Oct., früher bis פה gezählt, nur zum Theil beschrieben
(1710).

„Pschätchen" und Notizen nach den Pericopen geordnet,
wahrscheinlich von David b. Jakob; f. 1: אני קטן דוד בן כמר
יעקב ז׳ל מק׳ק אושינבורג למדי (so) בק׳ק העענא (so) אצל מהורר בענדט
שוואב בפילפיל (so) ובסברא והלכה כראבה ולא כבייא (!) בייעל׳ קינם׳
ת׳ע לפק.

73. 93 (Uff. 205). Zusammengesetzt, 51 f. Oct., verschied. Hand, deutsch,
XVII—XVIII. J.

Fragmente von hebr. und jüdisch-deutschen Notizen aus
Predigten und Erläuterungen; z. B. f. 26 אין. דרוש לפרשת נשא.

קשה וואָרום האָט ער גיבאַטן דיא לויים דוּוקאַ בזונדר צילן אַדער וואָרום
זאַגט ער לבית אבותם. Wolf ³1199, ⁴1048 n. 348b unter מדרשים.

74. 107 (Uff. 154). 45 f. Qu., verschied. deutsche Current XVII—XVIII. J.
Vorträge über einige Pericopen, jüdisch-deutsch („der מדרש
macht") und hebräisch. Bei Uff. דרושים. Wo bei Wolf?

75. 158. 12 f. Qu., neue deutsche Current. F. 1 המאור (so) הסכמות
הגדול כמהור' דוד ר"מ דעלפסוק (?) הנה ראיתי הספר הלז..., privilegirt auf 7 Jahre.
Fragmente einer Sammlung sogenannter „Pschätchen" für
jede Pericope des Jahres, anf. פרשת בא למה הביא עליהם חשך
משום ב טעמים.

76. 187 (Uff. 197). 24 f. Sedez, meist deutsche Cursiv, XVIII. J., gehörte
dem Schalom b. David Grün, dem Schalom b. Elasar u. Schalom b. Koppel
Levi, auch dem „Beyssus" [Beisass] Löb Franckfurth d. m.
Notizen über Pericopen, u. A. nach מהרי"ך, Gebete u. dgl.;
Uff. giebt 'zuerst מקור החיים „sive Medrasch in priora com-
mata libelli Esther" an, daher bei Wolf ⁴822 n. 620 unter
Chajjim Krochmal. Ob desselben 1697 gedrucktes Buch etwa
benutzt sei, habe ich nicht untersucht.

77. 268 (Uff. 228?). Fragmente Qu., 74 f. (Uff. hat 89 f.), verschied.
deutsche Cursiv, XVIII. J.
Notizen, Erläuterungen, Predigten u. dgl. Eine genaue
Abtheilung ist kaum ausführbar noch lohnend; es müssen einige Nachweisungen genügen. F. 19 (קב"ד) beginnt ק' חולין דף,
בתוספ' ד"ה כשקדם, f. 21 Anfang eines ausführlichen Registers.
F. 24 (צג) מהנאון מהורר ר' אליה (?) oben (צח) 29 ;פ' עקב
(הידושי הלכות) מאמ'ו כמהר"ר אברהם ברודא זצ"ל שהיה חונה פפ"ד
דרוש לפי' עקב, במס' כתובות דף י"ב ע"א also ist auch wohl f. 16b
מאדוני מו"ה א"ב derselbe Abr. Broda (b. Saul, gest. 1717, s. Cat.
Bodl. p. 671 u. Add.); f. 34—39 הדושים על מס' ב"מ ממ"ר הגאון
הגדול המפורסם אב"ד. ור"מ בקק פראנקפורט לע"ע über verschiedene
Tractate; f. 41 דף ג' מס' גטין מהרא"ב זצ"ל. הידושי הלכות.. F. 48
חילוק דריש פסחים F. 62 מאב"ד דקק קאבלעניץ (d. h. grosse Disputation), daneben ור"מ דקק נ"ש.. (d. h. Nikolsburg, wo Abr. Broda
war). — F. 67 Fragm. einer methodologischen Schrift, bis f. 72;
f. 72b חנני השוכן בשחק | לזה ספר המחוקק | ע"כ אקוד מרחוק | נאם מנקת
יצחק. — F. 55 eine Diebstahlsanzeige mit deutschen, und unten
mit hebr. Lettern.

78. 269 (Uff. 140).   14 f. (Mai p. 407 hat 23) Qu., deutsche Cursiv, XVII—XVIII. J.   F. 14b הק' אהרן זעליג מרגליות (scheint nicht Abi Esri Selig, Cat. Bodl. p. 2580); f. 6 eine Notiz בשם הגאון הגדול מוה"רר העשל זצ"ל (Josua b. Jakob, gest. 1663), f. 12b eine Notiz (?) בשם מחותני החריף ובקי מהורר צבי הרהק (?) מטימרקברק.

עשרה פרקים השייכים לדרוש ויתבארו בעז"ה כמה כללים ותירוצים וקושיות ופרק א' ידבר באדם הראשון... בראשית ברא אלקים כתבו המפרשים הטעם דלא כתב אלהים ברא. Inhalt der 10 Kap. bei Mai. Wo bei Wolf?

79. 270 (Uff. 227).   Zusammenges. 66 f. Qu., deutsche Cursiv XVIII. J., stark beschädigt.

[1] Erklärungen, f. 2 unten: שמעתי ממו' הגאון ר"מ דקק פרא.

[2] 3 מעמדות על פירוש, anf. בעל (so) בראשית כתב רבי יעקוב, citirt Kimchi; Ende defect. הטורים איתא במדרש שלכך פתה התורה F. 62 ein deutscher Brief, datirt יתרו 481 (1720) von Salomo b. Mordechai, wie es scheint ein Bettelbrief des Verf. (schon verblasst), worin von dem Comm. die Rede ist, auch von כהרר ליב ש" מיין גוועזנער תלמוד (so) על ידי הבחר (so) כמר מאיר כ"ץ; f. 62b מיין תלמוד כמר זלמן כ"ץ.   Wolf [4] 1052 n. 391.

[3] 63 Erörterungen über Talmudstellen u. dgl.

80. 305.   18 f. Qu., verschied. deutsche Cursiv XVIII. J.

[1] Fragmente von Predigten oder Erklärungen, nennt f. 2 מורי ורבותי שלה", בעל עבודת הבורא; — f. 6 ברשות אל מלך יושב, dann לא באתי להאריך בדרוש, angefangen u. nochmals abgeschr. f. 10 u. f. 12. — 7b מהרב מאור הקטן וילך משה, einzelne Notizen (das Buch des Meir Tarnopol erschien Fürth 1697 nach dem Tode des Verf., Cat. Bodl. p. 1717).

[2] 14 כרם הכא אני הוא הקורא ואני המדבר שנ' אני דברתי אף; שבת הגדול wahrscheinlich für ...קראתיו, ומקשה המדרש מנא לך הא f. 15b unten שייך כאן עניני פסה.

[3] 17 ברשות האל המציע (so) מכל צרה... אתחיל לדרוש בפ ויקרא

81. 222 (Uff. 162).   Zusamm. 3 f. Octav.

[1] Ein Pergamentblatt, Amulet für Gebärende mit magischen Figuren.

[2] 2 Bl. deutsche Current, wahrscheinlich aus einem andern Codex דרוש נאה שדרשתי לסוכות. מעניני דיומא ולקחתם לכם, unvollständig. In Catal. Uff. werden 14 f. angegeben.

82. 169 (Uff. 231).   95 f. Oct., deutsche Cursiv XVIII. J.

Halachische u. haggadische Notizen, deren Schreiber das
שבת שובה פה ק״ק נ״ש תס״בל מכתב לפק ס׳ הפליאה kennt (f. 40); f. 41
(Predigt) Nikolsburg, Herbst 1701.

IV. GEBETE.[1])

a) **Allgemeine** (הפלה, סדור).

83. 128 (Uff. 49). Perg. 158 f. kl. Qu. in 2 Col., deutsche Quadratschrift, alt; theilweise falsch gebunden. Der Scheidebrief f. 146 datirt
Sonntag 3. Elul 5096 (1336) in Marburg (מרפורק), Aussteller Matatja b. Jakob,
Zeugen Reuben b. Jakob und Simon b. Jakob. Ein „Epigraph אהרן בר יעקב
בני יוסף שיחיו (so) נולד לי אשתי (!) F. 146 „ו״ל הסופר (Dukes) fand ich nicht.
בליל ד׳ ט״ו חשון בפ׳ וירא אליו בר״ת ו׳הנה ש׳לשה א׳נשים נ׳צבים עליו שנ״ז לפרט.

[1] Fragment eines Gebetbuchs; 1b Haggada mit כי לו נאה,
dann 1. 8b unmittelbar זכרנו לחיים; 14b הלמא טבא, defect. Wolf
[2]1286, 1348.

[2] 19 [עמודי גולה] von Isak aus Corbeil], zuerst der Brief;
der Index f. 58 geht nur bis § 111, die Noten stehen zwischen
dem Text, was Mai p. 38 (Wolf [3]567) übersehen hat.

84. 116 (Uff. 106). Perg. 187 f. kl. Qu., deutsch, theils roth, miserable
Federzeichnungen; Punktation theils verblasst, stark beschädigt; zuletzt
שליט (sic) זה התפלה בראש חדש סיון ביום ו׳ והפרט רי״ט סליק. חזק ונחזק (so) הסופר.
לא יוזק זה היום ולא לעולם עד שיעלה חמור בסולם   אני יצחק ב׳י׳ אברהם כתבתי זה התפלה.
שלי״ט שלי״ט חזק ונתחזק.   Scheint der Schreiber von Cod. München 3 in Ulm.
Vgl. auch N. 293, [2].

Gebetbuch, 92b Haggada, 111b כי לו נאה (Zunz, Lit. 88),
112 Abot, zuletzt הושענות.

85. 34 (Uff. 52). Perg. 298 f. (falsch gebunden) breit Fol., splendid, bis
f. 52 grosse Quadratschr., dann gothisch, XIII—XIV. J.? f. 52b (von Mai?)
am Rande: „Annus scripti libri ex initialibus vocum" etc.; die Worte (Ende

---

[1]) *Sämmtliche* Nummern, in denen der Ritus nicht angegeben ist,
gehören dem *deutschen* an. — Die Unterabtheilung, resp. Benennung, der
folgenden HSS. weicht theilweise von Mai (Uffenbach) ab, dem die Aufzählung bei Wolf [2]1346 ff. (unter כמחזור) folgt, ohne Näheres hinzufügen;
die Anführung unter den einzelnen HSS. wäre nutzlos, es genüge hier die Angabe der Nummern unseres Catalogs nach ihrer Reihenfolge bei Wolf: pag.
1346: N. 110, 103 (u. 24), 111, 104; p. 1347: N. 102, 109, 107, 105, 119b, 108,
106, 113, 98, 90, 89, 131, 87, 118, 127; p. 1348: N. 117, 83, 88, 96, 85, 122,
129, 97, 116, 128, 124. — 5 Exemplare Unger's macht W. [3]1224 summarisch
ab, weil er in ihnen nichts Besonderes gefunden, vgl. unten, N. 93. — Die
Varianten im Gebet עלינו giebt Mai p. 65 zu n. 53 (Cod 40a, unten N. 122:
תוצרות), aus den verschiedenen HSS., den Hymnus הגוים אפם ותהו p. 70 hauptsächlich nach n. 32 (Cod. 33, unten N. 107, schon bei Eisenmenger I, 134);
הגוים אימים זמומים p. 72 hauptsächlich nach n. 30 (Cod. 12, unten N. 102);
vgl. Polem. u. apolog. Lit. S. 247.

חזק ואמיץ לעיניני רוחו הטובה יעיר שנת גאולה יראנו יחייינו רב וצעיר, ‏(מעריב ליל שביעי
מיד בן נכר ..., welche Mai 40 als 229 (1469) berechnet, haben die Zeichen
nicht über den von ihm mit Strichen versehenen וצעיר ... גאולה! Vielleicht
ist bloss גאולה für die Zehner und Einheiten zu rechnen??

[1] Fragment eines deutschen Gebetbuchs, Jozerot u. מעריבים,
f. 7 in עלינו: וכסא כבודו בשמים .. ללא יושיע.

[2] 101—99. אמרהרב הגדול רבי משה בר מיימון. שלש עשרעקרים.
ראוי לך שתידע עיקר כוונתינו העיקר התשיעי הנסיחה ר"ל ההלוף והוא כי
זאת תורת משה רע"ה לא תהיה נסוחה ולא מתחלפת. — העיקר הי"ג
הוא תחה"מ כבר ביארנו ענין. Vgl. Catal. Bodl. p. 1887 n. 76.

[3] 102 (u. dazu f. 53—101) [Jakob b. Ascher טור. ארח חיים].
Wolf [3]449.

[4] 184 (eingeschaltet) ראיתי להעתיק הלכות דעות להרטב"ם ז"ל
שהם דברים המישרים אורה חיים; Mai p. 62—64 giebt aus dieser
HS. die Varianten zur Bragadin'schen Ausg. (Wolf [3] 775).

86. 37. Perg. 205 f. breit Fol., zusammenges., verschied. deutsche Schrift,
theils roth, Handzeichnungen (z. B. f. 114 betende Juden, in Mönchsgewän-
dern mit Kapuzen!), auch colorirte grössere Bilder (z. B. f. 1, 24 ff., 78 ff.,
133, 154, 165b, 167b, 169b) Initialen; Einiges ganz ausgeführt; originell ist
die Ankunft Elia's f. 35b, der Geschmack ungleich. Isak b. Simcha als תורה חתן
f. 69 ist der Schreiber[1]), Abr. b. Simcha בראשית חתן f. 70 ist wahrscheinlich
der Bruder; s. unten [4]. F. 205 עמי, ע'מלי אני י'ודע לכל שער אביני מלכנו ...
ונחלתי וחלקי שמתי עליו שמי, ק'דם התחתימה חלפו ערן וערנין רבות, ב'יגיעה גדולה והוצאות
מרובות. חנני אלקים את זה לי ... (?) אחרי ב"ר יונתן זצ"ל הלוי also Jakob b. Jonatan
ha-Levi; f. 36b an einer Randnote (?) אני נחום בר יעקב הלוי זצ"ל מעיר אוטינגן
Sohn des Vorigen?

[1] Gebetbuch, jetzt beginnend mit ש'ע für ר'ה, aber f. 2 ist
ב paginirt; f. 16 Beschneidung, 18 Hochzeit, 19 הטבת הלום, 20
Benedictionen, 24 Haggada, reichlich aber mit wenig Geschmack
illustrirt, 40b כי לא נאה; f. 50 beginnt Ma'arib für Schabuot
u. s. w., meist Ritus Mainz, 77 זה במגנצא אומ' כיום ראשון של הנוכה
יוצר לההפסקה מר' 86, ויוסד (so) הקליר (אעדית כל שמונה בשוש נרות)
מנהם בר מכיר; folgen Sulatot u. dgl. Einige wenig bekannte
Stücke hebt Dukes hervor (vgl. zur Kenntniss d. n. rel. P. S. 149
A. 43, S. 171, N. XVI); vgl. Zunz, Lit. 110 über אתה אלהים.
Lit. 494: Mose b. Elasar, unten N. 145, u. s. N. 98.

[2] 120 Bauernkalender ohne Ueberschrift, anf. הנה אשכילך
לדעת הכמת העיתים, ובני יששכר יודע בינה לעתים, ועתה אשכילך מה יקרה

---

[1]) F. 122 steht oben von jüngerer Hand התפלה הזאת בשנת קצד נכתב
שמחה בר יצחק הוא והתופר, der Name ist in die Tabelle eingeschrieben, גנשמן
welche mit Cyclus רעד (5188—5206) beginnt.

כהם. יאנוארי אם יבא ר״ח שבט ביום א׳ בטבת (!) יהיה הורף טוב
dann סימן אם זול ,ירידת שלנים, שער התבואה, הרוצה לידע ירידת נשמים
אם יקר u. dgl., dann Tabellen über הלוך המזלות und Anweisungen
über das Regimen nach dem Stande des Mondes in den Stern-
bildern [ursprünglich wohl der Mondstationen]. F. 122 beginnen
Tabellen für das קביעות nach dem 19jährigen Cyclus und folgt
die Anwendung für die Pericopen mit Commentar. F. 123b
סליק זה (!) f. 129b ;נשאל לרבינו יעקב בר׳ יקר מה ראו לדחות המועדים
הלוחות בע״ה החרות על הלוחות... Es folgen aber weitere Tabellen
über (שאלת נשמים) יתרונות ,מולדות, שאלה.

³ 133 [קינות] nur bis 177b punktirt, zuerst על אלה ועל אלה;
auch hier wird auf den Mainzer Ritus hingewiesen, z. B. f. 135,
153b; f. 170b (so) יסד הר׳ משה בר׳ אלעזר קנה זה (מה קול הצאן)
ציון 180b n. 44: ;הכהן על קהלת ווירצבורק רוטנבורק נורבערק הי״ד
f. ,זושלין ציון von ;ציון אשר נויך, בכי אשר נויך von Jakar ha-Levi; יי לכם
182 n. 45, nennt Städte und Personen; 187b n. 49 שלומית v.
Salomo.

⁴ Ohne Ueberschrift [מנהגים], Zunz, z. Gesch. 89] מנהג כשר
שרגילין להתחיל לתקוע מר״ה אלול, geht dann auf Fasten, Neujahr über
u. dann nach den Monaten bis zu Ab, worauf Salbat (f. 204)
das Ganze beschliesst: zuletzt המנהיג הנאמן. ואני יחיינו וזרעי יורשנו
יחזק, auf der folgenden Rasur steht נאום יהודה בר יצחק, darüber
von anderer Hand יצחק בר שמחה הסופר האמתי, also restituirt.
Die Noten excerpiren מהרי״ל u. nehmen auf Mainz Rücksicht,
citiren u. A. f. 203 ס׳ פרנס (aus מהריי״ל?), vgl. zu N. 190.

87. 42 (Uff. 45). Perg. 236 („235" u. ר״נ) f. kl. Fol., aus verschied. HSS.
meist alt, deutsch; f. 110, 111 halb abgerissen, 110b oben .. הקצין הגאון ..
יוסף אשכנז (so) האן מפרינקפורט; f. 111 מרחשון א״ך לפק, darunter אב״ד ור״ד דעיר מעינץ;
9b שינלה בת מהור״ר שמעון בורכט (??) מפראג אב״ד ור״מ דק״ק מעינץ (Schönle); 157b
אני שלמה בן לא״א כהר״ר אברהם ממשפחת העקשר ז״ל כותב וחותם היו׳ יו׳ ד׳ פ׳ מטות ד״ח
ק״ק לפ״ך תמוז ק״ק מעינץ ת״ך. Auf dem Hinterdeckel: „Günstiger herr Moyses." —
F. 113 ist Einiges in כהושעת radirt.

¹ Gebetbuch, Anf. defect, f. 1b ברוך שאמר; f. 31 (לט) יזכור
enthält ein Verzeichniss von Namen und Ortschaften (Zunz z.
Gesch 318 k., vgl. הליכות קדם v. Polak S. 81 l. Z.?), ob aus
dem sogen. Memorbuch?; f. 47 Haggada mit כי לו נאה; 60 (סח)
Abot 107 (קטו) הושענא; endet f. 113a, die Rückseite unbeschrieben; f. 114 ונתנה תוקף jüngerer ;יוצר לשמחת תורה 121b ist
Zusatz.

אמוני נבונים; מעריב ליל ראשון של פסח .anf ‎[נמחזור‎| 123‎ ‎2, f. 141
(אורות מאופל) יוצר זה יסד מורי רבינו מאיר 176b; אל נשא ארנן f. 158
אתחיל לכתוב פיוטים לחתנים בשם 204b; להפסקה שניה כשבא ובי"ו
אמונתך בגולה, enthält u. A. am Rande von f. 209b שוכן מעונים
von Reuben ליפקינט (Zunz, Lit. 484); f. 225 הטבת חלום, 236b
נשלם שיר היחוד של רבינו יהודה החסיד זצו"ל. סליק.

88. 89 (Uff. 50). Perg. 384 f. Qu., meist gothisch, f. 384 scheint von
anderer Hand ergänzt, hinter יזק לא הסופר ונתחזק חזק ist der Namen radirt,
die Spur von ‎[מיישא‎/ור‎] noch zu sehen. F. 214 המכונה יהודה בר שלמה אני
ליב העירדן שליט מגריש (!) העירדן אצל אנשבך ניקרא זלמן בעכהוזין פה פ'ויאר בך (Feuerbach)
אני נוליד במז"ט ג' בחודש אלול תל"ט לפ"ק. אשתי שי' רומלה נולד במו' י"ב בחדש טבת
לפק (?) תמ"ט. Jahrzeit der Mutter, Gütle, Frau des Löb Bechhausen, Sonntag
7. Adar 452; אשתי שי' (so) רומלה אשת זלמן בעכהוזן יארציט של אבי (so) כ"ג טבת
תל"ג לפ"ק; f. 213b die Geburt eines Wolf, Dienstag 24 Kislew 467, und der
(נוליד!) גוטלה Montag 3 Schebat 469. — F. 213 לזיכרון, dass Mittwoch Nachts
23 Tebet תעא ein grosses Feuer gewesen, welches kein Haus in der „Gasse"
unbeschädigt liess, ohne Zweifel in Frankf. a./M.; s. Schudt, Jüd. Merckw. II, 70.

‎1 Gebetbuch, Anf. defect; f. 31 Haggada, mit כי לא נאה,
38b Abot; 48b סליקו הפרקים אבתוב תפילה מימים הנוראים, dann
Sukkot. — F. 68b beginnt לשבת בראשית, f. 94b אורות מאופל הזריה
ist u. 43 gezählt; f. 97 סימתי יוצרות וזולתות והא לך מעריבים.

‎2 113 ohne Ueberschrift בפורים נהגו העם ומרדכי יצא יצא, sehr
kurz, citirt meistens alte Autoritäten, f. 123 תשובות גאוני נרבונא;
Ende f. 124 תנבה כתובתה ואפילו מן גלימא דעל כתיפאי סימתי
מנהגים של כל השנה, בשם שוכן מעונה. Vgl. Zunz, Ritus 22e.

‎3 124b על נא סמוך ידי ביושר מ—עגל עת משכי לכתוב בחיי עולם
גם ע—בדך יהיה פני כל נ—סגל אך או—יבו יהיה פני כל נכלם
והא לך חיי עולם טוב לנכר, zuletzt f. 135:

אברך אל לפי דעי ושכלי אשר היה למעוז לי וחלי
ועזרני לסיים זה אשר נ — קרא חיי ימי עולם ואיילי
Dieselbe Bearbeitung des הירא ס' von Jona Gerundi s. in
No. 187,‎3. Wolf ‎2 1301 n. 214.

‎4 135b Index 449 §, 138b שבח לגליות שכח סימני התהשביץ סליקו
מקבין, אשר יבינני בעדוותיו (so) בפורשי מצוותיו dann:
אל נא לעבדך מ—תנת יעבץ תנחיל בעת . . (?)‎(1) יד כתוב תשבץ
ברכתיך הרק עלי מעשה ידיו ועל צריו יהי רובץ
הפק לרצון כל מזימותיו יעטה לבוש הדר מעל תשבין
מקצה ארצות צא—נך קבין ותנה לעבדך מ—תנת יעבץ

‎1) Hier scheint noch ein ם oder נו hinzugefügt; das Metrum erfordert
eine Sylbe; vielleicht ist בנותנו (בנתנו) zu lesen.

Die Numeration des Textes ist wahrscheinlich abgeschnitten. S. N. 188. Wolf [3]1169.

⁵ 206b Index zu dem f. 214b beginnenden עמדי גולה von Isak Corbeil mit Noten ohne Unterschriften. Wolf [3]567.

89. 105. Perg. 214 (215) f. Qu., deutsch, theils noch unpunktirt, 216—222 deutsch-rabb. punktirt, f. 178—90 theils roth mit Federzeichnungen.

Gebetbuch, beginnt ישתבח שמך, 59b Haggada mit כי לו נאה, Abot; 144 הושענא. F. 143 [יוצרות] אל נשא ארנן; 151b אורות) 170b יוצר להפסקה שניה יסוד רבי׳ מאיר בר ברוך זציל (מאופל הזריח (יוצר לשבת נחמו) אתחיל לכתוב רשויות לנישואין; endet 177b. — 178 212 ;ליל שמורים; 191 Maarib von Pesach — .אדון אספר סליק מעריבים של ר׳ה.

·² 215—22 Ende Kohelet, Esther und Anfang von Haftarot. Lichtenstein p. LXXVIII n. 34b.

90. 129 (Uff. 42). Perg. 157 f. Qu., deutsch, XV. J.?

Gebetbuch defect, f. 1b ויושע, f. 127 Haggada, 149b כי לו נאה, dann Abot ergänzt bis Kap. 3.

91. 155. Perg. 116 f. kl. Qu., deutsch, theils Quadratschr., theils rabb., XV. J.? bis f. 64 auf jeder Seite farbige Illustrationen mit menschlichen Figuren, auch abenteuerliche Ungeheuer, Arabesken von schlechtem Geschmack, liegend und umgekehrt.

Pesachhaggada mit Hallel, אז רוב נסים 74b, נשמת 75 אומין; (סליקו להו הרהיטין 78 כי לו נאה (so durchweg. f. 80 גבורותיך; f. 80b מוסף פסה und für andere Feste; f. 115 מעריב של חג הסוכות, Ende defect.

92. 182a (Uff. 38). Zusammenges. 173 f. Querqu., bis 126 Perg. I. mittl. alt deutsche punktirte Schrift. Lichtenstein, p. LXXVII, giebt als Schreiber der Psalmen מאיר בן ר׳ ברוך (sic) ר׳ an, woher?

Psalmen. F. 47b (von anderer Hand) פסוקים דאליהו טוב לומר [die 72 Verse], 50b ואתה ה׳ מגן, 49b אותם במוצאי שבתות סדר מערכה, 63 האוחז, 66b הרואה, 62b האדרת והאמונה, של רבינו אליהו הזקן... אם יארע עצרת כי לו נאה; 100b, vor Abot חלום Festgebete; 100, בשבת.. כך ראיתי בווירצבורק בימי הרב ר׳ יצחק בן רבינו יהונתן ובימי f. 111 הרב ר׳ שמואל בר׳ יעקב הלוי ובימי הרב ר׳ יעקב צרפתי אל נשא; von mehreren Jozerot sind die Verf. angegeben, z. B. f. 124 (אלקי ישענו) Menachem b. Jakob der Alte aus Worms; vgl. auch Zunz, Lit. 104. 127 מעריבים] ליל שמורים für die 3 Feste], mehrere מרשות אלהיכם für verschiedene Gelegenheiten; Ende defect in.

93. 200. Perg. 138 S. kleinst. Format, deutsche Minuskel, Initialen in Farbe und Gold. F. 4 (ג) מציוודאל יצ״ו מררי יוסף כמ״ר לא״א בן משה. F. 1: „3 Oct. 1702. Lud. Bourguetus has praecationes emit Veronae a Judaeo;" gehörte also Unger.

Gebetbuch; wahrscheinlich fehlt 1 Bl. zu Anf.; f. 2 אדון עולם; 77b Abot; 87 Maaribim; 107b מלכות כתר von Sal. Gabirol, 119 [שיר הייחוד] und Bibelstücke, darunter f. 131 האמנה פרש׳ (ועתה ישראל מה ה׳ אלהיך שואל Deut. 10, 12 ff.)

94. 208. 204 f. kl. Format, deutsch punktirt XV. J.? f. 11b Federzeichnung den Frohndienst vorstellend, auch sonst erträgliche Federzeichnungen.

Gebetbuch, Anf. und Ende defect; f. 71 Haggada, 89b Abot, 144 Hoschaanot.

95. 212. Perg. 167 f. kleinstes Format, klein deutsch punkt., XV. J.? Einzelnes roth, Initialen farbig.

Gebetbuch, Anf. defect; f. 102 Haggada, 127 Abot.

96. 219 (Uff. 51). Perg. 102 f. kl. Qu., deutsche grössere u. kleinere Schrift, XIV—XV. J.

Gebetbuch, fehlt bis כבוד יהי des Morgengebets, f. 102 beginnt הושענא.

97. 234 (Uff. 112). Perg. 72 f. Qu., grosse deutsche schöne Schrift, XIV—XV. J.?

Fragment eines Gebetbuchs, meist ohne Ueberschriften; f. 3b Mondsegen, 4 חלום הטבת, 27b, נאה לו כי, 28b Abot; f. 54 מכניסי f. 60 קדמונך מנוחה במוצאי, 57b לך י״י הצדקה ולנו בושת הפנים ורחמים; f. 64 Mitte הכפורים ויום ר״ה של תפלה אתחיל.

98. 243 (Uff. 41). Perg. 185 f. hoch Qu., Quadratschr., einzelne Überschriften gothisch, ursprünglich sehr schön; Initialen und Bogencustoden mit sehr netten Arabesken und Federzeichnungen von Figuren, wie sie in HSS. aus Deutschland selten zu finden sind (z. B. f. 71b).

Gebetbuch, Ende defect, f. 1 והארץ השמים ויכולו; f. 41 שפוך חמתך nur bis קראו לא; 49b נאה לו כי, dann Abot [f. 125 falsch gebunden הושענא]; 128 פסח של שני מעריב ליל לליל מעריב, 139b ראשון ליל מעריב זאת לנזורת; 153 זצ״ל נתן בר יוסף ר׳ של שמיני ליל; 168 (so) של שבועות משלם (zuletzt אלהים וזולתך אין עוד ה׳ את באייר, vgl. oben N. 86) u. A.; f. 184 נכרתים זיתים שני.

99. 316 (Uff. 180). Perg. 78 f. 5 Cent. hoch, 3 breit, alt deutsch, unpunktirt, Besitzer: מקראקא שמשון ב׳ר מאיר (נאים).

Fragment eines gewöhnlichen Gebetbuchs mit den Hauptgebeten der Feste. Wolf ⁴1068.

100. 218 (Uff. 226). 117 f. Oct., deutsche Cursiv, XVIII J.?

Gebetbuch, Anf. defect, mit kabbalistischen Bestandtheilen; f. 30 מצוות תרי"ג לך הא; 75 תהלים על פירוש, eine Inhaltsangabe: תיקון 88 א'; מזמור זה נאמר על הצדיק שלא הלך ולא עמד אצל הרשע.. סעודה מיוסד מפי ותיקון חסידים וא'מ בצפת ובירושלים.

101. 205. Perg. 495 f. Sedez, sehr schön, span. rabb. punktirt, Initialen vergoldet; XIV—XV. J.? Cansurirt 1599; f. 305 יושיע לא אל אל אל.. וריק להבל durchstrichen; f. 495 „Io Jeosuah de Medina Celi."

¹ Vollständiges span. Gebetbuch, meist Überschrift רתבה (arab. Anordnung für סדר), f. 421 מנחה צלאה. Nach verschied. Hymnen beginnt f. 25b תפלות סדר mit den ברכות; f. 145- Pesachabend überschrieben הראשון החלק; f. 159 אבות מס', 187 אזהרות des Sal. Gabirol. — Enthält seltenere Stücke (s. Dukes, zur Kenntniss d. n. rel. P. S. 147 A. 37, 148 A. 39, 160 A. 2, 165 N. XII), עזר אשאל von Mose Falcon, פצעוני הכוני für Estherfasten von Jacob Levi. Stücke aus f. 7, 12 (יחיד אחד), 13, 16, 196, 223, 243, 244b, 245b, 249b, 194b (so), 209b, 298, a b, 299, 300b, 316b, 317b (תפל', הארוכה עשרה שמונה), 367, 373b, 375, 414b, 416b, 417, 432, a b, 433b, 434a b, 448 abgedruckt in ציון שומר 1852—3 f. 259b—279b.

² Am oberen und unteren Rande: Psalmen in kleiñer Quadratschrift punktirt.

b) Festgebete (מחזור)

102. 12 (Uff. 30). Perg. 231 f. Riesenfol., splendid; alt deutsch punkt., am Rande rabbin.

Gebete für Neujahr u. Versöhnungstag, deutsch. Rit., enthält minder häufige סליחות u. dgl.; Dukes hebt hervor: תומת אנה אלהי עולם בגדנו אותך אדרוש צורים וחסדם (auch in N. 134, 135), ידך תנרת (auch in 134—6), (135) אליך צורי כפי שטחתי את הקול, יעקב קול ותיק v. Kalon. b. Jehuda (in 103, 105, 133—6, 140), בן עבדך אני וחסיד את תתעטף v. Meir b. Baruch (116, 134, 140), אמתך v. Efraim b. Jakob, מרחוק עצות אומן אמונה v. Isak (Zunz, Lit. 395, auch in 105, 133—6, 140); אהללה ist überschrieben היתום אביתור מר' תקיעתא.

103. 13 (Uff. 27). Perg. 176 f. breit Fol., splendid mittl. deutsch punkt., XV. J.? Einzelnes roth.

Gebete für Neujahr u. Versöhnungstag; 167b שיר הייחוד dem
Samuel b. Jehuda beigelegt; f. 91 הגוים. Enthält u. A. ארוממך
שם הנכבד (Dukes, zur Kenntniss d. neuh. rel. Poesie 154 A. 53).

104. 14 (Uff. 29). Perg. 92 f. Riesenformat, splendid, deutsche schlanke
Schrift, XV. J.?

Festgebete, defect, f. 3 יוצר לפרשת זכור, 90b אף ברי אותת für
Schemini Azereth; enthält פרה, פרה אמרה קשה לפ' שבעתא und
ויבא ארז ראש קצינים: לפ' זכור, beide auch in N. 111.

105. 30 (Uff. 33). Perg. 590 (gezählt „584“) f. kl. Fol., splendid, gross
deutsch, alt, mit Federzeichnungen.

¹ [סליחות] Fragment, f. 1 für ערב ר"ה, nicht gezählt.
² [מחזור] für Neujahr, Versöhn. u. Sukkot; f. 46 מעריב מליל
ראשונה enthält כסא אורי וישעי von Efraim (anch in N. 89, 184²),
f. 132 für den 2. Abend מלך אמיץ כח ורב עלילה v. Josef b. Samuel (auch in N. 87, 88, 116) aus röm. Ritus; 201 כל נדרי, 278b
הגוים אימים; 441 beginnt סכות; 519b Kohelet (Lichtenstein p. LXX
n. 30), 586b מעריב ליל שמיני עצרת.

106. 31 (Uff. 36). Perg 114 f. breit Fol., gross deutsch, alt.

Festgebete beginnt האל בתעצומות, enthält nur Pesach, f. 86b
Hohel. u. andere Lectionen, auch Ruth (Lichtenstein p. LXXI n. 31).

107. 33 (Uff. 32). Perg. 346 f. breit Fol. (eine hebr. Zählung hat f. 281
רפח, die, meist abgeschnittene latein. CCLXXV: f. 317, CCCXI, beginnt א,
geht bis כז d. i. 344, dann defect, 345 ist נד, 346 CCCXXXVII wie Mai).
Schöne grosse deutsche Schrift, theilweise roth, verzierte Initialen, Punkte
theils verblasst, XV. J.? Fol. 312, vielleicht vom ersten Besitzer, Elasar b.
Nachman, ein זכור für seinen Vater Nachman b. Paltiel. F. 346b אני יעקב
בר מנחם בכרך ז"ל המבונה כרוונגאן מודעה (?) בכתיבה ידי דז איך זה המחורים (so) הב
. . הדר בוווילמרשרורף (?) אבגיקבט מיארפך (?); f. 156 הגוים grössentheils verlöscht.

¹ Anf. defect, beginnt im Morgengebet; 14b מלך אזור גבורה,
Ende f. 312 Simchat Tora. Dann einige jüngere Nachträge
(סליחות); f. 316 Index der סליחות nach Ritus Posen (פוזנן).
² 317 קינות] על אלה ועל אלה אני בוכיה, nicht gezählt.

108. 35 (Uff. 35). Perg. 181 f. breit Fol., gross deutsch, mit Federzeichnungen, XIV—XV. J.?

Gebete für Neujahr, Versöhn. und Sukkot, f. 1b מלך אזור,
endet in גשם.

109. 36 (Uff. 31). Perg. 373 (oder 376) f. niedrig breit Fol., gross
deutsch, XIV. J.? Vorne 8 f. Pap. יוצרות von neuerer rabb.; f. 354 ff. von
anderer Hand.

Festgebete; f. 1 לפורים ויאהב אוטן; f. 146 unbeschrieben,
147 מלך אזור; f. 353 endet יתגדל תתקבל חזק הסופר והבעל הבית ויסבבו
und andere אילו פומי נימא F. 354. לשולהנו בנים כשתילי זית א' א' ס
chaldäische Stücke für Schabuot, theils von Meir b. Isak, und
Pesach): אלה עלם דמלקדמין במימריה 357b, אזיל משה וקם על ימא
עלמא ברא 358.

110. 40b (Uff. 26). Perg. 221 f. Fol., alt deutsch, XIV—XV. J.? Alte
Noten am Rande. F. 221 (Namen des Schreibers radirt): יזק לא היום ולא לעולם
עד שיעלה חמור בכולם. כתבתי וסיימתי הקרובוץ יפים ונגאוה (so) בשם י"י צבאות שנים ועשרים
בסיון אני רוצה להתחיל לראש חדש מרחשון.
Festgebete, Anf. המלך היושב, 1b מלך אזור für Neujahr, f. 68b
כל נדרי, 193b אכתיר für Sukkot. Antichristliches sammelt Mai
p. 31, 32.

111. 40c (Uff. 28). Perg. 292 f. breit Fol., ungleich deutsch (theils ergänzt), XIII—XV. J.? F. 95: חזק ונתחזק הסופר לא יזק אני יחיאל בן הח' ר' יוסף'
זצ"ל כתבתי סיימתי וכתבתי לר' מנוח הכהן שיזכה לעולם הבא לפני המקום לכהן, עם שאר
כהנים גדולים. Viele Randnoten von alter Hand.
Festgebete, anf. אילו פומי נימי, 131b מלך; f. 79 אל מתנשא;
יוצר של סכות (מט) 244; הגוים אפס ותוהו 191b; כל נדרי 161; אזור גבורה
272 יוצר של חנוכה defect. — F. 275—88 ist ein Fragment von
סליחות, zuerst אדון בפקדך קונם המצא עבדיך אל; f. 275b ist am
Rand לב gezählt; 288b נפש נשפוך ונפש לב ist נב; f. 289 jüngere Er-
gänzung; 289b (שמיני אותותיו) מעריב לשמיני עצרת לרבי' יוסף חזן בר
זה הים הגדול ורחב ידים יסוד הרב ר' מאיר בר יהודה 291, נתן זצ"ל
(זה היס' של רבינו מנחם 292b, Zunz, Lit. 459), י"י צבאות ומלכותו
אורי וישעי(מגרמישא)מגרמישא בר' יעקב, Zunz 459), von Brand beschädigt. —
Enthält u. A. (שבה), (אלעזר הכהן חזק ואמץ) gezeichnet, אל מזריח נגוהים
אלהיכם אל נעריץ f. 96, (אלעזר הכהן) gez., אלוהי אלוהים שוכן רום גבוהים
אבי f. 130, (אלעזר ברבי יהודה הכהן חזק ואמץ) gez., בסוד קדושים
עד שר שלום יברך עמו בשלום (gez. wie das 1. Stück); sollte Jehuda
und Elasar ha-Kohen bei Zunz, Syn. Poesie III, 109, 311, Lit.
348, 494, 689, 706, auf letzteren allein zurückzuführen sein?

112. 49 (Uff. 172). Perg. 278 f. Fol., vielleicht ergänzt u. zusammengesetzt, plump deutsch, theils gothisch, feiner und kleiner, XIV—XV. J.
F. 234b שלי זאת המחזור נאום ברוך בר נפתלי זצ"ל; f. 3b—4 sind die Buchstaben
יובאממגבטבל am Rande hervorgehoben.

---

¹) Diesen Schreiber (schwerlich der bekannte Jechiel aus Paris) übergeht Mai, er fehlt daher auch bei Zunz, z. Gesch. 210.

¹ Festgebete, anf. **אל מתנשא**, f. 2 **מלך אזור גבורה**, f. 46 **כל נדרי**,
85 **הגוים**, 157b unbeschrieben; 158 Sukkot; 194b ist noch **זולת**
von **הה"ם**. Wolf ³1201, ⁴93 1050.

² (195a unbeschr. 195b—204 ergänzt) **[קינות]** 202—·4 ergänzt (rabb. Schr.), 234b unbeschr.

³ 235 Hiob, Stücke aus Jesaia u. Jeremia; Lichtenstein
p. LXXIX n. 36a.

113. 117 (Uff. 37). Perg. 197 f. Qu., mittl. deutsch, theils roth, XV. J.?
Gebete der Bussfeste etc. defect; beginnt **אז . . סלח לגוי קדוש**
ביום כפור סליחה (Morgengebet); f. 41 **הגוים אימים זמזמים**; endet mit
Schluss des Versöhnungstages und Custos **ליוצר יתחיל החזן**.

114. 119 (Uff. 146). Perg. 296 f. kl. Qu., splendid, deutsch, XIV—XV. J.
Festgebete. Anf. u. Ende def., f. 10 beginnt **למוסף**, f. 97b
הגוים אימים.

115. 139. Perg. 191 f. Qu., gothisch punktirt, alt, das Unpunktirte
rabb. u. kleiner; f. 189b ff. von jüngerer Hand. F. 15b **זה הסדר של יה"כ מגורטהו';**
f. 16 **פעמים ג' צרד רבות לומר נוהג היה מגורטהו' יעקב ורבנא וכורנא.** Jacob b. Meir
aus Nordhausen (Zunz z. Gesch. 193) ist 1349 als Märtyrer gestorben, s.
Kobak's **ישרון** V, 124 (wo die von Dukes citirte HS. nicht eine Hamburger,
sondern Oppenh.), 133.

¹ **[שיר היחוד]** mit anonymem Commentar, Anf. defect, f.
12b **אז ביום השביעי נחת . . שברכו בלחם משנה ובלהם הפנים**. Proben
bei Dukes, Litbl. des Or. VII, 488, 501, welcher Stellen unseres Comm. in Lipmann's gefunden; verschieden ist München
346 ¹⁰.

² 15 Gebete für Neujahr und Versöhn. und Laubhütt. un
vollendet; f. 102b **הגוים אימים** gänzlich verlöscht, auch sonst
(z. B. 179) vom Censor beschädigt.

116. 214 (Uff. 113). Perg. 434 f. kl. Format, deutsch, theils gothisch,
punktirt; farbige Initialen, zu Anfang Portal von zwei Elephanten getra-
gen; s. Mai p. 307.
Gebete für Neujahr (Anf. **מלך אזור**), Versöhnungstag (131b
כל נדרי) u. Sukkot; f. 406b Kohelet unpunktirt. 316b **תתנם**
תבואתה זאת 318 .f ;.Buchst 2 des **תשרק** nach **להתרפה לקללה ולשמה**
לאדום ולישמעאל ולכל צבא רומה תביא עמם שאר אויביך אומה ואומה

117. 225 (Uff. 48). Perg. 283 (281) f. kl. Oct., gothisch, alte erklärende
Randnoten rabb. (citirt f. 112b **אפרים רבינו כתב**). 282b sind Geburten der
Töchter **רוז** (Rosa), **ורומט** a. 281. 282 (1521—2), von anderer Hand die der
מרים, רייכל und **ואגיל** (Vogel) und des Abraham a. **עטרה** bis **אפרה** notirt.

Hymnen des ganzen Jahres ohne die eigentlichen Gebete,
anf. 1b אודך כי אנפת; 48 יוצר לשבת חנדול, 150 נשלם הקרובץ מארבע
אדון אמני 151; ימים של פסח סליק (zu Schabuot); 211 Neujahr;
282 אבינו מלכנו des 2. Tages ergänzt.

118. 226 (Uff. 46). Perg. 104 f. kl. breit Oct., deutsch punkt. XIV—XV. J.?
Pijjutim für Pesach und Schabuot; f. 1 Gebet für טל,
auch f. 61 zwischen beiden Festen defect, was Mai p. 38 nicht
bemerkt hat.

119. 133 (Uff. 147). 110 (auf dem Deckel 109) f. schmal Quart; gross
deutsch, die deutschen Überschriften u. Bemerkungen rabb.; f. 109b בעזרת
השם ית'ש' . . סיימתי באחר בשבת כ"ח אייר רצ"ה לפק הש"ו זכני ויחיני לכתוב ספרים הרבה
כי"ר. חזק ונתחזק, הסופר לא יוזק . . . . אשר יעקב אביגו חלם, נאום הסופר, טרד ושפל יודא
אני גויטלין בת אליעזר 110 .F בר יעקב ז"ל טרנבערק, חר"ש שוטה וקטון שבקטנים בעו"ה
משפחות ציון זצ"ל איליא durchstrichen und Besitzer Jakob b. Jonatan Levi איליא. Auf
dem Deckel ווער אונש דש ספר שטילט, דער איז אין מאר, עש זייא ריטר אודר קנעכט,
זאו איז העגקן זיין רעכט.

Fragment, anf. לך ה' הצדקה 23b; דש יוצר זאנט מן אם אירשטן
כל נדרי f. 101 .f (מלך אזור) טאג בון ראש השנה אז בלדא נוך ברכו f. 52; כל נדרי
Ende des Versöhnungstages תקיעה u. Anweisung. Wolf [4] 1055
n. 513 unter סליחות.

119B. 11 (Uff. 34, Kenn. 629). Perg. 192 f. breit Fol., splendid, gross
deutsch, alt (XIII. J.?).

אני סיימתי 162 .f; תפלות של פסה וסדר פרשיות והפטרות ומעריבים
קרובץ מפסח, אתחיל רשויות ודיברות, לאל שוכן ערבות; der Rest der
Seite und die folgende wurden überklebt, damit das Buch com-
plet erscheine, andere Reste herausgeschnittener Blätter sind
noch zu sehen; f. 163 Hohel. (Lichtenstein p. LXVIII n. 29)
gehört zu חה"מ של פסח; 192b אתה בחרתנו.

120. (179b, jetzt Scrin. 154). Perg. 287 f. Duodez, splendid, klein ital.,
XV. J.? Zu Anfang f. 3 colorirte Vignette, König David etc. F. 1 קנין כספי
אלחנן מצליח; f. 2 sind eingetragen die Kinder des verst. Elchanan Jedidja
Rieti, nämlich: Bezalel [geb.] 23. Cheschwan 375 (1614), Isak Menachem
Anf. Tebet (?) 377 (1616), Jakob Baruch 14 Nisan 380 (1620).

[1] Psalmen. — [2] Gebete röm. Ritus für die Herbstfeste, mit
den liturg. Angaben, anf. סדר המעמדות (Vorbemerkung), סדר
תהנונים (Selichot); f. 60 ענין ר"ה, 77 יוצר לשבת שובה, 78 desgl.
für Sabbat vor Neujahr, 79 סליחות für die Busstage, 99 כל נדרים
(hebräisch); 107b ואומרין סליחות כרצונם, 108b Morgengebet beginnt
mit הלכות סוכה 263b, ענין חג הסכות 232b; אברע אקוד לפני מלכי u.

רשות 286, [אלפ׳ für] פביט 278; עניין שמיני עצרת 266b, Lulab etc., לנשמת ליום הכפורי׳ u. für andere Tage. — Eine der schönsten und besten HS dieser Sammlung, enthält seltene Stücke, vgl. z. B. Dukes, zur Kennt. d. n r. P. S. 146 A. 30, 151 A. 49 Mose b. Josef (Zunz, Lit. 346, 2). Drei Stücke, darunter אשפתות אסופים אסופי, האיר אפליהם משופר, abgedruckt in שופר ציון 1854 f. 357b.

121. 41b (Uff. 56). 170 f. Fol., deutsch rabb. XVI. J.? Besitzer Meir Gerson מויא׳) und ... (radirt) b. הגאון Mordechai Israel.

טייטש מחזור על חלק ימים נוראים], nach Note des Besitzers], beginnt קרובֵץ דז איז ראשי תיבות קול רנה ... דז מיינט טייטש שטים גיזאנג און הילף אין גיצעלט ואן צדיקים. אלי די ורומי דיא ווערן זיך משמח זיין מיט דעם מַחֲזור עז איז איין חדוש דז איז ניט מין(²) איז ווארדן גיבונדן וויל

דער עולם שטיט אונ׳ איז בתכלית וואל ואר טיישטו(so)אונ׳ וואל מחובר (su) ;דז בן אלז וואל ואר שטיט אלז איר וואל זעלברשט ווערט |זעהן אי׳ה מלך Anf. fehlt, Ende defect; übersetzt auch die Pijjutim, z. B. עליון קויניג עברשטר ער איז שטורק דר האבין אין מויל ואן אידרמן צו אל דער דא זאל ווערדין קעשטליך ער דרהעביט זיא דז זיא ווערדין דר האבין ער זגיט איינים איין זך צו אונ׳ קאן עז טון עז איז נימנט דער אים עז קאן ווערן ער איז שטערק צו איינים ארמין אונ׳ אין בשיץ צו איינים בידערפטעינין זיין כסא הכבוד ווערט גיזעהן אז וועז ער וויער גיטרגין ואן דען מלאכים אונ׳ דער כסא הכבוד טרגט דיא מלאכים הקב״ה זעצט דיא מלאכים אויף דען שטול ואן אירים מלכות צו עביג ער ויערט קויינגין.

Serapeum 1864 S. 60, vgl. H. B. XII, 128 Proben aus den Münchener HSS.

c) Jozerot etc. [יוצרות].

122. 40a (Uff. 53). Perg. 74 f. breit Fol., deutsch, sehr alt. Jozerot zu Purim, Pesach; 57b אצת החדש זה אות; f. 74 לשבת הגדול.

123. 104 (Uff. 179). Perg. 201 (200) f. Qu., meist gothisch, f. 1, 2 u. 196 ff. ergänzt; f. 100b הכתן (so) ז״ל, יתגרל ויתקדש שלי שמואל ב״ר שמשון החתן (so); גומפיל משה ליב מרים דער פראנגפארטר (so) רעבה (so) und ישראל בר שמואל הלוי f. 111 דער איז מיין אייך (so) נאר מיין מאיר ליב איז איין טיב מיין רייפי ליב (?). Auf dem Vorder- משה בר יעקב ז״ל מעיר בערהובן f. 201b, אני דוד u. אלעזר ב״ד מאיר שליט deckel: שליט.

Jozerot u. Maaribim, anf. אודך כי אנפת; f. 82 Hohel.; f. 111b beginnt מעריב לליל שבועות; 150b Ruth, 163 Threni (Lichtenstein

---

¹) Vgl. über dieses noch nicht erklärte Wort H. B. VII, 138, XI, 141, Anm., Zunz, Ges. Schriften III, 212; Monatsschr. f. Gesch. d. Jud. 1873 S.511.
²) Vielleicht zu lesen שון „schon"?

p. LXXV n. 33 a giebt 196 f. an); 168 Anf. der קינות : הלילו
אבכה) יוען בר מכיאל; f. 194 von על אלה ועל אלה, f. 168b הה ליום
ואלילה), f. 195 von demselben (טף ונשים) על הרוני וישנבורק am
Rand 26 gezählt (Zunz 487). Wolf [4] 93, 1068 n. 761 unter
סדר תפלות.

124. 120 (Uff. 207). Perg. 140 .f. (bis 138 beschr.) Qu., halbrabb.
deutsch, sehr alt. Gehörte Elasar b. Josef (1b, vgl. 139b), Jakob b. Mose
... מליט (2), Jsak b. Jakob, Mose b Jakob (139, 140b), Alexander b. Jehuda
(139, 140). In חסדי י"י אזכיר f. 76b sind 4 Zeilen verwischt.

Jozerot u. Maaribim, Ende defect. 1b אל מתנשא, f. 40 יוצר
אדון אימני; sonst selten eine Ueberschrift. 90b ליום ראשון של פסח;
אודך כי אנפת 182b; ליל שמורים. — Bei Uff. u. Wolf [4] 1050 128
als מחזור verzeichnet.

[2] 68—70 am Rand von alter Hand ein hebr.-deutsches Glossar
in Reimen anf. (so) חוטם נזא, ארנבת הזא, עט גריפל, קוביא וורפיל.

125. 131 (Uff. 118). Perg. 45 f. breit Qu. in 2 Col., gothisch, nur bis f.
12b punktirt, sehr alt; f. 3 ergänzt, 4 abgerissen.

Jozerot, f. 1b Index: אדברך דודי מארין n. 1, אורות מאופל ;82
folgt noch f. 42 סימן פרשיות של פסח, eben so für die anderen Feste.

126. 182b (Uff. 92). Perg. 96 f. Qu., bis 66b gothisch, XIV. J.; f. 50
(verblasst) י"ח בסיון ירד ברד גרול כמו ביצה של אווזא בעיר וורמשה ה צ"ג לפרט; auch sonst
ist von Worms die Rede.

[1] Jozerot. Anf. defect, sehr viele Ueberschriften; f. 6b
Menachem b. Machir's (אור זרוע) יוצר להפסקה 15; זולת לנזירת פורצהים
v. Jakar b. Samuel, Zunz ב' בתמוה ב' לפרט אזכרה אלהים נגינתי בלילה (ב'
488); 15b לנזירת ארפורט כ"ה בסיון א"ף לפרט v. „Elieser [l. Elasar]
b. Jehuda" זולתך י"י אין [אל] צדיק ומושיע (Zunz 319, 14 A, vgl.
Ritus 127); 24b זולת לנזירה, אותך כל היום קוינו; 29b רשות של רבנא
שמעון (עד) מרשות שוכן; f. 3b יוצר על חתן v. Kalonymos b. Jehuda
(Zunz 165).

[2] 39 Französisches Glossar zu Ps. 31—67. נשוי רפורטי
(en son talent) כ' נושא, ברוחו אנשונטלנט; Wolf [2] 1400 n. 570.

[3] 41b אמר רב יהודה אמר שמואל כל טבח שאינו יודע... ואילו הן
שכח ושהט f. 43; ה' שחיטה שהייה.. שהייה היכי דמי כנון שהתחיל הטבח
בטוב נדא אתחיל הילכות dann; ולא בירך כשירה סליק הילכות שחיטה
Isak b. Jehuda); Ende 44b אבל מנהגינו בזה המלכות אשכנז שאנו (citirt Jeh. b. Kalonymos,
hier und unter [5] Jakob Weil als Verf. an; der Anfang stimmt מתירין. Mai p. 173 (Wolf [3] 454) giebt וכל המחמיר.. ברכה סליק כשמכנים הבודק את ידו בבהמה בדיקה.

zu den הלכות שחיטה des Meir Rothenburg (Cat. Bodl. p. 1707),
s. unten [5]

[4] 44b Kalender: ס"ד לפרט הש' פשוטה (1304); Mai p. 174
(Wolf [2] 1389 n. 525: עברונות) übergeht dieses Datum; f. 50
בשם יוצר מאורות אכתוב סדר פרשיות של 51 את בש גר ... וף
רבינו יצחק הלוי הנהיג להפטיר F. 60 — ימים טובים וגם ההפטרות
המחוברין ...; Wolf [2] 1380 n. 492 falsch סדור הפרשיות.

[5] 61 f. 63b; אמר ר יהודה אמר שמואל מכאן לשחיטה שהיא מן
הצואר סליק הלכות שחיטה; eine von [3] verschiedene Recension,
z. B. dort (f. 41b) דרסה .. כנון שהרים הסכין ושחט בלא הולכה, wie in
כנון שהתיז את הראש בכת אחת בלא הולכה § 324 (s. N. 188), hier תש"כץ.
[6] 63b ספירת העומר (Wolf [2] 1387 n. 515); קידוש 65; 66b הגדה,
f. 84 כי לו נאה; 84b Abot K. 1—3.

127. 201 (Uff. 47). Perg. 150 f. Duodez, plump deutsch, unpunktirt,
alt. F. 2 יעקב בר מרדכי ז"ל.
Jozerot, ungezählt, anf. אל נשא, zuletzt ארומטך כי נשגב כבוד
שמך (אבנר). Namen seltener, z. B. 31 Isak b. Elasar אחר שלישים,
Zunz, Lit, 156), 68 Menachem, für Bräutigam מי ימלל, b. Jakob,
Zunz 295), 96b, 135b Josifja ימין אל הנאדרת u. ידבר אל שר שלום,
Zunz 469), 99 Meir b. Isak ארוממך אל חי, Zunz 147); auch sel-
tenere, z. B. Jehuda ha-Levi's ה' אנא אמצאך (bei Dukes, zur
Kenntn. 172), Abraham (ibn Esra) אלהי הרוחות ohne die 1. Strophe
(Litbl. IV, 525, vgl. Landshuth 6 n. 10, Zunz, Lit. 210, 2).

128. 206 (Uff. 117). Perg. 102 f. kl. Format, deutsch (in Italien?)
punktirt, XV. J.? Falsch gebunden.
Gebete (זולת u. יוצר), Anf. ü. Mitte defect; vorne Pfingsten,
f. 18 u. 46 לה' בתמו, aber f. 34 für Pesach, f. 85 זולת לנזירה
זולת אלט"רא אנא השקיפה וראה מלך רם וגואל, v. Benjamin; 88b
אודך על כי נוראות נפלאותיך מעודי (Mose b. Meschullam, (altra)
Zunz 162); 90b אין אנדרלזולת, f. 99 für Hochzeit u. Beschneidung.

129. 233 (Uff. 99). Perg. 99 („97") f. Qu., deutsch, alt; f. 1b השאלתי
שלי זליקמ' בן הר"ר משה זצ"ל und על זה גמרא מקידושין לר' אליקים מטרנהיים; 98b זאת
לדעת לכל רואי כתיבתי שזו חתימתי משלם כזק"א, der Namen durchstrichen; ferner
בנימין בן ברוך זצ"ל; 99b משה בר מנחם זצ"ל.
Jozerot, anf. אל נשא; enthält einige seltenere (Überschriften
spärlich), z. B. 44b מרשות אל אליון (v. Elieser b. Natan, לאבן
העזר); 65b יוצר לשבת דחה"מ. Defect.
איכה תפארתי [קינות] [2]66 ungezählt: על אלה ועל אלה; letzte
מראשותי השליכו f. 98.

130. 239. Perg. 180 f. Qu., splendid deutsch, alt; f. 151 ff. jünger, theils unpunktirt. F. 171b verzeichnet Jecheskiel b. Benjamin Wolf Levi לגדא zwei Todesfälle (Erschlagung) im J. . . . (?) und 1657. Gehörte Unger, s. Wolf ³1190 u. 1412 n. 242 u. 368.

Jozerot, Index fol. 180 verzeichnet 89 N., letzte יום טובה; die HS. beginnt אל נשא, f. 107b ביום טובה ונחמה n. 89; die Joz. für Hochzeiten sind vertheilt. — F. 35 n. 25 פיוט זה לפ' חקת מרשות) רשויות 70b; (אור ישורון בני ישורון) מיסוד הר' שמואל מארפורט יוצר אחר לר' יצחק סגן לויה גם לנשואין 76b; (.etc n. 57 שוכן עד וקדוש אורות מאופל 105; 85b von Meir Rothenburg (אחר שלישים n. 63); v. Samuel Chassan נגינות שיר יסודתו בחדרי n. 87. — F. 108b איך תנחמוני הבל n. 1; f. 157b אאביך ohne Ueberschrift) קינות) n. 42, defect; der Codex war falsch gebunden. — F. 159 (Nachtrag) אילו רשויות יסד הר' אברהם בר' יוסף הנהרג בנורנברק בשנת נ"ח ('הי'יד'ו'ע¹) (Zunz Lit. 494) מרשות אב ורם אל עליון (am Rande weiter gezählt n. 43); 161b ציון ארויך; 168b ציון הלא תשאלי לשלום אמוניך (Zunz z. Gesch. 442, 572, Lit. 509, oben N. 86,³); 172 ירום נופל ונשוף אופל, von Isak Nakdan (Zunz 467). — F. 173b ff. gewöhnliche Gebete.

131. 240 (Uff. 44). Perg. 242 f. gr. Oct., durchaus deutsche Quadratschrift, alt.

¹ Jozerot, Anf. defect, f. 27b קרובות ליום של פורים; 103b זה יסוד ר' מאיר (איזל משה וקום) 108 (so אילו פומי נימא; (vgl. Dukes, z. K. 145 A. 27, 28); אלה עלם 573 (bei Zunz z. Gesch. 369a, s. S. 573 unter מחזור). — F. 134. יוצר ליום שני 185b מעריב ליל ראשון של שבועות אמרות טהורות) [של סבכות] דר' דוד בר' נדליה מוני, bei Zunz, Lit. 267 zu Wochenfest); תפילה לחבקוק mit dem Targum. — Vgl. auch Dukes, z. Kenntn. 141, Zunz, Lit. 21.

² 204b את התמוז מבכות [קינות, f. 240b על אלה ועל אלה ist n. 33]; 242 סליק כל הקינות שבח לדר במעונות ויסיר מני עונות. Die Sammlung enthält einige seltenere Stücke.

132. 60. 127 f. Fol., gross deutsch, farbige Initialen, XVI—XVII. J.? Jozerot und Maaribim, defect zu Anf., nach f. 1 und zu Ende. F. 6 ist יוצר לשבת הנוכה (אודך כי אנפת) u. so stets überschrieben für welchen Sabbat. F. 103 יוצר להה"מ של סוכות; 105b סליק יוצרות מכל השנה שבח ותהילות f. 121; אופן לשמיני עצרת (אראלים מעריב F. 122 לחגות בו עם מי מנה, ולספר נפלאותיו בכל פינה ופינה ליל ראשון של פסח.

d) Selichot (סליחות).[1])

133. 15 (Uff. 60). Perg. 180 f. Riesenformat, splendid, grosse deutsche Schrift, XIV. J.? F. 1—16 wurde wahrscheinlich vorangebunden (was Mai p. 91 nicht bemerkt) weil n. 139 mit voller Seite beginnt; sie gehören hinter f. 85 und f. 86—89 hinter 147, so dass nur wenige Bl. dieser kostbaren HS. zu Anfang fehlen.

Selichot, f. 17 שערי שמים בלולי אשומים ist am Rand n. 8 gezählt; f. 44b לצום נדליה, die letzte n. 315 מפלטי אלי צורי. Die Autoren und Veranlassungen sind vielfach genannt. Dukes zählt im handschr. Catalog S. 11—18 an 100 seltene Stücke auf, jedoch ohne Angabe von Blattzahl oder Nummer (vgl. auch zur Kenntn. d. n. r. Poesie S. 143, 145, 147, A. 24, 28, 36 bis), בינות אריות darunter מאיר מאורלייניש מר' תורה התמימה f. 34b n. 24; von Baruch [b. Samuel] f. 115 n. 210 überschr. סליחה זו יסדתי על ר' יצחק הבחור אשר קדש השם בווירצבורק (Zunz, Lit. 308, 27); אזעק חמס קורותי (vgl. N. 140), nämlich על הרוגי וולדא [von Josef b. Kalonymos] f. 116 n. 211 (Lit. 335, s. unter N. 145[2]), אתה בחרתנו von Isak b. Natan (Zunz Lit. 334, gedruckt in הנשר III, 91, hier f. 217 n. 212 nur vom Buchst. פ angefangen) und יום סליחה יסד ברחי von Jechiel b. Jakob f. 118 n. 213 (Zunz 336) [2]); החסיד ההבר ר' אורי בן רבי יואל הלוי אחר שנפגע בו ונהרג ונשרף ביום השבת בתקע"ו לפרט, וצוה להעתיקה לר' מרדכי בר' אליעזר בלוחמו[3] כי רמז בה שמו וצוה לו להתפלל אותה בניגון תוחלת ישראל. באתי לפניך מלכי צורי f. 120 n. 215 (Zunz 324 erwähnt Nichts von dieser Legende, vgl. auch unten N. 139); f. 121b ohne Nummer אכן אחרת כזאת von Joel ha-Levi aus Bonn u. f. 122 n. 217: על הנזירה בניגון תוחלת ישראל לרבנא יואל בר' יצחק הלוי מבונא לפסוקי מר' הבים nämlich אלקים יראה אלקים (Zunz 269); f. 122b n. 218 בניגון אנוש רימה (Zunz 342).

134. 16 (Uff. 57). Perg. 214 („218") u. Pap. f. 215—9, Fol, splendid, deutsch, f. 201b אני הצעיר יוסף ברבי חזקיה הכהן הנקדן כתבתי ונקדתי אלו הסליחות בר' משה שנת חמשה אלפים וצח [וצ"ה?] לבריאת עולם ... (Rasur) (לר' (Zunz, z. G. 120), das radirte Wort hatte etwa 4 Buchst. (מרדכי?). Alles folgende von anderer Hand und nicht punktirt, auch f. 1—4. F. 214b eine Zinsrechnung für an Christen (Matthias, Hermann etc.) geliehenes Geld in דינר und זקוק. F. 214 יעקב בר' משה הכהן.

---

[1]) Auch in dieser Abtheilung hat Wolf ²1384 die Uffenbach'schen HSS. nach der Reihenfolge Mai's kurz verzeichnet, und zw. unsere N. 134, 135, 137, 140, 141, 138.

[2]) Zunz, Rel. P. 29: „drei Selichot," es sind vier, mit der von Pesach (Lit. 335, s. N. 135).

[3]) Dukes conjicirt בחלומו, was nicht passt.

סליחות, 224 Nummern, Anf. defect; f. 1b Register u. zwar zuerst סליהות ערב ראש השנה, dann פתיחות, פזמונים, חטאנו, תחנונים; der eigentliche Codex beginnt in זכור; n. 1 f. 7 שבת עקידות, הבסא n. 222 תא שמע. — F. 47 n. 48 hat Akrost. יצחק בר יקר (so) מלוך (das כי hat Zunz Lit. 269, 1 selbst). F. 163 סליחה על von מקרא שפירא ובופרט ועל ר׳ יצחק הסופר. איככה אוכל וראיתי Baruch b. Sam. (Zunz 307; Dukes schreibt „ובפרט על").

135. 38 (Uff. 58). Perg. 152 (151) f. Fol., splendid, deutsch, alt.
Selichot Anf. (def.) באלהים הללנו כל היום; f. 10b יי אלהי הצבאות; f. 152b beginnt אשר נטה שחקים n. 219; enthält wenig-bekannte Stücke, z. B. von Pesach ha-Kohen (Zunz 335) u. A., nennt Samuel ha-Levi als Verf. von שש אנכי האל (Zunz 341).

136. 39. Perg. 175 f. Fol.; f. 5—136 bilden den ursprünglichen Codex; dick deutsch, alt; censorirt, s. f. 38. — F. 1 נפל לחלק כמר אלחנן היילפרון: f. 1b שלי זה נא׳ זלמן סג״ל גרטן; f. 3 נפל לחלקי משה בן לא״א כה״ר יוסף היילפרון. Scheint die Unger'sche HS. bei Wolf ³1208 n. 513.

[1] 5b Selichot anf. לך יי הצדקה, 16b u. 1 אתהיל פתיחה איך, 136b n. 209 נפתח לפניך דר מתוחים אתה הואל עושה פלא, die Er-gänzung endet f. 157a n. 229 אבל אנחנו חטאים! Einige am Rande hinzugeschrieben. — F. 1—4 Index nach den Tagen, alt; f. 5 Index nach den Nummern von 6—63 u. פזמונים 150—93 nicht mit dem Cod. stimmend, in welchem auch von 119 an die Zahl geändert worden, daneben die entsprechenden Tage. Enthält seltenere Stücke, z. B. f. 62b n. 85 מיסוד הרב ר׳ נתן בר׳ יצחק, אלהים שלח עזרה, u. A. von Dukes notirte, der aber die nach-folgenden Kinot übergeht.

[2] 158 n. 1, אתהיל הקינות, בשם שוכן מעונות, המושל בארבע פינות, הלילו הה ליום n. 11 f. 165 אזכיר רהב; das Uebrige unpunktirt und ungezählt von anderer Hand, Ende defect,

137. 41a (Uff. 59). Perg. 102 f. Fol., ein Cod. und 3 Fragm., Alles alt, [2] [3] deutsch.
[1] Selichot f. 1 תפלה תקח אדני האדנים השקיפה, n 3; f. 11b n. 17; f. 13 מכניסי רחמים n. 18 u. zuletzt חזק. — F. 13b n. 13 אדיר ימין יעטף (Sal. b. Josef, Zunz, Lit. 349).
[2] 14 n. 1 מקוה ישראל n. 1; f. 56b אויתיך קויתיך בארץ מרחקים יי מושיעו n. 93, vollständig.
[3] 57, f. 57b יי אלהי רבת צררוני von jüngerer Hand als 94 bezeichnet, f. 69b משאת כפי als קב, und so die Stücke des folgenden Fragm.

יה אמצה יגוני באורך גלותינו n. 1, f. 102b במוצאי יום מנוחה 71 [4]
n. 66; scheint mit [1] zusammenzuhängen und gehört wohl einem
anderen Ritus. Dukes verzeichnet 43 Stücke, die alle diesem
Fragmente angehören (vgl. Litbl. IV, 525), darunter שארית שלימיך
f. 76 n. 12 (114) v. Sal. b. Josef מאולון (Zunz l. c.); f. 81 n. 21
מרבינו אליעזר משראנו וחתם בתוכו שם בנו שמשון (אבי אביון) (aus
Sézanne, nach Zunz, Lit. 302, vgl. Syn. P. 109)   Salomo b.
Josef's נפשי בי מה תהמי (שבעים לאנוש) hat Dukes z. K. 169 abgedruckt.

138. 43 (Uff. 131). Perg. 174 (richtiger „173") f. Fol., vorne 2 Perg.
eins an den Deckel geklebt, zuletzt 4 Papierf. deutsch alt, f. 174b אני אלעזר
חנגי אלקים F. 1 (Herbst 1526). ב'ר' יוסף .. קניתי זה הסליחות בער זהוב וחצי תשרי רפז
גם את זאת נאם שמואל הקטן בן לא"א ר' יששכר זלה"ה המכונה זנוויל האז גרוט וואל משפחתו
(s. N. 216).   Auf dem Hinterdeckel יום ב' ב' כסליו שנ"ה.
     Selichot, Anf. ergänzt, f. 2 (eigentl. 3) לך ; לך י"י הצדקה b; f. 18b
שעה נאסר n. 1, 172b שעה נאסר n. 157, aber daneben blass רג
und f. 174 אזכרה יגוני ungezählt, alte Zählung רד; auch früher
ist eine alte Zählung abgeschnitten oder radirt.   F 178 פניך
האר n. 167; 2 Vorbl. enthalten die Anweisung nach מנהג ק"ק
תחנון מרבינו מנחם על הנשרפים (אלהים הבט בשיעבוד ורנקורט. F. 33
נלות).

139. 57 (Uff. 132). Perg. 221 f. Fol. incl. 2 letzten Pap. und 3
Vorbl.; deutsch, alt. Der Index für den Frankfurter Ritus f. 221 ist datirt
יו' ג' טוב תמוז שנת שס"ח. F. 217b eine Notiz, dass man Sonntag 1. oder 2.
Adar I. 383 (1613) gewisse Selichot in Frankfurt recitirt habe.
     פתיחה לליל ראשונה של תענית 18b; לך י"י הצדקה f. 1 Selichot,
איך נפתח לפניך) n. 1; f. 19 (לב ונפש) פתיחה לערב ר"ה n. 2; f. 204b
תא שמע n. 213. Ende f. 207b. Mai p. 39 ergänzt Antichristliches in אזון תחן f. 36 und in ישראל עמך f. 27b. —
     F. 208—15 ist Fragment einer andern alten HS., anf. אל
מלך יושב f. 209· אבדו חכמי גנית, nachträglich ריד gezählt, u. s. w.;
f. 213 סדר מנהג שוואבן; f. 214b Register aller 219 Nummern. –
F. 216 Lection und Haftara. — Dukes hebt hervor באתי לפניך
[f. 97 n. 97] v. Mordechai b. „Elasar קבי" (! s. N. 133) u. A. m.

140. 59 (Uff. 61). Perg. 190 („191") f. schmal Qu., deutsch alt, Custoden u. Initialen mit Federzeichnungen; f. 185 ff. nachträglich, deutsch-rabb.
F. 1 ist oben כח, unten 17 gezählt, die untere Zählung läuft fort, die obere
ist theilweise abgeschnitten.   F. 64 u. 131b: Abraham b. Elasar ל"צז.
     Selichot, Anf. defect; aber nach dem Index f. 182 ist n. 1
אתחיל פזמונים f. 155; אין לי בטחון ist n. 253; f. 180b כנסת ישראל;

F. 3 n. 12 מרכבו דוד, u. 155 במוצאי מנוחה, בעזרת שוכן מעונים
דברך האמן) ממענצבערק, David b. Kalonymos b. Meir aus Münzburg, Dukes z. K. 143 A. 24; Zunz Lit. 326, vgl. Landshuth
S. 60, H. B. XIV, 89, unter N. 330,⁵); f. 66 u. 125 ff. גזירות וולדא
(vgl. N. 133); vgl. auch Dukes, z. K. 152.

141. 58 (Uff. 100). 14 f. Fol., deutsch rabb. punktirt XVII. J.?
Selichot, 23 Nummern, defect.

142. 217 (Uff. 174). 45 f. Oct., deutsch rabb. bis f. 28, dann Cursiv
XVII—XVIII. J.

Selichot, 2 Fragmente, f. 1 אדון בפקדך ist am Rande von späterer Hand לז bezeichnet, f. 28 endet n. פר; f. 29 für 17. Tammus
אפפוני מצוקות, Rand קמ״ד, zuletzt אנחנו החומר, Rand קס״ג. Wolf
⁴1055 n. 513.

143. 315 (Uff. 139). 79 f. Qu., Quadratschr. XVII—XVIII. J.

Maaribim, Sulatot, Jozer für verschiedene Tage, anf. אשרי
סליחות, מה שאומרים בק״ק העם יודעי תרועה für Neujahr; f. 39
וויירמיישא, anf. אשיחה עם לבבי; 55 פסוקים vor den Selichot; Wolf
²1386.

e) Kinot (קינות).

144. 23 (Uff. 40). 110 f. Fol., alt deutsch, theils in 2 Columnen.

Ritualbuch für den 9. Ab, Anf. defect, wo nur noch 3 f.
aus Threni; f. 7 (am Rand n. 7 gezählt) איכה אלי קננו מאליו
אזכיר (am R. n. 43) בן שמנה עשרה שנה החל לדרוש מאליו; f. 52b
רהב ובבל, durchaus punktirt. Dukes hebt hervor אחבירה מלין von
Meir b. Baruch (Zunz Lit. 360 u. s. folg. N.), אתא בקר וגם לילה
von Baruch [b. Samuel, Zunz 307, 12], אלכה ויררדתי אל ההרים und
תרד עיני דמעה von Abraham b. Samuel (Zunz 284, 2, 5, vgl. folg.
N.). Wolf ²1419. —

F. 54 Hiob, f. 84 Jeremia unvollst. (bis 23, 6); Lichtenstein
p. XXXVIII n. 12.

145. 130 (Uff. 39). 76 f. Qu., schön deutsch, zahlreiche Ueberschriften
gothisch, sehr alt; Randnummern nach einer früheren falschen Einbindung,
nach welcher auch die Beschreibung bei Dukes (von seiner Hand f. 52b:
דפים אחריו התמשך ו'?); in dem neuen Bande ist Einiges besser geordnet, zwischen
f. 48 u. 49 defect.

Kinot, Anf. defect (Wolf ²1419); f. 3b צר אשר עשה זכור is
n. 11; f. 72 n. 58 מה קול הצאן von Mose b. Elasar Kohen (Zunz,

Lit. 494, vgl. oben N. 86); f. 76 Haftara. Enthält seltenere
Stücke. z. B. die beiden Zion von Elasar Worms u. Jehuda b.
Schneior (Dukes, zur Kenntn. 148); f. 26b in מי יתן und 27 in
ואתאונן ואקונן ist מגנצא und וראנקי בורט (so) hervorgehoben;
f. 36b n. 36 קינה מהרב ר' מאיר לונברט (nämlich ציון ספירת, Zunz
470); 41 n. 38 רבי' אברהם בן רבי' שמואל החסיר משפירא (anf. אמרות
44b n. 42 לליל ט"ב. בליל זה יבכיון .י"י נחמות, Zunz 284, 3); f. 43b
אמר בבכי von Josef b. Kalonymos ha-Nakdan (Zunz 335, Jew.
Lit. p. 139, 328 A. 56, Kobak's ישרון V, 145; H. B. XII, 110,
vgl. oben N. 133); 46b n. 43 אספדה von Tamar etc., 48b n. 44
אני מנוחה (defect) von Menachem, Vater Tamar's (Zunz 494);
f. 52 n. 46 אללי לי כי באו von Menachem b. Jakob aus ורמייא
(so, l. ורמיישא, vgl. oben N. 111, Zunz 296. 18, hier נוברט für
Boppard); f. 55 n. 47 אעירה שחר von Meir b. Jehuda aus
מינצנברק (Zunz 459, 2); 69b n. 57 אחבירה מלין [von Meir b. Baruch,
oben N. 144] hier fälschlich dem Meir לונברט הדרשן beigelegt
(Zunz 704).

f) Verschiedene.

146. 134. 90 f. Qu., sehr grosse span. Schrift; Gottesname stets durch
3 Jod ausgedrückt. Zuletzt: ... כתבה יד הבחור אהרן אווביב ס"ט חם ונשלם.
„Librum hunc Supplicationum, acquisivit a Judæo Saule Merarij, Ludovicus
Bourguetus Nemausensis. Verona d. 2. Maij A. D. mill. Septingentesimo
primo." Gehörte also Unger. — Copirt von Dukes in Cod. Michael 846; im
Litbl. V, 451 ist 136 Druckfehler.

[1] התחנות von Simon b. Zemach [Duran] und Reuben [b.
Isak, Zunz, Lit. 498], zuerst nach den Pericopen und einzelnen
Tagen derselben geordnet, daher zuerst: להר' ראובן זלה"ה תחנה
לפר' בראשית

יי ראשון לכל ראשון נקרא   רב מחול כל עליון ונורא
Akrost. ראובן; bei Wolf [3]983 mit lateinischer Übersetzung; F.
1b: להרשב"ץ תחנה לפי' נח יום שני

יי שלום לנו תשפות   להרים אביונים מאשפות
Akrost שמעון בהר צמח זלהה הזק, bei Wolf [3]1154 abgedruckt.
F. 2b עוד לו תחנה לפי' נח יום המשי u. s. w. — F. 52b für 10.
Tebet von Jehuda ha-Levi י"י ינוני קראוני אל אבל, 53 für מחר הדש
von Josef י"י ידך תרים להחריב ולהחרים מואב והגרים (Zunz, Lit. 571,
48), dann für Fasten von Reuben,¹ 54b von Abraham b. הנשיא
Natan (Zunz, Lit. 544) י"י ארכו שני, 55b von David אם גדלו עוני
מנשוא (Zunz, Lit. 677, 13) und mehrere von Simon, einige לנשם
und לדבר; f. 60 מכתנאב für die Pest bis 61b.

² 65 תחנה von החכם השלם הכולל Nachman ibn Sunbâl (Wolf ³835; Litbl. V, 451; Zunz, Syn. P. 110, in Lit. weggelassen. er lebte 1545 in Fas, s. H. B. XVI, 34, 103) למען שמך י"י מחה חטאי; die 2. על נחמן; וזדוני וסלחת לעוני, dann נ'חם לב עם אנון Akrost. נחמן; die 2. על שם בנו hat das Akrost. מואלי, die 3. לחתן hat יעקב; f. 66 תחנה von חד חשלם הדיין Jehuda Usiel נפש לך צמאה אשהרך יום (ה'); Zunz, Lit. 535 (in Anm. l. Littbl. IX, 370 u. 668), 565; vgl. Catal. Bodl. 1376 (wo lies מלחמת f. 38), H. B. XVI, 61.

³ 67 סדר תעניות פורים על כפלת אדום יש'ו בעיר אלנזייאר יע"א Bussritual meist aus bekannten Stücken; gedruckt in חכמת המסכן (Catal. Bodl. 399 unten, wo lies הבקר = 1541, Zunz, Ritus 129). In שומר ציון 1852, f. 251b wird שבט יהודה von Schemaja (Zunz Lit. 495) und אמצה ממנו אשמתינו abgedruckt, der Cod. falsch als n. CXXIX bezeichnet.

147. 191. Perg. 69 f. Sedez, ital sauber, XV. J.; zuletzt על ידי הצעיר, aber ohne Namen.   Vorne קנין כספי רפאל יחיאל נתנאל בכמ"ר משה טרבוט יצ"ו (vgl. N. 3). Zuletzt: „Librum hunc de circumcisione (!) tractantem, acquisivit, a Judaeo Saulo Merarij Ludovicus Bourguetus Nemausensis.   Veronae prima die Maij A. D. 1701.“ Auf Papierbl. „Emtionis justo jure suum fecit Christ. Theophilus Ungerus Pastor primarius Herrenlaurschiffiensis atque Rifeniensis 1718 mense September.“ Gehörte Unger; auch bei Wolf (wegen des Anfangs) unter דינה מילה ²1281, ³1180 n. 130.

Benedictionen, Gebete, Psalmen u. dgl. bei verschiedenen Gelegenheiten: Beschneidung, Hochzeit, Festtagen (קידוש u. למנצח), Krankheiten (Namengebung); zuerst סדר ברית מילה (vgl. Lotze n. 1754, 1757?); f. 40 מי שברך 69, ברכת אבלים 50b, וידוי לשכיב מרע; auch f. 51 am Rande לשכיב מרע לפי מנהג הצרפתי והצרפתי' אומ'.

148. 199. Perg. kleinstes Format, deutsch rabb. (XVI. J.?)

Recitationen und Gebete, grösstentheils für besondere Zwecke, viel Kabbalistisches. F. 8 סדר רבינו אליה (Cat. Bodl. 949 u. Add.), 55b das grosse תתברך אלהי האלהים; 62 die 72 Verse, 13 Glaubensart., 74b שיר הכבוד (!) התפלה הזאת וכל סידור; 79b מר' תם האומרה .. קבלה מהיר יוחנן זיל מנוסה כנגד הלסטים ...; 80 שויתי י"י העיר מן אדם כשיוצא צדק כהן אבינדור ר' בשם; alles Uebrige ist kabbalistisch und theils alten Autoritäten untergeschoben, z. B. Jehuda Chasid 82b, תפלת הרמב"ן זיל על הים 93b, begleitet von allerlei Formeln, f. 108 וקבלתי מהיר מנחם שקבל; 109 תפלת לה"ר אלעזר טוורמישא, 116b das מחמי (so) הר"ר ברוך magische Quadrat der 9 Zahlen mit der Summe 15 (vgl. N. 148

u. Günther, Ziele u. Resultate der neuern mathemat. Forsch.,
Erlangen 1876, S. 121); 118b לחן מנוסה ע״פ הר׳ מרדכי הרופא;
ein Arzt Mordechai b. Elieser bl. 1458—60; s. Catal. München
S. 216, später Mordechai de Modena, Grossvater Leon's; der Vater
des Israel Chanina starb vor 1572 (Lampronti חליצה קודמת f. 2);
Salomo b. Mord. רופא nennt Ahron Berechja in Vorr. zu מעירי שחר.

149. 209. 8 f. Duodez, ital., Titelbl. (so) אני שלום מאיטליא יצ״ו עשיתי ושלמתי
יום ר״ח תמוז . . שצ״ב פה פאדואה.

. . זה הספר של שמות, nach der Tradition des Lehrers, Jakob
Kohen aus Este (איסטי) von seinem Schüler Schalom de Italia
[Familiennamen, vgl. Cat. Bodl. 2916]. Superstitiöse Gebete (zuerst
זה סדר תפילת הדרך) und Formeln bei verschiedenen Gelegenheiten mit sehr verdächtigen s. g. Namen. F. 3 wird Josef
Sar Schalom als Ueberlieferer genannt; 4b לעשות שאשה אוהבו —
Wolf [3]1014 übersieht das J. 1632 und conjicirt p. 511 n. 1065
den Lehrer, indem er auch איסטי übersieht mit einem Autor
des XIII. J.; s. N. 229, [4].

150. 207 (Uff. 164). 12 f. 24°, deutsche Cursiv XVII—XVIII. J.
Gebete, anf. קודם עטיפת ציצית, vor Tefillin u. dgl.

151. 210. 14 f. Sedez, span. oder. ital.; 11b ff. jüngere span. Cursiv.
F. 12b (eine Bestattungsrechnung?): „Camarolla 1. 12, Camiscia 2. 7, Cra-
vatte 1. 20, Brage 2. 10.“

שוכני בתי קינות למחים Elegien für Verstorbene, nämlich
חומר v. Sal. b. Jehuda [Gabirol], f. 3 ישנים הקיצו וציצו von Josef
v. בן אדם שא קינה 6b (אני מש nur) אצדיק דין עליון 5b; (נקטילה)
שאו בחורים קינה, קינה אחרת לבחור 7b (Zunz, Lit. 690); Jesaia
קינה dann תמו הקינות 15b; הקפות 9b (?); שבדל אני נחמוא Akrost.
שאומרים לחכם אסיפת שלום תהי אסיפתו — 10b ff. verschiedene
השכבות und קינות.

g) Commentare.

152. 17. Perg. 280 f. breit Fol., splendid, gothisch, in 3 Col.; Farbe
und Verzierungen nicht geschmacklos. F. 279: סיימתי זה הפירוש של קרובוץ וספר.
המצוות הקטן עם ההגהות ותשבץ יום ב' בארבעה עשר ימים לירח מרחשון שנת חמשת אלפים
ושבעים ושמנה לפרט לר' יהודה בן החבר ר' אברהם המקום יזכהו להגות בו הוא וזרעו וזרע זרעו
ist hervorgehoben f. 63, 65, 92, 110b, 161, עד סוף כל הדורות אמן סלה אברהם
auch יעקב z. B. 101, 107b, 108, 119b, 161, auch ביעקב). Vorher vor einer Note
F. 280b (Qua- הזק ונתחזק הסופר לא יזק לא היום ולא לעולם עד שיעלה חמור בסולם
dr.) (so) לעולם יתחום אדם על ספרו שלא יבא איש בליעל מן השוק ויערער עליו לכן חותמתי
שמי קלונימוס ב״ר מנחם זלה״ה, das letzte späterer Zusatz; f. 279b [ומהבנ׳ יוסף]
קניין בספי מר' ישעיה ציציין שנת רלו. נא' הצעיר 1 f.; אני הסופר קלונימוס ב״ר מנחם זצלה״ה

שלמה בן מוהר"ר משולם קוזי זלה"ה הכ"ס (?). חלק ירושתי נאם משולם קוזי ב"כ משה יעקב זצ"ל;
f. 2 . . . מיינץ [אברה[ם] יצ"ו מרגלית שמואל כ"מ קנין כספי מן — Gehörte Unger;
Wolf ³568.

¹ Gewöhnliche Gebete, Anf. defect; f. 1 לעסוק . . . מלך העולם
בדברי תורה; f. 5 Hallel, dann unbeschrieben.

² 5b Commentar über die Festgebete, anf. אודך כי אנפת בי
מלך אזור גבורה 103 קינות; 91 ותשוב לכך הזכיר הפייט בלשון הודאה
נאזר בגבורה. וילבש בגדי נקם כי יום נקם לעתיד לבא הכת מדבר.
פירוש הסליחות 147; זאת יסד ר' שלמה הבבלי אורח צדקה 126b
beginnt Versöhnungstag; f. 156 הגוים gänzlich radirt; f. 176b
Ende: (איום זכור נא) יצאו מים חיים מירושלים וגו' סליקו פירושי מחזור
של כל השנה, סינוב ותהלה למושל בכל פנה, וקרית חנה, ועירו אמנה,
תבנה על מכונה, וימלא פינו רנה, ונקמינו מעדינה, ותן לנו חנינה, ויהי רצון
שנשב בשורה העליונה, אצל ההוגים בימין נתונה א' א' א' סלה חזק —

Der Compilator (Anf. XIV. Jahrh.) dieses in mancher Beziehung interessanten Commentars (s. z. B. Zunz, zur Gesch. 573
unter-מחזור פירוש, Lit. 21, 108 Z. 5, 111 A. 4, etc., vgl. weiter
unten) ist vielleicht noch bei eingehender Vergleichung mit
anderen HS. zu entdecken; doch wäre zunächst zu ermitteln,
was seinen zahlreichen, oft ausdrücklich genannten Quellen
angehört. Die Notiz הכותב יוסף אני (Zunz, Ritus 198) kann
ebenfalls abgeschrieben sein. Eine Hauptquelle scheint *Efraim
b. Jakob* aus Bonn (Z. l. c. 196; z. B. 74b זה פרישת של הרב ר'
אפרים מבונא 90b; מאתה הנחלת ועד כאן פרישת של הרב ר"א מבונא זצ"ל;
f. 86b am Rand אפרים רבי' של במהזור כתוב כך); ihm gehört das
Citat f. 88b שמעתי בשם אחי ר' הילל זצ"ל שמצא במדרש לכו נרננה
ואיני יודע לכוין לשון המדרש אבל אכתוב כפי שמועתי (über Hillel b.
Jakob s. Z. Ritus 196, Lit. 293) und wohl auch אליעזר ר' הרב
מביהם (f. 82, übergangen bei Z. Rit. 196; Elieser b. Isak aus
Prag um 1190 in Speier, Zunz. z. Gesch. 49, Rit. 72 u. 73;
Berliner Plet. 20 A. 34 vgl. unten Elasar), wahrscheinlich auch
יחיאל ר' קרובי (Rit. 197, zu „Saltmann," Ges. Schriften II, 34
vgl. Schiller, Catal. I, 161 und unten Salman), vielleicht auch
einige der bei Zunz, Ritus S. 195 ff aus unserer HSS. genannten:
Baruch b. Isak, Baruch b. Meir, Elasar [ob für Elieser?] b.
Isak, Elasar b. Jehuda aus Worms (196 . . . רבינו מפי ונכתב
f. 140, vgl. Catal. München S. 163), Eljakim ha-Levi, Isak b.
Chananel, Israel b. Jechiel (197), Jakob [Tam] b. Meir, Jekutiel
[b. Jakob] ha-Levi (198, Jek. aus Speier in Catal. München 163,

ist b. Mose, s. Catal. Bodl. 1382 u. Add., Landshuth S. 131,
Zunz, Lit 157), Meir b. Abraham (199 פי' משום הח' ר' כאיר ז'ל בן
ז'ל ר"א הה' f. 160), Meir b. Baruch (nennt seinen Bruder Abraham),
Meschullam b. Mose (vgl. München S. 163,⁸)¹), Mose ha-Darschan,
Mose b. Itiel, Natan [b. Machir? vgl. München S. 162 A. 1, Lit. 161
A. 4], Otniel b. Efraim (200), Salman aus Speyer [vgl. oben zu
Jechiel], Samuel aus Bamberg (theils von Meir b. Baruch angeführt),
Samuel Chassan (201), Samuel b. Isak ha-Levi (וכן אמר המפרש
שמואל מפי רבי . . . aus Efraim?), Schemaja aus Soissons (vgl. Cod.
München 5). — Dem Compilator gehören anscheinend die Citate
im Namen seines gelehrten Vaters: z. B. f. 48b מפי מורי אבי
הרב זצלה'ה. . . קבלה שר' שלמה הבכלי פייט אור ישע . . . ורבי' משלם היה
תלמידו ואמר לו אני רוצה עד למהר לפייט כזה וכן עשה ושיבחו אור ישע
מלאכת שנה ביותר מפי מורי אבי הרב זצלה'ה (vgl. Zunz, Lit. 110,
unten). F. 59c l. Z. כך פירשתיו בשעתימ'ר והיום פירשו רבותי';
f. 144 (zu לפי שראה מורי אבי הרב זצלה'ה בני אדם טועין (תורה הקדושה
בתחנון זה של ר' מאיר ציר נאמן בקריאה וגם בפי' בחן את לבו לדרוש
ולתור אחר עיקרו ולהעמיד דבר על אופניו מבח הלכות וגם מפי רבותיו —.
F. 147b liest man: כל נדריה (so) ומפני שראיתי מלשונות (so) ממנהג
אבותינו אשר מעו' כתבתי מיום כפורים שעבר . . . אבל אני לפי קט
שכלי נראה בעיני כאשר הנהיג הרב ר' מאיר מן רמרו וכאשר נהגו בניו
רבי' שמואל ורבי' יעקב והרב ר' יצחק אחריו לומר . . . זה עד הבא.
³ 179 Index (הרמזים f. 182b) zu dem f. 187 ohne das Vorw.
folgende עמודי גולה von Isak Corbeil; Noten des מרפ'א (Perez)
beginnen erst im Gebot 197 f. 227. Wolf ³568.

⁴ 182b הא לך הרמזים של תשבץ, das Werk des Simson b.
Zadok selbst folgt f. 260 mit der Ueberschrift מהרמנ'ע Fehlt
bei Wolf ³1168 (vgl. p. 568). Eine der ältesten HSS., vielleicht
die älteste dieses Werkes; bedeutend kürzer, wie schon der
Umfang von 20 Bl. zeigt, als die anderen HSS.; s. unter N. 188.

153. 61 (Uff. 55). 45 f. breit Fol., 2 Col., halbgoth., sehr alt; f. 1b
וישתבח שמ'ך לעד מ'לכנו ה'אל; — F. 9—14 gehören an den Anfang. Wolf ²1348.
Commentar über das Gebetbuch, Hoschaanot, Jozerot, Kinot,
mit gelegentlicher Besprechung der Ritualbestimmungen. Anf.
Mitte u. Ende defect. Verf. ist nach Zunz (Ritus 196, vgl. Lit.
104 etc.) Elieser b. Natan. F. 9 Mitte יהנה סיימנו תחנות ובקשות

---

¹) Vgl. Zunz, Syn. P. 192; in פרדס ed. Warschau § 19 liest man משלם
בר' משה לאחיו ר' נחמיה; vgl. auch Asulai I S. 144 n. 194 (S. 102 n. 314) und
unten zu N. 175.

ואמרו חכמים לעולם ישלש אדם שנותיו שליש במקרא שליש במשנה שליש
F. 1 .בתלמוד כדי לקיים בו והגית.., ist Einleitung zu איזהו מקומן

אז ישיר משה וב׳׳ אז כשראה את הנס עלה בלבו שישיר שירה und הלווי׳
אכן אז ידבר יהושע וכן אז יבדיל משה, וכן ובן ובית יעשה לבת פרעה, חשב
יתנדל f. 2 ;בלבו שיעשה לה בית אף כאן אז ישיר אמר בלבו שיעשה כן
ויתקדש ש ר׳, פי׳ שמו הגדול בעולם שברא ברצונו כדכתיב אני י׳י עושה כל.
תיקון והוא רחום 4b, erzählt die Legende von den Schiffen unter
Vespasian, welche nach לידון, אראל (Arles?) בורדיאיוש (Bordeaux)
kommen, wo später Josef, Benjamin und בן דודום (שמואל) das
Gebet anordnen (Zunz, Lit. 16; vgl. Polem. u. apol. Lit. 275);
f. 6 Col. 1, חסלת תפילת יוצר בחול Col. 2 unten אהרי שפירשנו סדר
תקנת התפלות נחזור לעניין ראשון למה תקנו והוא רחום אחר תפילת
ש׳׳ק של ברכו׳ לפני המנחה ;f. 6b die 100 ברכות, dann Sabbatgebete;
7b במה מדליקין, citirt רש׳׳י u. עירוך; 8b C. 2 לידן נימא דאתי כיון ושבת
נשמת, Folgt מילתא ביה. בשבת מוסיפין מזמורים בפסוקי דזמרא wo-
ברכת חתנים von nur 4 Zeilen. Hier ist der Cod. defect. F. 15
זה פירוש מן האגדה של פסח. הא להמא אינו מן האגדה, אלא בבבל und
היו מדברין בלשון ארמית היו אומרים אותו כדי שיבינו הכל טף ונשים
וישאלו מה נשתנה 16b (zu הלל) אף אני שאלתי לרבינו יעקב בר יקר.
סליק סדר של F. 17. הלוי זצ׳׳ל ואמר לי צריך לחזור וליטול וכדברי רבינו..
בעזרת לדר (so) במעונה, אתחיל לכתוב F. 18. פסח נחזור לפרש את ההלל
פירוש תפלות של ראש השנה זכרינו להיים, משום דיום דין הוא, כדתנן
כל נדרי) עלינו giebt Mai p. 85. — F. 21 (zu בר׳׳ה עוברין לפניו
F. 22. ועוד שאין אנו מתנים על נדרים הבאים ולא על נדרי׳ שעברו
סליק ההושענות שבה לדר מעונות. בעזרת יוצר f. 26b; פירוש מהושענות
המאורות אתחיל הפירוש מיוצרות. יוצר לשבת בראשית. אל נשא..
בעילום ורינה אומץ שם דבר ונמשך בראש התיבה כעין אובל שדה העיר
יוצר להילו של מועד מסוכות 41 ;43b מעריבים; אתחיל לכתוב aber der
Schreiber bemerkt schon 41b, dass er nichts mehr gefunden;
וזה פירוש מקינות אאביך לשון בכי, nur einige Zeilen. — Gedruckte Stücke, (u. A. aus dieser HS. in שומר ציון 1852, f. 255b,
257b über ליל שמורים) verzeichnet Zunz, Rit. 196. Ueber Aus-
sprache in der Mark vgl. Berliner, H. B. XII, 39.

154. 62 (Uff. 54). Perg. 48 f. Fol., 3 Col. deutsch rabb., sehr alt; Anf.
von Brand geschwärzt. Wolf ²1348.

Commentar über Festgebete, Anf. und Ende defect; f. 1
יוצר לצום כפור. אז צום כפור סליחה הוריתי. אז כנתנה תורה הוריתה
ליעוד; die Stellen zu הגוים bei Mai p. 78, 83, 84, stehen f. 12b,

15, 16. — F. 15b Col. 3 שמעתי מרבינו שלמה בר׳ יצחק שבדברי הימים
נבלים כלי שהם ...משמרות והעמיד כשהתקין, ein längeres Citat,
sonst sind Citate selten.

F. 23b Col. 2 נשלמו פירושי קרובץ מיום כפור חזק; f. 24 מלך אזור
גבורה לשון המקר׳ תפם ונאזר בגבורה. ומי הם אזור גבורתו של הקב״ה
הם ישראל כדכתיב כי כאשר ידבק איש. F. 32 ist unbeschrieben;
32b יוצר ליום ראשון של סוכות. אכתיר מר תפילה, אעשה כתר ומר של
F. 44. תהילה שאני משבחו ומתפללת אליו מלמד שקושר סנדלפון המלאך
גשם. אף ברי beginnt

155. 132 (Uff. 233). Perg. 72 f. schmal Qu., gothisch. F. 1 kaum leserlich, zweimal: פירוש חידוש על המחזור מיומים נוראים וסכות והוא פירוש יקר ונפלא מאד
ומצאתיו אותו בין הכתבים ישנים שבכית הגאון מהר״ר (radirt).... בן שמואל נר״ו ואל ילאה בו
אברם אישט נולד וארדן ח׳ אלול F. 72. הקורא נאו׳ שניאור וייבש .. (אורי?) הקטן לבית יוסף
רפ״ח לפרט, darunter von anderer Hand מאיר בן החבר ר׳ אברהם. Wolf⁴1056 n. 583c.

Commentar über die Festgebete von Neujahr, Versöhnungs
tag und Sukkot, nicht zu Ende geführt. Anf. מלך אזור גבורה
כביכול דוגמת מלך בשר ודם היושב למשפט; f. 13b ist die Legende
von R. Amnon kurz erzählt; f. 30. כל נדרי .. כלם לשון כנוי הן
אב זה אברהם אכתיר לשון פי׳ דנדרנא, f. 50. איתן אברהם, f. 49 לשון עתיד
אעתיר; f. 70 כבה שלו העם אשרי.

Der Commentar und die HS. gehören wohl zu den ältesten;
ausser Midrasch (Pesikta u. dgl.) scheint fast kein Autor oder
Werk angeführt (Abr. b. Jakob bei Zunz, Ritus 195), auch
Doppelerklärungen sind selten.

V. HALACHA (Talmud[1]) u. s. w.)

156. 18. Perg. 237 f. gr. Fol., prächtiger Cod., zweierlei (Text u. Comm.)
sehr deutliche italien. Hand. Epigr. f. 231b אני כתבתי אשר הקודש עבודת מלאכת ותכל
יקותיאל יזי״י קטן באלפי עמום התלאות צעיר בחכמה בכמ״ר יחיאל אביר הרופאים זלה״ה מכיח אל
ושלמתיו (so) היום יום ד׳ י״ח בנובים׳ קע״ז (שהוא כ״ח במרחשון קע״ו וכתבתיו לכ״מ הכם הנכבד
המשכיל הנבון ידיר יקר ה״ר׳ משה יזי״י בכמ״ר יהודה הרופא ז״ל מאספילו וקבלתי המעות מידו משלם. ה
למען חסדו ... וחלקי המחוקק יהיה ספון ... חזק הסופר ואמיץ כל הקורא בו. Revid. v. laurentius

---

[1]) Wolf hat die HSS. des Talmuds überhaupt sehr kurz abgefertigt,
seine eigenen kaum angesehen; *Bourguet's* HSS. im Besitz Unger's erwähnt
er unter Mischna ²888, *Uffenbach's* HSS. des Talmud (mit Verweisung auf
Mai) ²913, ⁴446. — Sieben jüngere HSS. fertigt *Lebrecht* (Handschr. ... des
Babyl. Talmud, Berlin 1862) S. 89 summarisch ab. — Solche einzelne Tractate sind zum Zwecke des Studiums abgeschrieben; die von Mai (p. 248)
herbeigezogene Vergleichung von Koransuren passt nicht, Wolf ²913 lässt
sie weg, scheint aber ebenfalls mit Mai blosse Pietät anzunehmen.
²) 1416, welche Zahl also für 1410 bei Zunz (Ges. Schr. II, 173) zu setzen
ist; die Identität mit Jekutiel in N. 57 kann nicht mehr bezweifelt werden.

franguellus 15. Decemb. 1574. Bes. ‫יצחק כהן בר משה כהן מלוניל‬. Als Federprobe
stehen 4 Zeilen, worüber „räthselhaft geschrieben"; darin das bekannte
‫אנסה הקולמוס אם ילך בנימוס‬. F. 2 ‫מתוקן על ידי יצחק פארלי‬.

[1] Mischna, die ersten ·3 Sedarim mit dem Commentar des
Maimonides u. der von Jehuda Charisi übersetzten Einleitung,
der hier noch Einiges vorangeht: ‫נקוט האי כללא אין בידך אין הלכה‬
‫כתלמיד במקום הרב‬, die Tannaim und Amoraim u. d. gl. Die HS. ist
collationirt und hat Varr. am Rande. Fehlt in 'Lebrecht's
Handschriften u. s. w. S. ,49.

[2] 232b (von jüngerer Hand) ‫סדר ברכות‬ von Meir [Rothen-
burg] anf. ‫מציב גבול אלמנה‬; Ende ‫על פירות האילן אומר‬, Randnoten
excerpiren Jesaia [de Trani] des jüngern ‫פסקים‬. Ausgabe Riva
1558 ist sehr selten. Benjakob vermuthet als Quelle ‫תשב"ץ‬ § 332.

157. 171. Auf 30 Durchschussblättern zu Io. Ad. Scherzerus .. ‫פרקי אבות‬,
Lips. 1764.

Latein. Übersetzung des Tract. Abot: Capitula Patrum.
Omnis Israel (talis) est cui pars in seculo futuro, s. s. e. Et
populus tuus cet. (Esa. LX, 21), in seculum possidebunt terram —
mit einigen kurzen Anmerk. Vgl. N. 63, [10]. [12] zwei andere
Übersetzungen, vielleicht edirte? (s. Wolf [2]701, [4]321.)

158. 146. 20 u. 17 f. Qu., [1] deutsche Cursiv, XVIII. J.? [2] geschr. von
Jo. Benj. Martini aus Cod. Danz in Jena, nach Wolf [4]772.

Mischna, Tr. ‫כתובות‬, deutsch mit Noten aus Raschi; anf.
‫איין יונג פרויא דיא ורערט גהייראט אן מיטווּאכן אונ אי‬
‫דאנרשטאג דען 2 מאל אין דער וואכין זיצן דיא יוריסטן אין דיא שטעטן‬
‫אן מאנטאג אויך אן דאנרשטאג. אב ער האטה איין אין רייד וו‬
‫קיין יונגפרויא שאפט העטה געטה גיפונדן‬. Fehlt in Serapeum 1864 S. 88.

‫גן עדן‬ [2] „‫סדר אסורי הערויות‬". Ex R. Aaronis f. Eliae Cod. ms.
sive ‫ס' המצוות‬" (f. 186b), vgl. Catal. Lugd. p. 83. Zuletzt ein
Citat aus f. 236, Ende ‫ס' נשים‬, wo das Datum ‫רכד‬.

159. 320. 2 Bde., 782 u. 652 S. Gehörte Morgenweg; Wolf unter
den Tractaten des Ord. Seraim und Tohorot, auch Erubin, [2]703 ff., [4]323 ff.

„Versio Latina Tractatuum Talmudicorum facta a Balthas.
Scheidio Theol. Pr. Tr. Berachoth" (enthält auch die Gemara)
— und „Primi Ordinis ‫זרעים‬"; Tohorot II, 495 ff. Ein Excerpt Wolf's (der die Abschrift tädelt) s. N. 337.

160. 198 (Uff. 105). 203 f. Sedez, deutsche Cursiv XVII—XVIII. J.
Schreiber ist wahrscheinlich Mose Levi Kauders (Mai p. 247: „in Synagoga

קוידבך"), obwohl der Name zuletzt mit blasserer Tinte geschrieben ist; f. 2
נאם חיים בן לא"א כהר"ר משה סג"ל קוידרש. Die Familie Kauders existirt noch in
Prag; vgl. Samuel K. Catal. Bodl. p. 2433.

Tractat סוכה und ביצה, die Mischna abgekürzt.

161. 228 (Uff. 161). . 1 u. 15 f. kl. Oct., rabb. Minuskel mit verziertem
Initial.   Tit. כתבתי לכבוד אחי התורני מהור"ר אליה לסדר ולפרט יורו משפטיך ליעקב.
und כתב (so) ותירך, also כ"ד הכותב יצחק במהורר צבי הירש זצ"ל ליעראל לפ"ק.
תך = 1660. Ein kaligraphisches Kunststück.

מסכת ראש השנה עם פי׳ רש״י וכשיעור דף על דף ממש genau
der Seitenzahl des Textes entsprechend. — [Uff. (Wolf ⁴326)
giebt 22 f. an, nämlich noch: „Item הלכות ראש השנה ex terge-
mino commentario ad ordinem I Tur Arba Turim sumta, qui
Comm. sub nomine מגני ארץ notus est." Unter diesem Titel
erschien aber Josef Karo's שלחן ערוך T. I mit Moses Isserls,
David b. Samuel Levi u. Abraham Abele Gumbinner zuerst
1692; Cat. Bodl. p. 1484; also kann dieses Stück nicht vom
ersten Schreiber herrühren.]

162. 167 (Uff. 104). 44 f. Oct., deutsche Current XVIII. J. Auf dem
Holz-Deckel eingeschnitten: Mose b. Mordechai.

Tract. ראש השנה mit dem, bei Mai p. 244 abgedruckten
und übersetzten הדרן עלך.

163. 194 (Uff. 2i2). 133 f. Sedez, deutsche Cursiv; die Inschrift des
Titel ist durch die rohe vermeintliche Coloratur unleserlich; ein Abraham
schrieb den Cod. זה הס׳ שייך להבחור ויפיץ אברהם לרב לפ"ק (1720). Vorne
חשוב (so) כמר נתן.

Tr. יומא mit Gemara.

164. 331 (Uff. 211). 164 f. Duodez, deutsche Cursiv XVIII. J.? Vorne
הק׳ שמואל וייבל קניתי לכבוד צורי וקוני בער שפעוצי׳ ר"ט הצעיר שמואל הילדס׳
מהעכים(?); das unsichere העכים wäre Hechingen.

Tr. יומא. Wolf ⁴324.

165. 19. Perg. 223 f. breit Fol., Epigr., theils auf Rasur, אני יצחק הכותב
בר חנינאי מ(ע)ה׳ (?) כתבתי אלו תלתא באבי גמרא לעצמי(¹ בג׳רונא מתא וסיימתים בחדש
יודא vorne; אלול שנת ארבעת אלפים ותתקמ"ד ליצירה הרחמן יזכני להגות בהם אני וזרעי . . .
אהל"ב כה פירבר (so) מודה אני משה zuletzt; לאליהו דלמדינגו המדוכא למקנה u. דלמדינגו
בכה"ר שמריה בלמדינגו זל"ה איך מכרתי זה הגמרא . . . לכה"ר אליאו יצ"ו יוז"י ברוקטי שלשה וקבלתי

---

¹) Der Ausdruck כתבתי לעצמי ist stereotyp und Rabbinowitz's Bemerkung
(Varr. Lect. I, 39) unbegründet. Er liest יע"ה (ist עליו השלום) vgl. ?ינוח עליו השלום יעלה
bei Zunz z. Gesch. 456), Pinner, bei Lebrecht S. 49 hat יע"א. Der Name
חנינאי ist selten.

המעות מידו אני משה דלמדיגו.   Der Cod. stammt also von der berühmten Familie del Medigo her.

Talmud, Tr. Baba Kama, Mezia, Batra, die Mischna in jedem Kapitel gesammelt.

166. 330. 113 S. Fol., deutsche Cursiv XVIII. J.? Autograph.

Talmud Tr. בבא מציעא Mischna und Gemara, zum Theil auch Tosafot jüdisch-deutsch, fehlt bis auf Kap. 3 u. 4, letzteres beginnt S. 66 nach einigen Textworten וון איינר האט פערקויפט דינרי זהב פר דינרי כסף זוא באלד אז דער בעל הכסף האט אין משיכה ניטאהן אן דען זהב זהב חדשה)[1] דער בעל זהב האט דאם כסף נאך ניט אין העענדין, האט דער בעל זהב דאס כסף קונה גיוועזן, אבער הכסף אינו קונה את הכסף. Fehlt in Serapeum 1864, S. 88.

167. 196 (Uff. 163). 91 f. sehr kl. Format, deutsche Cursiv XVII—XVIII. J. Vorne ist Etwas herausgerissen.

Talmud, Tr. מכות, auch die Gemara. Wolf. 4324.

168. 197 (Uff. 123). 29 u. 63 f. Sedez, deutsche Cursiv XVII—XVIII. J.

Tractat מכות und שבועות.

169. 68. Perg. 71 f. kl. Fol., span., sehr alt, nach Pinner (bei Lebrecht, Handschr. S. 97) „mag" der Cod. aus dem XIII. J. sein; nach Rabbinowitz I, 39 „um 200—300" (1440—1540; letzteres gewiss zu spät). Wolf 4324.

Tractat חולין, Anf. und Ende defect.

170. 66. 26 f. Fol., rabb. Ende XVI. J.? auf dem Deckel אני יום טוב קרמי י"ץ.

Tractat Chullin Kap. 1. 2 mit Commentar von Raschi und Noten eines Anonymus, welcher häufig (seinen Lehrer?) הגאון רב"א נר"ו, auch נרו הגאון פי את שאלתי (26) anführt (Notiz auf dem Vorblatt), weshalb Wolf im Index des Cod. bemerkt „cum animadversionibus auctoris recentis, qui se vocat רב"א forte „R. Abraham" (B. H. 4 324 Nichts davon). Der Anonymus nennt האלוף מהרר"ט קרמי und הררי"ט (f. 1, 15, 18, wohl der auf dem Deckel genannte Jomtob; über die Familie Carmi vgl. Catal. Bodl. p. 1448, ein קרמי in Cremona ergänzte 1583 Cod. de Rossi 1424; H. B. XII, 118, Menachem C. s. Cod. Luzz. 66, jetzt Kobak's), בספרים אשר הניה מהר"ר יהושע בעז ז"ל (6b).

---

[1] „Chodsche" (auch „chotschik") scheint hebräischen Ursprungs, aber Ave-Lallemant's (deutsche Gaunerthum IV, 368: חדשי) Ableitung von אחר זה (!) ist absurd; vgl. נייארט l. c. 411?

171. 63 (Uff. 210). Perg. 41 f. Fol., deutsch rabb., alt. F. 1 אני שמואל בן, unten דוד dazu gehörend?

[Raschi, Commentar zum Tr. Baba Batra] bis gegen Endo des 3. Kap., welches f. 17 beginnt. Wolf ⁴987.

172. 192. 135 f. Sedez, deutsche Cursiv.
Raschi über Tr. Aboda Sara.

173. 314 (Uff. 63). Perg. 57 f. Qu., deutsch rabb. XIV—XV. J., lückenhaft.
[תוספות] zu Baba Mazia], anf. ר' טרפון אומר ישתמש בהן ;
f. 3b beginnt המפקיד, f. 57 beg. המקבל; vgl. Mai p. 91.

174. 324. 3 Hefte Qu., bezeichnet n. XXI. XXII, XXIV, 80, 56 u. 100 S. das 1: Inceptum Ao. 1703 d. 3. Sept.

¹ Scholia R. Jom Tobh [Lipman Heller] in Mischnam Tamid, s. de Juge Sacrificio. Cap. 1 § 1. In tribus locis sacerdotes excubabant etc. Quia volebant (Mischnici doctores) docere in opere juge sacrificii. Eine latein. Übersetzung dieses Tr. versprach *Th. Dassow* 1705 (s. Wolf ¹484). vgl. unten ². ³.

² J. N. D. Mosis Maimonidis Constitutiones de siclis. Praeceptum affirmativum (sive jubens) unum est, nempe, ut quilibet det dimidium. Hinter jedem Cap. folgen: „Josephi Caronis Ceseph Mischne" und „Scholia R. Abr. Ben David."

³ Constitutiones de oblationum confectione sive apparatu. Comprehendunt illae 23 praecepta: 10 praecepta affirmativa. Hier sind nur die 19 Kap. des Maimonides übersetzt.

Eine Übersetzung der beiden letzten, u. zw. ² mit diesem Comm., welche *Dassow* 1705 versprochen (Wolf ¹842, 845) befand sich in Wittenberg (Köcher, Nova Bibl. Hebr. I, 98). Die Autorschaft unseres ganzen Cod. ist daher sehr wahrscheinlich.

---

175. 21. Pap. und Perg. 534 f. gr. und breit Fol., mitunter 6 Col., gleichmässige span., dem Geübten leicht leserliche Cursiv. Zuletzt אני הסופר
כתבתי זה הסבר מהריא"ף עם הפירוש אשר עשה בו הרב ר' נסים ז"ל ושערתי בו בכל משנה ומשנה הלכה והלכה דברי המרדכי ז"ל וכל פסקיו וגם מסקנות הריב"א ז"ל כתבתיו לאדני החכם הגדול המפורסם מאי'¹) מרדכי טודרוס נתן גר"ו אשר מקום מושב כבודו ומהנהו כהיום בעיר אויניון יעה"א. היו בו עשרים ושלשה.קונגריסים נכלל בם זה הקונגדרס וקבלתי ממנו שכר טרחי בשלמות הן על ידו הן על יד אחרים אם במה שבאו המעות אל ידי אם במה שפיע לאחרים בעדי ועם זה הנני פוטר אותו מכל אשר עמלתי ויגעתי בו בהפלגת ההשערה פטור גמור' ומוחלט ובעבור יהיה זה לעדה (so) ביד אדני הנזכר וביד כל הבא מכחו חתמתי שמי פה היום עשרים וחמשה לחדש אלול שנת מאתים וארבעה עשר לפרט האלף הששי ליצירה הוא יום שמנה עשר לחדש

---

¹) Wolf ³576 liest מאיר, es bedeutet aber *maestro*; vorher liest er ריב"ה und fragt (p. 577) nach der Bedeutung.

שטימברי שנת [א'] וארבע מאות וחמשים וארבע להריון לחשבון האדונים השרים פה ארלד והלכת
דביני חטי(¹ זה (??) דעל הגרד והכל שריר וקם. אמת הדבר בונשניור מאציף דלרגיינטיירה(²
אני הסופר נתנאל בן נחמיה כספי אמרתי 532 .f Nebennote — ... חשם ברחמי יזכהו
אכתוב פה שתי נוסחאות מהריא"ף כי מצאתים מתחלפות חלופ מה בשני ספרי הריא"ף אשר לפני
כל הימים בעת העתקתי וביחוד כי כן צווי^{...}תי מאת אדני החכם הגדול מור' מרדכי טודרום נתן נר"ו.

Isak Alfasi, הלכות, mit Jonatan, Mordechai (Wolf ³713) und
ס' ההשלמה (bis zum Tract. Megilla, Verf. ist Meschullam b. Mose
b. Jehuda aus Beziers um 1200)³), unten מסקנות הריב"א (wohl
Isak b. Ascher? Zunz, zur Gesch. 31; Catal. München 140 n.
317); u. zw. ברכות (Anf. defect), תענית, מגילה, יום טוב, (ביצה), ר"ה,
סימני הלכות ארץ ישראל f. 314b; ע"ז, חולין, שבת, פסחים, סוכה, יומא
v. Mordechai b. Hillel, ניטין; כתובות, קידושין, f. 499 תשובות
שבועות, (יושבי מרשילייא n. 1) דשייכי להלכות אישות, dazu die
beiden *arabischen* Halachot mit hebr. Uebersetzung von Jehuda
ibn Gajjath⁴) und Abraham b. Isak ha-Rofe⁵), in 3 Columnen;

---

¹) תלה ליה רב לרבי ביני חטי; Scheint Anspielung auf Ketubot 69 Anf.
Levy, Neuh. Wörterb. II, 35 חמא, beachtet die Var. שיטיא nicht.

²) Nicht „Regentiera“, wie Wolf umschreibt, sondern *Argentierre,*
s. H. B. XVI, 127 u. S. 132 über מאציף.

³) In der Vorrede (aus Cod. Vat. 124 abgedruckt von Berliner, אוצר טוב
S. 44) bemerkt Meschullam, dass sein Vater in Lunel mit Serachja ha-Levi
in Contreverse gestanden, wonach Assemani (Catal. Vat.) zu berichtigen ist.
Da jener Cod. nur die Vorrede enthält, so ist unsere HS. um so werthvoller.
Die HS. Oppenh. bei Wolf ¹902 n. 1672 existirt wahrscheinlich nicht. Asulai
(I S. 144, vgl. f. 43 unter יעקב בן אליה u. II S. 38 unter השלמה) sah einen
Theil des Werkes in einer andern HS., vielleicht nun Ginzburg's (המגיר) 1862 S.
334)? Die Worte Asulai's ס' הריא"ף חבור עם וצירף חיבר מבדיריש ... רבינו משולם
תולדות יצחק, die er aus כ"י ישן קדמון ס' citirt, stehen in der Vorrede des
ההשלמה, von Isak de Latas, welche unter dem (schon von Zuuz als Irrthum bezeichneten) Titel שערי ציון abgedruckt bei Berliner, l. c. (S. 72 Z. 33 besser
אשר ציוף, aber minder genau מבדריש und Z. 26 unter dem Vater מבדאיש mit
Fragezeichen). Dieses Citat bietet ausser der Charakteristik des Werkes
einen weiteren Beleg für dieselbe, auch sonst anonym citirte Quelle Asulai's
(vgl. H. B. 1865 S. 63 [152] u. 76; Zeitschr. für Mathematik etc. XII, 6 A. 7). —
Über Meschullam vgl. auch Zunz, Ritus S. 28; zur Gesch. u. Lit. Register
S. 596 ist so zu berichtigen: Meschullam b. Mose [in Mainz, s. oben zu N.
152] 192. Mesch. b. Mose b. Jehuda 479, 480, — vielleicht auch der an-
gebliche Kabbalist in Frankreich 165. הצרפתי Cod. Munchen 228 f. 86b.

⁴) Ob Isak's Sohn? Abu Zekkerijje (Ja'hja) lebte um 1130—40. Die
Stelle in Mose ibn Esra's Mu'hadhire lautet תים גיאת אליסאני בן זכריא ואבי
נאצע ואדב בארד שער ד'ו אלגראנאטי, daher in יוהסין ed. London S. 229 (vgl. H. B.
XIII, 107) מגרנאטה. Jehuda ha-Levi traf ihn nicht in Granada. Vgl. Geiger,
Divan des Abul Hasan S. 89; Zunz, Lit. 215: „hebr. בן ישי“ (für das arab.
גיאת); die Quelle ist, nach mündlicher Mittheilung, das Gedicht לפני כרוב
Vgl. Catal. Bodl. p. 1112 u. Add., Dukes שירי שלמה 89 und כוכבי יצחק XXVI,
16; vgl. Geiger, Blüthen S. 24, Jüd. Dichtungen S. 26; vgl. auch Kimchi,
WB. rad. שוע S. 377 ed. Berlin.

⁵) Catal. Paris 319 giebt zur Übersetzung Abraham's (vgl. H. B. XVII,3)
eine Ausgabe in תומך ישרים an. In der That ist dort unter den הגהות הריא"ף
f. 103 *bis* [für 104] eine Übersetzung eingeschaltet mit den Worten: מבואר

die Ueberschrift lautet: ... אמר ההלכה פירשה רבי הרב יצחק פאסי
הוא פי' אותה בלשון ערבי והמרוצה (??) החכם ר' יהודה זכור לטוב אבן
גיאת בארה בלשון הקרש בהיותי הנה בנרבונאה. וזו היא אמר לחנוני
(so) תן לי בדינר וכו'; dann folgt rechts der arab. Text — aus
einer Bodl. HS. her. von S. Landauer in „Letterbode" 1877 (vgl.
H. B. XVII, 3 und 51); die linke Columne beginnt: זהו ביאורה
ללשון הקרש והעתקה. הדא שמעתא חזינן בה לרבוואתא פירושי דלא סליק
חד מניהו אליבא דהלכתא ומשום הבא חזינן לפרושה. וחיא אמר לחנוני
תן לי בדינר פירש ומקום הקושיא ממנה למשפטה של הלכה נראה שמי
זאת ההלכה שאמרתי לפרש אותה בסוף שטען; die Mittelcol. beginnt:
מסבתא בלשון ערבי ואני אברהם בר' יצחק הרופא אפרש אותה בלשון הקרש
בעזרת האל כי אדננו הרב הנאון רבינו יצחק אלפסי פי' אותה בלשון ערבי
ולא הבינו אותה אנשי ארץ אדום ואני לפי עניות דעתי אעתיק אותה מלשון
ערבי ללשון הקרש כדי להבין בה אנשי ארץ אדום בעזרת האל. זאת ההלכה
קשה היא ועמומה מאד בעיני רוב בני אדם ויש מהם שלא נתגלה פירוש'
לפרשה ראיתי ולפיכך בכל לעיניו. Lebrecht übergeht diese aus
gezeichnete HS.

176. 251a. Perg. 4 f. Qu., von cinem Dekel abgelösst, mittlere alte
ital. rabbin. Schrift. Eine weitläufige hebr. und deutsche Notiz des „Ent-
deckers" Samuel Lipschütz, datirt Oct. 1864, enthält nicht durchaus Richtiges.
[Maimonides, משנה תורה] von Segenssprüchen K. 7 u. 10.

177. 101. Perg. 111 f. Qu., ital. oder deutsch, Anf. XV. J.?
Mose Maimonides, ספר המצוות, mit der Vorrede des Uebersetzers Mose Tibbon, collationirt.

178. 245 (Uff. 72). Perg. 184 f. gr. Qu., deutsch rabb. sehr alt. Falsch
gebunden, Anf. f. 28; f. 27b ... התרומה מס' התרומה (!) אחריו הכתוב וכל למעלה הכתוב כל סליק.
36b Bes. Jekutiel b. Jakob Salomo.
Baruch b. Isak aus Worms, התרומה (1202, s. Add. zu Cat.
Bodl. 774; vgl. Edelmann zu Pharchi S. XXX). Mai p. 99 giebt
eine in den Ausgaben censirte Stelle; Wolf [3]162. — Über ein
Compendium (קיצור) s. S. Kohn, Die hebr. HSS. des ungar. Natio-
nalmuseums (Sonderabdr. aus dem Magazin für die Wiss. d.
Jud.) Berlin 1877 S. 20.

179. 98 (Uff. 66). Perg. 137 f. kl. Qu., klein, gothisch; f. 3 שי' בני יוסף
יד אדר ראשון שנת קמט | בני דוד שי' יח תשרי שנת קנא | בני אליקים שי' ולא יטמאו את
[1393] מחני"הם.

בלשון ערבי ואנחנו מצאנו העתקות פירוש בלשון הקרש וזה לשונו. מפני שראיתיה מתקשה על
הכמים; ·ist das eine dritte anonyme Uebersetzung?

[Isak Corbeil עמודי גולה], Ende stark defect, ohne Index;
133b להתענג בשבת am Rand 285; f. 2—3 Allerlei von jüngerer
Hand, u. A. die Fasten und ihre Veranlassung. Wolf ³567, wo
auch die folgenden Uffenbach'schen HSS. nach der Reihe bei
Mai kurz angegeben sind. — S. zu Cod. München 135; S. Kohn,
HSS. des ungar. Nationalmus. S. 23, wo als Sterbetag 1280
(1820 ist Druckf.).

180. 85. Perg. 203 f. Fol., sehr rein erhalten, klein deutsch rabb.,
theils roth; 197b: אבינו חלם השלמתי זה הספר· מצות קטן ... חזק הסופר לא יזק
שמנה בניסן ביום חמשה (so) ק'מ'ג (!) לפרט שנת חמשת אלפים ומאה וארבעים ושתים לבריאת
עולם והעתקתי מס' המצות שהוא מדויק מאד השם יזכני ללמוד בו ולקיים המצות הכתובות
שלי אורי בר שמואל זצ"ל; darunter in Quadratschr. בתוכו לי ולזרעי ... אמן ואמן סלה;
zuletzt „Librum hunc .. acquisivit Lud. Bourguetus, Verona a judaeo R.
Schemuel d. 6. Oct. A. D. 1702" (mit Worten); gehörte also Unger, ist aber
bei Wolf ³568 nicht erwähnt.

¹ Gewöhnliche Gebete

² 11 Festgebete.

³ 19 [Isak Corbeil, wie oben], Index 283 Num. bis f. 21.
Vom Brief nur einige Zeilen f. 22a. Die Noten zwischen dem
Texte, aber genügend hervorgehoben, oder in kleinerer Schrift.

⁴ 198 שער הראשון בשר שנמלח ושהה [Isak Düren, שערים]
nur bis K. 10.

181. 152 (Uff. 109). Perg. 121 (122) f. gothisch, theils roth, XIV. J.
F. 1 א"מ ז"ל הלך לעולמו בא' בשבת ונקבר ביום ג' ג' ימים לחדש סיון שנת קנ"ח לפרט תהא
מיתתו כפרתו א"ס; der Bruder des Schreibers, Phöbus (ויביש) starb מ"ש 9. Adar
165, die Tochter Peslin (הלך לעולמו so) im Kislew desselben J., אחי הנ'ר'ז'ק'ן הי"ד
wurde am 22. Ijjar dess. J. erschlagen. Mai p. 310 verwandelt die *dies
fatales* in „*natales*" was nicht Druckfehler, da er von der Tochter ausdrücklich bemerkt „lucem adspexisse."

[Isak Corbeil, wie oben], Anf. def., f. 1 enthält das Ende
des Vorw.; geht nur bis § 199 שלא לאכול טריפה. — Die Noten
(meist מרפ'א d. i. Perez) im Text kaum herauszufinden. Die
HS. scheint durchaus collationirt.

182. 100 (Uff. 191). Perg. 138 f. Qu., deutsch rabb., theils roth; Epigr.
אני יהודה בר יצחק גמרתי הספר מצוות פר' שופטים שנת קסח לפרט לירח מרחשון [1407] והשם
יזכני ולבניי ללמדו ולשמרו כל מה שכתוב בתוכו ולהורישו לכל השייכים לגופי עד סוף כל הדורות ...

¹ [Isak Corbeil, wie oben], Anf. bis § 60 defect; Index
zählt 304 N. Zahlreiche Noten in 2 bis 3 Reihen. Wolf ⁴881.

² 138b vgl. אלו צוואות החסיד אלי קח אדם אשה ששמה הוא כשמו
vgl, N. 330.

183. 91 (Uff. 67). Perg. 1 u. 229 f. Oct., [1] gothisch, [2] Quadr. punktirt, beide alt; f. 195 mit blasserer Tinte neben der schmalen Endcolumne אני הכותב הסופר לא יזק לא חיום ולא לעולם (so); יהודה בר׳ אליעזר הלוי נ״ע השלמתי לירח כסל f. 228 אני הוא הכותב קצת ; עד שיעלה חמור בסולם לשמים daneben mit anderen Lettern הספר יודא בר׳ אליעזר הלוי זלה״ה והגרומתי (so) ושילמתיו שנת קע״ב לפרט קטון וע״כ יזכו ללמד בו... נאום הצעיר הרשו׳ לעיל. Mai p. 95 übergeht Abschreiber u. Datum. F. 197b (אני הצעיר) אהרן בן מהר״ר אלכסנדרי; זה הספר קצור וואלכלן בר דוד ז״ל אויערבאך שלי״ט; 229b.. הלוי כתבתי זאת הספר [..אי] יהודה בר.. (halb verlöscht, scheint nicht der Schreiber des Cod.). — Auf der Rückseite des Vorbl. sind Geburtszeichungen verwischt, die 2. לפ״ק (?) נולדה לי באחד בשבט רמט בתי קלאר שתי׳.

[1] [Isak Corbeil, wie oben], Index zählt 293 N. und so das Buch; Noten mit kleineren Lettern. Wolf [3]567. F. 195b Kalendertabelle für Cyclus 269—77 (5112—263).

[2] Sprüche Salomonis, in Strophenform geschrieben.

[3] 229b דיני בדיקות. חמשה אוני את לריאה ג׳ מימין.. ואי חסיר ג׳ מימין. Nach Mai: „saepissime impressa,“ ohne nähere Angabe. Die am meisten gedruckten בדיקות des Jakob Weil beginnen in der That wie die HS., deren Ende jedoch: מחט שנמצאה בריאה כשרה, דרך הסמפונות באה... ספק כלל צריך שאלת חכם או לחמור ולאסור.

184. 106. Perg. 178 f. (u. 5 bis, welches zuletzt lag), gothisch, alt, splendid. Gehörte Unger; Wolf [3]568.

[Isak Corbeil, wie oben], Anf. bis § 12 fehlend, f. 155b ist שלא לבא על הבהמה N. 327 gezählt, also im Ganzen 331, — die Numerirung ist meistens abgeschnitten. — Noten mit kleinen Lettern.

[2] 158 [Isak Düren, שְׁעָרִים], [בשר] שנמלח ושהה [Initial unausgefüllt, mit Noten aus מרדכי, אשרי, הגמי״ם, nur bis f. 162. Kap. nicht angegeben, nur דיני; defect.

185. 143 (Uff 116). Perg, 34 f. Qu., zusammengesetzt, grosse alte deutsche Schrift, [2] gothisch punktirt. Beide beschädigt.

[1] Index und Vorrede des Isak aus Corbeil; dass das Uebrige in einen andern Codex gebracht worden, „quod ab impostura Judaica alienum non est,“ (Mai p. 327) ist nicht unmöglich, aber kein Anhaltspunkt dafür vorhanden. Dass aber der Codex deutliche Spuren von Brand und Misshandlung trage, hat Mai hier verschwiegen und „temporum vitio“ dafür gesetzt.

[2] 12 Fragment von Festgebeten, Neujahr bis Ende Sukkot, Vocale nur bis f. 21 hinzugefügt, was Mai wiederum verdreht; vgl. unter N. 105.

186. 151 (Uff. 107). 160 f. breit Oct. deutsch rabb.; f. 156b ברוך הנותן ליעף... חזק ונתחזק... חמור בסולם א״ס. מני יהודה בהח״ר נחמיה י״ץ סיימתי זה הקוצר (so)

ספר המצוות היום יום ה' פרש' ושמרתם ועשיתם אותם שנת ברכינו בברכ"ה [229], לפ"ק
הש' יזכני להגו' בו אני וזרעי ... הנה זה הקוצר סיימתי לאחי גבריאל שי' בעזרת הא"ו דרך
עברתי גבולו לילך בצרפת ממדינת רושכ"ט וריגנפ"ת. ואל יהי הקוראו עלי גועה, כי העתקתיו
מתוםם מוטעה, ועל כוונתו שעה (!), לכן המבחין שגותו (so), יגהה (so) לפי שכלותו, ויהיה שכרו
אתו; vgl. f. 98 מטושטש הוא יען חלק עמוד אניח.

[Isak Corbeil, wie oben], Index zählt nur 295 §§, daher f. 5
bemerkt ist מצות י' באשר (so) כמדומה לי חסמנים אינם נרשמים בתיקנן
כנ"ל. נבלעים בהם שאינ' נרשמי'. — Noten mit klein. Lettern. — 157b,
158 Notizen, höchst wahrscheinlich von anderer Hand. ,Die
Quellenangabe מהריא"ל kann nicht, wie Mai p. 150 vermuthet,
Jakob Levi (מהרי"ל) bedeuten.

187. 80 (Uff. 126). Perg. 78 f. Fol., bis f. 22 gothisch, dann deutsch
rabb. in Doppelcol. Tetragramm mit 3 Jod geschrieben; Rückseite des Vorbl.
זה הספר מירושת אבי ז"ל und נאם יצחק בר אהרן שמואל ז"ל הדר לע"ע בעיר וואלף האגין
אליקים גטשלין בן לא"א הר"ר שמואל ז"ל קאבלענץ. Der obere Rand ist beschädigt;
einzelne Stellen, namentlich in ⁶, ⁷ sind kaum leserlich.

¹ [Natan b. Jehuda um 1300, מחכים ס] Ritualwerk über
die Gebote, an dessen Anfang und Ende nicht viel fehlen kann.
F. 6 המען (so) ועייתי יתקן והוא סדר השבוע ומה ששכחתי וזהו סדר
ערב שבת: כאשר ביארתי. בשבת מזמר ברכו ואינו כזמר והוא רחום;
f. 10c סיום סדרא של שבת. אילו ימים שאין נופלין על פניהם f. 10c
תשעה 12c; וזהו סדר תפלות ימים טובים וקריאתם 11b; סדר ראש חדש
וסדר האפטרות 17a; סכות 15d; יום הכפורים 14a, ראש השנה 13b; באב
17c חנוכה, fehlt also nur noch פורים. F. 9b ומנהגינו שאין אנו שונין
מסבתות אלא בקיץ. ומנהג בורגויינא (so) שאין שונים אלא בחורף, לא ידעתי
טעם בזה הדבר ושמא ... ולכך בני צרפת לא היה להם פנאי ביטי החורף.
שמע' מר' F. 10 ...ובני בורגויינא היו מרבים בסעודת שלישת בקיץ...
das-, הר' רי'ב'ט' כלל זה כל יום שאין בו מוסף או' בו שיר מזמור לאסף
selbe 17c שמעתי רי'ב'ט' ר' הר' ומר' ;10c, d שפירשו מה פירש' ותוספו'
ist אך כך (so) ר' י ב'ט' בתשובותיו Isak b. Todros (Catal. Bodl.
S. 2522).¹); f. 16 c citirt 12a; סדר אבי עזרי הר' ר' ושמעתי שרבי
יחיאל היה מתחיל בזה ובזה ברביעי. F. 10c steht am Rande von
der Hand des Schreibers מחכים, daher entdeckte H. Michael
(nach einer Note zu Dukes' Catalog) Titel und Verf. des Buches,
welches nach Zunz (Ritus 202) vollständiger in Cod. Wien LXV
(im Catalog S. 78 nur מנהגים). — Wolf ²1281 n. 132: „,דיני
תפלות."

---

¹) Auch in Cod. München 66 f. 35b מורי ההסיד בפי' מחזור für מזמור in dem
gedr. כתר ש"ט f. 33b. Der סוד היבום Cat. Bodl. l. c. l. Z. ist וישב ס. Vgl.
auch Zunz, Ritus S. 24.

[2] 18 anf. ה' יראת, weshalb Mai 383 schon hier das B. היראה
von Iona Girundi vermuthet und Wolf [3]373 ohne Weiteres angiebt; f. 20c mit kleinen Lettern העיקר שורש השער זה אלמדך;
f. 22d כנפיהם מתחת אדם וידי דכתיב מאי... לקיש בן שמעון ר' אמר.
Dann kommen die speciellen Bussregeln; Ende f 27d דבר סוף
המסורות הכפרות, ונשלמו תמו .(!) הימים כל זה כי.. נשמע הכל
מקים והוא דובר והוא... אל נבורות יספר מי .כפרות לסורדים. Also Ex-
cerpteaus Anf. רוקח desElasar Worms (Cat. Bodl. p. 907 [vgl. רזיאל
f. 8b] und p. 915.n. 2, wo das Akrost. אלעזר nicht hervorgehoben, und den Zusatz in בו כל f. 73d מרוטנבורק הר'ם אמר).

[3] 27d ohne Ueberschrift anf. ישא כי לנבר טוב bis בהם והי
עולם חיי ,28 .f ,בהיותינו בקר בכל Ende f. 36a ספר נשלם .יהטא ולא
התשובה סוד לך והא עולם חיי. Dieses angebl. עולם חיי ist in der
That eine kürzere Recension des היראה ס' von Jona Gerundi
(Cat. Bodl. 1426); auch in N. 88[3] und 320[10].

[4] 28a התשובה סוד anf. הקב'ה לנו שלח [von Jona Gerundi,
Cat. Bodl. 1428; im span. Sendero de Vidas p. 57: Puerta de
la contricion]; über ein ähnlich anfangendes Stück s. Brief an
Halberstamm vor נפש תנמולי S. 14.

[5] a) 38a ohne Ueberschrift תיבה בראש הבא אות בתורה אמרו כלל
להדגש דינה (vgl. Mai p. 384, der wohl zu entschuldigen ist, wenn
er bis f. 46 für Eine Schrift hielt). Zuerst kommen.die מבטלין,
39c שהכף יברכך כמו, 40a שער תנועות הן, 42d (Ende) ועשר משה וכלב
מהשרש ואינה לכנוי באה אחרונה. Citirt יצירה ס' 39a, החיון 40d,
הקמחי 41a, מדקדקים אמרו. 42a.

b) 42d שתי בך מחסי, מסגבי ומנוסי ohne Hervorhebung des
Akrost. שמואל, f. 46b ניקוד ספר נשלם. Ist das Schriftchen des
Samuel דייקן oder נקדן נקדן (s. Kobak's ישרון V, 147); f. 43c שער
השניים (in meiner HS. f. 37), 45d השלשיים שער (dort 46b); Ende
זכרו שלחו למטה ושבעת וידעת ושמעת.... הם למעלה כמו ואכלת ושבעת
למעלה נטעם עזובו עבורו ושמעת לך והוגד; die 4 letzten Worte stehen
nicht in meiner (auch sonst theilweise abweichenden) HS. f. 50b,
wo f. 51 folgt מלה בקוצר הנגינות של שבן (so) מקומות רובי אבאר עתה
החחם יחכם למען בכללות כלולות bis f. 54b בראשיתם נגינתם מטה מעלה.

[6] 46b ohne Ueberschrift נתקשרו.. אחת פעם רבנן תנו חלקים וע'נ
בשנה יש חדשים וי'ב; f. 46d עשרה ותשע אלפים חמשת מונין אנו שהרי
עולם לבריאת שנה, nämlich 364 Cyclen und 3 Jahre; behandelt
die Tekufot;[1]) f. 48c בדו לא הא' שער דהיות של שער'ים ד' לך והא

---

[1]) Über eine Tekufotformel v. J. 1257. angeblich von Josef Bechor
Schor (Goldenthal, Catalog S. 59) s. Geiger, Parschandata S. 41 hebr.

‫פסח וקיימא לן הו‬‫ז בעיבור, כדפרישית לעיל. נשלם ספר העבור‬ (Wolf
²1390 n. 526).

Eine grosse Randnote von jüngerer Halbcursiv beginnt:
‫מצאתי. גמירי לן שכל הילך‬ (so) ‫הכוכבים ומזלות הילוכם בסדר תקל"ב שנים‬
‫ומצאתי בספר ישן איך בשנת ק'ס אחר החורבן התחלת אמונת הנוצרי‬ darin
(so)‫, להאמין בו ולבנות בתים לבית תיפלותם עם המעשה קושטנטין ואיטן‬
(so) '‫יולינה‬ (so) ‫שהיתה מצורע וכו‬. Christus (‫א"א‬) sei 130 vor der
Zerstörung gekreuzigt worden,[1] ‫ע"כ מצאתי העתק שבתב שהעתיק‬
‫מנצחון למהר"ר דוד זולצבערג‬ ‫ע"ה(²ולע"ד אומר אני הכותב יצחק‬
‫שהחשבון מכוון הוא כמעט עד שבא סבסוך להם באמונתם...ואח"כ מצאתי‬
— ,‫בספר הראב"ן שבתב בדרך זה‬ (die Randnote f. 71 verweist über
‫מצאתי בספר נצחון הנעתק.(‫ס' ראב"ן ס' קי"ט‬ auf ‫קי'ט אנור בן יקא‬. F. 50d:
‫מטהר"ר דוד זולצבערג ויסודו הוא מפירוש הרמב"י שבתב בשם ר' יוסף‬
‫קמחי וז"ל וזהו הפשט הנאה מכל מה שהשבנו בו כי הפשט מנעשה אדם‬
...‫הוא מפני שכבר הראיתי לדעת כי האלקים ברא יש מאין‬.

‫יוסף המקנא‬[7 50 Bearbeitung eines antichristlichen Werkes
von dem Franzosen Josef b. Natan, XIII J.], welches als ‫נצחון‬
nur in der appelativen Bedeutung dieses Wortes bezeichnet
werden darf. Anf. ‫בראשית ברא אלהים עד הנה דברנו על הנחמות ועל‬
‫גמול המרעים לנו ומעתה נדבר על משענת קנה הרצוץ בני עשיו אשר הרבו‬
‫רשויות(³להשען בהבליהם על דברי הנביאים ובכל מקום שפקרו המינים‬
‫תשובתם בצדן. וכאשר תשיג ידי אבתוב ובכל‬ (so) ‫מלמדי השכלתי ואחל‬
‫לכתוב טשה רבינו ע"ה, ברא כת' ולא כת'‬ (Rand ‫ברא‬) ‫אם בן ברו‬.
Dazu am Rande ‫בספר נצחון נמצא מקודם התתלה גדולה מנחמות‬
‫ומגמול המרעים כאשר הביא בכאן וחסר מכאן בספר זה‬. Es fehlt demnach eine grosse Einleitung über messianische Verheissungen.

---

[1]) Vgl. die Citate in Catal. Lugd. p. 393. „A. 3734, d. i. 131 J. vor der
Zerstörung," hat ein ‫סוד העבור‬ in einer Ginzburg'schen HS. (f. 287), die ich
bei Dr. Gross sah, als er noch in Berlin war. Dass Jesus a. 5528, nach
Anderen 5500 der Weltaera gelebt, citirt Chajjim ibn Musa ‫מגן ורומח‬, HS.
Saraval 26, Bd. II f. 232) aus dem B. ‫טיאולוג'יש‬; a. 100 vor Zerst.
hat der anonyme ‫ויכוח‬ in Cod. Schönblum-Ghirondi 72 K. 12 (über Daniel):
Isak Israeli IV, 17 f. 32 giebt 3760 ‫לפי סברתם‬ an; Menachem ibn Serach I,
1 K. 36 f. 36b berechnet 180 bis 185 v. Zerst., und selbst nach der christl.
Zeitrechnung(1412 d. h. der span. Aera) 106; s. Abravanel ‫מעייני‬ X, 8 f. 44 ed.
1860. Eine Notiz von Ahron aus Lunel (1204) enthält Cod. Paris 263, 3. Vgl.
auch das Ende von Cod. Paris 712 (unten [4]). — Aeltere Quellen s. bei
Schleiden, Studien 1855 S. 268 u. A. Appelt's Abhandl. in Bran's Minerva
1840. Vgl. auch S. Cassel Art. Juden in Ersch u. Gruber S. 32.
[2]) Scheint David Blume, s. zu N. 218.
[3]) Mai, der das Werk lateinisch herausgeben wollte, übersetzt (S. 385):
„omnes vires adhibent," lies ‫ראיות‬? die HS. ist auch sonst incorrect. Mit Ps.
119, 99 wollte der Vf. nicht ausdrücken: „omnibus doctoribus meis sum intel-
ligentior" sondern: Ich habe von Allen gelernt.

Unsere HS des, meist aus Disputationen mit Christen compi-
lirten Werkes erstreckt sich über Pentateuch (mit Bezeichnung
der Pericopen) bis f. 57 (Rückseite in durchlaufender Columne,
hinter Ende von האזינו פ׳ steht חזק, dann folgt die Stelle bei
Grätz S. 436 angeblich aus נצבים, und wieder (חזק), f. 58 Richter,
Samuel, 58c Jeremia, 59b Ezechiel, 60a Jesaia, 63a Hosea (fehlt
Ueberschrift, auf 1, 9 folgt 11, 7 dann f. 63b zu 4, 12), 63c
Amos, 64a unten Obadja, b. Micha, c Zeph., Hab., d. Micha, 65d
Mal., 66c סליקו התשובות מן החומש ומן הנביאים; Psalmen (ohne
Ueberschr.), 71a חסלת התשובות מתהילים; Prov., 71c Hohelied,
Threni, 71d Kohelet, Hiob (ohne Ueberschr.) nur 8 Zeilen, en-
dend א׳ל הר׳ר יוסף ואתה מה אתה אומר מהו לייתן א׳ל זהו שד א׳ל
(so) וכי איזה כו׳, darunter חסר כבאן, also sicher defect.

Dieses in kulturhistorischer Hinsicht interessante Werk,
dessen Original nur in Cod. Par. 712, bietet in Bezug auf Titel,
Verf., Zeitalter u. Ueberarbeitung weitschlichtiges Material, dessen
Uebersicht einem Anhange vorbehalten ist. Hier folge nur noch
eine Erledigung des Titels mit Rücksicht auf ähnliche und con-
fundirte Schriften.

Mai p. 385 schliesst aus der obigen jüngern Glosse, dass
unser Werk נצחון heisse, daher Wolf [3]662, Zunz, z. Gesch. 573,
Lit. 271 u. And., zuletzt Berliner, Pletat S. 32. Die von Dukes
(Mittheil. S. 24) conjicirte HS. Oppenh. 1026 enthält das נצחון
des Lipmann (oben N. 48) Allerdings nennt er (Litbl. d. Or.
VIII, 84) auch unsere HS. נצחון ישן, wie man, zum Unterschiede
von Lipmann's, das von Wagenseil edirte zu nennen pflegt
(Catal. Bodl. 625 n. 3962, vgl. Geiger, Proben jüd. Vertheidigung
etc., in Breslauer's Volkskalender u. Jahrb. III, 47 so lies in
Add. zu Cat. Bodl. p. 2270). Letzteres ist nach Zunz, z. Gesch.
85, von einem *deutschen* Anonymus im XIII. J. verfasst;' vgl.
ed. Wag. S. 170: die גוים heissen אשכנזים u. s. w., ואע׳פ שיש
בהן המדברים לשון לעז זהו מיעוטן אבל כל עיקר הגוים אשכנזים הם וישראל
הם באו משם וכו. Es bietet zu unserem Werke äusserst wenige
Realparallelen, wie das Citat des Natan Official (s. Anhang);
der dort vorkommende Ausdruck המינים מונים אותנו steht hier
zu Anf. Richter f. 58. Jenes leitet S. 186 Angriffe auf Evangelium und christliche Legende (z. B. vom heil. Gregor S. 197)
ein: הוי שקוד ללמוד כדי [ודע מה?] שתשיב לאפיקורוס. Von einem

solchen Bestandtheile unseres Werkes weiss nur ein bekannter
Erfinder (s. Anhang).

Eine andere inhaltliche Bezeichnung תשובות erhebt Mai ebenfalls zum Titel, nämlich in den Schlussformeln f. 66c, 71a, aber
auch f. 50c אבל הגאון ר׳ סעדיה סומך למה שאמרנו דמצינו רבים על
היחוד כמו אולי אוכל נכה בו ובעל התשובות מוסיף עוד ראיה אחרת
ובעל l. Z. 57b, ולבעל התשובות נראה שהנו׳ן במקום אל׳ף, ferner 51a
התשובות פי׳ נביא מקרבך; — hier wird der Verf. des Originals in
der 3. Person bezeichnet (vgl. Anhang).

Einige Stellen bei Grätz, Gesch. VI, 435—8, sind unserer
HS. entnommen, aber nicht genau citirt und wiedergegeben,
z. B. S. 436 Z. 5 (Berliner S. 31) f. 54d בחרי אף für מריאה.

In *Randnoten* von verschiedener deutscher Hand, theils verblasst: f. 53c הרי״ל אמר, 55c עין יעקב דף קי״ן (also nach einem
Druck); 64c פעם אחת הייתי בטריר והייתי יושב בין גדולי העיר והיו
ישבו (so) ב׳ גלחים והי׳ ביניהם הרבה דברים בעניין הפקרות והשבתי להם
ע״פ הכתב כאשר ירו המו׳רים (so) ולא יכלו לי עד שעמד אחד ברוגז אתם
עם בזוי מאום ..., theils abgeschnitten; der Disputant gewinnt
die Lacher auf seine Seite.

[8] 71d ohne Überschrift [Jechiel b. Josef, ויכוח] Disputation,
die letzten zwei Seiten kaum noch leserlich. geht bis S. 12
unten der Ausg. 1873 (vgl. H. B. XVI, 130) und verdient noch
eine Vergleichung. Cat. Bodl. S. 1280 u. Add.; Cod. Mich. 229
meint Edelmann zu Pharchi S. XXXII, wo fälschlich Nicolaus
de Lyra (vgl. Fabricius, Bibl. lat. med. s. v.); s. dagegen Cat.
Bodl. 2061, 2555, woraus theilweise Grätz, Gesch. VII, 350,513.

188. 183 (Uff. 75). Perg. 300 f. Duodez, gross deutsch rabb. alt., zu-
חזק ונתחזק לעולם לא יזק לבעל הספר ואכן קים הספר חזק ונתחזק משה הכותב לא letzt
יזק, ומי שיזכאני (so) לכתוב ולסיים, יזכה בעליו ללמוד ולקיים, ברוך הנותן ליעף כח ואונים,
וישמעו בשורות טובות ונאמנים. In der Mitte durch Brand stark beschädigt.

תשבץ Ritualwerk [von Simson b. Zadok, hauptsächlich nach
seinem Lehrer Meir Rothenburg], das Register zu Anfang (f. 17—
22 gehören hinter f. 30) zählt 512 Nummern; א לצאת בטלית קטן
תק״ט להיות החתן נודר מפה, תק״י סדר ברכות של die letzten ;בשבת
מהר״ם (f. 183), תקי״א רשות על חתן וכלה, תקי״ב סדר של ליל פסחים.
— Anf. des Buches 31b בעזרת נדחי ישראל מקבץ אתחיל ספר תשבץ. F. 17b
מרבי׳ (so) הרב ר׳ מאיר זצ״ל. א׳ אומר שמותר לילך בטלית
הלכות שחיטה של מהר״ם, אמר ר׳ יהודה אמר רב כל טבח, in der
Ausg. § 324 (vgl. unter N. 126, [3].[5]). — Diese und die folg. N.
(bei Wolf [3] 1169, 1168) sind ohne הגהות. Zu einer genaueren

Vergleichung der 4 theilweise abweichenden HSS. (oben N. 88, [4], 152, [4]), über deren Autor neue Aufschlüsse versprochen sind (H. B. XVI, 104), konnte ich in Hamburg kein Exemplar der alten oder neuen Ausgabe (Warschau 1875) auftreiben. Cod. Paris 380 nennt den Verf. Simson b. Joëz.

189. 184. Perg. Zusammengesetzt, 72 f. Duodez, verschied. deutsch, alt, f. 25—40 ergänzt; f. 61 כל מקום נוהגין לכתוב שמו (!) על הספרים וגם אני באתי לכתוב, darunter „scrito שמי עליו וזה שמי יוסף בר אליעזר נכתב כ"ח לחודש מרחשון הש"ג לפ"ק adj 31 8b. 1589". Gehörte Unger?

[1] Fragment von תשב"ץ, end. f. 60b כלו דרפרם הוא כלומר ראש השררה סליק. תוספת שמעון (so) ב"ר צדוק סיימתי ס' תשב"ץ שבח לנדחי סליק. ישראל מקבץ; f. 61 ein Register bis כ"א ausgefüllt, n. 1 (זהו סדר מהר"ם ז"ל לריח מתפלל כל ברכה f. 3b), עניני ר"ה 2 עניני פסח n. 20 דינין אודות, n. 21 אודות פשטים.

[2] 62 הא לך דין מליהה והדרחה בי' שערים השער א' בשר שנמלח [Fragm. von Isak Düren, שערים], ob diese HS. bei Wolf [3] 560?

190. 82 (Uff. 234). Perg. 92 f. Fol. in Doppelcol., mittl. gothisch XIV. J.; rothe Initialien, Federzeichnungen um die Lagencustoden, z. B. f. 37b ein Mann, den Becher erhebend, mit seiner Frau an einem Tische. F. 91b זה זיין איין מן אודר איין פולצלי זו וואלט; f. 72 alte Hand: שלי הספר (so) דוד בר' יוסף ז"ל איך גערן ליגן (aus einem deutschen Volkslied?).

Ritualwerk mit besonderer Rücksicht auf Deutschland nach dem Jahreslauf, zuletzt:

סדור השנה [? שנה 1.] חסל נשלם שבח לאל מרפא שבר
קדוש אשכון את דך נכלם [אמיץ?] כח תן למחבר

Die Hauptautoritäten sind Meir Rothenburg (neben הר"ם זיל f. 39c) und Ascher [b. Jechiel]. S. 1 ist bis zur Unleserlichkeit schwarz, es fehlen wahrscheinlich einzelne Blätter vor 1, 7, 9, da die Lagen 8 Bl. haben, die 3. Lage mit f. 14 beginnt. Der Anfang behandelt Gebet und Segenssprüche[1]). F. 4c ובדיני המתרגם לא רציתי לפרש כי אין אנו נוהגים עתה לפי שהעם אינ' מבינים בו ובשאר לשון שמבינים אין ללמד מתרגום לפרשו לעם דשאני מעשה ידי הם יצליחו, עת החולי תרגום דנתקנה (so) F. 17d ברוח הקדש לא ישכיר anf.; הלכות שבת, לכבוד קוני הם יטריחו, יו"י צורי כי בו שבת במוצאי יום קודש, 43d אדם מרחצו לנוי': והוא עושה בו מלאכה בשבת ohne; בהכנסת ראש חדש, ימינו כקדם חדש. ר"ח מותר בעשיית מלאכה

---

[1]) F. 14d ואפי' בעשיית צרכיו ינהוג בצניעות אפי' בינו לבין עצמו כדפי' לעיל בראש הספר. Es sind hier viele Sittenlehren eingeflochten.

אור לארבע עשר פי׳ לילה שלפני י״ד בודקין את החמץ Abtheilung f. 44c
יום טוב שחל להיות במוצאי :also מצה ה׳ und Pesach, ebenso f. 56a
בשם שוכן דר מעונה, אתהיל 70a .ארבע תעניות של קבלה F. 65 .שבת
הלכות ראש השנה. נוהגין בארץ אשכנז לתקוע בשופר מר״ח אלול; 74d
הכל חייבין בסוכה אפי׳ 79 ;בערב יום הכיפורים נוהגים להרבות בסעודה
הלכות חנוכה. כ״ה בכסליו נכנסו יונים 87 .קטן רק שאינו צריך לאמו
כתב הר״ר Ende ;לפרשת שקלים קורין למפטיר פרשת כי תשא 89 ;בהיכל
פרץ שמצוה להרבות בסעודת פורים... עצמו בריבוי. שובע שמחות Zur.
Erklärung werden oft deutsche Wörter, u. zw. mitunter punktirt,
angewendet, z. B. 26c שטעלצן פי׳ שלו בל׳ אשכנז בסמוכות, also
„Staelzen". Der Verf. citirt: תרומות רבינו איש 29c, רמב״ן 29d,
nach Dukes auch ראש (Ascher b. Jechiel) und dessen Sohn;
die Stelle ist mir unbekannt. — Wolf [4]1054. Dukes meint, es
könnte unser Buch das ס׳ הפרנס sein. Ueber dieses Werk des
Mose Parnas aus Rothenburg s. Wolf 7 [1]. [3] n. 1632, Asulai II
f. 62; Zunz z. Gesch. 163 (die angebl. HS. Turin 102 f. 153 ist
vielleicht nur ein Citat? vgl. oben N. 86), HS. Oppenh. 620 und
1484 Qu. Benjakob sah ein Exemplar in Wolozin; die von
Zunz erwähnte HS. Michael findet sich nicht im Register; das
Citat in מהרי״ל תשו׳ hat auch לקט יושר, HS. München 404 f. 8b.

191. 147 (Uff. 115). 53 f. Qu., deutsch rabb, XV—XVI. J.

[Isak Düren, שערים] ohne Tit. anf. שער א׳ בשר שנמלח, end.
אבל גרעיני זיתים טריפה לפי שהם הדין (כדין?) מהט שנמצאת טריפה.
סליק ברוך הגומל כי אני עמל. סליק אין ענט די מן וועגט אונ׳ זיא ניט
בור ברענט דאש אישט אין גויט געטענט. Eine Stelle bei Mai 329.
Der Text ist collationirt und von Noten begleitet., worin f. 33
מכאן הר״ר חיים בן (so) פלטיאל ריל כשמנביהי׳ בכף זבוב מקדירה
רותחת (vgl. N. 41); f. 43 מה שראיתי במלכות שוואבין שאוכלין החמאה.
Wolf [3]560.

192. 168. Perg. 83 f. kl. Oct., gothisch; תם ונשלם מלאכת המלאך הגואל
אביר ישראל הרב חמובהק הלא הוא מורי הר״ר שמשון קינו (so) בן מוריינו ורבינו האשל הגדול
שלמה בן מהר״ר :F. 82. הרב ר׳ יצחק ינוחו על משכבתם המה ואבות אבותם למשפחותם
יעקב בן מוכס 82b; שמעון ז״ל.
Simson aus Chinon [ס׳ כריתות], mit zahlreichen ungedruck-
ten Noten, öfter anfangend: ולי הקטן נר׳, citiren תוספות. F. 79
בטופסי נטין שלנו יש כמה גמגומים (Wolf [3] 1161) — bezieht sich auf das
Formular Kislew 5141 in Paris — darin: מדינה ארץ אחת כמו לשון
בצרפת קאנפינ׳א טרמזיא (?) קורין מדינה בלשונגו׳ על דרך לשון לעז שלועזין
פסקי הוראות מרבינו חסר׳ הר״ר יצחק f. 80 — לשון מדינה פאיש אמנם.

נ״ע, מעשה בא לפני הרב ר׳ יצחק בסכין חולב שלא היה בן יומו und eine
Anzahl kurzer עוד משמו, abbrev. ע״מ.

193. 231. Perg. 107 f. kl. Oct., splendid, ital. rabb. XIV—XV. J. F. 1:
„Librum hunc… emit Lud. Bourguetus Nemausensis a Saule Merarj Judaeo
Verona ed. 2. Maij 1701." Auf Vorbl. לזכר טוב dass „heute" Dienstag 24. Sivan
325.. und Nichts weiter. ישעיה ist hervorgehoben f. 11 13. Gehörte Unger.

¹ Jehuda [b. Benjamin ha-Rofe f. 25] ¹) הלכות שחיטה, Anf.
דין א׳; סבותי אני לדרוש (s. Wolf ³303) u. Index der 12 דינים; f. 3 anf.…
ומבסה דעפר איקרו דכתיב und f. 23 הכל שוחטין הכל מומחין שוחטין
ועפרות זהב לו. נשלמו הלכות שחיטה. אשריך ענין שחיטה נכנסת במומחה
ויצאת בזהב והיינו דתנן אם אין תורה אין קמח וכל העולם לא נברא אלא
בשביל מומחה דהיינו עוסק בתורה והממון לא נברא אלא בשבילו שהוא
עוסק בתורה שני ועפרות זהב לו ²) Am Rande' sind compilirte er-
gänzende Noten, anf. שוחט- מצות עשה להיות, Ende f. 23 שלא בדרך
שחיטה מותר; darin werden u. And. citirt: תוספות, Jesaia [de Trani],
שאלות (46), תשובות בכליים Samuel Zarfati (12b), ר״ש בן אדרת
(11), תשובות (so 54), שאילות תשובות של רבי׳ יצחק (86b).

² הלכות טריפה. יען אשר ראיתי הלכות 24 Desselben Verf.
שאין הדעת יוכל (so) רבים (das letzte Wort fehlt bei Wolf ³ 303,
die VIII. מחלוקת heisst דריסה, bei Wolf (דריכה), die מחלוקות zer-
fallen in דינים ²), Anf. I. אמר רבא שתי עורות יש לו ², Ende der Compilation מכאן ואילך אין צריך בדיקה עוד מאותו ספק — Die hier spär-
licheren Noten beginnen f. 28b יש מקשין למה אין מברכין על הבדיקה.

Der gelehrte Compilator (dessen Verhältniss zu Zidkia Anaw's
Compilationen und zu Jesaia Trani's Schriften zu untersuchen
wäre) citirt תשובות הגאונים (auch תשובות הבבליים, הלכות גדולות
תשובות שאילות ohne nähere Bezeichnung f. 47), die Gaonim:
Hai (תשובות), Nachschon, Sam. b. Chofni, Schalom (38b), Zemach; ferner Chananel, Gerson, Isak Fasi, Salomo [Isaki], Tam;
ausserdem Efraim, Elieser הגדול (38b), Isak ha-Laban ולא מצאתי
לו חבר 43), Isak b. Mordechai (39), Jakob· b. Jakar (38b), גדולי
הדור ר יהודה בר ברוך וחביריו (47), Jesaia b. [und, in and. HS.]
Kalonymos (38), 'Jonatan [Kohen, zu Maimonides], Menachem,
Moses b. Maimon (38b), Moses aus Pavia (מפויאה) u. zw. תשובות

---

¹) Vgl. Vat. 181, Benzian 35 und And., s. Catalog Schönblum-Ghirondi
n. 69; ein Werk über Alfasi in Cod. Par. 320.

²) Es sind nach Cod. B. 10, 2, 2, 2, 1, 4, 1, 1. Derselbe beginnt פס קי
הלכות טריפה. שמונה מיני טריפות, also ohne die einleitenden Worte.

(vgl. Conforte f. 8, Zunz, z. Gesch. 57, Geiger in Israelit 1864 S. 46), (?) רבי שלמה בשם ר׳ ששון (über den Vornamen Sason s. H. B. XI, 136, Cod. München 142, 362), Samuel b. Nitronai und Samuel ha-Zarfati (47). Vgl. Cod. Benzian 35.

89b ³ אברהם ר׳ אמר .ל׳ז דוד ב׳ר אברהם ר׳ הרב (.כָּתַב) כתב

בר׳ דוד ראיתי מה שפי׳ הרב צרפתי בענין צומת הגידין על מה שאמר בגמר׳ אלו הן צומת הגידין אמר רבא ... וכולה מלתא כדאיתא. ואלו עמדתי בסודו או הורשה לי דבר אחר בו הייתי כותבו אך אלהים יודע עמד לפני ולא אתבונן חלף ולא אכיר מראהו. והסוד הנגלה עלי מאין קשר וקושי זהו. ואומר תחלה Ende f. 91 מה שראו עיני ומשמשי ידי והראיתי לתלמידי כי צומת ..

ז׳ל הרב דברי כאן עד ידים ומשמוש עינים ראות עם יבינו והמשכילים —.
Dieses und die folg. Stücke finde ich nicht in Wolf.

91b ⁴ שאלות ותשובות מהלכות שחיטה. שאלה מנין שהשחיטה

צריך שתהא מכח אדם תשובה דכתי׳ וזבחת ..., ein Examinatorium oder Resume, aus nur 15 Fragen bestehend, dessen Fortsetzung gewissermassen f. 92b שאלות ותשובות מהלכות טרפות. שאלה המוח שהתחיל להימשך מן הפולין, mit Unterabtheilungen: ... ענין und dazwischen מן הגידין אם כללים (f. 97), über 70 Fragen; Ende 101b נחתך הרי היא טרפה נשלמו התשובות שאילות. שבח לאל לו נתכנו עלילות.

102 ⁵ [הכל] שוחטין ושחיטתן כשרה חוץ מחרש, das erste Wort ist nicht nachgetragen, ein Compendium, worin דרסה כיצד כגון גם בעפר זהב מכסי׳ שנאמר עפרות זהב Ende 103: ששוחט בלא הולכה (so) לו. נשלמו ה; also verschieden von Raschi in הפרדס f. 28 (39 ed. Warschau), s. Catal. Bodl. p. 1706 unten.

106b ⁶ אברך את ה׳ אשר בחר, eine Licenz zu schlachten an den examinirten Abraham b. Josef aus פירמא, datirt Donnerstag 25. Adar 260 (רם), gezeichnet Rafael Ahron b. Salomo מלמד in פירמא. Der Geprüfte muss zu gewissen Zeiten repetiren (לסדר) הלכות הבדיקה). — F. 107 ist eine solche Licenz von Sivan 5258 (in Worten) an denselben Abr. b. Jehosef nicht unterschrieben.

194. 247. Perg. 133 f. (4° bei Wolf ³713), klein deutsch rabb., Noten theilweise von sehr ähnlicher Minuskel, XIV.—XV. J. Zuletzt Geburtsdaten, zuerst רושיטא ה׳ בסימן טוב ובמזל צומח בני מרדכי 28 March. 189 (1428), Tochter שנקדשה בקדוש השם; den Namen erhielt sie nach der Grossmutter '191; בעיר לינדואה עם חמשה אחרים מקרוביה ביום ב פרש׳ בלק בי׳׳ב בתמוז שנ׳ קץ לפרט נקמות יי אל נקמות יופיע לנקום דם במהרה ויוציאנו מאפילה לאורה ויאמ׳ די לצרותינו ... (vgl. Zunz, Syn. P. 48); Malka 12 Tebet 193, Salomo 17 Tebet 195, Lea 24. Adar 197. Compendium des Mordechai [von Samuel Schlettstadt]¹), defect,

---

¹) Catal. Bodl. 2477; vgl. Carmoly, France Israél. 144 (wo allerlei Un-

(הלכות גט) f. 1b ist Ende כיצד הרגל (B. K. Kap. 2). F. 122 (hinter גט
אשור זה סליק המרדכי אשר מורי קצרו ובמקומות יש שנם חיבר בו ליקוטי׳
אחרי׳ אשר מצא כתוב בסמ״ג ובסמ״ק ובתשובו׳ כאשר אינה השם לידו.
ועוד ראה לחבר הילכות תפלין ומזוז׳ וציצית כאשר מצא מצא בחיבורים וכתו׳
ולא בדרך אריכה כ״א בדרך קצרה למען ירוץ בו הקורא. Nach einem
kleinen Zwischenraum, vielleicht für eine beabsichtigte Ueberschrift, folgt סליק פ׳ התכלת. f. 124. התכלת הלבן אינו מעכב התכלת
ה׳; תפלין 127b, הלכות מזוזה 126; הלכות ס״ת שתי פרשיות Ende f. 132
הני שגורין בפיו וליכא למטעי עיין סוף הנזקין במרדכי. הדרן עלך הקומץ
רבה וסליק׳ הלכות טלת (so) וס״ת מזוזה ותפלין. Die Quellen dieses
Compendiums und der verschiedenen Noten, deren Compilatoren
noch zu ermitteln sind, erfordert ein eingehendes Studium.
Die HS. Benzian 29 hat Banquier Merzbacher in München gekauft. — F. 132b, 133 Tabellen über die Pericopen.

195. 246 (Uff. 101). 164 f. breit Qu. 2 Col., unschön deutsch rabb.;
שבח לצור קוני, ‖ אשר כנו רני ‖ ובדרך אמת הנחני ‖ חזקני ואמצני ‖ הסם חזה לסיימני ‖ Epigr.
חזק ונתחזק הסופר‖ איזק לא יוזק לא היום ‖ ועדי עד ולא ימעד ובלי ‖ צווחה ופרץ עד שיצמחן
שלג מן הארץ. ‖ וסיימתי אותו בר״ח טבת שנת חמשת אלפים ומאתים ועשרים וארבע [1463]
.לבריאת עולם ‖ מנין שאנו מונין כאן בק״ק וורמייש א. נאום הסופר יצחק בר מנחם חלוי שלי״ט
Mai p. 235: שום הסופר, „Calligraphi nomen est." Der Ausdruck נאום (später
auch נאים) ist stereotyp.

[Jakob b. Ascher טור ארח חיים] in 721 Cap., bis 296 fehlend.
Wolf [3] 449.

196. 244 (Uff. 69). Perg. 121 f. Qu. in 2 Col., splendid aber vergilbt,
klein deutsch rabb.; Epigr. זלה״ה איש דוד דשלישי׳ בר׳ חזקיה הכותב הוא אני
איטר יד ימינו איש צרפתי יצא מגלות צאן קדשים צרפת.. וישכח מיהדר לי׳ אשר בגלותי לא
עזבני ולא נטשני ויט עלי חסד ויתנני לרחמים אל כל אשר הלכתי ופניתי ויהי מילד ש א (?)
תחנותי אתהלך שם ׳בדרכי אבותי ... ואהי לכל מהנה ואינו נהגה לעת זקנתי ושבתי ולשבת
במקום תפילה חמדתי וגלות שלימה גליתי (10 Zeilen verlöscht) הטור הזה יורה דעה באחד
בשבת באחד מחרש טבת שנת עורי וחק״ץ ה׳ אלפים קץ לפר׳ הש׳ בהסדו יזכיני למיהוי לי
הליויתי טור und, מאנים בן כתר״ר יעקב שלי״ט גראטוואל 121b; חתני׳ בני תורה ומרבנן...
של זה הספר ידה (so) דעה וצרוו׳ המור גרשון (so) בר משה ז״ל נאום אהרן בר יצחק שלי״ט
.בר״ח חשון של״ב לפ״ק

Jakob b. Ascher, טור יורה דעה, bis Cap. 43 fehlend. Mai
p. 95 ergänzt eine Censurlücke der Ausg. Hanau. Wolf [3] 449.

---

richtiges); vgl. Cod. Paris 408 (München 358[2]); Zunz, Handsch. in Italien
12 (Ges. Schriften III, 8).

[1]) „Daschlensch" (Mai p. 96 bei Wolf [2] 539; „Desalint" las Dukes; ich
lese „De Salines"; vgl. שאלינס H. B. XIV, 96 und „Salinas" (also die alte
Form אש, vgl. Catal. Bodl. p. 2909) in Cod. Pasis 817.

197. 64 (Uff. 136). 303 f. deutsch rabb.; f. 85b בריך רחמנא ראש לכל נזר,
הוא יהיה לנו לעזר, באשר סיימתי אבן העזר, ביום ר"ח, יגאלינו אל קודש, יום א' למלאכה,
[Kaiserstul] dann ;יהא לנו לשמחה ולברכה,' ר"ח טבת שנת רל"ה לפ"ק בעיר קיזרשטול
א'רים קולי לאל עליון להוציאני מכל צרה | ש'יגאלינו בפדיון יהי רצון לפני קוני במהרה |
[ויזכנו להגות בלי רפיון בכל ספר ספר התורה durchstrichen] ר'חמים תעורר בלי רפיון ולהגות
בעזרת אלהי המשפט, סיימתי also Akrost. Ascher. Auch zuletzt ;בכל ספרי התורה
ספר טור חשן המשפט, ביום ראשון למלאכה, לשמחה ולברכה, ח' ימים לירח אלול ׄ שנת רל"ד
לפ"ק כאן עיר קיזרשטול. א'ם בתורת ה' חפצו תמיד לעסוק בדברי תורה | ש'ם (so) עליו כמו
צמיד לעיין ולהגות לילה ואורה | ר'ם על כל יברך לו ויעמיד לו בשני עולמות שכרך. Mai p. 396
übersieht beide Akrosticha.

Jakob b. Ascher, טור אבן העזר ohne Vorr. und Index und
חשן המשפט, letzt. collationirt, in 182 u. 429 Kap. Wolf [3] 449.

198. 65 (Uff. 209). Perg. 265 f. gr. Fol., splendid gothisch; f. 189b
סיימתי הספר הזה הנקרא חשן המשפט בשנת קסה קסה לפרט הקטן לאלף הששי מוחזור (so) ע'ר'ב'
בשמנה ועשרים יום לחדש יום המשפט שבח למלך המשפט נפתלי בר שלמה הלוי זצ"ל א'י'ל'א'י)
הלבלר וסליק חזק und 2 Hirsche, nicht übel gezeichnet, wegen des Namens Naftali.

F. 265		
אשר תרוו הלא שלם	נצור מוצא שפתיך
אמת יום תמצא שלם	פרי שכר לך יהיה
לכל התודע לכל אלם	תמורת זה שבחיך
ולא אוכל להתעלם	לו נתן ברית האם
אריכות יום וטוב עלם	יקר חסדו ישלם לך

f. 265b ;ברוך הנותן ליעף כח אשר בידו' הגבורה והכח שנתן לי כח לקיים דברי דברי ולנכוח (!) אני
געטשליק בן החבר ר' אליה.

Jakob b. Ascher, טור חשן המשפט, Anf. defect; f. 190 (188)
אבן העזר; die Kap. sind nicht gezählt. Wolf [4] 865.

199. 67 (Uff. 70). Perg. 94 f. Fol., klein deutsch; zuletzt am äussersten
Rand·נגמר ט"ו אלול שנת רכח בעז"ה, 1468, wie Mai p. 98, gelesen.
[Jakob b. Ascher, טור אבן העזר] Kap. 89—182 mit Rand-
noten. Wolf [3] 449.

200. 145 (Uff. 114). 19 f. Qu., deutsche Cursiv XVI—XVII. J.
[1] זכרון עדות, Jachet (יאכט) verkauft ihren Frauenplatz in der
Synagoge in Hanau (הענה), Besitzer הקטן זעלקליש. Auch von
סביבותינו אושנבורג ist die Rede.
[2] 2 ברוך שאמר von Simson b. Elieser aus Sachsen (שושניא,
für ששניא, daher denkt Mai an Susa, Cat. Bodl. p. 2634; H. B. XII,
13) in Prag, nebst Form der Tefillin von Abraham [b. Moses aus
Sinzheim, od. A. Chassan aus Heufurt] am Rande   Dazu die
Tabelle f. 19.   Vorrede fehlt, s. N. 234.   Wolf [3] 1159, [4] 1002.
Eine bessere Ausgabe, Dubno 1796, erwähnt Löw, Beitr. I, 231
A. 4.   Vgl. auch Muller's Catal. בית הספר 1868 S. 347 n. 5141.

---

[1]) Nach Zunz vielleicht אלהים יאר לי פניו.

201. 249 (Uff. 74). Perg. 31 f. Qu., deutsch rabb. XV. J., theils roth. Besitzer zuletzt Asriel b. David; f. 25b ‏אני יעקב בן הקדש ר' דוד ז"ל הי"ד‎.

¹ ‏מנהגים‎ des Abraham Klausner [‏קלוזנר‎ in älteren Schriften]; „‏דמהרא"ק‎" am Ende der Noten hat Mai (p. 101, bei Wolf ² 1354 n. 373) übersehen. Den sehr seltenen Druck Riva 1558 (Catal. Bodl. 697 u. Add.) konnte ich nicht vergleichen. Das Meiste ist in ‏מנהגי מהרי"ל‎ an verschiedenen Stellen citirt oder aufgenommen. — Die HS. beginnt ‏ניסן כל ימיו אין נופלין בתחנון‎, auf den 9. Ab folgt Beschneidung (f. 27), endend ‏אבל איסר דאורייתא לא‎. Citirt werden ‏ר' דוד‎ (f. 12), ‏וכן פריח‎ (Chananel, 19), ‏ר יודא משאנץ‎ ‏הקדוש הר' יום טוב בר יצחק‎ in ‏מהרי"ל‎ zu 9. Ab Ende), ‏יהודה‎ (26, 19), ‏מנחם מוינא‎ (20), ‏ר' יצחק מסיפונט‎ (13), ‏יצחק המדבורק‎ (so) (19), ‏פי' רבי‎ (19b), ‏וכן מצינו בשערים של רבי, שמואל בר חופני‎ (so) ‏הכהן‎ ‏תשובות הגאונים‎ (25b) ‏שמואל שראו'‎ (28), In den Text sind (?) ‏זצ"ל‎ f. 23 und 23b Noten eingeschaltet, bezeichnet ‏עכיה‎ und ‏וצווה‎ ‏מהר"א .. עכ"ל הגהות עכ"ל‎ (so).

Umgeben ist der Text von sehr zahlreichen, oft doppelten und dreifachen Randnoten; unter den meist benutzten Autoritäten scheinen die jüngsten Jakob Levi (‏מהרי"ל‎, dem wohl die häufigen Beziehungen auf Mainz gehören) und dessen Lehrer Schalom (‏מהר"ש‎) aus Oesterreich; zuletzt liest man ‏המקומות אשר‎ ‏מנהגינו נשתנה מאותו מנהג כתבתי הגד'‎ (so) ‏מנהג שראיתי נוהג למעשה‎ ‏ראש‎ ‏מהרי"י ס"ל זצ"ל למזכרת תהא ולמשמרת‎. Citirt werden z. B. ‏אור זרוע‎ [Elieser aus Metz? f. 5], ‏צפנת פענח‎ (6b, 8, 8b), ‏אז"ק‎ ‏קטן‎, 7b], ‏הר' חיים פלטיאל‎ (17, vgl. ‏מהרי"ל‎, Pesachgebet, und oben N. 41), ‏מצאתי במנהג רינוס‎ (12, 21b); ‏ראיתי כתוב בקובץ ישן שחון‎ ‏אהד היה בוינא .. שפעם אחת היה בקריטזא‎ (kl. Purim f. 13, auch in ‏מהרי"ל‎ als ‏הניה ממהרא"ק‎), vgl. ‏הועתק מקובץ‎ f. 24; auch die Stelle ‏אני הקטן שמעתי שר' אלעזר בר משלם הגדול הוא היה חזן‎, welche Zunz, zur Gesch. 72b, aus „Klausner" und unserer HS. citirt, steht hier f. 22 in der Note und wird in ‏מהרי"ל‎ als ‏הגה‎ citirt.

² 28b Kalenderregeln ohne eigentlichen Zusammenhang, anf. ‏לא אד"ו הראש פי' לא ביום אד"ו ר"ה‎, am Ende des Absatzes: ‏כנו' עתה שנת קצח לפרט‎ F. 29 ‏כך השיב רבינו שלמה מנוה' כבוד‎ ‏עברו רע"נ מחזורי‎, also 1438; die Tabellen f. 30 sind für die Cyclen 274 (‏ערד‎, ‏ערה‎, etc.) bis 286 berechnet.

202. 150 (Uff. 102). 102 f. breit Oct., deutsch rabb., XV—XVI. J.? f. 91 die Namen Abr. b. (‏הרב‎ ‏ר'‎) Abraham und Eljakim b. Abr.

[‏מנהגי מהריל‎] Ritualwerk des Jakob Levi, theilweise kürzer als die Ausgaben. Anf. u. Ende defect; f. 4b סדר התפלה במגנצא u. s. w., s. Mai S. 205 (Wolf ³512). Über den Sammler Elasar (Salman) b. Jakob aus St. Goar (שוטיגוערא für ... שנט) s. H. B. XII, 38.

203. 278 (Uff. 202). 21 f. Qu., deutsch rabb. XVI—XVII. J. [Jeschua ha-Levi] הליכות עולם, Methodologie. Wolf ⁴888.

204. 149 (Uff. 216). 122 f. Qu., deutsch rabb. Ein aufgeklebtes Blattstück, wahrscheinlich früher f. 123, enthält Folgendes: ... נשלמו בעזרת הש' ית'. מדות היום ה' ערב ח... שנת רס"ג לפ"ק. וכחבתי ... להחר' עקיב' בר בצלאל .. בו הוא זרעו.

Sittenbuch [ארחות צדיקים oder מדות ס']; K. 28 f. 113 שער הירא. Wolf ⁴1048 n. 332b; vgl. Delitzsch, Catal. Codd. Lips. p. 293. Die HS. ist vielleicht die älteste erhaltene des interessanten Buches und als Zeugniss für die Originalität des Textes verwerthet in Serapeum 1869, S. 132. Ueber die Quellen vgl. Reifmann in הכרמל II n. 32—34; vgl. H. B. XV, 1.

205. 232 (Uff. 232). 219 f. breit kl. Oct., deutsch rabb., Einiges roth, XVI. J.? („a. 1540 et sequ." nach Uff.; Wolf ⁴1056 n. 583b nur „a. 1540"!); zuletzt stark beschädigt. F. 16 mehrmal David. — F. 1b ist Antichristliches verlöscht.

Commentar über Maimonides, jedoch nach Geboten und Verboten, mit steter Rücksicht auf סמ"ג (f. 27 וכן הגהתי בסמ"ג בשעה שאין שם לא ציצת ולא תפלין כו'. סליק endet F. 219 (שלי'). הלכות מילה ובו נגמר ספר אהבה שהוא ספר שני. יבא אחריו ספר שלישי הלכות heisst Bei vielen. שהוא ס' זמנים ... במימוני ... כ'ט דף קלא es סליק ס' מדע והלכות ע"ז 'הל ..., oder בלי פירוש; f. 24 אין לו פירוש ... והא לך ס' זמנים לפי שס' אהבה שהוא כלו עשיים ספר שני וביאור יבא הקשה הבחור זעליקמן לוי הורוויץ מפראג F. 27. בביאור העשיים אי"ה"ית פי' א'ז הגאון ... מהר"ר; f. 1 scheint בשם הר"ר יונתן מק"ק בערן יוזביל ז"ל, häufig wird מהררי"ם citirt.

206. 230 (Uff. 184). 92 f. Oct., deutsch Cursiv XVII. J.? Vorne: ר' הירץ טריוויש ביגד מער אין פר(?)ן[דיא ממני זיין חתימה איזט אויף ראשי תיבות F. 91b: ist alphabetisch bis שמים מן ממנים למצא כל חפץ; ich fand keine Andeutung eines Namens. Uff. giebt CXII f. an, für XCII?

Index zu Choschen Mischpat [von Naftali Hirz Treves?], א' מנוי שופטים. א' דברים המצויי' ויש בהם חסרון כיסו. Catal. Uff. macht aus dem Index ein Compendium, und so bei Wolf ⁴ 865, der die Notiz von Hirz Treves ebenfalls nicht beachtete; sie ist bei N. Brüll, Jahrb. I, 104 nachzutragen, wo für 1531 lies 1534 (nach Catal. Bodl. 2028 unten, vgl. auch H. B. XVI, 92).

207. 118. 93 f. Qu., deutsch rabb. XVI. J.

[מנהגים] Ritus des Jahres, jüdisch-deutsch, Anf. und Ende defect; f., 1 handelt von Sukkot; f. 25b Chanukka, f. 93 (gezählt „91") beginnt Monat Tammus, N. 209 f. 100b. Auf dem Rückenschild: „Machsor Judæo Germ.;" fehlt in Serapeum 1864 S. 61; s. N. 209.

208. 238 (Uff. 149). 224 f. (gezählt רכ und 222) Qu., deutsch, XVI—XVII. J. Vorne ברוך ז"ל und אני מרדכי בר שליט אני נתן בן חיים שליט. — Wolf [4]1051.

Ritus des Jahres, jüdisch-deutsch, identisch mit dem nachweislich erst 1590 edirten Buche מנהגים (Serapeum 1864, S. 61, 1869 S. 137), beginnend גילובט זיי גאט דער הער. הקדמה, worin (f.2) טיידליך און יונגן ריכטן צו דרויז בשיידליך, גשריבין איך הב מנהג דען; das Buch behandle, vom Sabbatabend, als Anfang des Sonntags ausgehend, zuerst die Woche, dann Neumond und die Monate, von *Nisan* beginnend, ברכות אונ' הפטרות אופנים אונ' יוצרות נוך דר (diese sind aber zu den entsprechenden Zeiten angegeben), Beschneidung, Hochzeit (ברוילפט 208) und andere Sachen, worunter הלכות אבלות (hier 213b, in N. 210 S 461) zu verstehen, so dass hier nur Weniges zuletzt fehlt.   Der unbekannte Bearbeiter kannte wohl die kürzere vorangegangene Bearbeitung, welche wahrscheinlich für den deutschen Ritus verfasst worden, während unsere auf Polen, Böhmen und Mähren (z. B. 104b, 194, wo auch „ווירמש") Rücksicht nimmt, auch Zusätze enthält, z. B. 29b Neumondssegen, 204b über das Betrinken an Purim (vgl. N. 209, f. 72), zu Jehuda Chasid's Testament, im Schebat nicht Gänse zu schlachten, dass man event. die Leber dem Schochet gebe (194b), ein Citat aus מהרי"ל (108 Elul), besonders in Details von Gebeten, z. B. die Selichot in der Busswoche (130); צום גדליה erklärt N. 209 f. 31 als שבת נעגישט דער! hier 128b richtig דען טאג נאך ר"ה.   Der Anfang geht ziemlich parallel, z. B. Freitag hier 11b, dort 12, שבת ור"ח hier 28, dort 20; hingegen Tischri und Nisan hier 111, 306, dort 74, 21. —

209. 250 (Uff. 95). 120 f. Qu., deutsche Cursiv; f. 109b in rabb. Schrift בעזרת הש"י סיימתי וסילקתי (!) זה מנהגים מכל השנה, יום ג' י"ד (א' Mai) ימים לחדש אב בשנת של"ד לפ"ק בפרשת אלה הדברים.   תם ונשלם.   אני הסופר אשכול הכופר נאום השפל הקטון אברהם בר משה שליט"א המכונה אברהם הויקשר (Höckscher) אונדי האמר שלאקש ממדינות (so) זכשין אונדי איציגר צו בירשול.   Die unmittelbar folgende Tabelle der Feste und f. 1—4 sind von anderer Hand als das Buch (also dieses nicht zu Anfang defect, wie Mai p. 225 angiebt), hingegen f. 110 ff. von derselben. Initialen mit Zierbuchstaben.

אין דוייזן מנהגים¹ Ritus des Jahres, jüdisch-deutsch. Anf. F. 9b .טאניץ זאגיט מן ניט תחינה (so) אם שבת אוג׳ אם יום טוב אייץ מעגש מארגינש אויף שטיט שטיטו זו זויל ער אם אירשטן אויף דם בית הכיסא גין; ליבן לויט מערקיט ורבאש (fürbass), נון וויל איך שרייבן ואש שבת (so) f.12; f. 21 נון וויל איך שרייבן ואן ראש השנה .Zur Vergleichung mit N. 207 (worin solche Ueberschriften fehlen) diene:

N. 209 f. 49	N. 207.
ווען נון די אירשטי נאכיט אוידר די אנדרי נאכיט ואן סוכות שלעכט אין דער וואאכן איש זו זול מן דש קדוש אזו מאכן דש איך איצונדר שרייבן וויל.	ווען דיא אירשט נכט בון סכות אודר דיא אנדר נכט בון סכות אודר דיא נעכט ביר שלעכט אין דער וואאכן געפאלן זא מכט מן דאש קידוש דאש דא אונטן שטיט.
F. 74.	F. 47b.
ניסן דער חודש ניסן איש אל מאל נוויארט אייץ טאג ריח אוני׳ איש אלמאל דרייישיק טאג לאנג דש מאכיט דש דער חודש אייאר (!) גיהורט צום חודש! ניסן דער אירשטי טאג ואן ר״ח אייר גיהורט צום חודש ניסן אוני׳ מאכיט דש ניסן ל׳ טאג לאנג איש. און אנדרין טאג ואן ר״ח אייר היבט דער חודש אייר אן.	ניסן דער חודש ניסן איז אלמול נווייערט אין טאג ר״ח אוני׳ אם זעלבן טאג היבט דער חדש ניסן אן. אוג ניסן איז אלמול דרייישיק טאג לנג דאש מכ׳ט דש דער חודש אייר דרנוך אלמול צווין טאג ר״ח איז אוני׳ דער אירשט טאג גיהערט צו דעם חודש ניסן דרבוייר דער מכט דש ניסן ל׳ טאג לנג ווירט. אוני׳ אם אנדרן טאג בון ר״ח אייר היבט דער חודש אייר אן; dann stark abweichend.

N. 208 f. 36b ר״ח ניסן איז אל מול ניט אין טג אייץ טג אין גיבאלט ניא אן קיינים מונטאג, נאך מיטוואך נוך ורייטג, ווא ר״ח ניסן איז אזו איז אך דער ערשט טג בון פסח, אוני׳ אך תשעה באב.

Unsere Bearbeitung, welche mit dem Monat Elul schliesst, fügt f. 106b noch eine Bemerkung über die Ausdehnung der Festtage und des Sabbats an und giebt (f. 107) einen סימן für den Kalender, das bekannte את בש ... וף mit ausführlicher Erklärung, und (108) noch einmal die 12 Monate mit Rücksicht auf die Wochentage der Feste, von Nisan bis Adar. Ende 109b מאכיט מן גרושן פורים מאכיט קרעפפליך אוני׳ נוייאט(¹ קיבליך אבר גרושי גיבראטן ווערין מיר וויל ליבר. סליק קליק ליסק קלים ילסק קסיל סקיל!

---

¹) Naut (Mohn).

Zu Anfang und Ende des eigentlichen Buches finden sich
einige, nicht mehr vollständige, theils unbekannte, jüdisch-
deutsche, von Mai summarisch abgemachte Stücke (Wolf ²1320,
Serapeum 1864, S. 99 N. 441). Bl. 1—4 sind am Rande abgefault, der Zusammenhang ist verloren.

² 1 Ein Lied, wovon noch 13 Strophen vorhanden über den
Krieg, worin Spanier und die „Bürger" (בוירגר) eine Hauptrolle
spielen: „in der würdigen (ווערדייגען) Stadt Mastricht (מאשטריך),
dar[in?] haben sich die אויזלענדשן Knechte verpflicht.... Die
Spanier von der Stadt helfen treiben. Mit grossen Schanden
und Schaden, Thäten sie... haben die Bürger verrathen."

³ Fragm. eines Briefes, wie es scheint, 1578 von Constantinopel aus durch einen Juden, der „in diesen Landen wohn-
haftig und sich itziger Zeit Kaufmannschaft halber zu Venedig
(ואנידיג) halten ...", geschickt, um ihn an einen Juden dort zur
Weiterbeförderung an die Mutter zu geben. Der Schreiber
hielt sich auf bei „Don Josef Nasi, welcher ein Jud mit einem
herzo[glichen und?] andern gewissen Reverenzien (רברענציון) von
dem türkischen Kaiser ..." Die anderhalb hundert Dukaten und ..
Thaler, welche der Schreiber von heim mitgenommen, sind behend
darauf gegangen. Schluss (f. 4) „dar mit seit herzlibe Mutter
dem Ewigen befohlen. Datum קונשטינופל den 12. Tag des Monads
טומש im Jahr ... 5338 (mit Worten) euer Sohn *Isak b. Abraham.*"
Ein neues Zeugniss über den bekannten Herzog von Naxos.

⁴ 4 (von anderer Hand) ein כלה ליד: „der Tag hat sich
verbergen thun," der Verf. nennt sich Natan Levi (לווי).

⁵ 110 Ende eines Liedes: „des Samens Geschmack ist rein,
dass die Kranken davon genesen, Gott bescher mir ein Loth
oder vier. .."

b) Ein anderes ohne Ueberschrift: „Dem שבת wollen wir
singen an (און) einem Freitag spat," 5 Strophen.

c) 111 ein anderes: „Gott der Herr hat geheiligt, geehrt
(גיאירט) den שבת vor allen Tagen an ihm ruht (רואט) er, un
thät nit mehr," 10 Strophen, in der 7. ist von Adam und Eva
die Rede, 10: „der uns das זמירות neu gesang, der is uns Allen
unbekannt, Er is von צערכ׳ש (Zürch?) aus der Stadt, *Benjamin*
is er genannt. Er sang uns das un noch viel mehr." (Vgl. das
Kalla-Lied ed. 1588, Catal. Bodl. 570 n. 3682?)

d) 112b: Ein Tag שבת heilig er גימיט (gemei'l), Wohl אוים den
der ihn hüth (הויט) in ganzer Städigkeit", nur 1 und ½ Strophe.

c) 113: Was von Getreid (גירייד so) auf dem Haus oder
Schloss Grünen Stein oder Gute (גוטא) ... ist befunden worden ..
dann was der Bau gekostet (abgerissen), datirt (114) „Kaiserlich
Majestat (מייטשטאט) den 27. des 69. Jahrs quittirt und über äntwert.
Auf dem Haus befunden Wilhelm Grunbach, Doctor (טאקטר)
Bruk, Wilhelm vom (ואם)Stein, ביכטי ונקיר גורכט ווארן, darunter
dreimal סליק.

f) 114 עקידת יצחק „Jüdischer Stamm von rechter Art, der
von Abraham אבינו geboren ward," 62 Strophen zu 4 Reimen;
Ende: „das bitt[et] der [1])קוטנם יצחק in Demüthigkeit." Anonym
gedruckt, s. Catal. Bodl. 563 n. 3640.

g) 120b: „Kaiser Fridrich (ורידרייך) wollt ausreiten, Un wollt
holen seine juuge Braut" nur bis Auf. der 3. Strophe.

210. 248 (Uff. 128). 543 S. (bis 501 gezählt) Qu., deutsche Lettern,
Citate mit hebr. Lettern punktirt.

מנהגים (zwischen נ und ה ist ein   nachgetragen!) „Viel,
viel hüpscher dann die Ersten ... Gedruckt zum dritten Mahl
in ... Venedig im J. man zählt 360 ..." Eine Umschreibung
der Lettern mit Beibehaltung des Hebr. S. 460: „Der מהרי״ל
(Rabbi Isaac Levi) Schreibt"; ist aber Jakob Levi. Der deutsche Index S. 501 ff. ist sehr dürftig und ungeschickt. Der
ungenannte Uebersetzer ist *Christoph Wallich*, Wolf [2]1354, vgl.
[1]. [3] n. 1858; · Serapeum 1864 S. 60, Catal. Bodl. 599 N. 3821
mit Schlussdatum 1601; die Verweisung unter Mardochai b.
Sabb. S. 1674 scheint unmotivirt.

211. 162 (Uff. 223). Zusammengesetzt, 58 f. 3erlei deutsch rabb. XVII. J.

[1] Vorbl. von neuer Hand (!) מעיינות חכמה ותוכחת מוסר מוסר מרבי
שר שלום; Wolf [4] p. 972 giebt nach Uff. 66 Bl. an und spricht
von 2 Schriften. Dukes bemerkt: „Beyde Werke sind gedruckt
Prag 1560" (vielmehr Mantua? Cat. Bodl. p. 2514). Ich finde
nur das mit der Geschichte Asarja's endende, Anf. defecte שר
שלום [von Schalom b. Schemarja].

[2] 44 Reime über die Paraschijjot, Anf. u. Ende defect, anf.
ובניו נולדו שעיר ותמים, ליצחק אב ואם לישתים צללו; B. M. 1, 2 auf לו,
3—5 auf רים reimend (gedruckt?).

---

[1]) Eine Familie קוטנס Ende XVII. J. in Amst. s. Catal. Bodl. 2841
N. 7809, 7810.

212. 190 (Uff. 169). 52 f. Sedez, deutsch rabb. XVI—XVII. J. ·
Mose Isserts, (so) תורת חטאת. Wolf [4]904.

213. 303 (Uff. 224). 23 und 2 f. Qu., deutsch rabb. XVII. J.? F. 2
(תלחא זימנא ... ולא כרבנן ...; גרשון; f. 1 (Vorbl.) mehrmal (auch mit בכרך ל"ז משה בר גרשון
Alexander b. Isak ha-Levi u. א"שליט הלוי חיים בר שלום רפאל חשוב הבחור עתירת כה
שכול ווינג ק"מק; mit lat. Lett. Salomon Pologio(?) juif de ... ? f. 1b (ältere
Hand) מת מי מיער מנגד נדע מאביך דע אשתו בלומל למול אליעזר בן דיצחק הא | רש היחי
.. ועושר, vorwärts und rückwärts zu lesen, aber ohne rechten Sinn; besser
sind einige vorangehende kurze Sätze.

[1] Mose Isserls, תורת חטאת bis Kap. 23.
[2] 24, 25 aus ס' הסידים (von Jehuda ha-Chasid) ohne Zählung (sehr klein und blass).

214. 127 (Uff. 157). 22 f. Qu., deutsch rabb. XVII—XVIII. J.

כתבי מהרש"ל Excerpte aus Salomo Loria betreffend Tur. IV.
nach dem letzteren geordnet. Wolf [4]987, vgl. Cat. Bodl. p.
2365. — Biographie von Klemperer in Pascheles' Gallerie XI
(1862) S. 47; vgl. auch D. Oppenheim in Berliner's Magazin I, 62.

215. 154. 371 f. Qu., deutsch halbrabb., VIII J. Besitzer Uri Phöbus
(ווייבש) b. Josef Jospe Kohen, Sal. b. David, Isak b. Samuel, Mose גראטוואל
Uri Ph. b. Ahron ha-Levi kaufte die HS. für 4 Mark von Michel Halberstadt
5 Elul 438 (1678). Hinkelmann n. 162, dann Morgenweg, bei Wolf [2]1284 n.
143 und selbst im Titel-Index IV s. v. nicht identificirt.

[Josua-Falk b. Alexander] דרישה ופרישה [gedr. auch בית
ישראל] über Jakob b. Ascher IV.; Catal. Bodl. p. 1555 ist schon
auf diese HS. hingewiesen.

216. 285 (Uff. 198). 62 f. Qu., defect (f. 61 ist צג bezeichnet, 62 רמז,
Einiges falsch gebunden), klein deutsch rabb., vielleicht Autograph XVII. J.
F. 1 הר' לא"א בן יוסף, יצחק בן לא"א החסיד מהר"ר יוסף ז"ל גורלינגן, Sohn d. Vf.? הר' הר' לא"א
גורלינגן ז"ל יצחק אברהם Enkel?; f. 2b: „herrn abraham dahrum [= Dörheim?
vgl. Cat. Bodl. p. 1519 u. N. 7997] for nehmer (so) handels," fehlt jude?

Josef [Hahn] b. Pinchas Selikmann b. Isak Nördlingen
(נוירלינגן), יוסף אומץ, rituelle, für Culturgeschichte interessante
Compilation, mit Zusätzen, theilweise von anderer Hand. Die
Ausgabe (1723) war nicht zur Hand. Die Vorrede, welche 4
Motive zur Compilation angiebt, ist in dieser HS. schwer leserlich, deutlicher in N. 217, mit unbedeutenden Varianten. Kurz
nach (אחר סמוך) dem Regierungsantritt des Kaisers Matthias
[1612] hatte der Vf. wegen der Calamitäten ein, bis Cheschwan
שעד (in N. 217 שע"ג) zu beobachtendes Bussreglement verfasst,

welches in engem Kreise aufbewahrt wurde[1]). Später sammelte
er Anderes auf Veranlassung eines Schülers und Verwandten,
des Vorstehers Samuel זנוויל b. Bär Haas (האז in Ed.,[2]) ה'ז in
B., האיד zu Ende der Vorr.!), dessen Namen, so wie אייזק, im
Zifferwerth des Titelworts אומץ (אמץ) enthalten sei (die Stelle
scheint uncorrect gedruckt). Josef hatte auch ein vom Vater
verfasstes Compendium des ראשית חכמה [von Elia di Vidas]
vollendet, mit Vorrede versehen und יראת ה' betitelt, wovon
einige Abschriften circulirten (s. Cod. Oppenh. 1282 Qu., Cat.
Bodl. p. 1519); den begonnenen פירוש תפלות ימים נוראים citirt
er f. 119b § 960 Ed.

Das Buch zerfällt in 3 Theile: 1. Ritualien des ganzen
Jahres von Nisan bis Adar, wie מהרי"ל und Eisak Tyrnau;
2. die nicht auf bestimmte Zeit bezüglichen; 3. über מצוות und
מעלות מדות. F. 61b ist § 776, die Zählung etwas abweichend
von der Ed., wo f. 138b § 1139, das Übrige bis Ende (f. 212)
nicht gezählt ist; u. A. f. 141 פרק חשבון העבור ohne bestimmtes
Datum.

217. 301 (Uff. 199). Zusammengesetzt, 19 f. Qu., falsch gebunden,
verschied. deutsche Cursiv XVII—XVIII. J.

[1] F. 1, 9—11 (ז—ה), 16—18 (כב—י) Anf. der Vorrede,
§ 8—54, 219—36 [von יוסף אומץ, f. vor. N.].

[2] 2—8 (מא, לז, לנ—ל) Bemerkungen zu einem in 4 Spalten
gedruckten halachischen Werke, welches mindestens 206 Bl.
enthält. F. 4 דף טי"ו ע"א דתנן התם צבי שנכנס עד כדמסיים בסיפא הא א
למה זה דומה כו'. לשון רש"י בפרק האורג הא למה זה דומה.. שעמד לו
מאתמול. דתנן בפ' כל הכלי' כו'. הקשו התוס' היכי פשיט... משום הכי
הביא המחבר דברי ר' יהודה.

[3] 12 Jüdisch-deutsche Uebersetzung von Gebeten (bei Uff.
„Initium Commentarii"): אשא איך וויל אויף הובן מייני שטים זיילר
מיט וויינן אונ' קלאגן, דיא זינד מיינר יוגנט זיין וויא דיא ניפלאבטיני זיילר
פון אין וואנן... בכה איך וויל וויל וויינן אונ' היילן בייא נאכט איבר מיני זינד

[4] 13(ה)—15 Fragment der Comödie Esther אמר המלך להני
מיין דינר הני קום הער צו מיר איך הבי עטוואש צו רידן מיט דיר, ist
also nicht aus dem אחשורוש שפיל (Schudt III, 202; vgl. Serapeum
1864 S. 39), vielleicht aus dem gereimten אקטא, Catal. Bodl. S. 521.

---

[1]) F. 26 § 195: סדרתי בימי חורפי שנת ונשוב"ה (1608) סדר תשובה על עון זה
s. HS. Mich. 314, Register S. 333 ;הלא הוא כתב (so) במגלת ספר בפני עצמו.
[2]) Ohne Zweifel der Besitzer von N. 138, oben S. 52.

19 ⁵ לחבר לוח בדרך קצרה. ראה בתחלה מתוך, ist am Ende
der עברונות (1691) gedruckt; vgl. unten No. 298.

218. 290 (Uff. 73). Zusam. 88 f., zweierlei deutsch rabb. XVII. J.

תקון שטרות מהעתקות מוהר"ר דוד בלומא זלה"ה. העתק סתם ¹
כתובה שהכשיר לכתוב מוהרר"י ברונא ומוה.ר"ר אלי' ומהר"ר מנשה ומהר"ר
פנחס מק'ק פראג ומהר"ר ריינר. באחד בשבת בתשעה ועשרים יום לחדש
אדר שנת חמשת אלפים ומאתים ושבעים ושבע לב"ע למנין שאנו מונין כאן
בעיר פלוני. Die folg. Num. datirt 14.   איך ר' משה בר פלוני.
March. b366 (1605), in der allgemeinen Formel f. 4 אלפי'
חמשת. F. 11b Tischri   ושלש מאות ועשרים, ושלשים, וארבעים, וחמשים, ...
זולצבורנ, dasselbe J. f. 13 in Prag, f. 14 in בשוק ניכבורנ 5370
19b in איינשטט (?), 21 in פאטליטש, 25 in גונין. F. 17 datirt רע"ז
כתב מהר"ר מיינשטרלן, 17b u. 25 רע"ח, f. 30b שמ"ז. — F. 4b בעיר פלונית
למהר"ר אליה ז"ל מהר"ר (so) ישראל מפראג בשם רבו ומהרר"יש שהכשיר
15b; ושמעתי מהח"ר אשר הכהן 5; בגט שהיה כתוב בו בהמשה עשר ימים
השבעת כתובה מההר"ר דוד בלומא זלה"ה מק"ק זולצבורג.   במותב תלתא..
datirt Sonntag 28. Adar II. 5370 in שופפליך, gezeichnet יעקב בר
מהר"ר אברהם Dann.   יואל ז"ל, יצחק בר אליעזר ז"ל, שמחה בר יודא ז"ל
...שלם, Freitag 16. Ijjar, כ"ץ ז"ל באובן צוה לכתוב השבעה; f. 18 ohne
Datum, Erklärung eines צדוק בר מרדכי in לוצק; 19b heisst ein Mann
שטר מכירה זו כתבתי בק"ק פראג 22b; (Fiction); ר' שנפיר בר פפיר
והכשירוהו מהר"רי ברונא ז"ל ומהר"ר אליה ז"ל ומהר"ר מנשה זלה"ה, Datum
weggelassen, Gütel b. Chajjim und ihr Mann Mose b. Salomo
verkaufen ihrem Sohne Jechiel; Ende defect. — Ausser dieser
HS. (Titel שטרות bei Mai p. 100 u. Wolf ³181 n. 478b und
nochmals unter Anon. p. 1220 n. 680b) verzeichnet Mai p. 393
n. 134 (W. ³1220) eine [ältere] Abschrift, überschrieben תקון
סופרים והוא תיקון שטרות אשר העתקתי [מהעתק מהעתקת] האשל
הגדול כמוהר"ר דוד בלומא זלה"ה מק"ק זולצבורג במדינת ברייזגויא Zum
Anf. unserer HS. steht dort der Ort איינשטט (Innstadt) u. Mose
b. Benjamin Kohen (vgl. auch N. 333 ³).   Mai bemerkt, dass
unser zuletzt defecter Cod. aus jenem zu ergänzen, nicht dass
letzterer (28 Bl.) „integer" sei, wie Wolf l. c. annimmt.   Den
zweiten Cod. hat schon Frensdorff's handschr. Verzeichniss nicht. —
David Blume oder Sulzburg scheint Verschiedenes abgeschrieben
und compilirt zu haben, z. B. ein נצחון (s. oben N. 187); in
אחרי כתבי מצאתי בתשוב' (N. 216 § 181 f. 23) liest man יוסף אומ'ן
הגאון דוד בלומא מזולצבורג ז"ל בכ"י שאסור לומר אשרי ד' פעמים.

Asulai I f. 22 citirt David בלומיש (Blume's) aus Sal. Loria's
Resp. 37; daselbst heisst es: זו התשובה שכתב לי מהר"ר דוד בלומיש
לפני מורי אלופי ומיודעי הגאון מהר"ר שלמה לוריא und weiter מא"י
כדי להורות לי, David unterschreibt דוד בר משה בלומיש. Die Identität mit dem unseren ist nicht unmöglich.

219. 81 (Uff. 137). 8 f. Fol., 3 verschied. Fragm. F. 1 aus einem
Deckel abgelöst, alt deutsch rabb., darauf: „Hans Heinrich Diecman (so) von
Franckfurt am Main," und 1629.

[1] [Simon Darschan, ילקוט, Ende Joel und Anf. Amos]; Mai
(p. 397, Wolf [2] 1400 n. 566) hat trotz des Specimens das Buch
nicht erkannt.

[2] 2 Index mit Schlussnotiz הסימנים השייכים לשפתי .. ברוך
כהן שלי נאי הזנק [הזקן] ולא ק"ח [קנה חכמה] הירש רעדוויץ für
לעמלן עש"ק ה' שבט תל"ד לפ"ק. Mai übergeht Namen und Beziehung auf ש"ך.

[3] 6 שאלות ותשובות מועתקים מלשון אשכנזי ללשון הקדש מלה במלה;
die Nummern sind 56, 57, 70, 72, 73, 76, 77, 79, 81, 82, 89,
94, 96, 99, 100 u. 105, die erste כאשר העיד פב"פ כו' תלתא במותב
באתי למקום סמאלנ"ק, später סמאלנציק, vom Tod des Michael Kra-
kauer; — es ist von Kosaken und Moscovitern die Rede.

220. 229 (Uff. 71). 79 („86") f. Oct., deutsch Cursiv; f. 78b סליק סימני
יוסף ליפשיץ חונה f. 1 von ähnlicher Hand; הספר של ח"מ .. עש"ק פ' שלח לך תמו
פה הביך.
Alphabetische Excerpte aus den einzelnen Abschnitten des
הלכות דיינים, anf. חשן המשפט, חשן המשפט. ובו כ"ז סימנים סדורים בא"ב מסימן א'
עד סי' כ"ח. Wolf [3] 449.

221. 159 (Uff. 156). 84 f. Qu., deutsch rabb. und Cursiv XVII. J.; f. 1
sind die J. 5441 u. 5446 chronologisch berechnet.
Collectaneen eines Predigers und eines Talmudsiudenten,
welcher f. 14 im Frühling 448 (1688) seine Aufzeichnungen be-
gann: אכתוב איזה ליקוטים מה שאלמוד מדי יום ביומו. — Uff.'s Bezeichnung מדרשים und die HS. selbst hat Wolf [4] 1048 n. 348b
unbeachtet gelassen; sie verdiente es.

222. 288 (Uff. 88). 104 f. (gezählt מד bis קנג u. weiter) Qu., deutsch
rabb. XVIII. J.; f. 103 erzählt der Schreiber, dass er im J. 461 (1701) hier
in הביך geheirathet habe. Zuletzt: ובזכות הספר שהתחלתי לכתוב כאן פירוש יפה
וטוב.. על הגדה (so) והלכתי בעקבי השועים הגדולים והמה הפירושים הגדולים מטה אהרן ומעשה ה'
שבתא דרגלא [ed. 1693?] שאזכה למלאות מקומם ולעשות הישר. Daraus macht Mai p.

134 die Vorrede zu מטה אהרן etc. — Eingeheftet sind f. 5 u. 6: דו בלאט קערט
הר' מאדל [gehört, Model ist Mordechai], enthaltend Rechnungen, welche,
nach f. 6, gestrichen sind, nachdem איצק מויטרן und כמר קאפל den Betrag an
ר' מאדיל gezahlt haben Dienstag 1. Elul תל"ב.

Die HS. enthält 87 gezählte Gutachten bis f. 101 und ein
ungezähltes f. 102, s. Mai; die Ueberschrift (f. 1 vor dem Index):
שאלות ותשובות מהרש"ן (so) ס"ל ist von jüngerer Hand; Mai
bezog die Abbreviatur auf [Ahron] Samuel Koidenower (daher
bei Wolf ³ 82), Frensdorff und Dukes lasen מהרש"ל und geben
Sal. Loria an. (סבן לוי) ס"ל scheint נר"ן und das vernachlässigte
weist auf Samuel Levi b. David. In der That ist n. 1 gezeichnet
אמר שמואל הלוי שמואל הלוי פק"ק גאשליר und f. 55 n. 45 liest man:
דברי שאלתי אשר שאלתי להגאון מהרש"ק הלא הכה כתובים על ספר נ"ש
שלי, d. i. שו"ת נחלת שבעה (ed. 1692). Vgl. auch Wolf ³ 768 n.
1585d Mose Lublin, unten zu N. 285.

223. 84 (Uff. 178). 14 f. Fol., junge deutsche Current; f. 1 u 14. am
Rand in deutscher Schrift: „Herrn Jakob Riess Vornehmer in Frankfurd";
f. 13b דער מיכל איזט אין חכם, יעקב איסט אין נהר (so) ימח שמו וזכרו, und .אייק בר זעליג
Gehörte dem אלוף הקצין Salman האן (Hahn). Wolf ⁴325 (unter Talmud):
„manu admodum vetusta" fehlt „haud" (wie Uff. hat) und mit falscher
Nummer 78.

Erläuterungen zu Tract. Nidda Kap. 1, 2. F. 8: דמתני הא
.לא מתני האי הרן עלך·שמאי אומר כל היד

224. 87 (Uff. 195). 18 f. Fol., verschied. deutsche Schrift XVI—XVIII. J.?
Fragmente theils talmudischen Inhalts. F. 1—12 ist nach
Pericopen geordnet und enthält viele Nachträge am Rande.
בהעלתך f. 3 beginnt שצריך להדליק עד שתהא שלהבת, bezieht sich
also auf Raschi, citirt häufig ערוך.

225. 148 (Uff. 120). 33 (früher 40 f.) Qu., deutsch rabb. XVII—XVIII. J.
Eine gut geordnete Monographie über Beschneidung von
einem Beschneider; zu Anfang fehlt wahrscheinlich nur 1 Bl.,
(am פריעה) f. 4 ;זאת הדרשה דרש בחור אחד על שני תאומים .. 1b
Rand als § 2) beginnt: פריעה היכי דמי פורעין קריעת עור שני והוא
10 (הגאונים); (f. 28 מכסה ראש הגיד, f. 5 ובמעשה הגאונים מצאתי
ומפי ר' יעקב הגוזר כתבתי פעם אהת בא לידי ואיתיליד ליה נגעא
והגוזר ר' גרשום מפרש פי' אחר על ציצין ונראה 15b ;בבשרא דמהילת
ור' גרשום (vgl. 27b שהוא עיקר וז"ל ונ"ל שהציצין באין בעור הפריעה ..
אלו מנהנים (so) יום המילה אחר המדרשים וקראי אסמכת' 19 ;(מוהל עשהכן
אילו דרשות העתיק 21 דין מלין בבקר. אבותינו נהגו ביום השמיני ..

טעם זה כתב (so) כתב מפי 26 .f .vgl) הגזור בדרשה של דודו הר״ר מנחם ז״ל
:333 .p Mai ;דודי ר׳ מנחם ז״ל שאמר לו בעל חלום מפני מה מברכין
„R. Menachem nescio quis"); 23b מנהן בגרמייזא אין נופלי׳
מעשה בגרמיזא היה בימי 24 ;ובמנגצא אומרים למצנה später ,על פניהם
;תשובת ר׳ יצחק בר יהודה לר׳ מנחם בר מכיר .u רבינו יעקב הלוי ז״ל
24b דין טעמי ברכת המילה והפי׳ 26 ;(auch 29b) בספר הגאונים מצאתי
;פירוש לברכת המילה על פי הגאונים 28 ;ר׳ תם בספר חישר 27 ;והטעמים
31 ׳pi ז״ל אפרים מבונא ׳והר. F. 33b endet mit dem Custos הלכות
גרים ועבדים ; Mai sah noch f. 34—40, wovon im Codex jede
Spur verschwunden, und auch da war das Buch nicht zu Ende.
Wolf ² 1281 n. 130 giebt dem Buch den Titel דיני מילה.

226. 157 (Uff. 229). 22 f. Quer Oct., deutsch Cursiv XVII—XVIII. J.
Notizen zu Talmud Tr. Sukka, Baba Kama, Sabbat u. dgl.,
vielleicht aus Amsterdam stammend.

227. 189 (Uff. 183). 229 (Uff. 168) f. Sedez, deutsch Cursiv, XVIII. J.?
Auszüge aus verschiedenen, auch in den Columnentiteln
genannten Gutachten, auf Josef Karo's Codex Bd. IV bezüglich,
zuerst תשובו׳ ב״ח השייך לח״מ (daher als G. A. des Joel Sirks bei
Frensdorff und Dukes); es folgen f. 15 צמח צדק 23, שער אפרים,
28b באר עשק 52, שי למורא 41, תשוב׳ מאיר ..די בוטון 35, אמונת שמואל,
68 הדינים 115b, ביתיעקב 106b, תשו׳ יום טוב צהלון 71b, קיצור בית לוי
נחלת שבעה 124, שצריך הדיין לידע מתשוב׳ ר״י״ט צהלון השייכים לא״ע
משאת בנימין 127, מנחת יעקב 128b, באר שבע 131b, חוט השני 143,
147 שארית יוסף bis 169b. F. 193 beginnt ein alphabet Index;
letztes Schlagwort תקנה f. 225.

228. 304. 1 f. Duodez, ital. XVII—XVIII. J.
(sposalio) נוסח שטר הרשאת שידוכין פי׳ ספוסא׳ליאו, Formular:
ר׳ משה, בפנינו אח״מ בא כ״מ ראובן בן יעקב ואמר לנא, der Andere heisst
בר אהרן הכהן, Beide wohl Fictionen.

VI. KABBALA.

229. 287. Perg. 1 u. 72 f. und einige ungezählte, breit Oct. in 2 Col.,
sehr schön, wahrscheinlich ital. XV. J.; alte Noten deutsch rabb., f. 56 im
Namen des שמעון הגדול. Anf. u. Ende durch Brand beschädigt.
שיהיה מפשיט עורו ¹ ספר הבהיר, Anf. fehlt 1 Bl., Ende f. 33b
גדול (so) אחר ל״ב שנים בעצבו. Am Rande sind die Absätze gezählt, f. 1 שאלו ישב ר׳ אמורא ודרש מ״ד ומלא ברכת י״י ist 4, f. 32b

תלמידיו אימ' לן עובדא n. 50. Wolf [3]825 erwähnt nur eine HS. von Muhlius mit סוד האותיות.

תפלת ר' נחוניא בן הקנה עד'ה 34 [2], Anf. bei Dukes, zur Kenntn. 155 ungenau; s. zu Cod. München 112 [36].

אלו ע'ב שמות של הקב'ה נאצלין מאלו הג' פסוקים ע'פ הקבלה 37 [3] האמתית וכך וכך פי' תוצאותם וישמ...והו ילי...היי מום, die Namen sind vocalisirt. — F. 37b ein kabbalistisches Excerpt von jüngerer Hand.

פירוש האותיות. הנני יעקב הכהן בן יעקב באתי להביא 38 [4]
במסורת הברית לבחירי רצתה נפשי ר' מרדכי קמחי ועשיתי כלל אחד([1]
על צורות האותיות אשר היא חכמה מפוארה ליודעים למצוא דברי חפץ והן
בעיני תמים דעים. והנני מתחיל([2] לצייר האל'ף ולדבר על צורתה דברי
עריבות וכוסף, טובים מאלפי זהב וכסף. וזו היא צורת האל'ף. א' הבט אל
מראה האל'ף בעיניך והבן אותה בלבך ותמצא דבר אמתת צורת האותיות
מצויירות ונכללות באלף מה שלא תמצא כן בשאר האותיות האחרות.
ועתה יש לנו לדרוש ולחקור מפני מה מצויירות באלף כל צורות האותיות
אשר בכל א'ב. Die Deutung des א, insbesondere als Repräsen-
tant des einzigen, unbegreiflichen Schöpfers, geht bis f. 40b.
F. 38b Col. 2: הצורה החיצונה כנגד העולם שהוא תלוי בזרועו על הקבה
(vgl. H. B. X, 156, XIV, 45); כמו חקמיעה התלויה בזרועו של גבור
f. 40, Col. 2 כי האדם עולם קטן הוא וכמו שיש לעולם שש קצות. Jeder
Buchst. beginnt: הבט אל צורת..ושים לבך להבין צורתה.., und
wird äussere und innere Form gedeutet. Ende f. 58 תיץ כלומר
הקב'ה ששמו שדי הוא תי'ן בצבאות שלו ואלף אלפין ישמשוניה ורבוא רבוון
קדמוהי יקומון. נשלם פי' האותיות שבח למקרה במים עליות, וחונן דעת
ותבונה לבריות. Wolf [3]511 (vgl. oben zu N. 149). Ueber Jakob
b. Jakob Kohen (nm 1280—90?) s. H. B. XVII, 36.

ספר כהר שם טוב 59b [Abraham b. Achselrad aus Köln]: [5]
ואני פלוני אלמוני 63b; בזאת יבא אדם אל הקדש פנימה 60b Col. 2
ומשם ממציא מציאות...יתעלה 71b, ועתה אתחיל לפרש אלו עשר ספירות
ויתברך אמן. פי' י'ה ו'ה ו'ד או אחד במלוי תיבות יו'ד הרי ו'ד Ende
הוד והדר לבשת. נשלם הספר, תהלה לנותן אמרי שפר; fehlt bei Wolf [3]61.

230. 156, 482 f. (alte Zählung ohne 3 weisse Vorbl.) breit Qu.; in
Safianleder mit Goldschnitt, gross deutsch rabb. XVII. J., von der Tinte
grösstentheils zerflossen. Zuletzt ..וכתוב כשר קלף קח (so) לפני (!) שריפה ב"מ לפני
בדוק ומנוסה ואמ"ז זעליגמן גנז ז"ל בעיר ליפ שטט והאריכו לו הקימות (Wohnungsrecht?)
עשר שנים בשביל זאת.

---

[1]) So ist im Leydner Catalog p. 95 für אשׁר zu emendiren.
[2]) Wolf [3]511: משכיל.

ספר רזיאל, entspricht im Ganzen (jedoch in anderer Reihenfolge, wahrscheinlich nach falsch gebundenem Prototyp) der
Ausg. Amst.; הקדמה f. 1 ist ed. f. 34—41b; f. 63 הנחקק, gehört
hinter 64b, wo אתחיל ס' המלבושים לכתוב בתם לבבי ובנקיון כפי ה,
ספר הגדול הגבור והנורא :f. 102 ברוך חכם, die Ueberschrift
רזיאל הגדול läuft irrthümlich noch bis f. 454b, während schon
277 (Ausg. f. 24) nicht mehr dem סודי רזיא des Elasar Worms
angehört. F. 455 ספר המזלות, ed. 41b, Einiges fehlt hier. Wolf
erwähnt diese HS. nicht ³69, ⁴771, vgl. p. 1033, wo Groddek
eine HS. Berendt's in Halberstadt sah (wohl der bekannte Bär-
mann, genannt Behrend Lei man, bei B. H. Auerbach, Gesch.
d. Juden in Halberst. S. 43, vgl. S. 58 ff.).

231. 69 (Uff. 110). 72 f. Fol., deutsch rabb.; paginirt bis עג, fehlt f. ז"ס;
f. 73—5 von jüngerer Hand, was Mai nicht erkannte.

¹ [גנת אגוז v. Josef [Gikatilia]; geht nur bis f. 38 der aus
75 f. bestehenden Ausg. Wolf ³389.

² 73 Fragment [Jos. Gikatilia] שערי אורה[, anf. באדם כך הוא;
וכמתפללים לאל לא יושיע וכי אל הוא אלא שר של אומה נקרא אל f. 73b
מה לשון אל לשון חזק, ומלשון אין לאל ידי (abweichend ed. Riva
40d unten, Mantua, 43b); f. 75 unten חסר כאן; der Sefirotbaum
(ed. Riva f. 53, Mantua 57b) hat unter כתר noch אהיה, über
בינה noch יהוה.

232. 353 (Uff. 222). 263 f. Qu., alt deutsch.

גנת אגוז, zuletzt stark überklebt. Wolf ⁴ 849.

233. 166 (Uff. 159). 41 f. (incl. 1—8 weiss) Oct., zusammeges., verschied. deutsch Cursiv XVII. J. F. 16b נאם הסופר אשכול הכופר שמעון בן ישראל
u. oben שייך לשמען וויגר טובי' שליטא"ס מק"ק ווינא, nach Mai bei Wolf ³1140,
⁴999 als Autor; f. 19b יוסף בן לא"א בן הר' ר' משה זצ"ל איש היון, dann von an-
drer Hand: (?)משלך יתנו לך ... מהור"ר יוסף בן התֵ' ר' משה ז"ל ליתן לי זה הספר הכמ"ק
עם ספר הרפואות בחליפן ספר אותות השמים שנתתי לו לכן חתמתי עליו שמי שלא יבא אחר ...
נאם אליעזר בן לא"א מהור"ר יהודה ליב זצ"ל ... פה רעדוויץ היום יום א' ד"ח חשון ת"ח.
Scheint der Vf. des Liedes in N. 247.

⁴ 9 (ח) ספר החחשק נאם שמעון וויגר. בטוב גדא אתחיל דא זאת (!)
nach כי בי השק ואפלטהו ... שמי ידע ידידי כי שם יהוה חשבונו ע"ב;
einigen Zeilen folgt die verschiedene Punktation von יהוה für
verschiedene Zwecke: אבג יתץ, f. 10 über יהוה לחן ולחסד, 11b
זה השם טוב אדירירון מקום הזמירה והשבח, f. 11b לנקמה; zwischen 13, 14
(יח, יב) fehlen 5 Bl., f. 15b eine Lücke; 16b endet זה השם טוב

למצא חן ... כנגד בית השחי, worauf eine magische Figur folgt.
Ist also ganz verschieden von ס׳ חשק ed. Lemberg 1865 (H. B.
XIV, 8) über die 78 (eigentlich 76) Namen des Metatron.

[2] (18b, s. oben) f. 19 אילו ימים שאין להקיז דם und numerirte
Notizen (Excerpte aus ס׳ רפואות n. 4), Hausmittel und Sympathetisches; f. 19b euthält n. 12, f. 20 u. 89 ff., also defect; f. 21b
zuletzt n. 209, und wieder defect; f. 22b steht n. 272—78. Einzelne Wörter und Phrasen sind jüdisch-deutsch. — Fol. 23 von
verschiedenen Händen, u. A. 23b (gezählt שי״ג) אלו ימים שאם ישבע
אדם בהם לשקר ימות. Fol. 24 נפש פדיון, nach Isak Loria (Wolf.
[3] 594, vgl. N. 240); 25b u. 26 leer. — F. 27 (gezählt „53")
deutsche Notizen über Behandlung der Pferde: וען איין סום ניט
וויל צונגמן קח הזל וואורצעל עז העושב bis f. 29 (55).

[3] 31—41(„56—66") medicinische Notizen jüd.-deutsch (sehr
klein blass Cursiv) anf. ערשטליך איז גוט דיא הויבט. לחולי עינים.
אדר גשלאנן, 31b Uroscopie; f. 32 ff. Recepte zu Salben, Wassern,
Purganzen u. dgl. 133 Nummern, Wolf [3] 1218 unten (unrichtig
n. XV) ohne Angabe des Jüdisch-Deutschen, daher übergangen
in Serapeum 1864 S. 83.

234. 291 (Uff. 192). Zusamm. 84 f. Qu., bis 42 gross deutsch rabb.
alt (XV. J.?), f. 11b 17b und 18 ist mitten im Text durch grosse Lettern angegeben דז בוך גיהערט משה נייאשטעדט; dann jünger; f. 1 גד בר שלמה אבי זצ״ל;
הקטן יוסף בר משה סג״ל f. 3; אין אודין וואלד ברייזורג. Geburtsvermerke f. 1 sind
verblasst. F. 36 ist 47, f. 44 ist 63 gezählt, daher bei Uff. 107 f.

[1] 1b ohne Ueberschrift הא לך אלף בית הוא תחלת לימוד,
f. 33b beginnt תיו; Ende רק אדם הראשון ומרע״ה לשכל העליון שוים,
dann סליק האלפא ביתא לשבה אלהים ביתה. Ist die 1. der Erklärungen des Alphabets, welche ich dem Jomtob Lipmann Mühlhausen vindicirt habe.[1]) F. 2 steht für das corrumpirte ר׳ ומרדתא
richtig הר׳י וויר״ד (Fürth?). Bei Wolf [3] p. 1193 n. 277b als
anon. כתיבת א״ב.

---

[1]) Catal. Bodl. 1413, vgl. p. 2635; Sachs, Cam. s. Sal. b. Gabirol, p. 148;
Zunz Lit. 712 (der Brief S. 712, 8 ist in הלבנון 1869 (VI) 278 abgedruckt);
die Verweisung auf Catal. Bodl. 2415 A. 4 (vgl. Add. zu 1414) hat Nichts
mit unserer Schrift zu thun. Im Dec. 1867 sah ich eine alte deutsche HS.
des Buchhändlers Schönblum enthaltend (!) תקון תפלין ומזוזות אשר חיבר ותיקן המושכל
והמקובל מה״ר ליפמן מולהוון ע״ה החתום בכל ספריו שחיבר טב יומי. האלף בית תחלת למוד וכו׳,
zuletzt ע״כ ביאור האותיות בארבע פנים מכאן ואילך כל שאר תיקון תפלין ומזוזות והשימוט יהיו
זהו ר״ת תיבות שי״ן, Ende שוות בולל (?) שלא יעבור אפי׳ אחת אחת

אתחיל לכתוב קצת טעמי של עשיית התפלין וסמיכות לדברי 35b 2
רז"ל שהיו השיינין כ"כ ארוכים שני שליש. לעשות ולתקן חשיינין בבתים
רצועות של יד שיהיה ניב תלתלים; של ראש שיהיו נראין Ende f. 42
שחורות und הסלת זה הספר בעזרת אשכול הכופר. Dass diese Abhandlung ebenfalls vom Jomtob sei, beweist das Citat f .41b כדפי
באלפא ביתא שלי באות תיו, welches f. 34 zu finden ist. — Eine
Randnote f. 38b lautet: ועיין בקוצר ותמצא על זה דיעות הרבה כמ'
שכתבתי בקונטרי' בסילוק ספר זה ודוק; eine vorhergehende Note
von derselben Hand citirt אגודה u. ברוך שאמר.

³ 44 Simson b. Elieser, ברוך שאמר, Ende defect; f. 73b
beginnt der Buchst. תיו. Vgl. N. 200; Wolf ³ 1159. ⁴ 1002.

235. 280b. 36 f. Qu., span. rabb., schön, XVII. J.? Aus dem Nach-
ass Fidalgo's in Altona.

דרוש אדם קדמאה. דע כי תהלת הכל היה כל המציאות אור פשוט,
Ende לו הנוגע חיות בתוכו מתפשט מאלו כלי כל ובתוך. — Aus den
Schriften des Chajjim Vital nach der Doctrin des Isak Loria.

236. 122 (Uff. 181). 34 (jetzt 32) f. Qu., klein deutsch rabb. XVII. J.,
durch jüngere Hand zum grössten Theil ergänzt.

התחלת החכמה אלהיות (so) כפי דרך האר"י אשכנזי ז"ל, anf.
(über § 78 Ende ,יתברך שמו הגדול כשעלה ברצונו הפשוט לברוא עולמות
תפלין) [נוחילה] מחילה .I] בעולם האצילות. ואחר אשר הראינו ה' את כל אלה
לאל נשאלה ממנו בתפלה יאר פניו אתנו סלה ויראינו נפלאות מתורתו לזכר
בעולם הבריאה. Mai und Wolf ³ 591 n. 20 und ⁴ 884 geben den
falschen Titel תחלת חכמה.

237. 281 (Uff. 186). Perg. 21 f. Duodez, deutsch rabb. XVI—XVII. J.?
התחלת החכמה האלקית כפי דרך האר"י אשכנזי ז"ל; bricht Ende
§ 40 ab כנ"ל אמא כלי בבחינת מצד ועוד. Wolf ⁴ 884.

238. 140 (Uff. 78). 35 f. (letztes „61", daher bei Mai p. 104) deutsch
rabb. XVII. J.? Eine Anm. f. 1b beginnt יצחק הכותב אמר; f. 3b גלע"ד יצחק
שלוה אמר.

Ueberschr. פירוש ההגדה, anf. הא לחמא עניא בני' רי"ז והענין
הבנים מזל הוא זו שבשם כי הה' (vgl. N. 255²); f. 4 ist weiss, f. 5
(früher 25) f. 11 המוחין מין כשנחייל .. כי הוא אלו שבועות שבעה וסוד
מצאתי später ,ואלה שמות darunter ,בס"ד ספירת העומר Columnentitel
(so) נירו שפירה נתן מהרר של בכוונות כתוב und סוד יום שביעי של
פסח; f. 12 שופר תקיעת ענין ואמנם und über die Gebete von Neujahr und Versöhnungstag; f. 24 התקיעות כוונת, 27b סוד השופר;
bricht; ואמנם השאר לא ביאר לי מורי זלה"ה ע"ד אלו רק בקיצור f. 35

mit der Ueberschrift ענין יהכ בקיצור ab; scheint also Fragment
der כוונות von Chajjim Vital. Wolf ³855 unter פירוש על הגדה,
die HSS. Oppenh. (1019, 1625) ⁴933 n. 1732c unter Natan b.
Reuben, s. Catal. Bodl. p. 2050 unten.

239. 153 (Uff. 77). 147 f. Qu. beschrieben bis 59b (aber „65“ gezählt,
daher diese Zahl bei Mai p. 101), verschied. jüng. deutsch rabb. — ¹ dessen
Ende zu fehlen scheint, war geschrieben (nach Mai) von Zebi Hirsch b.
Ahron Samuel (Koidenover) Sonnt. 9. Ijjar 1671. — ³ schrieb Israel Kohen
aus Witepsk (מוויטעפפסק).

¹ Chajjim Vital [עץ חיים?], שער ל״א דרוש אדם ומעלתו קודם
¹) שחטא und דרוש מ׳ב über אצילות, בריאה etc. (s. Mai p. 102,
Wolf ² 1416) bis § 54.

[² f. 55b nach Mai über מרובע, כפל גדול etc., auch aus
הציירוף ס׳ (v. Abr. Abulafia?), citirt Jehuda Chajjat u. מקור
חיים — fehlt im Cod., bei Wolf ³255 unter Chajjim Vital.]

³ 56b Menachem Asarja, מאמר המילואים, anf. מילוי ההויה.
רבים; Wolf ³698.

240. 185 (Uff. 81). I. 23 f. kl. Oct., neue Hand, XVII—XVIII. J., u.
II. 97 f. Wolf ²1416.

¹ I. Excerpt aus Chajjim Vital's עץ חיים.

² 2 ז׳ל (so) יצחק לורי... של הרב קיצור מנהגים, anf. כשהיו
העיר לי הרב גדליה יצ״ו שמורי f. 3, אומרים ה׳ מלך später גם נהג מורי, f. 3
זלה״ה לא היה משיב על ראשו הקאפילו ביום שבת בימי החורף, s. auch
Mai p. 106—7, welcher als Verf. Chajjim Vital vermuthet, unter
III (f. 9) כוונת ק׳ש etc. als Excerpte aus כוונות, unter IV
f. 22—3 allerlei Notizen. Wolf ³592, 590, 594. Alles dies ist
gedruckten Büchern vorgebunden; dahinter folgt, was Mai p.
108—9 angiebt, nämlich II. eine alte Pagination von א bis פ׳ו, das
Uebrige jünger, jetzt mit dem Druckwerk gezählt 238 ff., also
פ׳ו 335, dazu f. 397b ein Index. Enthält kabbalist. Gebete, סדר
הטבילה aus שני לוחות הברית von Jesaia Hurwitz; סדרהוידוי f. 313b
(früher ס׳ד) aus עמק ברכה (eigentlich von Abr. Hurwitz); Einiges
aus דרך הישר [wahrscheinlich von Jakob b. Jehuda, nicht von
Zebi b. Jerachmiel, wie Mai vermuthet, s. Catal. Bodl. p. 2754].
Auch Psalm 67 in Candelaber-Form (מנורה, s. Catal. Bodl.
p. 494). — F. 335 – 39 פדיון נפש (aus Isak Loria (שולחן ערוך?).
Wolf ³594, vgl. N. 233.

---

¹) Vgl. Wolf ³597 n. 41 u. אבי״ע p. 595 n. 16, 19, p. 596 n. 30, p. 597 n. 50.

241. 271 (Uff. 151). Zusammenges. 44 (früher ʼ58) f. Qu., verschied. deutsch, jung.

[1] ספר אוצ־רות חיים דרושים חדשים והם דברי׳ האלדי (so) כמהורר הקדמת עץ חיים. אנשי לבב שמעו לי... ולכן אני 2 .f ;חיים ויטאל שער אדם קדמון ;4 .f ;הצעיר חיים ויטאל לזכות. Fragm. Wolf [3] 255, 593, [4] 821.

[2] 13 [Reuben Höschke, ילקוט ראובני bis f. 10 ed. Amst.] von Mai, Wolf[3] 255 und Dukes nicht erkannt. Vgl. N. 245.

242. 263 (Uff. 220). 43 u. 2 f. Qu., deutsche Halbcursiv XVI—XVII. J.

[1] שער עשר ולא תשעה השער הראשון בביאור מספר הספירות bis Cap. 23 ערכי הכינויין Buchst. כ׳. [Ist aus הפרדס von Mose Cordovero.] Wolf [4]1057 n. 628 unter קבלה.

[2] 44 (46 u. לח gezählt) נחלק אנפין אריך בפרצוף השני החלק לך׳ פרקים. פרק ראשון (א״א) אחר שבארנו בחלק שעבר כי עתיק יומין בדכורא Ist ein Fragment aus Chajjim Vital's Schriften mit Noten קול הרמ״ז von Mose Sacut, f. 45b in der Mitte abgebrochen.

[Uff. hat noch [3] ליקוטים פירושי על הטור ארח חיים; [4] Einiges aus Talmud Tr. יבמות von sehr junger Hand — im Ganzen 61 f.]

243. 242 (Uff. 76). 154 f. Qu., deutsch rabb. XVIII. J., auch Blattsignaturen; f. 1a und b zeichnet sich viermal [als Besitzer]: Zebi Hirsch b. הגאון המנוח Ahron Samuel [Kaidenower] וילנא מגולי ק״ק.

Abraham Asulai, חסד לאברהם, ohne die gedr. Vorrede, was Mai, aber nicht Wolf [3]54 angiebt.

244. 176 (Uff. 80). 1 u. 61 f. Oct., deutsch rabb.; f. 46b ושובן בשחק; f. 52b ויעתר יצח״ק, בן המעתיק ברו״ך עתיק, שלי״ט צדיק, בפי ימחיק (!) תכ״ח לפ״ק נאם יצחק נגמר ס׳ יצירה.

[1] Abraham b. Arje Loeb [Kalmankes], מעין החכמה, nach der Ausg. Amst. 1652 (auch in N. 327,[3]). Wolf [3]22.

[2] 48 ספר יצירה, die 2. Recension der Mantuaner Ausg., ohne Comm., wie Mai (pag. 115) angiebt, ungenau Wolf [3]18.

[3] 56 ספרא דצניעותא [aus dem B. זהר].

[4] 61 הא לך שמות של ל״ב נתיבות חכמה בתכלית הקיצור כאשר הם כתובים בס״י [aus dem Comm. des Pseudo-Abraham b David].

[5] 61b לוח סימני התחלת הספירות בשערי צדק ממטה למעלה, also aus dem Buche des Josef Gikatilia, was Mai p. 106 übergeht.

[6] ib. קולו של יו״ד מהויה והוא פרצוף אריך אנפין. [Mai p. 106, der noch 68 f. vor sich hatte, verzeichnet ausserdem als IV. שער פרטי חמשה עולמות (Wolf [2]1438 n. 710) aus Loria's Schule, und

V. סוד האגוז (Wolf [2]1381 n. 499b) als unedirt; Beides ist nicht mehr vorhanden.]

245. 302 (Uff. 155). 18 f. Qu., deutsch Cursiv. XVII—XVIII. J.

[Reuben Höschke, ילקוט ראובני], Numeri bis gegen Ende בהעלותך. [Uff. giebt 21 f. an und zw. [1]Comm. in tres priores Parasch. etc. Genanere Privattheilung Mai's bei Wolf [3]593 unter Isak Loria; p. 1190 n. 246b gab Wolf dem Cod. den Namen ילקוט, war also der Wahrheit nahe; [2] Enarratio consuetudinum a R. Isaaco Loria observatarum, conveniens cum Cod. 81[2] (d. i. oben N. 240); [3] Genealogia. obscuri cuiusdam Judaei; wohl Besitzernotiz.]

246. 174 (Uff. 138). 11 f. Qu., deutsch Cursiv XVII. J.; f. 10b von ähnlicher Hand die Geburt des Sohnes Mordechai 11. Tischri 424 (1663) u. Loeb 9. Schebat 436 .. ומהלתי אותי ומחותני האלוף מהר"ר גוטמן סופר פרע ומצץ. Dann (von der Hand f. 11) Geburt des Josef 2. Ab 441. Mai p. 401 „nomina trium filiorum .. possessori (?) addito anno .. quae omnia nihil ad nos", jedoch für das Alter des Codex beachtenswerth. Mordechai ist vielleicht der auf f. 15 (Mai p. 407) genannte M. b. Mose „Lubschütz" (Lipschütz?). Der Buchbinder hat den Cod. beschädigt, wahrscheinlich auch f. 12—15 entfernt.

[1] Abhandlung über die 10 Sefirot, Anf. abgeschnitten oder fehlt, beg. הקודם צריך שתדע למה האציל הקב"ה אלו הספירות; f. 1b ספירה נקראת כתר עליון הנה יש מחלוקת בין המקובלים שיש אומרים שכתר כמבואר: (ונקראת שם של ד' אותיות 6 n.) עליון הוא עלת העלות; f. 6b ונקראת כנסת ישראל.. מכנסת; Ende f. 9b בשערי אורה שער ראשון ישראל לאביהם שבשמים. Mai giebt auf 4 Spalten die vollständige Nomenclatur.

[2] 11 Fragm. וטוב לומר זה אחר הבדלה והיא הגירסא נכונה מכתבי הארי.

[Mai verzeichnet noch die jetzt fehlenden Stücke:

[3] 12 eine versuchte Erklärung des שם בן ע"ב (nämlich והו ילי etc.) durch Abbreviatur, mitunter plausibel, mitunter sehr gezwungen, vollständig abgedruckt bei Mai p. 401—7; vgl. N. 322.

[4] 13 Hymnus in 19 Vierzeilen אפתחה פי בשירה, בתודה וקול זמרה, לבורא כל במאמר בריאה ויצירה, ובחר בנו ונתן לנו התורה, etwa ein Thora-Lied?

[5] 14 Notizen über Bibeltexte u. dgl.

[6] 15 „Miscellaneae aliquot sententiae, nec tamen singulares."] — Wolf [2]1416 scheint diesen Cod. übersprungen zu haben.

247. 236 (Uff. 89). 6 f. Qu., zusammengesetzt, beide HSS. Quadr. u. deutsch rabb. XVII—XVIII. J.; f. 4 ist „8" gezählt, f. 5b u. 6 unbeschrieben.

¹ Alphabetische Aufzählung der Engel: ועתה אכתוב לך
המלאכים כסדר א״ב ועל מה הם ממונים, ועל כמה מלאכים ממשלתו (so) ...
אם אתה מבקש לפעול בשמות צריך להשביע המלאך השייך לאותו הדבר.
והזהר בנפשך שלא תפעול על דבר קטן אלא א״כ שיש צורך גדול לאותו
דבר ולאותה הפעולה. אוריאל הוא מלאך גדול וחשוב עד מאד. והוא
שר הפנים. Sie sind nur nach dem 1. Buchst. geordnet, der letzte
ist פחדיאל, das Ganze Fragm. eines kabbalist. Werkes (vgl. folg.
N.). Mai hatte wahrscheinlich mehr vor Augen.

² 3b אל יעזר ללא עזור ומושיע, ein Purimgedicht mit Commentar am Rande אל יעזר פי׳ הש״י יעזור, abgedr. mit latein. Uebersetzung bei Mai p. 135 (Wolf ²1434 u. 685: שיר על פורים) der
das Akrost. am Ende des א״ב nicht erkannte (in reliquis ̈id
non observavit): אליעזר בן לאא מהורר יהודה ליב זצל חזק; bei מחצית
השקל p. 142 ist das ה im 2. Wort; „f. VIII—XII" ist jedenfalls
unrichtig. Der Verf. schrieb wohl Herbst 1647 die Notiz in
N. 233; die Identificirung mit Elieser b. Jeh. 1685 (Catal. Bodl.
959) wird daher unwahrscheinlich, besonders wenn letzterer
Sohn des Jehuda b. Chanoch (ib. p. 1307 n. 5698, 5699).

[³ Nach Mai und dem ihm folgenden Index der HS. von Wolf
(vgl. B. H. ²1401): f. XII u. XIII eine wörtliche Erklärung von|Ps.
119, 1—94 und am Rande aus קב ונקי, dessen Verf. nicht „Salomo" sondern Schalom b. Abraham, s. Catal. Bodl. p. 2511.]

248. 252 (Uff. 141). 33 f. (incl. unbeschr.) Qu., meist Quadratschr. und
span. (oder ital.), etwa XVII. J. Mai p. 408 hat 57 f.; f. 19 u. 21 sind 49,
51 gezeichnet. F. 9b אברהם מרקדו.

ספר הקבלה מהרב רבי משה בר נחמן זציל (so) steht jetzt f. 2;
vor ספר ist das Wort נשלם (Mai p. 408 aus f. 15, nämlich falsch
gebunden) bis auf ein Loch radirt, bei Wolf ³ 799 fehlt es jedoch
nur zufällig, da er wörtlich aus Mai abschreibt, auch „Explicit".
F. 16 stehen 8 Verse von anderer Hand mit dem Akrost. שבתי
שירו לא׳ שיר חדש כי אל הוא חי וקיים א ש״ה. anf. חז)ק), andere f. 33b
auf Sabbatai Zebi bezüglich, was Mai nicht beachtete. F. 20
(50) hat eine deutsche Hand den Inhalt einzelner Nummern
(20, 29, 37, 52 u. s. w. bis 159) angegeben; f. 3 beginnt ועתה
סדרתי כאן אלפא ביתא של המלאכים כדי לכון השמות הקדושים והטהורים;
folgt § 87. Es fehlt also Alles, was Mai p. 408—16 angiebt.
F. 3b ist n. 95, f. 6 die 70 Namen des Metatron: יהואל etc. n. 191;
f. 6b ... לקדחת בחון אברקולם, אברקול und das magische Quadrat

mit der allseitigen Summe 15 (vgl. N. 148); f. 8b das bekannte
שאטור אריפו טיניט ופירא רוטאש (H. B. XVII, 60); auch sonst erkennt
man den nichtjüdischen Ursprung sofort; f. 11 eine Menschen-
figur mit der Ueberschrift ... אדם יסוד תבל צלם נבוה שד n. 197.
F. 15b ist n. 227 die letzte gezählte Nummer; es folgt לחרב
ובישניו״פו כשתראה אויב א׳ שיבא לקרתך' (so) . . . תאמר ג׳ פעמים . .
לפיש וירגולה פולויש פלונבוש נוליתי יַאזְרִי punktirt, also „*lapis
virgula pulvis plumbos* (so) *nolite laedere*"(?). Dann לקאבק שאין
כמוה קח „Sito che non sia tento ni bianco di una puta Vergiene (so)
ועשה ל״ג קשרים בידך לאהור ובכל קשר וקשר תאמר אלו דברים שטן עו
Jo stringio chego (so) nel nome dj il Core di tata filia dj . . .
Come che stenta filia che . . Cor non Contenta ובחון ומנוסה." —
F. 19b—22b unbeschrieben.

[2] 23b (andere Hand) פיארה פילוסופאל. אין נומי דיל דיו די אברהם
. . . . . דִי יצחק, ein alchemistisches Recept, spanisch, endet f. 25
לי הכסף ולי הזהב אמר ה' אלהים.

[3] 32b (umgekehrt) hat der Schreiber der sabbatianischen
Gedichte Ortschaften und theilweise dazu Personen verzeichnet:
מפרקפורט (so) למינגנסא לאנשטיןנָח ֵיוזבל קובילנס ר׳ לב [ליב] טאל; ganz
unten פרקפורק יעקב קאן; sind das Sabbatianer, die ein Rei-
sender notirte?

249. 280. 27 f. Qu., deutsch Cursiv XVII—XVIII. J.
Kabbalistische Contemplationen, Gebete und magische Na-
mensformeln. Auf. הנח זה היחוד הוא טוב הן ע״י התבודדות בביתך
הן ע״י התבודדות על קבר צדיק הלא אותו שידעת שהוא מן כתיבת יד
מורי זיל שהיחוד העיקרי להשתחות (so); das entsprechende Gebet folgt
auf die Buchstabenformel f. 1b. — F. 4 כל (so) לאמרו יפה תפלה
שם המפורש in tabellar. f. 5 יום רבון עלמין דאנת הוא חד ולא בחושבן
Form; 6b לפולחנא קדשא ב״ה. אריד בשיהי ואהימה, nach der Me-
lodie von מסירת מודעא; 8b שובני בתי הומר nach den 13 Glaubensart. für ערב ר״ח u. dgl.; f. 11 נמסר כ״א לא מצאתי בספר הרזים
הנה אציג הסדר והנכון (so) . . מה שנדפס בספר הקטן . . ורב 12b לכשרים;
האיכות הנק' תיקון מ״ש שיאמר בכל מ״ש ק״ל פעמים; vgl. Cat. Bodl.
474 n. 3153. F. 13 („20") Permutationen von בראשית bis f. 17.
F. 18 אל יהוה als נימטריא von אל נביא mit derselben Punktation
gegen 150mal wiederholt, ebenso אריאל f. 23 (.,33") auf 2 Seiten
(an die Japanesischen Gebete erinnernd). F. 24 („35") שם וז״ל
ששלח הרב . . הרמב״ן זיל מעכו לברדילוני (so) והוציא אותה מתוך[.]ם׳ יצירה.

VII. THEOLOGIE (u. Philosophie).

250. 292b. Perg. 39 f., deutsch halbrabb. XV. J. Dazu gehörte ohne Zweifel N. 265 I.

[1] Mose Maimonides, ‏הגיון קצר‏ (gewöhnlich ‏מלות ההגיון‏ ‏(ביאור‏ ohne Angabe des Uebersetzers [Mose Tibbon]. Wolf [4] 919; vgl. München 307,[6].

[2] 13b Mose b. Jehuda b. Mose ‏מן הנערים‏ (f. 15b, XIV. Jahrh.), Supercommentar zu ibn Esra's Pentateuchcommentar nur bis Ende ‏ויצא‏ geschrieben, auf. ‏מ׳מכון ש׳כתו ה׳שגיח שם רם ונישא יכול‏ ‏הכם רוצה לובש נאות עטור‏, ein geschraubtes Exordium, auf welches die Erklärung folgt ‏שהיה מחוק אדם‏ ‏למה‏ ‏ביאורו‏ ‏וזה‏; f. 14 erwähnt ‏שיעור, אבן סינא‏, das Buch ‏פרחי אלהיות‏ [=‏הסבות‏ ‏ספר‏,] ‏בעלי הספירות‏ ‏קומה‏ und Samuel Tibbon's (Cod. ‏אבון‏) ‏יקוו המים‏. F. 15b giebt der Vf. an, dass er im 25. Lebensjahre stehe. Ein weiterer Absatz ‏אופניהם‏ ‏על‏ ‏דבורים‏ ‏דבריו‏ . . ‏זהב‏ ‏תפוחי‏ characterisirt ibn Esra; die Einleitung schliesst f. 16b mit 3 Beit: ‏מתקו מנופת צופים‏ ‏מה‏; der Comm. beginnt ‏פשטיי‏ ‏עניין‏ ‏וזהו‏ . . . ‏הכמינו‏ ‏בראשית‏ (Wolf [4] 911, Goldenthal, Catal. p. 9, wo das Weitere; gegen seine Zeitbestimmung s. Catal. Bodl. p. 1834). Andere HSS.: Vatican 58 (unvollst., daher Tit. ‏זהב‏ ‏תפוח‏ für ‏תפוחי‏), 396; Medic. Pl. I Cod. 6 (Biscioni p. 17) bis ‏עקב‏ ‏'פ‏, wie Mich. 102 und Halberstamm 111 (vgl. Berliner's Plet. S. 49 hebr.). Eine Stelle aus der Wiener HS. zu Gen. 1, 1 bei Guggenheimer in Frankel's Monatsschr. I, 481; vgl. auch Holub im Ltbl. d. Or. XI, 740 (Cat. Bodl. p. 2763).

251. 70. 221 f. Fol., grosse span. Cursiv, f. 19b beendet 4. Adar I. 5201 (1441) von Saul Alchakim zum eigenen Gebrauch; unter dem Epigr. die bekannten Verse ‏אל הסופר תן מנוח‏ (H. B. XVI, 65). Die Indices f. 1—7 ergänzte der Besitzer Abraham (b. Josef? . . . überstrichen). F. 1 nennt sich der Bes. Isak ‏פראג׳‏ ‏די‏ (?), zuletzt Josef di ‏מוליגה‏. Gehörte Schulting, s. Wolf [3] 785.

[1] Moses Maimonides, ‏מורה הנבוכים‏, mit der Vorrede des Uebersetzers Samuel Tibbon beginnend. Die HS. ist durchaus am Rande mit alten Collationsnoten versehen und daher werthvoll.

[2] 197 Samuel ibn Tibbon's Glossar, hier ohne Ueberschrift [‏פירוש מלות זרות‏].

[3] 218 Samuel ibn Tibbon: ‏זה טעם השלחן והמנורה ולחם הפנים‏ ‏וריח הניחוח‏ . . ‏הנה התודה החכם האמתי ע׳ה בעניין שלחן ולחם הפנים שלא‏ ‏נודע לו טעם‏. Maimonides habe geglaubt, die Ursache müsse der der übrigen ‏כלים‏ ähnlich sein, Sam. ist anderer Meinung. Ende

(Wolf³1100). ‏ולזה הנשמה נכח השלחן. ע׳כ סדרי בראשית‏ Hiernach
bedeutet die Abbreviatur ‏אשא׳ת‏ (H. B. XIV, 103) in Cod. München 264 f. 296 ohne Zweifel ‏אמר שמואל אבן תבון‏; vgl. auch N.
256 zu Ende.

252. 161. 417 f. Oct., italienisch deutsch a. 282 (152½); f. 381 der
Namen des Schreibers überstrichen. Einiges von anderer Hand ergänzt.
Censur des Camillo Jaghel 1619. F. 1 ‏מרדכי פ׳דימשה‏ oder ‏פ׳דירושה‏? ‏מנשה חפץ‏.
Zuletzt: „Hunc Doctorem ... acquisivit Venetiis a Rabino Menasse Ludovicus
Bourguetus Nemausensis. Die 18. Aprilis An° 1701." Gehörte Unger; s.
Wolf, ³784.

¹ Mose Maimonides, ‏מורה הנבוכים‏, beginnend mit Index;
f. 353—4 sollte den Schluss enthalten. Am Rande Varianten
von anderer Hand.

² 356 [Kalonymos] ‏משרת משה‏, 6 Kapitel; Wolf ³967. Ein
unbekanntes 7. Kap. in München 80.

³ 382 ‏רוח חן‏ von zweifelhaftem Autor (auch N. 297); Ende
‏ובין המקום הרי לך הכל מבואר יפה‏; Wolf ³1216 n. 654.

⁴ 404 Fragment von Samuel ibn Tibbon's Glossar beginnend
von Ende des Buchst. ‏ד‏ bis ‏קוטר‏, dann Fragm. des Index der
Bibelstellen zum Moreh. Wolf ³1099.

253. 264. Perg. 258 f. Qu., splendid span. rabb.; f. 258 ‏קרוב מאד האל‏
‏לכל קורא אם באמת יקרא ולא ישעה‎‏ ‏נמצא לכל דורש יבקשהו אם יהלוך נכחו ולא יתעה‏
‏השלים העתקת הספר הזה‏. ‏נכתב השנת פ״ד ליצירה יכתוב ויגל הקורא. ברוך‏
‏חירוכא‏ ‏העזור נותן ליעף כח ולאין עונים עצמה ירבה‏ (s. unten S. 103). Bes. (‏ממני‏)
Mose Alfandari b. Jehuda u. sein Sohn Jehuda.

¹ Mose Maimonides, ‏מורה הנבוכים‏ übersetzt von Samuel
Tibbon; vorangeht die ‏פתיחה‏, d. h. der Capitel-Index des Jehuda b. Sal. ‏חריזי‏ (so f. 7b). Am Rande sind ausser Lesearten
verschiedenartige Bemerkungen von verschiedenen Händen, zunächst Noten des Uebersetzers, z. B. f. 87 zu I, 74 ‏אמר שמואל‏
‏בן תבון נראה לי כח..‏ (?). המקום מותר אין דרך לו...; f. 247, III, 50
‏אמר‏ ‏פי׳ המעתיק הדברים אצל הפילוסופים נחלקים לשני מינים‏; 257b
‏המעתיק פי׳ קוטב‏; vgl. f. 239 u. sonst; Varianten aus Charisi's
Uebersetzung, z. B. f. 48 ‏הריזי ל׳‏; f. 233 (‏ולא רחץ נופו‏) III, 45
‏אבן‏ citirt ‏בערבי ולא שעית אמנם החריזי ז״ל העתיק פרוע הראש‏...
‏ר״ל כמו שביאר אבו חמד בס׳ הכוונות‏ ... F. 127b III, 21. — ‏גנאח‏.
— Etwa Cod. Schulting bei Wolf ³784 angeblich 1306??

² Die leergelassenen Seiten sind angefüllt mit verschiedenartigen Materien, darunter manches Beachtenswerthe (Einiges bei

Dukes, Litbl. IV, 139): *a*) f. 8 אמר התלמיד החשוב Josef b. Jehuda [Aknin, eigentlich Jehuda ha-Levi]: אדון יצרו (H. B. X, 98, 144 u. VI, auch Vat. 292).— *b*) קרוב מאד האל לכל קורא אם באמת יקרא ולא ישעה, נמצא, קרוב מאד האל לכל קורא אם באמת יקרא ולא ישעה

לכל דורש יבקשהו אם יהלוך נבהו ולא יתעה, auch bei Biscioni I, 26,[18], München 339,[6], in einer HS. Lipschütz's (1875), Paris 837,[7] (bei Carmoly, עקטאן S. 5 angegeben), gedruckt am Ende des מורה. — *c*) קבלנו מפי תלמיד גדול בישיבת הר"ם ז'ל כי פעם אחת שלה אליו שר גדול, Maimonides konnte der Einladung nicht folgen, weil er sich mit Mathematik beschäftigte und entschuldigte sich; Ende ומצד מעלתו שפלותו ע"כ דברי הרב אל השר; ist mir sonst nicht bekannt. — *d*) Maimonides an den Schüler איך אחריך אמצא מרגוע (bei Dukes l. c., ebenfalls von Iehuda ha-Levi). — *e*) דעי הולך, gedruckt hinter der Vorr. des מורה und in Abraham's מלחמות S. 16; auch in Par. 837 (s. unter b) und in Cod. Lipschütz zuletzt unter verschiedenen Stücken. — *f*) f. 9 מורה לבב, bei Dukes l. c., „vielleicht von Josef" etc. (warum?).

[3] 165b einige Erklärungen zu einzelnen Stellen.

[4] 166b (verblasst) (?) זה לשון פרדליק (so) הקיסר לבן אלחבוי (?) על ענין פרה אדומה, die Aeusserung Friedrich's II, s. H. B. VII, 62, 136, XV, 86.

[5] 167 העתקת כתב אדננו המלך רובירט; dieses interessante Circular Robert's [von Anjou] hat Dukes gekannt, aber meines Wissens nirgends als im handschr. Catalog erwähnt; s. Anhang.

[6] 258b Gedichte, darunter in span. Cursiv יעלת צבי למה (?). u. And. לבך כים סוער מלובש מעילי, לבך כים סוער ואדום וישמעאל הם לקחו עדיי אחד ויעטה שני חיי.

254. 292c (Uff. 64). 240 f. Qu., deutsch rabb.; zuletzt langes Epigraph mit Akrost. דוד ב[ן] הקדש רבי זהחקי, was später ausdrücklich durch חזקיה erklärt wird, dennoch bei Mai p. 92 „R. Sachaki"; beendet Dienst. 10. Elul 315 (1555) ... במגדל לבן כשהייתי אסור ע"י פריצי ישראל י"ש פרש' לא תטה משפט. Dukes las auf dem letzten (?) Blatte die Worte וכאשר יצאתי מבית האסורים פ' נח חנני אלקים ונתן לי גם את זה נא' — Vorne שט"ז דרשתי דרשה זו ברבים בבה"כ החדשה מן (?) טודרוס שפירא.

Mose Maimonides, מורה הנבוכים, beginnend mit der Vorrede des Uebersetzers Samuel ibn Tibbon. Wolf [3]784.

255. 261 (Uff. 85). 180 f. Qu., deutsch rabb. XV. J.? Zuletzt stark beschädigt.

[1] (ביאור), מלות זרות של ר' שמואל אבן תבון ז'ל, Glossar zur Uebersetzung des Moreh, dazu ein Nachtrag f. 18. Wolf [3]1099,

Catal. Bodl. 2492, vgl. 2486; **לנפדושא** brauchte Neubauer (Monatsschr. 1872 S. 172) nicht weit zu suchen, es steht in den Add.
zur Stelle und im Index geogr.

² 19 **זה הכתב שלח הרב רבי' משה כ"מ לר' שמואל אבן תבון על**
הודאת ההעתקה, der gedruckte Brief.

³ 21 Averroes' Compendium der Physik (**השמע הטבעי**),
zuletzt: **יבא אחריו כללי דבריו בס' השמים והעולם. והעתיקו מלשון הגרי**
ללשון עברי החכם הגדול אדוני דודי ר' משה נ"ע בן החכם זקני ר'
שמואל.... Der Urcodex ist wohl von einem Schwestersohn des
Mose Tibbon geschrieben, da von einem Bruder Nichts bekannt
ist, vielleicht von einem der beiden Söhne des Jakob Anatoli,
der vielleicht Schwager und Onkel (Mutterbruder) des Moses war
(H. B. XIV, 101). Das Compendium ist ohne Name des Uebersetzers gedruckt. Bei Wolf ³13 l. Z. ist Mose b. Samuel ausgefallen, s. ³820, ⁴753. Auch sämmtliche nachfolgende Compen-
dien des Averroes sind von Mose übersetzt (1250—54), wie aus
anderen HSS. hervorgeht; s. z. B. München 108 u. 281,²; hier
ist er noch zu ⁵ genannt.

⁴ 57b Averroes, **ההויה וההפסד**.

⁵ 69 Desselben **כללי ס' השמים והעולם**; sollte nach Epigr.
zu ³ demselben folgen.

⁶ 91 Excerpt aus **אלשפא ס'** [von Avicenna] über die Eintheilung der Wissenschaften; s. München 281, 1 B; von Mai
übergangen.

⁷ 91b Averroes, **ס' האותות העליונות**, zuletzt **וכאן נשלם המאמר**
בלקימת המאמרים המופתיים מן הספרים הארבעה...

⁸ 128 Averroes, **החוש והמוחש**, als Tr. II **הוא יתהיל בחקירה**,
בשינה והיקיצה und בזה המאמר **מהזכרנות וההזדכרות**, Tr. III
מסבות אורך החיים וקיצורם.

⁹ 153 Desselben **כללי ס' הנפש**. Das Datum 1244 in Paris
935,⁵ ist verdächtig, obwohl nach 953,² dieses Buch vor **ס' ההויה**
übersetzt (oder nur abgeschrieben?) wäre.

256. 310. 3 u. 139 f., ursprünglich 219 (קקיט, f. 2 ist יא) breit Oct., mittl.
schön span.. rabb., 1476, u. zw. f. 28 5. Adar, f. 42 25. Adar, f. 132 Sonntag
7. Adar II. Auf dem Vorderdeckel: **לעולם יחתום אדם שמו על ספרו כדי שלא יבא אחר**
(von **ויאמר שלי הוא ובעדות זאת העמדתי פה חתימת שמי רשום בכתב אמת אברהם בן שמואל**
derselben span. Hand scheint der genaue Index f. 1). Der Namen ist durchstrichen, darunter **ועטרת** (**לי יהודה אלבוטיני מירושה מהרב הגדול החכם השלם אדוני אבי**

---
¹) Ob hier **זקני** ausgefallen? Vgl. H. B. XVI, 108.

138b ist משה שלי יהודה בכמהר"ר משה אלבוטיני ז"ל und f. 1 ראשי חר'ר' יוסף חיין נ"ע. Der Namen מ'מרום ש'מים ה'שקיף ... durch 3 Akrost. angegeben: קורדואירו. Der Namen מרדכי זכור ist f. 1, 81, 132b notirt.

¹ [Vorrede zu מעשה אפד von Prophiat Duran].

² 29 Mose Maimonides מאמר היחוד, übersetzt von Isak b. Natan. Aus Dukes' Abschrift von mir herausgegeben; vgl. München 150. Wolf ⁴919.

³ 39b כתב ששלח הרמב"ם לאחד מגאוני דורו .... על ענין הקדמות והחדוש (Wolf l. c.), ist der Brief an Chisdai ha-Levi, auch De Rossi 1415 (Perreau 39); H. B. XII, 5, vgl. H. B. XI, 44 zu Cod. Fischl 26.

⁴ 43... מיסודי הדת. ארבעה פרקים ספפר מדע. הא' לידע שיש שם אלוה u. f. 50 ..... פרקים (!) שלשה עוד, nämlich 7—9, aber der Schreiber fügte nachträglich auch K. 10 dieses 1. B. des משנה תורה von Maimonides hinzu; f. 55b שני פרקים מהלכות תשובה מס' המדע K. 5 u. 6. Wolf ⁴1060 n. 647c: שרשי התורה anonym.

⁵ 59 (Bl. 60) מאמר רוח חן, zuletzt נשלם החבור אשר חבר; Wolf ⁴1059. — החכם הגדול הפילוסוף האלהי ר' שמואל ן' תבון תנ'צ'ב'ה'. Vgl. N. 252,³.

⁶ 74b ... זה המאמר העתקתי מספר ערוגת הבושם שהוא אל הח' Dieses aus dem Arabischen übersetzte Fragment des Buches אלחדיקה" (s. Cat Bodl. 1811) von Moses ibn Esra ist von Dukes in der Zeitschr. ציון II abgedruckt. Wolf ⁴924.

⁷ 81 מאמר לחכם השלם הרב ר' יוסף ן' חיון נ'ר' ומקנה רב היה לבני ראובן ולבני גד (Num. 32, 1). אמר יוסף בן לאדוני אברהם המכונה ן' חיון נ'ע יש בפרשה הזאת שאלות. הא' איך לא ראו בני גד ובני ראובן הרע הגדול הנמשך משאלתם זו והוא הנאת לב בני ישראל; in der 7. u. 9. Frage wird Nachmanides citirt; Ende f. 84b למעלה על שאר הארצות. זה מה ששיערתי בהתרת הספקות האלה והתהלה לאל. In derselben Weise und mit der Ueberschrift מאמר.. oder פירוש werden auch die folgenden Themata behandelt.

⁸ 84b über ויצא בן אשה ישראלית Levit, 24, 10.

⁹ 88 ויאמר י'י אל משה אספה Num. 4, 16.

¹⁰ 99b מאמר genannt ברכות התורה in 3 Theilen: Segen Jakob's, Bileams und Mose's, nach der kurzen Vorbemerkung beginnend: השער הא' ראובן בכורי אתה.. ירצה הנה יש לך שתי מעלות טבעיות ;. 2 beginnt f. 107, 3 f. 114b. Ende f. 132b (קמב) וידרוך לו במותיהם. זהו מה ששיערתי בפירוש אלה הברכות והתהלה... (אמרות טהורות) שעזרני ברחמיו. תם .. Vgl. Oppenh. 274 Qu (falsch

bei Wolf ⁴846b, identisch mit Wolf ⁴851 n. 884; vgl. Catal. Bodl.
p. 1451 u. Add. Copie aus unserer HS. ist Mich. 575.

Dem Index nach folgte noch: קמ"ג מאמר בביאור חטא משה
ואהרן להרי"ח. קנ"ה מאמר הנקרא מגיד משנה להרי"ח. קס"ד מאמר בביאור
אם הכתב שכתבנו היום בו הוא הכתב כו' להרוי"ח. קס"ה טעם השולחן
ולחם הפנים ורוח ניחוח והמנורה להח' ר' שמואל ן' תבון (³,s. N. 251),
קע"א ועוד טעם הלוחות וכלי המקדש לר' שמואל ן' תבון. קע"ג ביאור
ספר המבוא להה' ר' יוסף ן' שם טוב. ר"ג ספר היסודות לר' יוסף
ס' היסודות Das. ביבאש. רי"א כלל המתהפכים לר' משה ן' לאגיש
von Josef Lorki b. Josua ibn Vivas (vgl. Add. zu Catal. Bodl.
p. 1504) in Cod. Paris 758 (von Aschkenasi gekauft) ist abgedruckt
in הנשר V, 62 aus einer Copie einer HS. des Chabib Toledano.
— Ueber Mose לאגיש (nicht „Lanis" wie Catal. Paris, לשיש
bei Wolf ¹ n. 1594; vgl. Geigers j. Zeitschr. VI, 192) s. mein
Alfarabi S. 15; Salomo b. Samuel לאנ'ם schrieb 1483 Cod. Berlin
257 Oct.

257. 224. 132 Seiten Oct., miserabel deutsch rabb. vocalisirt, mitunter falsch.

רוח חן, gleich zu Anfang מהאומר הנכבד; die gegenüber-
stehende latein. Übersetzung stimmt mit der 1555 gedruckten
des Jo. Isaac Levita.

258. 283 (Uff. 65). 27 f. Qu., deutsch rabb. XVII. J.?
¹ [Mose Maimonides, Commentar zu Synhedrin Cap. „XI."
(wie Mai p. 93) mit den Glaubensartikeln, Uebersetzung des
Samuel Tibbon?]; f. 9b והעיקר התשיעי התחלף התורה והוא שזאת
והעיקר 10 ´f; תורת משה ע"ה לא תתחלף ולא תבוא תורה מאת הבורא
הי"ג הוא תחה"מ וכבר ביארנוהו, also wie Oppenh. 939 Fol. (Cat.
Bodl. 1888; vgl. Geiger j. Zeitschr. VI, 302). Wolf ³773. Vgl.
München 210.
² 11 [Desselben] ענין (מאמר) תחיית המתים, übersetzt von
Sam. ibn Tibbon, Wolf ³786.
³ 21 מה שבא בתחלת ס' מדע שהוא ית, end. wörtlich wie in
חמדה גנוזה f. 33b; Wolf ³1099 unter Samuel Tibbon, nach Mai's
Vermuthung wahrscheinlich von Mose Tibbon (Brief an Halberstamm S. 13, H. B. XIV, 102, XVII, 65; vgl. unten N. 318).
⁴ 26b מה שבא בם' הנכבד במאמרי ולא תעשה ג"כ אילו השלילות;
Ende שהוא נכנס ג"כ בכלל האפשרות כשאר אישי המין [zwei Stücke
von Hillel b. Samuel? gedruckt l. c.].

⁵ 26b Abraham ibn Esra, מאזנים, f. 27b in der Vorr. abbrechend.

259. 121. 460 f. Qu., zweierlei deutsche (vgl. N. 260) und latein. Schrift, ob Eine darunter Autogr. Gellings?

¹ Auszügliche deutsche (häufig durch lateinische ersetzte) Übertragung des polemischen חיזוק אמונה (verf. von Isak b. Abraham Troki, dem Karäer). Beginnt ohne Titbl. mit der Praefatio Discipuli Autoris, so lies bei Wolf ⁴ 639, wo dieselbe bis p. 646 (HS. f. 14b), dann folgen 8 Verse Michael Gellings, welche Wolf unerwähnt lässt, hierauf die Notiz „den 28. Martii des 1633 Jahres" etc.; vgl. Wolf ⁴ 878, 897 n. 1412b. Catal. Bodl. 1075. — F. 349 Titbl. „Eine Widerlegung des Newen Testamentes Eines Juden, der vor dieser Zeit zu Altenas gewohnt hat, auss dem Hebräischen Original von wort zu wordt (so) verteutscht Durch Michaelem Gellingium Judaeum natum etc. Anno ... 1631" (paginirt S. 1—188). Auch hier f. 441 eine deutsche Nachschrift vor der Stelle bei Wolf ⁴ 646 aus dem Ende dieses II. Theils

² „Zehn Zeichen, welche der Zukunfft des Messiae der Juden fürhergehen sollen, aber ohn jennigen (so) grund von ihnen behaubtet werden, aus einem Hebraischen Buchlein, Aucath Rauhel [אבקת רוכל] genant (so), von word zu wordt vbersetzet (so). Zu den letzten Zeiten, wird der heyliger hochgelobeter Godt bestetigen drey epicurische vnd vom Schwindelgeist besessene Unsinnige Könige" u. s. w. Hier ist Alles deutsch übersetzt. Die HS. scheint nirgends bei Wolf erwähnt und daher ² (vgl. Catal. Bodl. 1640 u. Add.; Polem. u. apolog. Lit. 296, 352, 356) unbekannt.

260. 125. 141 Seiten Qu., S. 7 Z. 2 in die 2. Hand von Cod. 121 (N. 259) übergehend.

„Pars Secunda Libri חזוק אמונה," die Übersetzung Gellings, wie eine latein. Hand am Rande bemerkt, die auch zuletzt hinzufügte: „auxilio Diaboli cujus servi sunt omnes perfidi sceleratique Jebusaei, Judaei inquam."

261. 284 (Uff. 203). 51 f. (früher 55) Qu., deutsch rabb. XVII. J.

פי' נפלא מספיק על עיקרים; bei Uff. (Wolf ⁴874 n. 1119) heisst es: „qui alias inscribitur אהל יעקב," wahrscheinlich auf den jetzt zu Anfang fehlenden 4 Bl. (Vorrede); f. 1 beginnt nach obiger Ueberschrift למה שהיתה ההצלחה, wie die Ausg. 1583 dieses Commentars zu Josef Albo von Jakob b. Samuel (Catal. Bodl. p. 1252; vgl. H. B. XV, 128 u. oben N. 34).

262. 86. 271 f. Fol., Autograph.

[1] Latein. Titel: „Pene Tebel sive conspectus mundi etc. dono dedit initio anni 1853 Moses Mendelson Hamburgensis.　Darunter אמר המחבר באתי להודיע לדור אחרון את (so) אשר אני לא זה Hebr. האיש משה מענדעלזאהן (so) מן דעסויא ... חנוכה תי"ו רייש דלי"ת. Titel פני תבל והוא שבט מוסר יסדתי על אמרות אלוק' הן המה פסוקי משלי שלמה בן דוד. אוהב מוסר אוהב דעת Die Vorrede mit Motto S. 1—8 ist nicht gedruckt in der Ausg. 1872 (H. B. XIII, 3) nach einer Abschrift, worin die Anlage geändert worden. Die Vorr. der durch drei Söhne: Menachem, Phöbus und Simon veranstalteten Ausgabe schrieb der Verf. 4. Nisan 1860, wo er 70 J. alt wurde.

[2] 248b המכונה (so) האלכסנדרוני ידידי' מאת מלאכות לקיום פילון, Philo an Cajus [aus welcher Sprache?], hebräisch von M. Mendelson.

---

263. 260 (Uff. 86). Perg. 39 f. kl. Qu., klein span., gut erhalten; gehörte Menzer, Helvicus, Mai Vater und Sohn (Mai p. 118).

Ohne Ueberschr. anf. קול חופשי בינה ככסף, 3 Beit. und Vorwort des Uebersetzers Jakob b. Abba Mari b. Simson b. Anatoli (אנטולין[1]), dessen Inhalt schon Mai und Muccioli (Catal. Casanat. II p. 183—85) angegeben; die von Mai p. 118 hervorgehobene Stelle über מנעו בניכם (vgl. H. B. XIV, 44; schon Zemach Gaon, s. אוצר נחמד III, 116, Ben Chananja 1861 S. 174 A. 10) gab Dukes aus unserer HS. im Litbl. d. Or. VIII, 328; s. Anhang.

F. 3 beginnt der mittlere Commentar des Averroes zur Isagoge des Porphyr, endend f. 14b: בי' ס' המבוא לאבן רשד נשלם. תהלה לאל עולם F. 15 folgen die Categorien: ס' המאמרות, aber die Schlussformel f. 38 ist von anderer Hand; den Anfang der Hermeneutik (מליצה; Jellinek, Philos. u. Kabb. S. 39 A. 15: „das aristotelische Buch") hat Mai übersehen. S. Catal. München S. 46 n. 106. Wolf [3]12 u. [4]753 nur unter Averroes.

264. 267. Orient. Pap. 115 f., sehr sauber ital., a. 1440. Epigr. אני

---

[1]) Vgl. Letter. ital. dei Giudei, Art. II § 9 A. 84; vgl. auch Carmoly in Kobak's Jeschurun II, 68.

יהודה בן אלעזר כתבתי זה הספר לעצמי והשלמתיו ביום ד' לשבת בט"ז לחודש אלול שנת חמשת
אלפים ומאתים ליצירה ישתבח יוצר הכל אשר הגיענו עד הלום.

ביאור השמע הטבעי לאבן רשד. זה המאמר כוונתו בו על הכוונה
הראשונה הדרישה מהסבה החמרית. Endet mit dem Datum der
Abfassung und den Worten [ויהי ואני נעזר מאלהים להשלים הביאור,
שמו מבורך אא"ס], wie Uri 393, der als Uebersetzer Kolonymos
b. Kalonymos nennt; das Datum ist richtiger 19. Elul 1316.
Eine weniger verbreitete Uebersetzung desselben mittl. Comm.
(mit Datum 570 H.) von Serachja b. Isak (1284) findet sich
z. B. in Cod. Bodl. 601 (nicht bei Uri · beschrieben), im Bet ha-
Midrasch in London (H. B. III, 99); einzelne HSS. unserer Uebersetzung enthalten abweichende Lesarten, die jedoch nicht aus
der anderen hereingekommen scheinen. Vgl. Paris 939, 943,
944? Unsere HS. finde ich bei Wolf nicht.

265. 293. Perg. 18 f. Qu., s. unter N. 250. Die logischen Bäume f.
46—48 sind sehr sauber.

העתקת ס' הטרטאט d. h. Uebersetzung des Buches Tractat [vielleicht die älteste hebr. Bearbeitung der Parva Logicalia
von Petrus Hispanus], anf. אמר ארסטו בספר ההגיון שההגיון נתן
דרך, so lies bei Wolf ⁴826, welcher טרטאט für einen Autornamen
hielt (bei Fabricius, Bibl. lat. med. unter Petrus „Taterietus vel
Tarteretus"). F. 9b ואחר שדברנו בסוג ומין נדבר בהבדל. Das eigentliche Ende ist f. 15 ועל אלה לא יפול עליהם שום עורון. ויסוד זה
ההקש הוא מתחייב האחד לאחר. תל"ח. נשלמה העתקת ס' הטרטאט ללשון
עברי מלשון נוצרי, also nur bis Tr. IV. Vgl. München 45,⁹ und
über 4 andere Bearbeitungen H. B. XII, 118, XIV, 66; auch
Almanzi 263,⁴. — Hier folgt noch f. 15b Verschiedenes: eine
kurze Notiz .. כבר אמר שכל מצרף מוכרח להיות; dann אלו הם הכללים
מהשלש תמונות מההגיון אשר בהם יכללו כל ההקשים הסוגרים(concludentes)
ביושר ובכלתי יושר וכל אחד ואחד אבאר במקומו ר"ל איך תשוב כל
אחד מהם אל התמונה הראשונה בהוראת תיבות בשם בוחן לבות וכליות.
ברברא צילרירי [צילארינט l.] דריאי פירדאו אלו הן הסוגרים ביושר .. Ende;

וקצת צוחק אדם א"כ קצת צוחק אינו אבן. והנה שהזירנוהו לפיריריא(so)
כאשר אמרנו, wo l. ferio, die obige Formel, nicht etwa Piero, Petrus.

266. 265. Zus. 89 f. Qu., zweierlei span. Hand; ² הנה השלמתי ספר הנפש
אני צעיר הצעיר ן' מאיר (so) עראמה שנת רל"ד בפרט האלף הששי סימן שאו ידכם קדש
י"י את ו' כ' ר' ב'; könnte wohl der Sohn des berühmten Isak sein, wie in Catal.

Bodl. 1694 Z. 1 (vgl. Add. zu p. 1093) vermuthet wird. — Anfang verblasst.
Censorirt 1597 und 1612. Vorne (?) שלי ר' יהודה קאיגין. „Physicam hanc sibi
comparavit a Saule Merarij judaeo, Lud. Bourguetus Nemaus. Veronae d.
3. Oct. A. 1702." Gehörte also Unger.

קיצור ,הפילוסופיא הטבעית מהמעולה אלבירטו מאגנוש העתיקו ¹
החכם ר' אברהם שלום. הפילוסופיא נהלק לג' חלקים להגיון למדות ולטבע.
הכה המניע לפי ארסטו יאמר לו הכח המתאוה, Unvollständig. F. 48b
והדתי יקראוהו הכח החושיי. וראוי שתדע כי יש מהכחות המניעים המרגישים
שאין פעלו בבחירה ורצון כמו הכח הדופק אשר משכנו 'בלב. Ist Albertus
Magnus: Philosophia pauperum, sive Isagoge in libros Aristotelis (¹) Physic. (²) de coelo et mundo (³) de generatione
(⁴) meteororum et (⁵) de anima, und danach in 5 Theilen (Bd. 21
der op. ed. 1651); vgl. hier f. 18, 29, 38b, wo הנה לפי דמאסינוש
Th. 5 K. 2 (p. 39 latein.): sicut dicit Damascenus.

Wolf ³13 erwähnt die HS. irrthümlich unter Averroes' Physik; ³89 n. 220c: „ab Abrahamo quodam", mit Weglassung des
Wortes שלום, welches er wohl für eine Formel, wie מנוחתו שלום
gehalten hat, daher auch nur Abraham bei Jellinek, Thomas
d'Aquino S. 14, hingegen „Abr. ibn Nahmias" bei Jellinek,
Philosophie u. Kabb. S. XV, nach Zunz's Mittheilung, (der jedoch
die Quelle nicht mehr finden kann), vielleicht weil Nahmias die
Metaphysik des Thomas d'Aquino übersetzte? — Abr. Schalom ist
ohne Zweifel der gegen Ende XV. J. lebende Verf. des נוה שלום,
Uebersetzer des Marsilius ab Inghen (Catal. Bodl. 2478 u. Add.
zu p. 709, H. B. II, 76, Paris 991, im Index ist Schalom nicht
beachtet), also wird auch die Abschrift jünger als 1474' sein. —
Einen Abr. שלום בי"ר erwähnt schon Abr. Abulafia (בית המדרש
III S. XLI); Abraham b. Schalom in Safet Mitte XVI. J. bei
Conforte f. 37, vgl. Löw, Lebensalter 156, 389 (im Index 449
zu trennen von Schalom aus Wien). Bartolocci (Wolf ¹65)
nennt Abr. Schalom als Correspondenten Nissim's, den Assemani, zu Urbin. 44, noch um ein Jahrhundert' hinaufrückt; das
Resp. ist n. 65 der Ausgaben.

ס' הנפש לארסטו עם (so) ביאור 'ן רשד 52 ², Averroes, mittl.
Commentar über das Buch der Seele [hebr. von Mose Tibbon
1261, nach anderen HSS., nicht ה'א oder ם'א, oder ק"א, wie Cataloge angeben, s. H. B. XIV, 101 A. 7], Anf. u. Ende wie in
Cod. München 32.

267. 266. Or. Pap. 165 f. Qu., schön, span. rabb. XV. J.? HS. Schulting n. 20.

ספר הויה והפסד הפרוש (?) נמשך אחר דעת החכם [טומאש?](1 1
הולך על דרך השאלות לההכם וירשוריאו. המאמר הראשון ובו י"ט
שאלות... השאלה הא' אם נושא זה הספר הוא מתנועע אל הצורה
השי'טאם היסודות נשארים. השאלה הא' אם נושא זה הספר הוא גשם מתנועע
אל הצורה ויראה ראשונות (so) שאיננו כן. כי הנה הגשם המתנועע אל
הצורה הוא הווה נפסד א"כ לא תהיה בו ידיעה. ב' בבלתי נמצא לא תהיה
ידיעה אבל·הנה דברים רבים טבעיים אשר אינם נמצאים וכו' (so) ג' שם
היה. ‏.Tr. II f. 38b hat 13 Fragen, endet f. 62 היד'עה יגזר מנושאה
אל הטעונות אל הא' אומ' שעם היות נשאר בהווה ובנפסד חוֹמֶר אחד...
ובזה בעצמו יושב אל הטענית השנית. ובזה נשלמה השאלה; ובהשלמתה,
‏...נשלם המאמר השני. ונשלם הספר Die Uebersetzung ist wahrscheinlich mach 1472 angefertigt von Eli Habillo, der dieses
Buch in der Vorrede·zur Physik verspricht (Paris n. 1000).

2 62 [Thomas d'Aquino, Quaestiones disputatae, quaestio de
anima] ohne Ueberschrift beginnend mit לוה שאלות זה הספר
מהחכם..., für den radirten Namen steht הכולל האלהי, dann f. 62b
אמר המעתיק, Vorrede des·Uebersetzers Eli [nicht Ali] b. Josef
Habillo[2]) (um 1470—2 in Monçon); f. 63 השאלה הראשונה אם אפשר
שתהיינה (so) הנפש האנושית אחת בצורה. ודבר רמוז אליך כו' ונראה
ואמנם העונשים אפשר שיוכרו; Ende f. 158 שאיננו אפשר, שאם היתה
בדרך גשמיי וזהו מה שנאמר בזאת השאלה. ובהשלמתה נשלמו שאלות
הספר הזה שבל"ע.. Index, Vorrede und Quaestio VI, VII (mit
neuen Ueberschriften versehen, u. A. הנפש ס, wie auch Dukes
Litbl. IV, 803: „u. d. T.") edirte Jellinek (Thomas v. Aquino
in der jüd. Lit., Leipzig 1853, vgl. H. B. II, 56). Bei Wolf 4790,

---

¹) Durchstrichen, vgl. auch weiter unten ². Wolf 4790 vermuthete Aristoteles und las וירטורו. Es ist Jo. Versorius; s. H.B. XII, 88 über eine HS.
in Christ Church (H. B. XIII S. VII). Ein Brief des וירשוריש an K. Alfons
החסיד ist aus dem Latein. übersetzt von Sal. Verga in יהודה שכמ n. 63 S. 95
ed. Wiener. Jellinek, Thomas S. 10, legt diese Schrift irrthümlich dem
Thomas bei.
²) Catal. Bodl. 1383·n. Add. Unser Eli nannte sich später Maestro
Manoël מנאל (so lies für מטאל in Catal. Layden 370), wie aus der Combination
mit Paris 909. 3 hervorgeht und im Nachtrag zu meinen Noten zu Baldi
p. 95 bemerkt ist; vgl. H. B. XV, 14. Dukes, Litbl. d. Orient IV, 803 er-
rieth also das Richtige nach der blossen Namensidentität. Ich besitze eine
HS. von span. Hand, wahrscheinlich Autograph, enthaltend anonyme Noten
zu Averroes' mittl. Comm. zur Logik, worin רלב"ג und sehr häufig מאישטרי
גירונימו citirt wird. Gleich zu Anf. sind die Worte עלי הנקרא של עלי בביאור
המצאנו מאישטרי ג' durchgestrichen; עלי wird nicht weiter erwähnt. Ein Geronimo
(Hieronymus) ist als Commentator des Averroes nicht bekannt, עלי scheint
unser Eli.

aber nicht p. 825 unter Thomas. Der Uebersetzer bezeichnet
das Buch in der Vorr. zu Versorius' Physik (Litbl. VII, 726
A. 8, vgl. Paris 1000, Munk, Melanges 303) als שאלות בנפש;
eben so wird שאלות הנפש -החכם טומש בספריו בשאלות citirt f. 13 einer
von Uri 147 übergangenen philosophischen Controverse (vgl.
Art. Joseph Aknin in Ersch. u. Gruber S. 57 A. 94), in welcher
es u. A. heisst (f. 6b) ויהשבו שדברי ב"ר [בן רשד] אין להשיב עליהם
כאילו הם תורת משה ולא הביטו אל מאמר האומר (¹דבר קדוש הוא
להקדים כבוד האמת; da Eli aus Opposition gegen Averoes die
Uebersetzung des Versorius unternommen (P. 1000, vgl. die
Ethik in P. 1201 ohne Uebersetzernamen), so ist jene Controverse vielleicht die Vertheidigung gegen Schemtob [b. Josef,
Catal. Bodl. 2535,⁷] in Cod. de Rosi 457,³.

³ 158 מאמר בכחות הנפש להחכמחמעולה טומס די אקינו כומר
מכת הדרשנים, der Namen Thomas d'Aquino ist durchstrichen.
Wolf ⁴825 n. 664. Dieses Schriftchen hat Jellinek (Philosophie
u. Kabb. 1854) herausgegeben. Der Uebersetzer dieses und
des folg. Stückes ist ohne Zweifel der zu ² genannte Eli.

⁴ 161 אמר הנה ימצאו סברות רבות לקדמונים בעניין הכוללי כי
ענייני הסוג Ende; קצתם והם האפיקורסים אמרו שאין חילוק בדברים
והמין וההבדל ושאר ההכנות. וזה יספיק בעניין הכולל. והתהלה לאל אמן
תם. — Darunter von anderer Hand arabisch אלקול פי אלמזאג.
קומא" (!) קד אבתרעוא פי קרב⁷ זמאננא מדיהבא" גריבא" וקאלוא אן
מאמר בכוללי — Als. אלבסאיט אד'א אמתזג'ת ואנתפעל בעצ'הא מן בעין'
(„de universalibus") bei Jellinek, Thomas S. 10, der die Heraus-
gabe empfiehlt; das Stück fehlt bei Wolf ⁴791 und 825.

VIII. SPRACHKUNDE.

268. 160 (Uff. 218). Perg. u. Papier 121 f. breit Oct., mittl. ital. deutsch,
etwa XV. J.

[David Kimchi, מכלול] Anfang und Ende defect; Einiges
falsch gebunden, daher bei Uff. anonym, bei Wolf ⁴ 1043 n.
137b unter דקדוק.

---

¹) Gemeint ist das bekannte *amicus Plato*, worüber Nachweisungen in
meinem Catal. Lugd. S. 146, Alfarabi S. 151, 250, vgl. Journal Asiat. 1856,
VIII, 348 n. 55; Renzi, Collect Salern. III, 115 Z. 4 (Jahrb. für roman. und
engl. Lit. XII, 361); Dschabir ibn Afla'h, Einleitung zum astron. Werke;
vgl. auch H. B. IX, 86 n. 10; zu Gazzali s. Schmölders, Essai S. 30 u.
arabisch S. 16, nach Alfarabi S. 151 zu emendiren.

269. 74 (Uff. 124). 75 f. Fol., deutsch Anf. XVI. J.?

[1] Auszug aus David Kimchi's שרשים mit Angabe der Zahl der Bedeutungen und manchmal hinzugefügtem בלעז, daher wohl Zunz, zur Gesch. 120, einen französischen Autor annimmt, obschon er davon schweigt. Zuletzt.. תם הילקוט ונשלם und ein Citat aus Parchon, Art. יה, welches Mai p. 376 uncorrect abdruckt, indem er daraus auf einen Titel פרחון schliessen möchte (auch bei Wolf [2]1308 n. 246). Anf. אב יש בו ששה פנים האחד לשון. דשא וחציר כמו עודנו באבו 6 Artikel theilt Mai mit. Das Buch scheint identisch mit der Bodl. HS. bei Uri 474 (Wolf [2]1441 n. 232 zweimal, [1]367); im Art. צמם (Dukes, Litbl. d. Or. X, 37 A. 15) liest unsere HS. zuletzt שישאפהו הארץ ופרשו עליו יחזק עליו צמים תחזק בו הארץ הקשה .. בחלוקי אבנים וצמים בשקל פטיש (Dukes sprang wohl vom 1. הארץ zum 2.). Die Bodl. hat voran 3 Verszeilen von Elasar b. David שמי נודע אלף לאם עין וזין ריש בנו דוד, beginnt (von anderer Hand) אתחיל לכתוב ס' השרשים לעשרים; von Buchst. וארבעה, בעזרת אל רוכב על שבעה, אב יש בו ששה פנים ג und weiter beendete Freitag 27. Tammus 5143, 1694 Contr., 1315 der Zerstörung (Datum arabisch), Josef b. Jakob b. Josef b. Jehuda b. Pinchas für Samuel b. Josef b. Saadia in נוא אמון (Alexandrien). Das Vaterland des Compendiums ist daher sehr fraglich.

[2] 49 David Kimchi, מכלול. lückenhaft, s. Mai p. 380; fehlt bei Wolf [3]195.

270. 75. Perg. 79 f. gr. Qu., alte grosse schöne span. Cursivschr. Zuletzt unleserlich. Fol. 2 deutsch rabb. שלי זה הספר נאוים (!) אב[רהם] הלוי מינץ יצ"ו. Gehörte Unger; Wolf [3]195.

David Kimchi, Wörterbuch [שרשים] mit Randnoten (Var. oder Stellenangaben) von alter deutscher Hand.

271. 180 (Uff. 214). 90 f. Qu., deutsch rabb., beendet Freitag 27. Elul לשמחה (1623) von Salomo b. Israel Aschkenasi; Datum u. Abschreiber fehlen auch bei Wolf [4]811.

David ibn Jachja, לשון למודים, hebr. Grammatik, nebst שקל הקדש über Metrik, Letzteres nicht von David, nach Luzzatto (Litbl. VII, 642), also nicht meine „Erdichtung," wie in Ben-Chanaja 1861 S. 107 vorgegeben wird. Vgl. N. 319,[3].

272. 294. 78 f. Qu., gross Quadratschr. punktirt XVI. J.? f. 1 hinter שמע ישראל etc. .... צור חיי מלך אחד אני הסופר מנחם ברבי יעקב ז"ל לברוד המלך, das

Folgende abgeschnitten. Menachem b. Jakob ist vielleicht M. de Nola (nicht Nolo, wie Berliner, Magazin I,84, und ohne Beziehung zu Sabbatai Donnolo = Domnulus), getauft Jo. Paulus Eustachius; s. H. B. X, 97; vgl. XIII, 75.

¹ eine Art *primer*, wie es die Engländer nennen; f. 2 Alphabet, dann Vocabeln u. Phrasen mit deutscher Übersetzung (deutsche Lettern); 10b kurze Sätze und Phrasen ohne Übersetzung, dann wieder Vocabeln hebr. und rabbinisch untereinander; 21b Feste u. Fasten, dann Zahlen; 31 קידוש לשבת ולשולחן und alles Übrige aus der Liturgie ohne Übersetzung.

² 72 Zwei Gebete גנצעם הערצין פֿון גלב איך (!) קריסטי יעזו הֶער אונר וויש עש.

273. 325. 106 f. Oct., angebunden an Val. Schindleri de accentibus hebraeorum (1596), hinter welchem ein ausführlicher lateinischer Index ms.

M. Joh. Meelführeri ... tunc temporis S. S. Theol. Studiosi in Acad. Wittenbergensi, Institutio S. Hebr. linguae. Estne Theologiae studioso cognitio hebr. linguae summopere necessaria? P. 90 de prosodia. — Meelf.'s Compend. institutio erschien 1607, aber schon 1598 erschien seine Clavis. Das Datum 1596 in der Bibl. Uff. compend. p. 470 n. 59, bei Wolf ⁴ p. 295, 296 (mein Handb. S. 89 n. 1266) ist nur aus dem gedruckten Schindler übertragen und die Angabe des Inhalts unrichtig.

274. 327. 264 f. Qu., in 2 Col. Zuletzt Tubingae 27. Oct. A. D. 1628 auf dem Rückenschild: „Tassii Vocabul. Latino-ebraeum.“

Significationes vocum Hebraicarum, latinis respondentium ex thesauro linguae sanctae Marini Brixiani [erschien 1593]. Beginnt: A ב vel מן, Ab מן, Abacus מבלות, Ende: Zona אזור. Jo. Adolph Tasse, geb. 1585, seit 1629 Prof. der Mathematik in Hamburg, studirte in Tübingen (s. Joecher IV, 1015).

275. 188. 143 f. Oct., latein.

„Tassii Collectanea philologica“ auf dem Rückenschild; enthält meistens Conjugationslehre; vielleicht ebenfalls ein Collegienheft, wie N. 274.

276. 77. 19 S. Fol., deutsche Lett. (holländ. Sprache) XVII. J.?

Hebrousche (so) Grammatica osti Letternconst. Het vorste Boock. Dat eerste Hooftstuck .. De letterconst is ein konst etc. Zuletzt wird anstatt des 22. Hooftstucks auf die latein. Grammatica Martinii [seit 1568, in Leiden 1585 gedruckt] verwiesen.

277. 211. 23 S. Duodez, latein. u. hebr. Lett. XVII. J.?

Compendium der hebr. Sprachlehre, ohne Tit. Cap. 1 de
Literis. Literae sunt XXII ... — citirt Amama u. Drusius. —
C. 2 de vocal, 3 de syllaba, C. XII de Lit. Paragogicis et
aliis Figuris Grammat.

278. 78. 88 S. Fol., latein. (theilweise roth).
Ein, besonders auf Wasmuth (ed. 1695), Bezug nehmendes
Compendium über die hebr. Accente. Anf. „Accentuum in
Libris Prosis Figurae, Nomina, et Officiorum Gradus. Classes
Distinctivorum."

279. 323. 220 f. Oct., 57—212 Autograph? Anderes von anderer Hand?
„Ledebuhriùs, de accentuat. hebr.," nach dem Rücken-
schilde. F. 8b wird aus Pfeiffer's Dedicatio Doctrinae Accent.
folgende Stelle citirt: „Ledebuhrius spe suâ, et opinione obscu-
rior intricatiorve non adeo multos allexit libelli suj procos,
detractantibus plerisque, tantum temporis tribuere accentibus,
quantum plurimi aegre impenderent soli linguae." Die HS. ist
nur zum Theil ausgearbeitet. F. 9. Accentuationis Pars gene-
ralis enthält wenige Notizen auf einzelnen Blättern; f. 57: Re-
gulae speciales. — F. 44 liest man: „conf. Ledebuhr pag. 432"
(Ledebuhr's Catena über Accente erschien 1647). — F. 212 Verbum Dei manet in aeternum Finis.— F. 220 Ex *Wasmuthi* Dis-
sertationibus.

280. 329. 36 S. Qu. u. 10 Bl.
Curae hebraicae Kilonenses. Oben: Hic index non est
index historiae meae hebraeae, sed est liber peculiaris
(haec in medio Libro inveni). S. 3 langer Tit. „Theodori *Dassovii*
P. P. antehac Wittenbergensis et Kilonensis ... Index Historicus
historiae Hebraeae veteri sex optimis autoribus Hebraeis Maimo-
nide, libris Mischnicis et in illos Maimonidis et Bartenorae Commentariis, ut et lexico Aruch, Jephe Mareh, libro Siphra et
Piske Tosephot etc. erutae, ad vocum emphases intelligendas
apprime utilis. Pars prima a Rad. אבב ad Rad. מוד et pars 2 a
R. מוד ad fin." Unten rechts Kiloni 1706 d. 14. Junii. S. 4
einige Mottos. S. 5 אבוב quale vas fuerit explicat R. Simson
in Celim fol. 8 p. 1. quid fuerit abubh Kalui eleganter explicat Maimon in Mischnam Menachot f. 367 p. 1. in med. ed. in
fol. Rivensis. Abubh erat ferreum ... S. 30 steht אבל, S. 34 am
Rande: B. Dassovius quid h. l. scripserit neque video neq.

legere possum ... S. 33 werden aus „p. 3" die Verse wiederholt, welche schon S. 4 stehen! Dann: „antequam ad excerpta
ipsa veniam, pace Tua vir Celeberrime, ut eo melius methodi
rationem (so) pateat, singulos per lit. **א** recensurus sum excerp-
torum titulos;" folgen die Schlagwörter (falsch geordnet) u. Excerpte. S. 35—6 scheinen also an unrechter Stelle geheftet.

² Series Accentuum tum Regum, seu distinguentium, quam
Ministrorum seu continuantium.   Die Accente stehen stets mit **א**.

281. 328. 1116 f. (die letzten verkehrt gebunden) Qu., meist wenig oder
gar nicht beschrieben, mit Ausnahme von fortlaufenden Ziffern.   Besitzer
Hinckelmann.

Universae Philologiae orientalis Pars Tertia, Hoc est Lexi-
con quod praecipue Hisce quatuor absolvitur : 1 Lexico cate-
gorematico solorum verborum et nominum .. II. Lexico Synca-
tegorematico, quod Particulas consignificativas . . . exhibet ..
III. Lexico Pronominum separabilium ... IV. . . exoticorum in
V. T. contextu .. expositione.

IX. POESIE und RHETORIK.

282. 193. Perg. 205 f. Sedez, Quadratschr. wahrscheinlich in Italien XV.
J. F. 101 eine lange Nachschrift תמו דברי חבורי חכמי הפילוסופים וחידותיהם אמרותיהם
אמרות צרופות רבו מה שרבו משליהם ... כדיבון העבד מלובט בשבט הזמן כי יקרה דרך מקרה
ומוומן אלי דוד הקטן.   Zuletzt: „Philosophiam .. acquisivit a judaeo Lud. Bourguetus, 16. Octob. A. 1702".   Vorne: „emtionis jure suum fecit cum aliis
msctis Bourguetianis Christianus Theophilus Ungerus ... 1719."

זה ספר מבחר הפנינים ... ואני המעתיק אכתבנו לשערים המסדר ¹
שאלת העצה — ;אותם באל״ף בי״ת למען ירוץ קורא בו. א' שער האמונה
ist 59, die folgenden Kapitel blieben ungezählt. Wolf ³289.
Ueber den zweifelhaften Autor (Salomo b. Gabirol, nicht genannt
vom Übersetzer Jehuda Tibbon) s. Kobak's Jeschurun VIII, 68.

² 103b [בחינת העולם von Jedaja ha-Penini]. Wolf ³287.¹)
Vgl. N. 295,².

בקשה עשאה הח' הכולל ר ידעיה בר רבי אברהם בדרשי 170b ³
ז״ל ה״ה ותחלת כל מלותיה מ״ם, mit dem Distichon des Vaters und
der רהוטה (Akrost.), welche Wittkowski in שומר ציון 1854, f. 341

---

¹) Wolf ³285 sagt ausdrücklich, dass er Unger's 3 Expl. des בחינת עולם,
erworben; p. 287 unterscheidet er einen Pergamentcodex in 12° ohne Punkte
den ich nicht vorfand, und einen in 16°, welcher der unsere ist.

aus dieser HS. (aber nicht zum ersten Mal) mittheilte; Wolf
³290; Catal. Bodl. 1287 u. Add.

⁴ 186b Josef Esobi, קערת כסף, mit den Nachschriften;
am Rande Varianten, ohne Zweifel Unger's aus Cod. Rhediger
bei Wolf ³380.

283. 170. Pap. u. Perg. 75 f. Oct., ital. oder span. rabb. punktirt. XV—
XVI. J. Viele verblasste Notizen, auch mit latein. Lettern, u. A. Fran.ᶜᵒ
u. Moyse de m. lazaro leui hebr. (1b) und Moyse leuitico hebr. f. 28 = f. 1
לה' הארץ ומלואה שלי משה לוי, dessen Söhne vielleicht die בני לוי (שלנו) f. 28b, 29).
F. 3 יונו שוב לפ"ק .. הלוי ב' יונו שוב לפ"ק. F. 74 אליעזר
לוי יצ"ו; 73b (?) בינידיטו פנצי, und אלישע פנצי (¹ 74b amadjo (so), donna (nom. pr.),
Simone. — F. 1. „Librum hunc aequivisit Lud. Bourguetus Nemausensis a
Saule Merarj Judaeo, Verona d. 2. Maij 1701". Vorne: „Christiani Theophili
Ungeri e libris Bourguetianis."

¹ 2 Abraham Bedarschi .. בקשה שקולה mit den einleitenden
Worten . . . בתי הנפש וידוי ליום צום כפור; das Lamed-Gebet.
Wolf ³286.

² 3b Jedaja ha-Penini ... בקשה, das Mem-Gebet, mit dem
Epigramm des Vaters (7) — ohne die רהוטה. Wolf l. c.

³ 7 Desselben (אנבוניט אברם ז'ל הנזכר) אגרת בחינת העולם.
Wolf l. c.

⁴ 19 [Jedaja Penini] Anbonet Abram, כתב ההתנצלות, Schutz-
schreiben für die Philosophie an Salomo ibn Aderet, ebenfalls
punktirt; die letzten 4 Zeilen von Wolf „ex epistola Isaaci Cha-
jim [Cantarini] Judaei Itali ad B. Ungerum data" ergänzt. Wolf ³288.

284. 241 (Uff. 94). 62 stets auf einer Seite beschriebene f. (gezählt
bis ה und dann א bis נו) zwischen eben so vielen leeren, Qu. Sehr schön
deutsch rabb. 1703.

¹ מסכת פורים Parodie in 4 Kapp., abgedr. mit latein. Uebersetzung bei Mai p. 178—218. Wolf ²1270, vgl. Catal. Bodl. 603
u. 385 n. 3854.

² 4b, 5 מעריב ליל ראשון של פורים und ליל שני, bei Mai p. 218.

³ 6 מגן דוד [von David ibn Abi Simra. oder Samira], gedruckt Amst. 1713 (Litbl. IX, 499), s. Cat. Bodl. p. 1464 u. Add.
Wolf ³185, ⁴805. De Goeje zu Cod. Leeuwarden 3 verweist
in Bezug auf einen, im alten Catal. citirten Cod. auf meinen
Leydener Catal. p. 274; bei Neubauer (Letterbode II, 84: „über
das מגן דוד!") wird diese Verweisung unbegreiflich.

---

¹) Vielleicht sind die Levi und Finzi aus derselben Familie; s. mein
Letter. Ital. dei Giudei, Art. III § 10.

285. 295 (Uff. 145). Zusammenges. 29 f. Qu., nur 22 beschriebene, auf 5 folgen 3 weisse; f. „12" nach alter Zählung י"ש, geht bis ל"ו, zweierlei deutsch Cursiv.

[1] David b. Arje Loeb [de Lida] in Mainz, זמר שיר הילולים נאה לנתינת ס"ת. Wolf [4]804:

[2] 3 ר' צילט דער האט דא אז עדן גן און ניהנם פון די א גזעלשאפט, 9 Zeilen, עמנואל. מיין זעהן פון דיזן גזעלשאפט איזט צו זעהן גרושה וואונדר dann eigentlicher Anfang der Uebersetzung: ר' שרייבר דער זאגט עמנואל ב' הרר שלמה זצ"ל דר וייל איבר פארן זיין מיין יאר נון איבר זעכציג; bricht f. 5 ab.   Wolf [3]947 verzeichnet diese HS. sehr ungenau als ein zweites Exemplar von התופת והעדן (so) מחברות ohne der Sprache erwähnen (wie Uff.), daher fehlt die HS. in Serapeum 1864. Die Uebersetzung, wie es scheint verschieden von dem edirten גיהנם וגן עדן ביכל, ist vielleicht die des *Mose Eisenstadt* (vgl. Catal. Bodl. 1058), vgl. N. 303.

[3] 12 Fragment eines unpunktirten Gebetbuchs, von יהי כבוד bis נשמת.

[Uff. p. 29 erwähnt noch als [3] חידושים über Pesachim von einem Moses; Wolf [3]1507b conjicirt Mose aus Lublin [1]799 n. 1508, d. i. Mose b. Isak Bonem's, s. Catal. Bodl. 1825, vgl. W. [3]768 n. 1585d oben zu N. 222. — [4] Predigt über מקץ פ'. — [6] Talmud u. rituale Fragmente.]

[**286.** 317, s. Vorrede.]

287. 307. 16 f. Qu., punktirte Quadratschr. mit Accenten.

בוצינא קדישא שתי הגדות אל (so) שיר השירים דאמר שלמה נביא ... והנה כלו בנוי על עיקרי מלאכת שיריית ומחלק לב' בתרים להיות איש בתרו לקראת (!) רעהו ... ומוטעמים כשיאי (so) שיר השירים בידי שני עסקי (so) החכמה הצעירים ששמותם וסדרם בהנוכה (so) מורבץ ומכתב פה בישיבה המהוללה ברצטו"ק (Rostock) בשנת אין שלו"ם (1727?). 1b: „Reverendo Clentissimo Ro Sperling præfecturis Holsatiæ meritissimo ... nunc mæcenati .." ein latein. Gedicht unterzeichnet Johannes a Lieth. — F. 2 Tit. כלה אנחת ר"ל החוחים בין שושנה שהיא שחורה ונאוה .. על מנהג למלך שלמה ע"ה נכתב בשנת גם זמ"ם כבודי עורי עורה הדורה לשיר (1727), anf. f. 3: יהוה גם עשה לפ"ק שירים נקבלה. ירושלים ושמי שמים הלא נשבעתי באילות שדה ובצבאות F. 10 — .הלא פשטתי, בבקשתי גם פלצותי הרי פגעתי, שלמה תעיר תעיר אהבתי קול דודי הנה זה בא מדלג... ר"ל הגדה של תקומתי וגם יתירתו (so) וכ' למלך המשיח על משל וסוד שיר השירים אשר לשלמה זצ"ל בשנת עז"י

וזכר"ת יה לפ"ק. Anf. f. 11 אבלה. פני כלה פני פסח נקבלה. בואי נפשי לפני כלה
שמחי בואי המדתי אחותי כלה.

288. 289. 64 f. u. 20 (die früher in N. 327) Qu., gezählt קמ bis קעג,
deutsch rabb. XVI. J.? 'Gehörte Unger.

[König Artus Hof] bei Wolf [3]133 u. p. 1205 n. 416 unter
מַעֲשֶׁה ווידוווילט; vgl. Serapeum 1869 S. 148 u. N. 327,[4]. Proben
im Anhang.

X. MATHEMATIK.

289. 73 (Uff. 144). 34 f. klein breit Fol., neue deutsche Currentschr.
צורת הארץ [von Abraham b. Chijja] defect bis פתח 10.
Wolf [4]762; s. auch N. 291[4]. Ueber Werk und Verf. s. Zeitschr. für
Mathematik u. s. w. XII, 10, vgl. Zeitschr. d. D. Morg. Gesellsch.
Bd. 24 S. 363; Siegm. Günther, Studien zur Gesch. der .. Geogr.,
1877, S. 96.

[2] 33 תנאים בשעת החופה zwischen הקצין מנהיג המדינה David
b. Benjamin für den Sohn Anschel und der Wittwe Cheile (חיילה),
Tochter des Eljakim Götz für ihre Tochter Reiz (רייץ); dann
תוספת כתובה, Beides undatirt.

290. 272 (Uff. 175). 77 f. (Uff. nur 70) Qu., verschied. deutsch rabb.
und Cursiv (letzteres um 1720); die Stücke mit rothen Randlinien, z. B. f.
1—10, sind höchst wahrscheinlich von der Hand des Meir b. Natan, aus dessen
Materialien auch solche Stücke in N. 291, 305 und 329 (vgl. auch N. 304) her-
zurühren scheinen; doch sind sie vielleicht mit den Stücken des ליקוטי האור
(No. 302, 304) beim Einbinden untereinander gerathen. Für Null steht das
alte Zeichen ⊙̄

[1] Anonymer Commentar zu den astronomischen u. chronolog. Tabellen des Immanuel b. Jakob (1365) vom J. 1415 (f. 3
u. 3b), der (f. 4 u. sonst) sich auf den ביאור שביאר הרב ר' עמנואל
בעל החיבור הלוה bezieht; Anf. כל לשון ולשון; f. 6 endet der I. Flügel
כי עד הנה לא עשינו שום חשבון רק לפי מהלך השוה, ע"כ נבאר היאך
נתקן חשבוננו לפי מהלך האמתי.... mit einer fünftheiligen Tabelle.
F. 6b ist leer. F. 7 [1]פ"ע כמפורש ... למועדים עשה ירח השני הכנף
חכמי התכונה בפי' צורת הארץ בחלק מלאכת החזיון .... (vgl. f. 17)
ועכ"ז אנו צריכין לתקן חשבונינו לפי מהלך הלבנה האמתי ... מועיל לדעת
החכם אלבתני; endet f. 10b unvollständig und ist f. 11 von anderer Hand noch einmal angefangen, Fortsetzung f. 15 von einer
dritten (älteren?) Hand. F. 16b דוד המלך ... אומר יביע ליום יום
רמז בזה הפסוק ... והיינו יחנה דעת. הכנף חשלישי לדעת ממנו שעות

---

[1]) so lies für ע"כ (כבואר) H. B. XI, 37, Cod. Fischl 16 (Sonderabdr. S. 8).

בזה האופק אשר אנחנו חונים במדינת 17 .F. היום מעת זריחת השמש
וולטנייש (in N. 291 f. 15 וולטנייש), scheint ein französischer Ortsnamen; 17b 4. Flügel ohne Exordium ... לדעת ממנו שיעור קדרות הלבנה;
18b 5. Fl. כאשר חקרת על איזה מולד ... אם תרצה לידע רני"ע הדבו'ק.
הנראה; bricht f. 18b Mitte der Zeile mit den Worten וכאשר תרצה
לדעת ab, der Custos תגין חמה ist jedoch von derselben Hand.
Mit diesen Worten beginnt f. 21 (von vierter Hand, von da ab
יג u. s. w. paginirt). F. 22b 6. Flügel ... כאשר הקרת על המולד
(so) ויכחנו דברי אמת ... , endet f. 23 (טו) אם תרצה לידע שיעור הליקות.
תנה הודך על השמים. סליק פירוש של שש כנפים .Wolf ³876, ⁴942,
992, hat sich diesmal nicht bei Mai's Beschreibung beruhigt,
sondern die HS. selbst geprüft, um als angebl. Autor des Commentars — Simon b. Pasi [Chullin 60b] herauszubringen. —
Andere HSS. sind Oppenh. 1670, 1675 Qu., Mich. 828, 829,
Almanzi 212 (H. B. V, 107), Petersburg, Firk. 366 (aber nicht
364), Benzian 3 B, Fischl 16.

² 23 ohne Ueberschrift אני אוהבי, ist Immanuel b. Jakob,
שש כנפים (oder כנפי נשרים);. f. 24b ist unbeschrieben, aber
f. 25 schliesst sich an f. 24; Ende f. 26 ומאמצעיתו עד סופו וזה
מספיק לדעת כנף הששי. נשלמה ביאור אשר יסד הרב רבי עמנואיל נ"ע,
ohne das in der Ausgabe corrumpirte Distichon. Die Flügel
selbst, d. h. die Tabellen, finden sich f. 32—53 (כד—מה), f. 54
(מו) ein Nachtrag אמרו חכמים שאין ללבנה אורה מעצמה mit einer
Tabelle über die Stunden, in welchen der Mond scheint.

³ 27 אבאר לך תכונת המולד והמילוי. דע כי לירח אין לה אור מעצמה;
f. 27b (und sonst) ist Platz für Figuren gelassen. Daselbst ועתה
אחל לבאר סבות קדרות הירח וטעמי פעולתו על כי אין לה אור מעצמה,
28b über Sonnenfinsterniss; Ende 29b מן הנה לכאן היא צפונית
הרי"ר יחיאל זלה"ה סליק ומכסה קצתה השמש., vielleicht Jechiel aus
Günzburg (um 1557), s. unter N. 296; vgl. Isak b. Jechiel Aschkenasi, Commentator des Immanuel, Catal. Leyd. p. 282?.

⁴ 30 (כט) קצת סימנים. אחר נמצא מולד אמת לוקחים ג'כ מה שכנגד
האמתי, bezieht sich auf die Sechsflügel.

⁵ 55 אמר המחבר בעל שש כנפים(¹ בהקדמתו לספרו כל לשון ולשון
הנמצא, ist die Vorrede des Meir b. Natan Jehoschua כס"ת (der
Vater) aus זולף דארף von den Vertriebenen aus Hamelburg zu

---

¹ Das Citat ist der Anfang des anonymen Commentars!

seiner Ausgabe der עברונות von Elieser בלין mit Zusätzen,
welche in verschiedenen Recensionen auf f. 20 (dahinter gehört f. 19 אמר המעתיק תנינן כל דבר שנאמרה, auch f. 66, oder
סד, ב) und deren Schluss f. 70, das J. 480 f. 57 (סד, ג) f. 67
(סו). Diese Materialien sind theilweise paginirt, aber jetzt falsch
gebunden. Im Catalog der Bücher Carmoly's (Fr. a. M. 1875
S. 25 n. 596) wird die ed. Offenb. 1722 als עברונות von „Meier
Nathan" verzeichnet.

[6] 71—5 (Octav) angelegte Tabellen und Notizen; f. 73
שמעתי על מהור"ר ליוא מאופנהיים ששמע מחמיו זנוייל בינג ז"ל, ist aus
N. 296 f. 57b.

291. 262 (Uff. 153). 83 f. Qu., deutsch Cursiv um 1720 (s. vor. N.).
Ein leeres Vorblatt war wohl zum Titel bestimmt.

[1] Anonymer Commentar über Immanuel, wie N. 290, bis
f. 15b (im 3. Flügel Custos: ועיין). Wolf ³876, ⁴942.

[2] 16 (ג) ספר הגלגל, s. N. 305. Figuren nicht ausgefüllt
und Platz für Commentar gelassen. Wolf ⁴1042 n. 114b.

[3] 26b (b יא) [תמונת הכדור], Anf. u. Ende 38b wie N. 305².

[4] 40 Anf. פתח יו"ד, Ende: סליק ס' צורת הארץ [Abraham b.
Chijja], mit den Figuren, s. N. 289, wohin es wohl gehört;
Uff. hat 95 f. und anstatt ³, ⁴: „Miscellae explicationes aliquot
Parascharum."

292. 254 (Uff. 176). 29 f. Qu., verschied. deutsch rabb., wahrscheinlich theilweise von Arje L. b. Samuel.

[1] 2 [Anonymer Commentar zu Immanuel etc., wie N. 290,
291]; f. 5b endet der 1. Flügel. — Die Einleitung steht noch einmal f. 23, 24, der grösste Theil des Uebrigen f. 14b, 16, 17. —
F. 6 eine chronolog. Tabelle, anfangend vom J. הצ"ד (ist 1534)),
die letzten Daten sind תי"ח לחתימת הי"ד לרמב"ם, קכ"ט לגלות צרפת,
א' תכה לחתימת גמ' zu ;קי"ב לגלות ספרד ר"ד לגלות פורטוגאל (so)
ירושלמית von derselben Hand נ"ל מוטעה. Auch diese Tabelle
steht nochmals 21b, ein früherer Anfang f. 21a. Wolf ⁴941.

[2] 7 לפרק שביעי אחר משנה ג', hier beginnen Stücke von Arje
L. b. Samuel's ליקוטי האור (N. 302 f. 46); f. 8 steht das 1.
Kap. mit Comm.; die Tabellen mit arab. Ziffern über Sonnen-.
lauf f. 9b, Mondlauf f. 11 (= N. 302 f. 51b).

F. 13 אלה עשרת הדברים, [נוספים על הראשונים 13 .N. 302 f] מסיני
נאמרים, מפי יוצר הרים, ע"י בני יששכר יודעי בינה לעתים לדור דורים.

חמשה בלוח הלבנה ותקופתה מול המשה בלוח החמה ותקופתה. א' חזמן
נחלק לחלקים ושעורים תתרף בשעה.

F. 19 ר מב"ם הלכות קידוש החדש, nur angefangen, vgl. N. 300.

F. 20 הדשי הישמעאלים mit einer Randbemerkung über תאריך
הישמ', 1. Muharrem 2. Ab שפב, die Namen sind aus occidental.
Quellen: ראמאזאן, גומע, רבע, ספר. זיל חאני.

f. 25 ff. enthalten Tabellen und ein Rad f. 27 (א bezeichnet).

293. 126 (Uff. 108). Zusammenges. 69 f. Qu., meist deutsch rabb. XVI.
J., grösstentheils von Brand beschädigt und in Trümmern vorhanden. F. 23
notirt eine jüngere Hand die Geburt des Sohnes מניש und der Töchter מחלה,
העגדלן, מינקלין, der Söhne Isak, Mose u. Salman in den J. 1499 (רנט u. אחרים),
1505, 1507, 1509, 1511, 1512 etc., auch den Tod eines Schwagers מניש (Datum verbrannt). F. 24b נאם נפתלי; f. 26 (deutsche Lett.): „an dem Jor as man
zeilt 1513 in der stadt Panod (?) We . . . · (?), und שלמה בר מהר"ר אליעזר. Die
Schrift von f. 66 ff. ist nicht älter (Mai p. 310); f. 69 נאי' נתן בלא"א הקדוש
(so) שמו verwischt.

[1] Kalenderwerk [עברונות], mit einer Tabelle der Pericopen
beginnend, später die s. g. עבין und טוין, d. h. 72 mal 15 Monate, wie f. 7 erklärt wird, dann 24 mal עבין; f. 9 über דחיות;
11b die verschiedenen Jahresformen im Einzelnen; 15 ff. der
katholische Kalender, welchen Mai p. 251—98 mit latein. Uebersetzung gegeben, „ea inprimis de caussa, ut innotescat, quantum
sit Judaicum adversus Salvatorem nostrum“ etc. Nur was ihm
am nächsten lag, hat er nicht verstanden. „Quartam paginae
spatium refertum est nescio quibus vocabulis, Rabbinisne an
Germanicis, vel mixtis? Hinc vacuum illud esse in transla-
tione volui gloriam enodationis tantorum mysteriorum (si quae
illa sunt) libens relicturus.“ In der That ist diese Columne
ein lateinischer, ein wenig corrumpirter mit falschen Vocalen
versehener Schlüssel, welcher den Juden 'veranlasste, den hebräischen beizufügen, dessen Vocale übrigens nicht absichtlich
geändert sind, wie Mai behauptet. Gleich der Anfang lautet:
„nisi Jojanos (Joannes) et Pe-er verbum dicat.“ Auch das A-
crostichon des hebr. Schlüssels: *David b. Mose ha-Levi* (als Gebet bei Zunz, Lit. 484) hat Mai nicht erkannt. Wolf [2]1389 n.
525 u. p. 1448. — F. 21b, 22a unbeschrieben.

[2] 22b ein Elia-Lied, anf. יושב בסתר עליון, dessen 1. Strophe
bei Mai p. 305, der in seinem Eifer das deutlich gezeichnete
Akrostichon יצחק בר אברהם חזק übersah. Zunz, Lit. 568, conji-

cirte Jischai, hat aber 396, 22 dasselbe Stück unter Isak ohne
nähere Bestimmung.

³ 23b הרוצה לידע גזירת שמים בכל שנה Bauernkalender, vgl.
Mai p. 306, der den verblassten Anfang wahrscheinlich nicht
lesen konnte; f. 24 die תקופות.

⁴ 27a das Ende von N. 57, s. oben S. 24, auch über den
fehlenden Brief des David b. Eljakim (f. 64).

⁵ 66 (מ bezeichnet) העתקתי מתיקון של ר' ברוך סופר מק' פרוסטיץ,
nicht שבר, wie Mai (Wolf ³163 n. 427b), schon in Catal. Bodl.
p. 846 identificirt mit Baruch b. Moses aus Prostitz (Prossnitz in
Mähren), getauft 1673: Fried. Alb. Christiani (Wolf n. 1848).
Anf. דיני פתוחות וסתומות על הדעת (so) הרמב״ם זלהיה. בראשית ויאמר
ויעל משה ח' סתומות Ende; אלקים יהי רקיע ויאמר יקוו.

294. 173. 2 u. 52 f. kl. Oct., sehr sauber deutsch rabb., um 1555;
mit Farben, saubern Tabellen und Rädern; f. 18 ein Engel 2 Tafeln haltend.
Auf einem an den Vorderdeckel geklebten Blatt: שלי זה העברונות משה בר יחיאל
שלי״ט י״ץ. F. 1: „Calendarium acquisivit Veronæ a judæo Saule Merarj,
Ludovicus Bourguetus Nemausensis, d. 3. Octob. A. D. 1702." Gehörte Unger.
Wolf ³1209 n. 525.

Kalenderwerk [עברונות] — auf dem Vorderbl. „forte Jac.
Marcaria" (d. h. ed. 1560 [nicht 1561 und von „Mercaria" verfasst, wie noch in Catal. Paris 993,³], nur theilweise identisch);
f. 3, 4, 17b ist das „gegenwärtige" Jahr 315 (155⁴/₅), f. 43 in
Randnote שיב (1552). — Anf. צוה הקב״ה להשוב (vgl. Catal. Lugd.
379); f. 1b תניא בתוספתא ומייתא לה במסכת ראש השנה בפרק אין
מכירין אותו פעם אחת נתקשרו (wie Elieser b. Jakob ed. 1691
f. 2b); f. 2 תי׳ר וכן תנא בברייתא דשמואל ירחינאה כשעלה יששכר
ואם אינך F. 3 לרקיע קבע אלף חלקים ושמנים מולד מבריאת עולם
ידעת לא מולד ... F. 4 in einer Note (nicht in N. 297 f. נב b):
וסמינך מילה לגדול תחבר, וחופה לקטן בל תשבר, ואיפכא מיסתחבר.
F. 4b die Tafeln הרוצה להשוב תקופה מתוך המולד 6b פנים אחור,
8b die Tabellen der מחזורים; 11b תקופת ניסן. את״ל תקופת על היד.
פירוש על ענול זה ישנה 13 שאלה, 12b die Hand; 12 בבית ראשון
18b פירוש לוח הזהב 17; פירוש ענול דרב נהשון 14, על המולדות
ודוגמת ז שערים 21; והנני אכתוב שבעה שערים 19b, דהייה הראשונה
ר׳ סעדיה הגאון ד׳ שורות (so) קבעו [bei Elieser b. Jakob f. 11b
ed. 1691 טורים ד׳ und תיקן טורים ארבעה בעל יעקב רבי שהרב וי״א
22; Cod. München 294 f. 211 steht תכסיף für תגליף und תחשיף

מאחר שבאנו הנה שאנו יכולין למצוא תקופות ומולדות 23 ;תחליף für
לאיזה שנה שנרצה יש לנו להכיה (so) שמולד שהיה קודם בריאת עולם
היה בליל בהר״ד. וטעם הסרת י״ב כ׳ ר״ד. תניא במס׳ סנהדרין ר׳ אליעזר
סליק שיטת דר׳ אליעזר   שיטת דר׳ יושע 24b אומר בתשרי נברא העולם
ועוד יש ראיה משמואל ירחינאה (so); f. 25 ר׳ יושע אומר כי אותו ניסן ..
לטעם הסרת י״ב כ׳ ריד ונלאתי לכותב (so) סליק .Folgen Tabellen קילס
über פשוטה בח פשוטות מעוברות 27b die Kalenderformen etc.,
סליק י״ד לוחות. סיימתי בעזרת אלקי הרוחות, ויצילנו מינון ואנחות, 41
וישלח לנו הצלה והרווחות א״ם.   41b ohne Ueberschrift Tageska-
lender in 7 Reihen mit Angabe christlicher Feiertage. F. 52
kurze Tabelle über den Wochentag des יארשטאג (1. Jan.). 52b
אלו ה׳ חונות (so) לא תמצא בשום חשבון אצל שאר חונות ותמצא למטה
ע״פ קביעת השנה.

295. 277 (Uff. 170). Zusamm. 1 u. 41 f. Qu., bis 26 ursprünglich 65 (הם)
aber f. 17—25 ist נג-מה, f. 27 „32" gezählt, — deutsch rabb. 1582, auch der
2. Cod. wohl XVI. J. Die Illustrationen zu I. sind sehr geschmacklos. Auf
Vorbl. fast schon unleserlich אנשים רקים ההולכים בשווקים וברחובות ועל מה שראיתה ..
עינים (so) נטלו ידיהם עכן (so) חתמתי על ספרי שלא יבא אחר מן השוק ויאמר שלי הוא זה
הספר תלתא זמניה (so) .. קיימא לן תלתא זמניה הוה חזקה כרשב״ג ודלא כרבנן שמואל בן
אני שמואל בר שמואל ז״ל f.37 ; שמעון בן מהר״ר (אהרן)? darunter ; מהר״ר יאזפא folgen
bis f. 41 miserable Federzeichnungen.

[עברונות] [1] ציוה הקב״ה sehr defect, anf. wie N. 294; Bei-
spielsjahre שמב (1582, f. 3, 12b) und שנג (1593, f. 7b u. 24b
in einer chronologischen Stelle, beginnend תנא דבי אליה ששת
אלפים נגזר על העולם (so); aber f. 15b ist noch aus der älteren Recension בשנה זו שהיא שנת שלה stehen geblieben; f. 26 אלו
חמשה חונות לא תמצא כתוב בלוחות הגוים והם .. יום ראשון הסמוך לפני
נקרא עיני הכוכרים ואזנכט (so); vgl. N. 294 f. 52b. Bei Wolf
[4]1048 n. 28b unter לוחות.

[2] 27 [בחינת העולם] von Jedaja ha-Penini], neben dem Text
ein Commentar, פירוש, anf. שמים לרום ר״ל כי השמים יש להם נבול
ברומם, also wie ed. 1484 mit Weglassung des Vorwortes; bricht
36b bei den Textworten נגדל מצורו מצאתי מרחם כי נזיר אלוהים,
u. im Comm. וכפל המשל כאיש אלהי העורים (!) ממש אותו תירש ab.
Wolf [3]285, [4]827.

296. 274. (Uff. 135). 70 f. Qu., nett deutsch rabb. um 1599.

[עברונות] enger an N. 294 sich anschliessend, z. B. f. 40 die
anderswo fehlende Begründung von בהר״ד wörtlich und f. 42 die
Worte ונלאתי לכתוב. סליק correcter als dort f. 25; hier folgt

noch eine weitere Behandlung f. 42b תניא ר״א אומר בכ״ה באלול
מסקנה נברא העולם u. f. 44 die Ansicht des R. Josua bis f. 46, wo
והאריך בראיות ונלאתי לכותבן und wieder לר״י היתה נזיפה ז' ימים ..
Das Beispielsjahr ist hier f. 4 offen gelassen, aber f. 11, 20b, 26b,
28b ff. שנח (1598). F. 55 (Aeren der Römer, Griechen[1]), Muhammedaner.[וישמעאלים וערבים] und Perser) steht bei den 3 letzteren
ועתה בשנת שנ״ט, dennoch kennt Mai p. 396 nur die erste Stelle
כך פי' ובשנת שלה שלנו הם מונין — Zusätze sind z. B. f. 2 Note !
u. (²מאזני צדק f. 8b, רשב״ם כך מצאו בספר ישן נושן והעתיק זה מזה
zw. f. 10b ועוד יש משקל אחר לחלקי המולד ושמעתי מפי הר״ר יחיאל
... מגיינצבורג זלה״ה שתפיל חלק המולד (Cod. Scal. 19, Catal. Lugd.
379, v. J. 1557, hat nach זלה״ה noch צפת תוב״ב ... שמת, vgl. oben
N. 290;[3]) f. 19 והמשכיל מעט יבין זה מתוך עבין טווין.. f. 11b;
לעולם נופלת בכ״ב דצעמבר חודש הנוים וסמן בך יברך ישראל מהר״י
סג״ל ז״ל; dann erst .. שאלה לעולם תפול בכסליו wie N. 294 f. 12. —
שמעתי מהר״ר ליווא אופנהיים(³ איך ששמע מחמיו זנוייל F. 57b
בינג זיל איך ששמע מלח אחד הטעם למה לפעמים ואזנכט עד ח' ימים
בחודש מה שאין נמצא בספרינו ואמר לו הגוי הטעם .. (vgl. N. 290
f. 73). F. 58 der christliche Kalender, s. Mai p. 395; f. 67b
bricht mit dem Custos קח אז ab. Wolf ²1389 n. 525.

297. 627 (Uff. 84). Zusammenges. Cod. Qu., I. f. מח bis קא gröss. u.
klein. deutsch rabb. 1586, mit grünen Überschriften, vielen Federzeichnungen,
z. B. י״ס ff. Abbildungen der 7 Planeten, f. ק Zodiakalbilder, Randbemer-
kungen theils vor der Minuskel des Schreibers (vgl. f. צ״י : זה מצאתי והעתקתיו),
theils vor anderer Hand; f. 60b (hinter קא) mit deutschen Lettern: „Dem be-
scheidenen in Sonderes gros gunsteger Freind ersamer Vornemer ersamer
dass rodes in der hoch berimde stat frankfur[t];" von derselben Hand auch

---

¹) מכין היוונים מתחילין למנות שנותם ממולך ממולך אלכסנדר מוקדון שמלך חמשה וששים שנה (
אחר החורבן (so) כ״ש [ב״ש.] ועתה בשנת שנ״ט הם מונין אלף תס״ה עד ניטל כמו הרומיים
ויש להן נ״ד מחזורים שלמים שעברו ועוד י' שנים למחזור נ״ה.

²) Vgl. Catal. Lugd. 378 über den aus dieser Formel fingirten Titel;
über die Bezeichnung vgl. Kobak's Jeschurun IX, 82. Die Verse לפאס מעגל
(ed. 1560 f. 15b) fand ich etwas abweichend in einer HS. des Buchhändlers
Schönblum f. 106b mit der Überschrift ועתה אכתוב לך חירוש גדול אשר יסד הגאון
מטרויייש זלה״ה להבין מתוך הכלל כל מה שחשבת מעברות למחזור ... ולכך נקרא שמו מאזני
צדק. Bei Elieser b. Jakob f. 6 u. 6b als Columnentitel, f. 6b das J. שע״ה,
f. 7 zweimal קע״ה, ob Druckfehler?

³) Dieser Lewa Oppenheim ist vielleicht identisch mit dem Vorsteher
Loeb O. in Worms 1614 (Berliner's Magazin I, S. 83), keinesfalls Jehuda
Loeb b. Samuel (1693), der im Magazin S. 62 irrthümlich „Levy" genannt
und vom Verf. des משה מטה unterschieden wird (s. Add. zu Catal. Bodl.
1365), vgl. zu N. 334. Josef Hahn אומץ יוסף f. 144b, bemerkt: ומה שאנו עושין
לפעמים שניהם חסרין יתרים על המלאים שהוא כנגד הסבירא, מקשה בעברונות בהג״ה כמרומי
שהיא מהגאון אנשיל אופנהיים ז״ל מפה ומפני אריכותה אין רצוני להעתיקה.

auf dem folgenden, ursprünglich leeren Bl. u. A.: „Sussman Simon Judt in Woner in Schwarzen" und „S. s. Von warboreg." Das folg., קם bezeichnete Bl. hat eine kalendarische Notiz von תשרי בשנת תק"ד, u. so auf der Rückseite זוסמן שליטא"ס ׃שמעון בלא"א כהר", wahrscheinlich Vater des Vorigen. F. 1 (מח) steht נאים שמעון בן החב"ר משולם שליטאם, nicht unmittelbar unter dem Vers des Codex, wie Mai angiebt, sondern unter einem andern durchstrichenen זאת העברונות ... הוא לכם 'למועדים וחוקים, der unter jenem Namen wiederholt ist.

II. 24 ff. (f. 1 gezählt „64," von Mai? f. 21 ist so von alter Hand gezählt) deutsch rabb. XVI—XVII. J.; f. 19b an Zeilenanfangsbuchstaben מגאקללשבשה durch 6 schiefe Punkte hervorgehoben. F. 24b הקטון פסח רוישענבוירג und: „bernd löw von Rauschenberg (so) bij marburg."

¹ עברונות, eine Erweiterung von N. 294 mit dem Beispielsjahr 334 (1574) und gereimten Überschriften, z. B. ‏‏נ'‏b שבח לאל יושב עליות, ובעזרתו אתחיל הארבע דחיות; die Auseinandersetzung ist etwas breiter und sind einzelne Stücke hinzugesetzt, z. B. f. 62b (Mühlhausen?) מצאתי כתוב בשם מהר"ר ליפמן מפראג. ז"ל וז"ל כל ירא שמים ישים אל לבו לחשוב כל דבר ואל יסמך על ‏‏הנחשב‏ מפני טעות הסופרים ולא עוד אלא אף עיגולו דרב נחשון אינו מכוון לכן אל יסמוך עליו שום אדם שמא יבא לאכול חמץ בפסה או שאר איסורין ‏‏ח'ו. f. סג‏b ist eine Tabelle in Form eines Schachbretts הא לך f.נה‏׃ הפי' מהשוך צובעל וכך תעשה. אם תרצה לידע תקופת תשרי ... bעה‏ f. סימן זה לקביעות מועדים ואשר בו אנחנו מסעדים את בש גר ... וף ‏‏מאזני צדק, לתקן כל בדק, הנני אבתוב לך מ'צ ושמו בוג"ד, mit dem Beispielsjahr 334; f. עו‏b der Memorialvers: כשהיות פורים, למחרותו בטול שמורים, שלישי ליל שמורים, לרביעי ליל ביכורים, לחמישי יתקע תקיעת שפרים, לששה מפיר חרומות (so) ונדרים, לשבעה יום הכפורים; Anderes ist nur umgestellt, z. B. (f. נ'ח) ועתה אתחיל ואלמדך תקופה, מתוך המולד ומתוך יתרון אסופה, in N. 294 f. 17b kürzer und mit Beziehung auf die Tabelle.

Zu dem Rade f. סד (das bewegliche innere Rad fehlt), welches Cyclus 274—95 enthält (N. 294 f. 14b hat C. 279—92), hat die mit Minuskel (verschieden von einigen Randnoten) geschriebene Erklärung wiederholt das J. 347 (1587), eben so zu dem folgenden Rade, wo eine abgeschnittene Randnote auf die Differenz hinzuweisen scheint. — f. פ'‏׃ סליקו לך הארבע. f.פז‏b beginnt der christliche Kalender mit der Überschrift (bei Mai p. 112) בעזרת עשרה לוחות, בעזרת המקרה במים עליות. — f.פז‏b wie אילו חמשה חונות צ'‏.. f.ז‏ האל עשה נקמות אתחיל לוח של אומות, N. 294 f. 52b; f. צה die 4 קוטעמר (Quatember) und eine längere Tabelle.

F. ק' ‏.. מזל ניסן (so) אלו תולדות הרעמים אם ירעם בטלי"ה היא

F. „60" enthält von der Minuskel auf verschiedenem Papier eine Abschrift der 7 Pforten (N. 294 f. 20), unter Freitag schliessend עכ"ל השער, und dann Etwas hinzusetzend, zuletzt, wie dort f. 21 סליק השערים בעזרת יוצר הרים, nur noch ישמרהו לדור דורים. — Wolf ²1389.

² (64) ohne Überschrift הנמצאים יחלקו, fehlt der Eingang, נשלם זה הספר רוח חן und בינו ובין המקום הנה הכל מבואר יפה וביאורו (!), aber ein Comm. ist nicht vorhanden. Wolf ²1429.

³ 20b השם בכל נמצא וכל שם אמתי הוא הנאמר על הדבר הנמצא, citirt f. 21 והם ארבעה דרכים שזכרם אבן עזרא בפי' ההומש וגם בס' חנה אלה השמונה Ende צחות וסימנם פרדס פעולה, ריבוי, דעה, סמך, מיני שמות שהם משותפים, ומשאלים, נרדפים, ומתאימים, ונבדלים, נגזרים, ומוסכמים, ומוטבעים . . . תתעורר להבין כל דבר ודבר על בוריו ואיתנו כי זה אינו כ"א מפתח לאורר [לעורר] בו הרעיון.

298. 142 (Uff. 194). 47 f. Qu., deutsch Cursiv, XVII—XVIII. J. F. 28b unter der Hand (ed. 1691 f. 20b) זאת כתבתי מרדכי ממעגך כדי שיבא לידי בינה זו וחכמה זו כדכתיב כי היא חכמתכם ובינתכם.

[עברונות] scheint eine aus ed. 1691 angefertigte und daher auch zuerst in Columnentit. stimmende Abschrift der Bearbeitung des Elieser b. Jakob, dessen Vorbemerkung (יען וביען..) fehlt; f. 1 endet die הקדמה; f. 46 (so) ספר רעומים und 16b לחבר הלוח בדרך קצרה (N. 217,⁵). Das Jahr שעה ist überall stehen geblieben. Noch bei Wolf ⁴1055 unter anon. עברונות, neben N. 304!

299. 273 (Uff. 217). 48 f. Qu., deutsch rabb., zuletzt: בעזר אל אמונה, כתבתי חלק מהתכונה, של הר"ר דוד איש תבונה, ממשפחת אווזא מכונה, יסדו חברו לכבוד ידירו חכם חרשים ונבון דעת.הר"ר משה בר יוסף מהם (so), וטרם הוולדו קרא שמו מג"ן דו"ד, מטעם אשר עוד יתבאר ממחברו והעתקתיו תוך שלשה ימים רצופים, בנחיצה רבה פה בעיר בישיץ. והשלמתיו ביום ב' י"ח כסליו לפרט אשכו"ל [1597] הכופר, אני הסופר אברהם בן יצחק שליטא מקק שעברשין ממדינת קלין פולין עשרה פרסאות מקק לובלין. Besitzer: Jakob b. Simon.

David [Gans] מגן דוד, Specimen eines astron. Werkes, אמר המחבר טרם אביא לדבר אבי מאמר הפילוסופי פילאטו (so) anf. סדר חד' יסודות ואיכותם. א' רוב ההכמים הסכימו שתחת גלגל § 1 f. 3 הירה נמצאי' ד' יסודות; enthält 119 §§, deren Index f. 46, letzter טעם למה כוכב כוכב איננו נוהג.. כמנהג זה. Wolf ⁴803, Cat. Bodl. 861 (wo 1598 zu corrigiren); über eine HS. des נחמד ונעים im Brünner Museum s. Ben Chananja, 1865, S. 62, vgl. S. 718.

300. 256 (Uff. 165). 20 f. gr. Qu., rabb. [von Arje Loeb b. Samuel geschrieben].

Mose Maimonides - [משנה תורה], Tr. über Neumond (Kalender) Kap. 17, dazu f. 5—9 פירוש בן חביב, Commentar von

Levi ibn Chabib; f. 10 Bemerkungen, zuerst zu ר' משנה ט'פ' ·
ohne Zweifel von Arje Löb b. Samuel, bevor er den Plan eines
selbstständigen Compendiums (ליקוטי אור) gefasst, nicht ein Theil
desselben (vgl. N. 304,³); f. 17 ואלה עשרת הדברים (N. 292 f. 13).
Wolf ⁴892 u. 915.

301. 257 (Uff. 150). 48 f. gr. Qu., deutsch Cursiv XVIII. J.?

[1] Arje (Loeb) b. Samuel Levi, Dajjan in Lublin ספר ליקוטי
האור חלק ראשון הנקרא מאור הקטן קטן הכמות, לבאר כל ענין הלכות
קדוש החדש להרמב"ם ז"ל שלא הי' מובן כלל עד שבא האלוף התורני
הרב מהור"ר אריה·ליב דיין דק"ק לובלין בשנת תכו לפרט ואזן וחקר ...
בפירושו זה הקצר בשפה ברורה שכל בר בירב יוכל להבינו ... Obwohl
dieser Titel deutlich genug den Inhalt angiebt, steht doch darüber „Kabbalistica". Die Ausgabe (1667, s. Catal. Bodl. 745) ¹)
steht mir nicht zu Gebote. Unsere HS. beginnt. הקדמתהרב המחבר.
יסוד האהבה וגם(!) היראה שצוונו האל הנכבד והנורא (נ' הרמב"ם רפ"א
אלהיך מיסודי התורה ובזוהר פקודי ע' תטי"ו) שנא' ואהבת את ה' אלהיך. Die Er-
klärer des Maimonides, בעל הלבוש und רלב"ח, beide Autodidacten,
u. Andere seien ohne das עולם יסוד des Isak Israeli (das aber
nicht בנמצא sei) unverständlich; deshalb habe der Verf. den
Abschnitt des Maimonides über den Kalender mit den Com-
mentaren und mit Benutzung des Israeli in ein Compendium,
wie die ספרי עברונות, zusammengedrängt. Er spricht dann von
der Differenz der תקופת ניסן und wie die jüdische Weisheit hierin
sich zu bewähren habe. וידעתי גם אני כי יאומרו לי תחת מהלכת
שמים, למוד דין נטילת ידים, ·ותחת מרכז יוצא, ברכת המוציא, ותחת ארוכה
וקצרה, גמור בפלפול וסברא, ומ'מ לא מנעתי מלאחוז בזה וגם מזה לא
הנחתי ידי אחר שמלאתי קצת בטני מפוסקים ומהויות דאביי ורבא, כי השמים
מספרים כבוד אל. · [In N. 302 folgt: er habe sich auch damit be-
schäftigt, als er, vom Hause entfernt, aus seiner Gemeinde ge-
trieben (?), heilige Bücher nicht zur Hand hatte.] Hierauf citirt
er Stellen aus dem Sohar und bezeichnet sich als blossen מעתיק.
Seine Methode sei die, dass er die Worte des Maimonides in-
Parenthese zwischen seine Zusätze, am Rande die compilirte
Erklärung stelle (hier erwähnt er noch בעל שש כנפים). Der
2. Theil, המאור הגדול, werde die מאורות הפנימיים והנסתרים behandeln (Mai bei Wolf ³134 [u. zw. ohne Nummer]: „de Luna

---

¹) Nach dem Epilog des anonymen מדפיס erschien sie auf den dringenden
Wunsch des פרנס der 3 Länder in Lublin, Jekutiel Salman b. Jakob aus Posen,
ועל ידו החזיק הסכמתו הרב המופלג הישיש משה בתח"ר יצחק ר"מ ואב"ד דק"ק הנ"ל.

nondum apparente"]; jeder Theil zerfalle in 10 Kap., jedes Kap. in 10 משניות. Die volle Unterschrift ist „Arje Loeb b. Samuel זלה'ה לבית הלוי". (In N. 302 folgt ein Index f. 3b). F.6: מבואר בפרק א' השבעה כוכבי לכת סימנם שצם; dann (N. 302 f. 8 durchstrichen, vgl. N. 292 f. 8, 304²) פרק א הגלגלים הם הנקראים שמים ורקיעים. Die Radix ist das J. 428 (1667). In N. 302 f. 45 (מב) wird die Lage Lublins augegeben. .Dann folgen einzelne Nachträge, u. A. f. 46 שייך לפרק עשירי לוח של ר' עמנואל (N. 301 f. 38b בלוה של ר עמנואל צריך שתוסיף f. 46b (והוא הלוח של הח' ר' עמנואל und verschiedene Berechnungen, es fehlen auch noch Figuren.

302. 258 (Uff. 142). Zusammenges. 71 f. Qu. u. Oct., deutsche Cursiv XVII—XVIII. J.

¹ Arje Loeb b. Samuel, ליקוטי האור, Theil 1 מאור הקטן. Wolf ⁴790 giebt nach Uff. 63·f. an. S. unter N. 300.

² 55 (58) שער התפלין Kap. 14, anf. ונבאר סדר כתיבתם, mit Gottesnamen, dann שער ק"ש; f. 57 (סא) Z. 1 ואני חיים נוהג להעלות, אותם למעלה, ist also Fragm. aus den Schriften des Chajjim Vital. — [Uff. u. Wolf ⁴947 u. ³402 n. 897d haben noch:

³ Verschiedenes, als מחברת התופת והעדן von Immanuel b. Salomo (vgl. n. 285) und בשרייבונג Beschreibung des Prager Aufzuges 1716, angeblich von Josef Judle; zu Letzterem vgl. Serapeum 1864 S. 45 n. 394].

303. 163 (Uff. 130). 175 f. kl. Oct. meist beschrieben und 5 eingeklebte, deutsche Cursiv, geschrieben Montag 25. Adar 471 wahrscheinlich vom Besitzer, dem Jüngling Manle (מנלה), f. 29b מנילי b. Hirsch נין גרעשיל, mit deutschen Lett. „Mandel nein greschl Prager Judt". Auf dem Hinterdeckel דאז איז אויז ר משה אייגשטאט זיין ביכל אונ ניט אויז אייער קאפף י'ב'מ'י'ה' ל'פ'ד'מ'י; weder Mai p. 389, noch Wolf ²1303 n. 218, hat diese Angabe des Plagiats beachtet.

חכמת מספר, Rechenkunst, Anf. defect, theilweise ergänzt; f. 12 (so) דאס אנדרי פילי היישט אדיציאן אדיציאן היישט וואן פר זיר גישריך ווערדן עטליכע סומס F. 30 (ליא) ועלשה פראטוקה und andre Arten von Rechnungen. Das in Dyhr. 1712 gedr. Buch des Mose Eisenstadt (Cat. Bodl. 1800, vgl. N. 285) konnte ich nicht vergleichen; Cod. Oppenh. 1664 Qu. ist nicht eine Fortsetzung; s. Serapeum 1864 S..57, wo unsere HS. nachzutragen, deren Sprache auch Wolf nicht angegeben hat.

---

¹) יבמי scheint hier nicht die Abbreviatur von Ps. 24, 5, Berliner's Magazin III, 95.

304. 83 (Uff. 143). 22 f. gr. Qu., verschied. deutsche Current XVII. J.
Wolf ⁴1055 n. 525 wiederholt die ungenaue Beschreibung Mai's.

¹ F. 1—5, 8, 9, 18. Fragm.; f. 5 citirt לבוש אדר היקר; 3b
שנה זו ת'פ לפ'ק [also von Meir b. Josua 1720 geschrieben].
Eine Tabelle פנים ואחור; Erklärung: אם תרצה לחשוב היתרונות קח
לך כ' פ' א' י'ב תשצג; vgl. unten ⁴ und N. 301.

² 3, 6, 7, 16, 17 [Fragm. aus ליקוטי אור, s. N. 301]: פרק א
הגלגלים הם הנקראים שמים ורקיעים.

³ 6, 7, 20 (und dasselbe f. 21) Mose Maimonides, הלכות קדוש
החדש K. 1, 2, mit Comment. anf. ..אמר הגאון ז'ל חדשי השנה
פי' כי החדש לכם ראיה בירה; vgl. N. 300.

⁴ 12, 13, 19 Fragm. aus Elieser b. Jakob בלין („Ballen" im
Index).

---

305. 141 (Uff. 166). 40 f. (früher 2mal bis כ, das vorletzte Bl. auch
35) Qu., deutsche Curr. XVIII. J.

¹ ספר הגלגל, die gedruckte anonyme Bearbeitung von Sa-
crobosco, de Sphaera; auch N. 291,² Wolf ⁴1042 n. 114b.
S. Letter. ital. dei Giudei Art. III § 11 (Buonarroti 1876 S. 125).

² 22 („18" u. כ) תכונת הכדור, zuletzt תמונת, anf. הסכימו
כל חכמי המהקר הקדמונים והאחרונים; die Figuren, f. 29, 30, sind
nicht ausgeführt. Ende 38b והשמש בתחלת החדש לפי מהלך הנראה
הנה'ה; ואלו הזמנים הם באמצע קדרותם, סליק und eine nachträgliche
auch N. 291³. Wolf ⁴1066 n. 758b; über die verschiedenen Recensionen dieses anonymen, vielleicht übersetzten astronomischen
Compendiums (XIV. J.?) s. H. B. IX, 163; vgl. zu München 36¹⁴.
Vat. 292,³ giebt Meir Spira als Autor.

XI. MEDICIN.

306. 71. Papier u. Perg. (1 u. 8, 9 u. 16 etc.) 333 f. Fol., splendid,
gross span. rabb., theils roth, Federzeichnungen, XIV—XV. J. Gehörte Gil-
bert Leiding in Hamburg; Wolf ³6, ⁴749.

ספר השלישי מספר הקאנון von Avicenna (ibn Sina), entsprechend der Ausgabe.

307. 72. 38 f. Fol., deustch rabb. gegen Ende XV. J.? Randnoten
meist vom Schreiber, f. 19b lateinisch.

Fragment eines interessanten, sehr seltenen anonymen Compendiums der Medicin [ספר היושר], um 1280—1300 von einem
Juden (in Frankreich?) aus hebr. und latein. Quellen und der
eigenen Praxis zusammengestellt, eines der ältesten medicini-

schen Originalwerke in hebr. Sprache. F. 1 Register מן א' שער
‏קי״ב מן הצמח הנולד באצטומכא‎ bis ‏אלופוסיא‎ (so) .. unvollst.; f. 2
Ende K. 4, zwischen f. 33, 34 fehlt K. 70 bis Anf. 85; f. 36b
beginnt K. 90. Ausführliches über Werk u. Quellen in H. B.
1877 S. 59; vgl. auch Virchow's Archiv Bd. 39 S. 329 (Donnolo
S. 60) und Bd. 71 S. 131, wo eine vom Vf. ausgeführte Tre-
panation mitgetheilt ist.

308. 123. Zusammenges. aus 3 Codd., 135 f. (incl. leere) Qu., verschiedene span. Hand, meist XV. J., dazwischen Einiges von ital. Hand auf den
früher leeren Blättern, auch in latein. Lettern f. 75. F. 31 ‏ואני שלמה כתבתיה‎
‏לעצמי‎ verwischt und durchstrichen; dieselbe Hand schrieb bis f. 54. F. 76
ist ein Titelbl., worauf die Titel 'von ⁵—⁸; 135b ist noch der Namen des
Censors Camillo Jagh[el] zu lesen. F. 127 ff. stark beschädigt.

2 ‏הדבור ביינות כפי התחלפות החליים אלהרופא אלהרופא חרש הכם ארנבט‎ 1
‏דוייללא‎ (so) ‏נובא. חברו אל יקר תפארת מלכות השלטון הגדול האדון מלך‎
‏פתח דברי להיות היין הלבן בין‎ Anf. ‏רובירטו מלך ירושלים ושצילייא‎
‏שאר היינות אהוב אל גוף האדם ויותר נאות ויותר דק ויותר מתפעל אל כל‎
‏הטעמים והדברים והטבעים מן הדברים אשר יושמו בו והוא יותר ערב ..‎
‏על כן לחיותו מלכי ולו נאוה תהלה הנה קצת מן הרקוחים המורגלים‎
‏והרפואיים הנמצאים בו כאשר נגיד בדבורנו זה יאות לסדר אל כבוד קדושת‎
‏תפארת והוד המלך‎. Dieses Exordium ist als § 1 gezählt, folgt:
‏יין‎ § 44 f. 15b ‏יין ננד בעלי השחורה‎ § 3 ist ‏;ב׳ אופן רקוחי היינות‎
‏ויותר‎ Ende 16b: ‏שומר העובר עד זמן הלידה‎ und einige andere;
‏נפלא מזה מה שהוא מקובל מן מַאקרוֹבִי(¹ בספרו שבחי זה העשב .. והיו‎

‏מאמינים כי בעבור זה היה מצליה בנצחון וגבורה. יתמיד השם כבוד מעלת‎
‏המלך הנכבד אשר למען כבודו והדרו חברנו זה המאמר הקטן הקצר והשלמנו‎
‏אמן אמן. ואני יהודה בן שלמון (שלמה‎ corrig.) ‏בי‎ (so) ‏גזע'ישי‎
‏העתקתיו בחדש תשרי שנת תשעה עשר ומאה לפרט אלף ששי ליצירה‎
‏והודות לאל‎; den Uebersetzer Jehuda [Natan] Salmon. oder b. Salomo, und das Datum 1358 (Herbst) übergeht Wolf; Cod. Paris
1128,⁵ scheint das Epigraph nicht zu enthalten.

Der latein. Tract. de vino (vinis in Cod. Aschmol. 139,⁸
bei Black p. 1079) in den Opp. des *Arnaldus de Villa nova* ed.
1585 p. 582, nennt in der Widmung den König (Robert) nicht
und beginnt p. 583: „Laudamus, inquit, vinum de bona vite ad
perficiendum vina medicinalia, et maxime palmeum, sive album,"
endet p. 602: „Mirandum quoque quod secundum Macrobii tra-

---

¹) Macrobii für Macer, s. Virchow's Archiv Bd. 39 S. 326; auch eine
Stelle über Buglosson steht richtig bei Macer.

ditionem ... quem semper Deus concedat inclyto regi et nobis."
— Ein Abschnitt de vinis kommt vor in dem Buche de aquis
etc. von Magnino aus Mailand, welches in Cod. Paris lat. 6972
(hebr. Cod. 1188) den Arnald beigelegt wird (Haller, Bibl. med.
pr. I 448, vgl. Henschel in Janus II, 1847 p. 527, Puccinotti,
Storia II, 267; vgl. Cod. Bodl. bei Uri 496 f. 307: לחכם מאגני
דמיללאן שנסה יין מרפא הנגעים, und über Arnald's Regimen für
Jakob v. Aragon München 288, Cod. Lyon 12,³ nach Archives
de Miss. scient. 1873 p. 566. wo auch die פראטיקא; vgl. München 277,² oder 288 ²?). — F. 17 ff. Verzeichniss von Mitteln:
נגד עקרות מרוב רטיבות, להביא נדות u. dgl.

² 18b Arnald de Villanova, (מגלה) Verzeichniss der üblichen
einfachen und zusammengesetzten Digestiva und Purgantia, aus
dem Lateinischen (verloren gegangen?) hebräisch von Abraham
Abigedor b. Meschullam in Montpellier 1381, was Wolf ³138 wieder
unbeachtet lässt. Der in H. B. IX, 172 beschriebene Codex
(mit Benutzung meiner Notizen v. J. 1847 über unseren) ist
jetzt Berlin 544 Qu. Der Anf. lautet in Cod. Hamb. אמר המעולה
הרופא und ohne das zu להם unpassende לאחד; Kap. 2 ist blosse
Aufzählung nach den 3 Säften. ועוד נוסח אחר hier f. 27; הם ונגד
am Schluss f. 30b durchstrichen, für וארית (Druckf.) l. ואויתיה.

³ 31b—54b פרקי ארנבט, die Parabolae Arnald's (von Wolf
auch im Index der HS übergangen); Cod. München 297,⁴ (vgl.
286 S. 116) enthält ein Vorwort des Übersetzers Abraham Abigedor mit dem J. 108 (l..138?), das aber fast wörtlich der Übersetzung eines anderen Werkes entnommen ist.

F. 55—56 Notizen, meist von italien. Hand: עפר נגד התולעים;
f. 58b, 59a Verzeichniss der Urinarten u. ihrer Bedeutung: שתן
פרק שיני בימים שחור לעולם ימות אם הוא דק. — F. 63b Fragment
גבוליים. אין ראוי שנשתוק ממה שיצטרך שידע הרופא בעבור שיוכל להבין
הפעולות השלמות [von Galen?], citirt Hippocrates.

⁴ 64 Gerard (נירבד zuletzt נירבט) de Solo, מבוא הנערים, über
Fieber, übersetzt von Abraham Abigedor 1379 (1479 bei Wolf
³20 Druckf.), dessen Vorwort hier f. 74b nachgetragen ist.
H. B. XI, 173 (HS. Berlin 544,⁴ Qu.); HS. Rosenthal 21, wahrscheinlich auch Turin Cod. Valp. 247. Die Kapp. (f. 66b, wo
nur ואם בפילולאש לקיחתם, 68, 70, 71b 73) sind nicht gezählt;
am Schluss stehen die Worte ולא חוקן nicht unmittelbar vor
ויעשה תחבושת.

ס ‎ ‎5 76 ‎‏דרך על יצחק בן הנין מהעתקת ‏`הרפוא למלאכת ‏‎ ‏‎ ‏‎ ‏‎ ‎ ‎ ‎ ‏‎ ‏‎ ‏‎ ‏‎ ה-‏‎ ‏‎
‏והתשובה השאלה‏ (für ‏התשובה‏ anderswo ‏המענה‏). Das Wort ‏מהעתקת‏
wird verständlich durch den Zusatz ‏מגליינום‏ in Cod. Aguilar[1]),
jetzt Leeuwarden 6[2] (Catal. Lugd. 329; Cat. Bodl. 1581, H. B
XVII, 57) als ‏מבוא הגדול‏; in einem der beiden Cataloge Aguilar
(die ich nicht kenne) wird, wie es scheint, als Verfasser Kal.
‏הנשיא‏ genannt, ohne Zweifel wegen der Worte ‏דודך ק' בן ק' הנשיא‏,
welche Neubauer (Letterbode II, 91) unter 7 als Ende von
‏השלמת הטבע‏ (s. unten [6]) angiebt! Eine ehemalige HS. Luzzatto's (‏אוצר נחמד‏) II. 14 u. 5, wo ‏מגאלי‏ für ‏מגאלינום‏) nennt als Übersetzer *Mose Tibbon*, keine andere der mir bekannten, nämlich Uri
425, Scal. 2[11] (Catal. p. 329), München 270,[2] etc., Wien 136
(in Catal. S. 153 viel Unrichtiges), wahrscheinlich Paris 1110,[3]
‏יואניסיו הגדול‏ ... (nach dem Catalog aus dem Latein.!) und ein
unerkanntes Fragm. 1134,[3]; eine HS. Coronel's, vorgelegt 1871
(Anf. defect), stimmt mehr mit München 250, kürzt aber manchmal über Gebühr; ‏שאלות‏ von ‏יוחנן בן עסכר‏ „Jochanan b. Ascher"
bei Pasinus, Cod. Turin 154 f. 235 (vgl. Catal. Bodl. 1046);
Fragm. des 1. Th. Oppenh. 1138 Fol. f. 2 am Rande. — Ein
Compend. s. unten N. 309,[6]. — In der That ist das Buch eine
Einleitung (‏מרכ'ל‏) in die Medicin oder speciell in die Micro-
techne Galen's (Catal. Leyd. 329)[2]) nach dem Muster der εἰσαγωγή
(Haeser Gesch. I, 568 Ausg. 1876), war sehr verbreitet, bear-
beitet und von Einfluss auf andere Schriften (Virchow's Archiv
Bd. 39, S. 327, Bd. 42 S. 100, vgl. Index zu Donnolo, vgl. auch
Hillel b. Samuel, ‏תגמולי‏ f. 51b). Von unserer erotematischen
Form[3]) (wahrscheinlich die ursprüngliche) ist das arab. Original
mit hebr. Lett. in Vat. 348, Fragm. in Cod. Fischl 41, wo Honein
zum Israeliten gemacht wird (vgl. Toxicol. Schr. S. 370 A. 45

---

[1]) Bei Wolf [3]269 und 969 n. 1887b unter Kalonymos [b. Sam.] Kohen
Cantarini, der aber 1631 gestorben.
[2]) Vgl. auch unter dem Commentar N. 309,[6]. — Galen's „Einleitung
in die *Logik* soll Thabit übersetzt haben, nach Chwolsohn, Ssabier I, 560,
der Honein übergeht, obwohl er Wenrich citirt. — Die erste Antwort im
Abschnitt über Urin (unser Cod. f. 113) beginnt ‏כבר אמר גאלינום כי השחן אחר בעצמו‏.
[3]) In derselben Form bearbeitete Honein auch einzelne Schriften Galen's (Alfarabi S. 169) und einzelne Themata, nach den Verzeichnissen seiner
Schriften, welche Hammer IV, 342 ff. in seiner unbrauchbaren Weise wiedergegeben (s. z. B. n. 3, 4); allein die „Fragen" Honein's bezeichnen vorzugsweise die Einleitung; s. z. B. Hagi Khalfa V, 514 und die aus HS. Aguilar
l. c. S. 92 unter 14 mitgetheilte Stelle ‏שאלות ותשובות טבעיות וטובות אשר עוזב‏
‏האחרונים הרופאים שאלות בענין נחשב [כאין [1. כאן באין היה כי החכם הנין‏ [‏עוב?‏]. Leclerc,
Hist. de la med. arabe. I, 151, unterscheidet die Einleitung von den Fragen.

und ז״ל in Cod. München 245); ein Fragm. einer spanischen Bearbeitung scheint העתקת חנניה בן יצחק in München 291,[14], vgl. daselbst [2] (aus dem Latein?). Ueber die lateinische Ueber-setzung s. unter N. 309[4].

Die Eintheilung in 10 Abschnitte bei Wolf [3]270 (Cod. Medic. arab. 228, vgl. Uri 600, Pusey p. 588, München 804,[1]) Leyd. 1303, III, 230) rührt von dem verbreiteten Commentar des ibn abi 'Sadik her (Hagi Khalfa V, 515, wo Flügel nicht genau über-setzt, vgl. auch IV, 127; Wüstenfeld, arab. Aerzte § 139, S. 28, spaltet das Buch in zwei). Derselbe findet einen Zusatz des Neffen *Hobeisch* (der das Buch nach Honein's Tode vollendet haben soll)[2]) in der Stelle vom Theriak, wo Honein in der 3. Person angeführt wird (s. Anhang) Ibn Nefis (Leyden n. 1304) adoptirt diese Eintheilung nicht, ibn ed-Dakwher schrieb eine Widerlegung des 'Sadik (bei Hammer, Liter. VII, 534 n. 6 falsch: „über die Streitfragen").

Honein beginnt mit der Haupteintheilung in Theorie und Praxis, erstere bestehe aus 3 Theilen: Kenntniss der Naturdinge, der Accidenzen (סבות) und Symptome (מופתים)   Von den mir bekannten HSS. hat nur Uri 425 f. 6b und 9b ausdrücklich חלק שני und השלישי הח׳ und 11b נשלם חיא בעיון שיש בו ג׳ חלקים. Alle anderen haben nur einzelne Ueberschriften für die übergeord-neten Themen, wie Urin u. dgl., unsere insbesondere f. 83 (am Rande) המאמר בדפק, 101 שער בתיקון הסממנים 84b; החלק המעשי, 103 השער (מראה) מיני, und 103b מיני מראה העין; bei der Haut-farbe haben München 270 f. 47, Coronel f. 10b richtig שמהם מה שיתחדש, München 250 f. 44 in der Antwort auf die Haarfarbe überspringend: השחור והאדום; kurz vorher springt nur M. 270 sofort zu den 4 Lebensaltern;[3]) — f. 112b המאמר במורסות.

---

[1]) S. Näheres im Anhang.

[2]) Virchow's Archiv Bd. 39 S. 327, Bd. 57 S. 120; vgl. Catal. d. arab. HSS. im Brit. Mus. p. 456—7.

[3]) Löw, Lebensalter, S. 7, 32 (Zarza, f. 87 ed. Mantua nennt seine Quellen Sal. ibn Jaisch u. Josef ibn Wakkar) kannte nicht unsere alte Mittel-quelle mit den Ausdrücken עורות, בחרות, היישישות und שני הזקנים (nur M. 270 kehrt letztere beiden um) und den Grenzzahlen 20, 35, 60. Die Uebersetzungen aus dem Latein. haben ילדות, בחרות, זקנה und ישישות oder (N. 309 f. 77) שיבה mit den approximativen Zahlen [25]30 [35]40 [55]60. Im Compend. vom Urin nach Galen, aus Honein's Uebersetzung vou einem Anonymus [nicht Kalonymus, und nicht Simson b. Salomo] נערים, בחורים, זקנים ישישים (Catal. Lugd. S. 251); vgl. Natan b. Samuel, מבחר המאמרים f. 47b, wo die Wanderungen der Israeliten (14, 8, 20!) combinirt werden.

Die HSS. derselben Uebersetzung scheinen zwei Familien
zu bilden, die vielleicht auf Recensionen der Uebersetzung selbst
zurückgehen; doch sind Varianten (נ״א) auch in die Texte
gedrungen (z. B. f. 87 העכול נ״א הבשול); dahin gehören die
Worterklärungen (בלעז und בלשון נוצרים d. h. latein), die wohl
theilweise vom Uebersetzer selbst herrühren, jedoch ist in Cod.
M. 250 gleich zu Anf. im Text העיון נקרא בלשון נוצרי טיאוריקא
והמעשה פראקטיקא vielleicht aus der Uebersetznng aus dem Latein.
(N. 309⁴). In Cod. München stehen derartige Glossen am Rand,
die im Cod. M. 270 und dem unsrigen (welche überhaupt der
anderen Familie angehören) im Text zn finden sind, z. B. für
פאליג (M. 250 f. 3b) Rand פלישיץ, M. 270 f. 15 פלרשיץ כלעז פאלייג,
Hamb. f. 78 פלווישין, wohl Plexis,[1]) ebenso l. c. קרנקן (cancer) für
הקדחת השורפת אשר יאמר לה בלשון יון פוסום ;הסרטן הקשה H. f. 111
שורפת כלו׳ קבשגן נוצרים ובלשון קאסום, d. h. causon. — Umgekehrt
finden sich Varianten aus Tibbon's Uebersetzung am Rand von
München 270,¹. — Ueber das Verhältniss der Bearbeitungen
zum Original und untereinander s. Anhang VI.

⁶ 119b השלמת הטבע, Titel fingirt aus dem Anfange: אמר
החכם השלמת הטבע והמזג תשעה ענינים אחד שוה ושמנה אין שוין והם
אלה הם וקר, חם ולח ... אלה הכחות ימשכו וירחיבו גם יעצורו ודומיהם ...
יתכן להביא בתחלת [בתחלה] שמות הרפואות אשר יאותו במזג השוה ולסדר
ראשי הפרקים בראשונה למצוא חפץ ... ראשי הפרקים המושכים, המרחיבים,
המקשים, המרככים, המתבשלים (המבשלים) (f. 124, המתקבצים (so)
ופותחים, המטהרים, המולידים בשר טוב, הממעטים אותו, המנגעים פני העור,
המחרכים (so, המחרנים (125), הסוגרים, המדביקים, המדקדקים, והמפרידים,
והשוברים, המחממים, הפותח (so) זיעה, העוזרים אותה, המישנים, הנושכים,
המחזקים, הדוחים ארס, המסירים כאב חם גם כאב קר, הפותחים פי המקורות,
המקלים שינה, המאירים ראות, הממתים כנים ותולעים, המנקים חזה,
המולידים חלב, המחזקים תאוה, המונעים אותה, השוברים אבן, המעוררים עת
נדות, הממהרים לצאת, המולידים ליחה טובה, הממהרים להשְׁחֵת, המחזקים
האסטומכה, המחלישים אותה, המולידים נפה, המדקדקים (nochmals),
המולידים מעט, המולידים הרבה, המדשנים(³. Die Namen der Mittel
המדשנים אלה אשר הם ידשנו .... ועגבים sind vocalisirt. Ende f. 128
מבושלין כל צרכן והיה שמן ודשן.(³ תמו דברי החכם מן הענינים האלה.

---

¹) Arab. 'פלג, vgl. H. B. XIII, 134; Hammer, Lit. IV, 368 n. 54 übersetzt falsch: Epilepsie. Wüstenfeld, arab. Ärzte S. 45 n. 36: Hemiplexie.
²) Cod. Pollak zählt 47 Artikel. Parallelen zu dieser Eintheilung und
Terminologie s. Anhang VII.
³) Latein. K. 70: et uvae dulces recentes: quae inflationem habent in

Wolf [3]269 nur gelegentlich unter Honein; daher bei Haller, Bibl. botan. I, 173. Ist eine Uebersetzung des latein. *de virtutibus simpl. med.* oder de medic. simpl. etc., unter den Namen des *Constantinus* Afer gedruckt, auch dem *Joh. a Sto. Paulo* beigelegt, wahrscheinlich vom Anonymus (1197—99) übersetzt (Virch. Bd. 39 S. 397, Bd. 40 S. 89). Andere HS.: Oppenh. 1135 Fol., Leyden Scal. 15,[15] (Catal. S. 377), Paris 1171,[2] (angebl. aus dem Arabischen!), München 295,[11]; eine HS. Pollak's hinter יאיר נתיב (jetzt Brit. Mus.?) und Leeuwarden 6,[7], wo etwas von Kalonymos folgt, was Neubauer (l. c. unter [5]) zu unserem Buche zieht.

[7] 128b Prognostik nach Hippocrates [aus dem Latein. von demselben Anonymus?], s. zu Cod. München 111,[7]; ausser den dort erwähnten HSS. noch de Rossi 1365,[3], Oppenh. 1643 Qu. (ס׳ ההכרות), Bodl. bei Uri 417 f. 293 übergangen, meine HS. (H. B. VIII, 47,), Flor. Pl. 44, 7 (Biscioni p. 390), Par. 404, 1191[6] (Index unter הקדמת!), Amsterdam 40.[1]) Unsere HS., bei Wolf [3]269 (nicht im Titelindex), ist grösstentheils abgefault; f. 135 liest man nur noch תמו החידות והשגחות; das Gedichtchen war nicht darin. — F. 135b standen verschiedene Notizen.

[[8] פרקי משה ממלאכת היד, auf dem Titel f. 76 und bei Wolf [3]269, nur das 15. Kapitel der Aphorismen des Maimonides; welches wahrscheinlich beim Einbinden nicht mehr vorhanden war.]

309. 124. 149 f. Qu., 6—143 verschiedene kleine deutsche Schrift; f. 17b . . ונכתב ע״י, vollständiger f. 74b תם הספר ונשלם כולו ע״י שלמה שבח לאל שלמה הקטן בכמ״ר אפרים זלה״ה מבנטריאו והשלמתי אותו היום יום א׳ ג׳ בכסליו רמ״א פרשת תברכו בך . . . וכי״ר מלפני היכול האמתי שנזכה ונחיה ונראה ישועת שני המשיח וחיי העוה״ב . . .
F. 1 hat ein Matatja seine Darlehen an Christen notirt; 97b—99 (Anf. fehlt) und 113b—15 von links nach rechts mit latein. Lettern geschriebene *italic nische*, meist Augenheilkunde betreffende Notizen. F. 99 notirt Zemach b. Mose, dass er am 8. April, 25. Nisan 264 (1504) zu studiren (ללמוד) angefangen, dasselbe am 12. Juli (לוליו) 264 Benjamin b. Sacharja. F. 143b מנחם.

---

sui (so) substantia comedentium corpora inflant. Ideoque pingues et clarae cutis reddunt homines.

[1]) Ascher 18 E. f. 26b hat die Überschrift ענינים אחרים שחבר החכם הבקי אבוקרט והם מספר החידות והשגחות. השתן אשר עצומו זה אפושטשים נוטה וכו׳ (hier f. 131, nur mit Überschrift השתן אותות, fehlen die gesperrten Worte); endet ויזכור ראות תמיד בספרי הרפואות ועל כולם יהיה (יהגה ?l.). בספרי מראות השתן כי כל f. 27b הלמד אותם תמיד הרי זה משובח ויצליח בג״ה ובישועתו (vgl. N. 309); hingegen f. 63b: ואמר אבוקראט בחלק שלישי מספר ההשגחות ist nicht aus unserem Schriftchen.

זה ספר **מראות השתן** מקבלת יצחק הישראלי מפי יוסף בנו. 6 [1]

אמר יוסף בן יצחק צריך מי שרוצה להתעסק במלאכת הרפואה ללמוד תחלה
עניניי היסודות הארבעה עם ארבעה יסודי (so) גוף האדם, ומראות השתן
ואותותיו ושידע לחקור תחלה על עניניי חוליו ואותותיו, ובכל זה יכיר וידע
הרפואות הצריכות לחולי, אחרי אשר חקר וידע את יסוד תולדתו ויוכל לעזור
לו ברפואות ויצליח בעזרת המוחן והרופא. הסכימו חכמי פרס והודו ורומיים
ואמרו כי מראות השתן הם שבעה עשר הם במספר. ומי שרוצה לראות השתן
Auf derselben Seite. צריך הוא `שיראהו בתוך כלי זכוכית רקיק וזך ...
מראות השתנים הם שבעה עשר Uroscopie: beginnt die eigentliche.
המראה הראשונה אם תראה השתן בתוך כלי זכוכית והנה הוא אדום ורב
המראה שבע עשרה. אם ראית F. 7b. ועב, זה יעיד כי גבר עליו הדם
השתן והנה הוא ממוסך בין אדם ללבן כמראה אתרוג... ושהוא ישר ובריא
בלי מהלה. ועוד הנחתי להזכיר ענינים אחרים מעניניי השתן דברים שצריכין
להזכיר ולעיין מי שרוצה לדין (so) עליו דין האמת ואלו הם העמו"ד והענ'ן
והשמ"ר'ן[1] וכל זה תמצא בספרי השתן אשר חבר החכם הפילוסוף יצחק
בן סלימאן הישראלי והוא חבר בזה הענין עשרה שערים. אלא אני מזכיר
את זה בדרך קצרה בעזרת הבורא המוחן והרופא. דע כאשר תראה השתן
Dieser Nachtrag. והנה בתוכו שמר רב זה יעיד על הרוחות שבתוך הגוף
ואם הוא שחור הוא חולי המשתין בכאב ואם הוא לבן גם זה endet f. 8
במקוה והוא מין ממיני האבק האבן (so) אלא שזה לא יתקבין. תמו
דברי החכם. Hier ist also das Ende (in Cod. Berlin 511 Qu. [3]
f. 68 noch: חן לדברי פי הכם), obwohl in der Zeile fortgefahren
wird, nicht f. 17b, wie Wolf [3]269 und (nach meiner sehr flüch-
tigen Ansicht im J. 1847) in Ersch und Gr. Bd. 31 S. 82 (vgl.
H. B. VIII, 99, zu Cod. Münch. 245).

Die Worte מקבלת יצחק הישראלי im Titel, auch in Cod. Berlin,
sind vielleicht aus dem Nachtrag fingirt, in welchem die arabische Namensform (Cod. B. f. 68: אסחק בן שלימאן האשראלי)
beachtenswerth ist. Josef b. Isak haben auch Vat. 368[13], Turin
153, das Fragm. in Leyden 40,[5]; Cod. Asher 18 D. f. 21: אמר
dann יוסף בן אסחק מי שרוצה ללמוד מלאכת הרפואות צריך ללמוד
ובלשונם נקראו שנק אקולרא([2] אפלקמא אמלנקוניא גם צריך לדעת באי זה
שעה מושלת כל ליהה... אחרי שתדע ספרי הרפואות ומעלתם ותועלתם.
ודע כי כל אלה מהליהות מושלות באדם שש שעות כאשר הפייט (!) באלו

---

[1]) Vgl. Cod. Asher 18 f. 22b: גוף האדם. כללים קצרים מענין השתן ואלו הן.
בשתן יחשבו ג' דברים בלבד עצם, צבע f. 23; מורה ג' ענינים רוח וליחות ואברים בריאים..
ושמרים.

[2]) Das א bedeutet e (et und; die Anfügung der Partikeln ist in hebräischen Umschreibungen romanischer Wörter nicht selten.

etc., דִי חרוזות: דלי״ת ה״א ו׳ו זי״ן חי״ת טי״ת ממשלת האדומה יומם חמה יבשה
offenbar ein späteres Einschiebsel, da in unserem Stücke occidentalische Wörter nicht vorkommen; das eigentliche Schriftchen folgt in jenem Codex erst f. 27b wesentlich wie hier.

Eine abweichende Recension bietet meine HS. (H. B. VIII, 99), anf. אמר היובקרנום כי הסכימו (also identisch mit Paris 1116³ d),[1]) wo am Ende der Einleitung שכתבתי ממה נסיתי והנה, לך ממראות השתן ותקבל ממנו ראיה א״ב רחוק הוא שיכזבו אלו המראים was einen Plagiator verräth; die Zahl ist zu Anfang nicht angegegeben; שער י״ז endet והוא שער הבריאות ועומד על העקר והשאר, נפוח ..., folgt מן, end. שער י״ה כשתראה למעלה מהשתן קצף ארוכה, הוא מסוכן ועודנו הוא הי תמו מראות השתן, also ohne den Nachtrag. — Zu den kürzeren Bearbeitungen in 12—14 Kap. gehört vielleicht Paris 1129,[7] wo Isak Israeli citirt wird; über Gerard von Cremona s. Virch. Bd. 40 S. 82.

[2] 8 Uroscopie anf. עם אחדים [בהתאאחרי] כהתאאהרו [אחר] אחד [אחרים] אהרו פעמיו אחרי פעמי מרכבות החכמה (החכמים) ללקוט מפניני ספריהם הנבחר אשר בחרו להזכיר מאותות השתן. ואמרו כי הראוי לעיין בו תחילה הם ארבעה ענינים צבעו, עצמו, כמותו, חזקתו. צבעו אם הוא מתפשט מאד בחום או אם הוא [כבוש] זה הוא הפך המתפשט וכורין אותו רייםיסא... חזקתו בהיותו מחזיק בקרבו גלנולים... או ענינים אחרים בלשון יון קרינא פיטלא (פיטאלא), אי פושטאי (איפושטש), אינו או [sedimen שִׁידִימֶן] שרימין, ניפיליש, רימא (איניאורימא); in Cod. Asher 18, dessen Varianten hier in Paranthese gesetzt sind, folgt eine Erklärung der letzten (dort vocalisirten) Wörter. Aus der Ähnlichkeit des Anfangs mit dem הכבוסים ס (das in Cod. Leeuw. unmittelbar folgt) vermuthete ich in Catal. Asher, dass der Compilator oder Epitomator der Anonymus aus אברינגא (1197—99)

---

[1]) In Virch. Bd. 40 S. 92 habe ich eine Verstümmlung aus Theophilus (vgl. unten [2]) oder Stephanus vermuthet; „Hippocrates" (wie Catalog Paris vermuthet) war zu populär für eine solche Verstümmelung. In הבושם עריוגת eines unbekannten Jehuda [nicht Jehuda b. Mose Kohen, wie Perreau im Bollettino Ital. degli studii orient. I, 454 conjicirt]. Cod. de Rossi 312 f. 42, heisst es שערי השתן כמו שסדרן הרופא הג:דול וחלקו לשבעה עשר שערים; der „grosse Arzt" ist nicht Razi, wie Perreau meint, und f. 35 הגדול ראוי vielleicht Bezeichnung eines grossen Werkes (אלחאוי?) von Razi. — Zu unterscheiden sind die beiden verschiedenen anonymen Uebersetzungen des [alexandrinischen] Compendiums (aus den אסיפות oder קיבוצים) Galen's nach der Uebersetzung Honein's (arab. ḥ. 369) aus Cod. Leyden 53,[4] (Catalog S. 251 zu berichtigen) und München 245,[2] = Asher 18 f. 29b, und die „Kapitel," welche der Uebersetzer, Simson b. Salomo (1322, Par. 1117. Wien 134 S. 148,[4] wo lies פרקי השתן für השני) unter den קיבוצים (נ׳ואמע) fand.

sei (vgl. hier [3]), der eine Uroscopie von Theophilus (Maurus?
Virch. Bd. 40 S. 92, zu Münch. 111,[8]) und von Isak Israeli [1])
bearbeitet hat. — F. 8 (Cod. Asher f. 1b) beginnen andere 7
Punkte: עתותיו, מזגו, הפרדתו, התקופה, המלכות, המאכלים, ההנהגה
המלכות — ist המחוזות — dann 6 Punkte über[2]) Urin [3](כמו שחשב —
הכלי, הכמות, העיון, והניח ושם אותם יצחק הישראלי בספרו, nämlich:
המקום, הענין, (! A. הערך). Dann folgt eine Auseinandersetzung
nach den 4 Säften, und zwar טבעי oder אין טבעי, den Symp-
tomen, namentlich in Bezug auf die begleitenden Fieber, die
Cur (קורא, beginnend והעזר oder והעזר הנכון), manchmal auch die
Diät (דיאיטה), wobei es wieder von Fremdwörtern wimmelt (in
Cod. A. vocalisirt); f. 16b ממיני הצמח הנק' פושטימא; f. 17b השתן
אפוקרט (ה)מורה בישול בהיות חשתן אין טבעי, citirt; Ende in A f. 15
והההוה בשמריו כסנפירים ולבן אז יורה רע וההפך יורה טוב. Hier folgt
noch, ohne Absatz, eine Erklärung einiger oben vorgekomme-
nen Fremdwörter: קרינא זהו קמח כאשר הריחים שוברים ההטה, end.
כי הוא איפושטטי־שיש ופירושו מה שיתמרק מן הכלים לטוב ולצאת דרך השתן.
[3] 18 (so) קדחת אינפימרא, Index von 97 Kap., 1 , סימני הפיסקא
זה ספר פיסיקא. התחיל בעל הספר f. 19; ממעד הרגלים הנק' פודגרא 97
הזה לדבר מן הקרב העליון הוא שטומאקו (Wolf [3]582 unter Isak Israeli,
Catal. Bodl. p. 1122 W. [3]1211 n. 553b). Eine Bearbeitung der s. g.
Curae, welche dem Petrocello (Petriquin etc.) beigelegt werden,
auch in Florenz, Pl. 88 Cod. 37 (übergangen von Biscioni p. 507,
s. Virch. Bd. 40 S. 120 Bd. 42 S. 59) und de Rossi 1405 (H. B.
XII, 55). Ende f. 47b ועשה סוקולו עם יין לבן ותן לו לאבול עד ט'
ימים וירפא הוא מנוסה (Fl. ד'). Ein Fragment s. unten [10] Eine genauere Übersetzung von Menachem b. תכלת betitelt נקיון und קורי
(s. Cod. Fischl 45 G, jetzt mein) ist, wie ich vermuthet (unvollst.?)
in der HS. Aguilar, jetzt Leeuwarden 2,[17] bei Neubauer l. c.,
und wird dort קורי ופרטיקא (Prattica, Practica) genannt;[4]) Practica heissen andere 3 Bücher angebl. von Petrocello, aus der latein.
HS. St. Germain 1146 bei Renzi, Collectio Salern. IV, 185 ff.
Von den „Kuren" hat Renzi (ib. p. 292—314) nur Fragmente
aus einem Ambros. Cod. veröffentlicht, welche grösstentheils in
dem noch unsicheren Buche *de aegritudinum curatione* (Renzi

---

[1]) Die betr. HSS. sind noch nicht erschöpfend gesichtet.
[2]) בסביבות, besser A. סביבות, sonst gewöhnlich סביב für *circa*.
[3]) A. nur: כמו שהניח אותם
[4]) Neubauer verweist auf seinen unedirten Catalog der Bodl. HSS.
N. 2129—30, ohne Näheres anzugeben.

II, 81—386) und einer Compilation über Fieber (II, 737 ff.) aufgenommen sind. Nach Haeser (Gesch. d. Med. I, 670, vgl. 678) besteht das Buch de aegrit. (2. Hälfte des XII. J.) aus 2 ganz verschiedenen Theilen: 1. behandelt die Fieberlehre in eigenthümlicher Weise; 2. über örtliche Krankheiten; basirt auf die Practica des Joh. Platearius, zu welcher die Ansichten Anderer, u. A. des „Petronius" (= Petricello) hinzugefügt sind. Die Curae des Letzteren sind nach Haeser (S. 660, vgl. Renzi IV, 316) „weit späteren Ursprungs" als desselben Practica, und zwar „compendiate sull' originale, da cui sono stati tratti gli articoli compresi nell tratt. da aegritud. cur." etc., nach Renzi IV, 317. Die Bearbeitung des Anonymus kennt Haeser noch nicht. Jedenfalls sind die hebräischen Übersetzungen eine wichtige Quelle für die Curae u. einige damit zusammenhängende unerledigte Untersuchungen zur Geschichte der Salernitanischen Schule, wesshalb genauere Angaben im Anhange folgen. —

F. 74b—76 verschiedene Recepte.

57b ⁴ ספר רפואות הנקרא יואניציאן והוא ראש למלאכת הרפואה והחכמה

ואל תחום לדברים	דברים קה
ואל תרדוף דברים	ותמץ צוף
מלמדך להועיל	קהה מפי
ולא מפי ספרים(¹)	ומסופרים

ראשית חכמה יראת ה׳

ראשית חכמה (so) הרפואות הוא נאמר(² כי החכמה נחלקת לשנים והם החכמה והמלאכה. החכמה נקראת טיאוריקא והמלאכה נקראת פראטיקה; Ende f. 82b s. in Anhang VI und längere Schlussformel תם ונשלם ספר יואניציאו תל״ע והוא יצילנו מכל מחלה וביציאו ויתן אהבתו ... (vizio).

Von der sehr alten *lateinischen* Bearbeitung der Einleitung Honein's (*Isagoge Joannitii*, s. die Citate aus Virch. unter N. 308,⁵)³) existiren jedenfalls zwei hebr. Übersetzungen; die unsere

---

¹) Über dieses Sprüchwort s. H. B. XVII, 17, wo ואלמדך Druckfehler. Bei Wolf ³269 (vgl. ⁴823) ist das Gedichtchen übergangen.

²) Richtiger in Cod. Asher 21 ראשית חכמת הר נאמר; vgl. auch unten ⁵.

³) Haeser, Gesch. III. Aufl. I,568 enthält über Bearbeitungen, Einfluss und die Verbreitung wenig Details; er übergeht die Tabula des Paulinus (Wolf, B. H. ³270, vgl. Choulant, Bücherk. p. 338), die vielleicht der arabischen Bearbeitung in tabellar. Form folgt (Archiv Bd. 39 S. 327 [in der Anm. lies Nicoll. p. 334], Bd. 42 S. 100. Eine *englische* Uebersetzung in Cod. Aschmol. 1498³ verzeichnet Black p. 1394. Ueber eine *spanische* (aus d. Arab.) s. oben S. 134.

enthalten die HSS. mit *Commentar* (s. unten [5]): Uri 419,[2] המבוא
הנקרא גואניסיו, Michael 772, [1] Asher 21 מבוא ייובנסיין, wahrscheinlich Turin 154 f. 239 (?) ס׳ המבוא נקרא יובנאסי לס׳ גאלינוס
הנק׳ טיגני. Eine andere Übersetzung enthält Cod. München 270.
Zu untersuchen sind: De Rossi 1281[3], Paris 1116, 1134[4] (bei
Carmoly, Hist. des. med. 27, 8 unter Isak Israeli: „je ne sais
pas été."), 1175[3], 1190[4], 1191[3]; Cod. 1190[4], ס׳ המבוא למלאכת
הרפואות, enthält ein von dem unseren verschiedenes Gedichtchen
und die Vorrede des Anonymus aus אברינגא (1197—9), welcher
als seine erste Übersetzung eines theoretischen Werkes ein
הגואן ס׳ (l. מגואן?) angiebt, ohne eines Commentars zu erwähnen.
Entscheidend ist vielleicht der Ausdruck טבעי und אין טבעי in
Münch. 270, wie z. B. oben [2] f. 17b; unsere HS. hat תולדי, wie
die Commentare (unten [5]). — Über das Verhältniss dieses Compendiums zum arabischen Werke s. Anhang. Die wichtigste
Aenderung ist die Versetzung der 2. Eintheilung (VIII) und
der Fieber (IX) in den theoretischen Theil;[2]) der practische
hat in M. 270 f. 10b die Überschrift בפעולת הרפואה, hier f. 82
nur ... השלמת הרפואה נהלקת. Vgl. auch zum nachfolg. Comm.

[5] 83 פירוש יואניציו (Wolf[3]269), Commentar zu[4], ob ebenfalls
aus dem Lateinischen übersetzt?[3]) Es kommen häufig Fremdwörter vor, u. zw. in *italienischer* Sprache oder Form, z. B. 90b
מרוצת הטבע זהו קורצי דנטורא 91, הליחות והפיסקוסיטאט הלכו להם
(צ für das scharfe s), 93b שיהיה פלאנ׳ו משני צדדין כמו שאמר גליאנוס
(so) בספר טינגאני. Mordechai Kochab, der Schreiber von Cod.
Asher 21, fand zuerst den Comm., dann erst den Text. Die
Form ist scholastisch, häufig והיה כי ישאלך und וענית. oder ואם
ישאל אלינו und נשיב; das Vorwort spricht von den 5 Haupt-
punkten: [כבר] אמרו החכמים (הקדמונים) Var.) כי כל איש שירצה לקרות
ספר זה שאני כותב([4] קודם שיתחיל לקרותו צריך לידע ה׳ דברים ואלו
הן לדעת הספר הזה מאי זו חכמה מדבר ומי הברו כי לפי חכמת המחבר

---

[1]) In Cod. Uri ist der Text getrennt bis zu den Farben, in Mich. bis
zu den Fiebern.

[2]) Bei den Farben hat האצקליבה (צקאלבה״ Sclavonien) N. 308 f. 103,
hier f. 77 (u. im Comm. 108b) אישקוטיץ (אשקוציאה) Scotia.

[3]) Commentare der Salernitaner s. bei Renzi I, 41, II, 40, 401.

[4]) Diese 3 lächerlichen Worte hat nur unser Cod. — Ueber die Haupt-
punkte (vgl. unten S. 142) s. mein Alfarabi S. 18 A. 8, 131 (Comm. zu Salernit.
Tafeln), 250, 254 u. Vorr. S. IX (letztere Stelle entging Frankl in השחר VIII, 178).
Makrizi, אלכ׳טט ed. Bulak 1270 H. p. 3 hat 8 אלגריך׳ אלענואן, אלמנפעה״, אלמרתבה״,
צחה״. אלכתאב, מן אי צנאעה״, כם מן אג׳זא, אי אנחא אלתעאלים. Jo. de Saxonia, Comm.

יהיה הספר ההוא טוב או ההפך, וצריך לדעת למה חברו ומאי זה עניין
החכמה מדבר ושידע שם הספר ... ונאמר כי זה הספר .. ורפואה בלשונם
נקראת מידיצינ"א ד"ל מדה כי כל מעשה הרפואה נעשית במדה במשקל
ובמשורה. ושם המחבר גואניציאו (גובנסי, יואנציאו) והיה חכם (גדול)
ופילוסוף וחברו בעבור ספר אחד ששמו טגני (טינני) עשאו הח (הפילוסוף)
גיליאנוס והיה קצר (וסתום) מאד והתלמידים (ותלמידיו) לא רצו (יוכלו—
בחרו בקריאתו) לקרותו מפני שקשה לימודו להם (ונקשתה להם למודו
מאד שהיה סובל פרישה גדולה עד כי נלאו למצא טעם בו עד שבא .A)
ובא גואנסיאו ... להיות מבוא ופתח (פתח ומבוא) לס' טגני על כן קראו
הרפואות ...מבוא ומתחיל (A. שמו_קרא). Der eigentliche Comm.
beginnt: (מ)מה שצריך הרופא (ועל פיו ישק ולא יטה ימין ושמאל בלתי
יחטא) לדעת (אותו) תחלה (אמר שידע) בהכרת הדברים התולדיים
Ende. (ובלעז יאמרו נטורלאש) והאין (והבלתי) תולדיים (נון נטורלאש)
95b בבחינת הרעת זה שתבין ותעיין (הרעות זהו שתעיין) איזה מן
הליחות... ואין שם הלבנה שתעמוד כנגדה וכן מן הליחות האחרות.
Unsere sehr uncorrecte HS. stimmt meist mit Mich. 772; Asher
21 scheint an vielen Stellen paraphrasirt, hingegen hat unsere
zu Anfang bei der Eintheilung eine vollere Aufzählung der
Schlagwörter; nach dieser Stelle möchte man fast zwei Uebersetzungen desselben Commentars in's Hebräische vermuthen.[1]

9b⁶ שאילות לרפואה מגאלינום הרופא. כמה הם הדברים
הטבעיים ז' דברים ומה הם. היסודות והמזגים והליחות והאיברים והכחות
f. 97 Ende; והפעולות והרוחות. והכה הנפשיי יוצא מן המוח וילך בעצבים
תם הנפשיי הכח ויעבור Wolf ³270. Trotz der Schlussformel und

---

zu Alchabitius (f. 34 ed. Paris 1521) zählt 7: 1. intentio, 2. utilitas, 3. titulus. 4. cui parti philosophiae supponatur, 5. quando debet legi, 6. de subjecto,
7. de divisione. Aeltere Quellen s. bei V. Rose, Hermes V, 206.

[1]) Eine noch stärker abweichende Recension des Commentars mit kurzen Textworten enthält hinter der erotemat. Einleitung die oben (S. 133)
erwähnte HS. Coronel (geschrieben Ende 1483 in Mantua von Jesaia b. Jakob
ממסראן b. Jesaia (מיירונה), die ich 1871 flüchtig verglich, ohne Zweifel dieselbe des Cod. Wien 135, aus welchem mir Hr. Dr. Egers kürzlich den Anf-
fang mittheilte. Die Ueberschrift lautet in Cod. Cor. ספר על יואנציאו 'פי זהו
in W. ספר המידיני חבר חכם ופילוסוף, המבא שחבר חנין בן אסחק על ס' טיגני לגאלינום
Hierauf beginnen גלינוס ובא גאניציא [גואניציאו] וחבר זה המבוא להיות פתח ליכנס בטיגני
beide (אמר) ראשית חכמה (חכמת) הרפואה, הרפואה נחלקת... נקראת פראקטיקא. פי' (פתרון)
אמרו החכמים הקדמונים (הראשונים) כל אדם שירצה לקרות כפר צריך שידע מרם שיקרא
(שיתחיל) ד' דברים. האחד שידע הספר מאיזה דבר מדבר. ב' מי חברו כי לפי חכמת המחבר
יחזיקו. ג' למה הברו ועל איזה ענין. ד' שם הספר כדי שידע להזכיר ... והמחבר הלזה
יואנציאו שמו ועל בשביל ... וחברו בשביל ... ופתח לס' טיגני להאריך ולהקל ולהתבונן
Dann folgt אמר זה החכמה נחלקת ... אמר התולדיים הם ז' פי' עתה מתחיל הי"א תולדיים
ומשני איכות כמו לשנוא Das Ende (vgl. Anhang) lautet. לפריש הראשון הוא ז' יסודות
חום הקדחת במזג קר כמו מים קרים ... ועלים קרים כמו ערבה ויאולש וניגופר ואויר ומלבשים
מזוגגים ודומיהם להשיבו במזג. איכות הטוב בראשונה.

der Erledigung der 7 Naturalien vielleicht Fragment eines Compendiums der Einleitung *Honein's* (N. 308⁴), mit welcher die
Excerpte meist wörtlich stimmen; der Anfang in Cod. Mich. 205?
(vgl. Catal. Lugd. 328 A. 1.) Wolf ³270 verspricht über dieses
und die folg. Stücke mehr, aber p. 1216 sind nur 2 unbedeutende Zeilen zu finden.

⁷ 100 Sammlung von Heilmitteln eines Italieners, zuerst Sy-
rupe: מה׳ (l. conposto) שירופו קונפשטו .בשם השם נעשה ונצליח אמן
שירופו דפומו מייורי (l. conposto) שירופו קונפשטו
שירופו דפומו מייורי ;שרשים ומה׳ זרעים. קח שרש כרפס ופינוקלי
מן המסואי, d. h. aus Mesue 101b, שיר׳ 103b; letzter
שירופו קונפושטו להבדיל (so) ולקדחות מאבן זוהר 104b mit Schlussformel תמו כל השירופי תלי״ח. Folgen Electuarien (so) מדיציניל
על פי מאשטרו פיטרו דילומיי״שטרו (von welchem auch f. 107
ליט׳ מידיצינאלי עבור הפודגרא שעשיתי לר׳ (ליט׳ טוב להתעבר ;dann
אמר גליאנו נתרעם לי אהובי אחד..106; מנחם ב״ר נתנאל זצ״ל
106b זאת הרפואה נלקהה מס׳ איפוקראט. Zwischen f. 109—110
fehlt jedenfalls das Ende dieser Abtheilung und Anfang der
Pillen; f. 110 פירולי יפים על פי ר׳ יהודה דמונטי für die Augen;
110b פירולי מספר רבינו משה ז״ל 111b; פירולי מאביצינא (wahrscheinlich Maimonides) und (aurei) גלולות טורביטי ונקראו גלולות אאוריאי
פירולי לריאומא על פי מט׳ (so) רייניירי 112; וזהוביות מנקות המרירה;
letzte 112b פירולי לשיעול היבש mit Schlussformel תמו ונשלמו. Dann
Notizen von anderer Hand bis f. 113a. — F. 116a, b Notizen
von zweierlei Hand, die erste vielleicht die des Codex, erwähnt
ובא רומיטי ערל וראה אותה צועקת.

⁸ 117, Galen, über zusammengesetzte Heilmittel nach ihrer
Art, aus dem Arabischen [des Honein?] von Serachja b. Isak
[b. Schealtiel Chen, XIII. J.], betitelt קטאג נים (κατα γενος gewöhnlich κατα γενη Die Araber verbinden die 7 Bücher mit dem
„Decalog" κατα τοπους (arab. Mejamir)¹). Von den bei Wenrich
(de auct. græc. version. p. 247) angeführten HSS. enthält nur

---

¹) S. die Nachweisungen in Virchow's Archiv Bd. 39 S. 320, Bd. 52
S. 356, 357; H. B. XIV, 39. Wenrich vernachlässigt die ausführliche Besprechung ibn abi O'seibia's. — Aus cathaganis verstümmelt ist vielleicht
lib. de *cathegoriis* bei Razi, Continens I, 7 f. 14b und *Catahausus* IV, 3 f. 88b
unten: „de cap. primo dixit Hippocrates" (bei Fabricius, Bibl. gr. XIII, 109
als Autor, bei Haller, Bibl. med. pr. I, 356: „Catahaustus" aus lib. III.).
Leclerc, Hist. de medic. ar. I, 345 bemerkt, dass das Buch im latein. Cont.
als Autor figurire, ohne eine Stelle anzugeben; vgl. „In VII ca. *catagenisii*"
XII, 1 f. 246 a.; XIV, 1 f. 285ʻa; „vid in *cathagenisio*," XIII, 1 f. 255c; „Cata-
genisius" XIV, 4 f. 296c; vgl. Virchow's Archiv Bd. 39 S. 304. — „Cata-
ginus Antiochenus" citirt Fabricius l. c. p. 109 aus Avicenna V, 2.

Cod. Escur. 792, nach Casiri, Buch V—VII unseres Werkes. Unser Uebersetzer bemerkt ausdrücklich,[1]) dass er nur die 3 noch erhaltenen Bücher übersetze, sagt aber leider nicht, welche. Der in Aegypten schreibende Maimonides (Aphor. K. 15) citirt בג' קטאנגים (also B. III) nach der edirten Uebersetzung des Natan, während gerade die unedirte unseres Serachja dafür חנות setzt, der Lateiner: „in antidotario." Maimonides' Compendium dieses Buches (nebst מיאמר und den Succedaneen) in Cod. Wetzstein I, 89 der k. Bibliothek in Berlin umfasst alle 7 Bücher[2]). Die Beschaffenheit unserer *einzigen* HS. (vielleicht aus einer falsch gebundenen abgeschrieben?), ohne Ueberschriften, erregt hiernach allerlei Zweifel und erfordert eine genaue Inhaltsangabe, wozu Kühn's Ausg. (1830 T. XIX) benutzt ist. Für die angeführten Autoritäten war Maimonides nicht zu verwerthen, da er dieselben als für seinen Zweck nebensächlich, weglässt (vgl. die betr. Bemerkuug S. 7 der erw. HS.)[3])

F. 117 מעשה טורציסקי לראש, ist Buch II K. 19 p. 544 vorl. Z. bis 546 Z.[4]; folgt משיהה לראש p. 544,[3]—[17]. — 117b,[11] מעשה משיחה, worin אירום Heras 546[4]. — Ib. l. Z. ועוד שהוא ספר, 548[13]. — 118 זיכרון מה שספר אנדרומאכוש, das ganze Kap. 20; f. 118b מס' רפואום אלפירורום „ex collectaneis אא τῶν) Aphrodae". — Ib. משיחת הראש מיוחס אל דיאלאון, IV, 13 p. 744: Deileontis cephalicum, bis 746[12]; f. 119 טרוקין הקדמון Tryphon Archaeus, פילינים Philotas. — Z. 17 (so) המאמר במה שסיפר איריאס, K. 14 p. 747 bis 753[13]; חמשית מיוחסת אל für Hygiinus; f. 120 בספר הנקרא רודף (!) הרפואות במה שבין (icesia) und אנקאסוס הרופאים והיא המשיחה המיוחסת [אל] מאנטיאס „quod in libro, cui titulus est *Mantiae pharmacopola*, de re medica scriptum invenio," p. 751. — F. 121 Z. 4 *Vorrede des Uebersetzers*. — F. 122 אמר נאליאינוס רצוני לזכור הרפואות הנה הרפואות רובי התועלת והם הרפואות המועילות להרבה חלאים ירפא בהם הרופא ומאלו הרפואות רפואות רבות אין תועלתם בחלאים חמשתנים במיניהם בלבד אלא בחלאים המשתנים בסוף ג'כ(4 ;V, I

---

[1]) S. die vollständige interessante Vorrede im Anhang.

[2]) Welche Werke und Bücher Cod. h. Paris 1203 enthalte, ist im Catalog nicht angegeben. Über die מכ'תצראת (אכ'תצאר) in Cod. Wetzst. zu (מיאמר s. mein Alfarabi S. 167 A. 22b, (wo lies Casiri I, 293) und 172.

[3]) Die Namen sind aus typographischen Rücksichten hier lateinisch gegeben, die verstümmmelten Umschreibungen der Mittel (z. B. באבקיא für panacea) nicht berücksichtigt.

[4]) Genauer bei Maimonides, l. c. S. 63 קאל נ'אליגוס אריד אן אד'כר האהנא אלאדויה" אלכת'ירה" אלמנאפע ואלאדויה" אלמסמאה" אלכת'ירה" אלמנאפע הי אלאדאניה" אלתי תצלח לעלל כת'ירה"

— f. 122b בם נסחת איראם בספרו בםנק׳ איראם für narthex p. 764, und
תחבושת לקוה .. מהיכל אםיםטים; f. 126b φαρμακῶ; הרפואות K. 2 p. 765
אנקוםטום ממדינת ממקור und אנקוםטום für Hephaistos und במצרים, f. 127
Memphis p. 776 ff.; f. 128 תחב׳ איקאםוםכלומר המיוחםלו, Ikesios p. 780;
f. 128b ארנינום Azanitan p. 784; f. 129 Z. 7 ist das Empl. Ha-
liei (p. 785) und Anf. K. 3 übersprungen, אםים, ..ספר אפריטן
Hikesios und Kriton, der f. 129b אבניטון heisst; f. 130 םרניטום
für Dysrachitis und Damocratis 797; f. 131 entspricht K. 3 (bis)
p. 800; ib. l. Z. ואםקלבראם dem Asklepias in K. 4 (aber nicht
wörtlich); f. 132 אונגלאנום u. אנדרינום Andromachos und Euan-
geos K. 5 p. 805; f. 132b ניקומיאכום (so) p. 807; f. 133b מאםיום
ist Magnus K. 15 p. 856! Also fehlt hier sehr Vieles. Es folgt
unmittelbar אמנם נהלקו התהבושות, Buch VI K. 1 p. 859—62, endend f. 134b ברפואות וזה לשונו ... מה שזכר אפריטן und כאן חםר הרבה.

[9] 135 ספר הנקרא אנטיאוטריאו. תיקון המשקיות הגדולות והרפואות
המנוםות ותיקנום אנשי דעת ומזמה. אשר חברום בעלי חכמה משנים
קדמוניות; אוריא״ה אליםנטרינה מועלת לכל חלי הראש הבא מקור ist
Anfang und Art. 1. des Antidotariums in Cod. Medic. 88, 37,[2]
(Biscioni p. 507), wie schon in Virchow's Archiv Bd. 42 S. 59 be-
merkt ist, wörtlich mit Lasinio's Excerpt stimmend. Das Ver-
hältniss zu Nicolaus Praepositus ist noch näher zu bestimmen.
F. 140b (so) אוריאה ... מן הראש וכול, ספר הנקרא אנטיאוטריאו, 2
Zeilen aus Art. 1., dann folgen die Art. דיאה פרםיאו, f. 141 דיאה
קלמינטו, dann םריפרא םרצינםקא (worin יקבל für recipe, vgl. zu
Cod. Fischl 41 E) und שירופו של מיץ פומםטירדא nur 5 Zeilen.
Diese Art. sind auch Cod. 1—5 im Medic.

[10] 135b נאמר מחלי העינים; Fragment der Curae (oben [3]
K. 35—38, f. 39—40b). — F. 137b Recepte und Notizen, darunter 138b תחבושת על פי ר יצחק הרופא שיועיל לפונטורא und משיהה
zweimal nach derselben Autorität. — F. 138b נאמר מחלי האבן
שבלחלוחית; 139b נאמר מכאב העצה (Curae K. 88 f. 66 und K. 85
f. 64b). — F. 141b ff. unzusammenhängende Recepte und Notizen.

XII. VERSCHIEDENES.
[Zuerst Biographie, Bibliographie, Geschichte.]

310. 296. (Uff. 121). 4 f. Qu., deutsch rabb., wahrscheinlich Autograph 1564.

[1] היום יום ב׳ כ״ב אדר שכ״ד לפרט אני יהיאל בר שלום שלי״ט

נדרתי לה׳ ובתקיפת כפי לאדוני א״א פ״ר הח״ר שלום שלי״ט בחרם ...
שלא אשחק שום שחוק בעולם כל ימי חיי בלי רשוותא אבי דוקא בעד
מעות או שוה מעות ולא אני בשבילי ולא אחרים בשבילי ולא אני בשביל אהרים
אבל בעד פיזר (so) או קביאות (so) או רצועות שקורין רימן או אגוזים או פירות
בחמה (?) לו (so) מותר לי ועוד מותר לי לשחוק על ערב שבת או ליל
שבת או ביום שאין אומרים תחינות אבל בתנאי זו תוך כ״ד שעות אינו (?)
יותר במעות או בשוה מעות יותר מג׳ פצן אבל שחוק שקורין אינוענן תוך
קופה מותר לי אבל אם עובר אני או כולו (so) או מקצתה אינו רוצה
לירש בנכסי אבי ואהיה נחשב כאילו אני לא בן אבי וכל נכסי אבי יצ״ו
ירשו אהי ואחיותי שי כאלו מכרתי להם ... עוד מותר לי אם הייתי בשחק
בריוח אז יותר לשחוק לפי רצוני ...　Ferner gelobt Jechiel keine
Frau oder Jungfrau ohne Erlaubniss des Vaters zu nehmen,
eventuel solle er aus dem väterlichen Hause vertrieben werden;
auch wolle er sein Studium bis er das 20. Jahr erreicht, ohne
Erlaubniss nicht unterbrechen, ועור הותנה מחמת השחוק כשבאתי
לשנים שלשים אז מותר לי לשחוק בעד שלי ולא יותר תוך כ״ד שעות
דוקא בימים שאין אומרים בהן תחינות ועוד מותר לי לשחוק כל הימים
דוקא ׳בגוי קטן שטה (so) וחרש שיודעתי (so) בוודאי שיש לי ריוח בו
אני שלום; folgen die wirklichen Unterschriften: והכל שריר וקיים
ב״ר יועץ זצ״ל אני יחיאל כר שלום שלי״ט אני אליעזר כ״ר שלום שלי״ט
offenbar Vater[1]) und Bruder; vgl. N. 57 und 318. — Wolf ³435.

² 1b חמשה קרומים לבהמה Zusammenstellung von Dingen, die
5, 4, 7, 4, 3; f. 2b ohne Absatz אם תראה הקשת בצד המזרח, Bauern-
kalenderregeln אם בר״ח ניסן יהיה המטר; f. 3 die Monatstage und
Anderes, über Messias etc. (s. Mai p. 335); endet ומזרעו גד וזהו
בא גד, Custos ועוד; fehlen f. 5, 6, deren Inhalt bei Mai p. 337 ff.,
u. A. zn תנחומא Deut. 37, 7; das Citat aus Mose ha-Darschan
(Mai 339) ist nicht eine Variante. — F. 6 ein grosses, von Mai
abgedrucktes Amulet von anderer Hand.

311. 186a. 27 f. Oct., deutsch rabb., auf Verlangen des Mose, Sohnes
des הח׳ש׳ק׳...פרנס קצין וראש (Namen fehlt) von Isak Kohen in Amsterdam
beendet 14. Ab בסדר ושנת וז״א״ת..אש״ר״ שם משה, also 1748.

מעשה ישורון, aus dem Buch שמן חטוב וזקן אהרן [von Ahron
Kohen Ragusano, gedr. 1657] abgeschrieben.

312. 280a. 18 f. Qu., span. rabb.
Zur Geschichte der Sabbatianer: ¹ eine Rechtfertigung des
Abr. Mich. Cardoso, oder Cardozo, datirt מושבחיבם.. בסדר כי תבאו,

---

[1]) Ueber Schalom b. Joëz, den Arzt, s. Serapeum 1864 S. 84, 87 (1869
S. 148) 90; vgl. H. B. IX, 82 Anm. 2 u. oben N. 57.

anf. ‏החכמים השלמים הדינים המצויינים‏ — ²14 Rundschreiben, zuerst
von Donnerstag 27. Cheschwan ‏בטחתי‏ (1668) von verschiedenen
Männern (Leon Nahman etc.) in Brussa, und Widerruf des Natan
Benjamin (Gazzati). — ³17 Brief Cardoso's ‏ביד‏ Abr. Baruch
Enriquez (‏אינריקיץ) וישלה סדר‏, anf. ‏אתם רעבים וצמאים‏. Die HS.
ist nicht erwähnt bei Wolf ³52 n. 113b = ³63 n. 149e; vgl. Graetz
Gesch. X Anh. S. XXVII über eine HS. Halberstamm's, welche
jedenfalls n. ¹ der unseren enthält, wie mir Letzterer mittheilt;
das Uebrige bedürfte genauerer Vergleichung.

313. 221. (Uff. 91). 31 f. Oct., deutsche Current XVII. J.

Notizbuch eines Mannes, der am 1. Sivan 429 (1669) ‏גבאי‏
‏ביי דיא בחורים גיווארדן‏ und Talmudbände verlieh (f. 1). F. 22b von
anderer Hand (?) ‏היום יום ג' ט"ז תישרה (!) תט'ו לפ"ק גיקאבט פון‏ (so!) ‏יזכור‏
‏ניקלשבערינג הולץ האב איך קאפט...‏. Den Hauptinhalt bilden jüdisch-
deutsche Notizen über Münzen und ihren Werth, auch nach
verschiedenen Gegenden, Polen (13), Prag, Nürnberg, Augsburg,
Sachsen, Regensburg, Ulm, ‏נערלגין‏ (Nördlingen), ‏לייכט הופין מוז‏
‏מר זיך היטן ואר רמאות‏, Kitzingen, Würzburg, Bamberg, (‏בומבורג‏),
Mergentheim (‏מרגטום‏)¹) Hammelburg, Fulda, Schmalkalden
(‏שמאל קל‏), Cassel, Strassburg (‏שטרוסבורג‏). F. 20b sind 16 hebr.
gedruckte Bücher mit Preisen verzeichnet. — Fehlt in Serapeum
1864. S. 99.

314. 79. 127 f. meist aufgeklebt oder eingelegt, fol., grosse Quadratschr.
von verschiedener Hand; f. 123b Notizen [von Wolf?].

Copien von 122 Grabschriften, bis f. 122; f. 124—127 noch
über 30, also über 150, wovon nur gegen 70 von Wolf, B. H.
IV, 1173 ff. abgedruckt sind. S. folg. N.

315. 275. 65 f. Qu., latein. Lett.

Lateinische Uebersetzung der Grabschriften in vor. N.,
welche auf der gegenüberstehenden Seite nachgetragen werden
sollten, was aber nur äusserst selten geschehen ist, z. B. f. 58b.
Die stets angegebene „pag." bezieht sich auf jenen Codex.

316. 286 (Uff. 213). 92 f. Qu., Autograph vor 1670; auf Deckelbl.
‏בני יוסף שי' נולד ליל א' של ר"ה שמתחילין לספור ת"ל לפ"ק השם יגדלהו . . . בתי חייה‏
‏שתי' נולדה למ"ט במוצאי שבת פ' שמות שהוא ליל א' ואר' ד"ב טבת תל"ז‏; Joseph ist
der nachmalige Drucker, Catal. Bodl. p. 2957.

---

¹) Ueber ‏ום‏ für „heim" s. Catal. Bodl. Index geogr. p. xc, vgl. ‏אליסום‏
bei Wolf ³1070 n. 2033 c?

Sabbatai Bass, שפתי ישנים, Bibliographie, erste Anlage mit vielen Correcturen und eingehefteten Blättchen. Titelbl. für den Druck eingerichtet, kurze Vorr. בשנת אנ"י שלו"ם אביע ני"ב (437). Wolf ⁴970.

317. 312 (Uff. 127). 479 S. Qu., deutsche Lettern, Autograph. Gehörte Jo. Frid. Mayer.

.ספר שפתי ישנים... .זאת העתקתי מלה למלה כפי יכלתי. Titelbl. ונשלמי (!) ביום ד' א' לחדש אונוסטי בשנת אלף תשח (1708) למספר 2. Titel- .תולדות אדונינו ישוע משיחנו : ומנאי הסופר כרישטאף ואליך : ג"ל: bl. „das Buch Die Lippen der Schlaffenden (so) Vor Jungen v. Alten ... Er (so) ist der R. Sabtay, der Bassist" etc. S. 479 das hebr. Akrostichon (bei Mai p. 387 mit latein. Uebersetzung) und ein deutsches Nachwort des Uebersetzers Christoph Wallich, datirt Greifswalde 2. Aug. 1708: „Wie schwer auss dem Hebräische, (so) o. Rabinische, ins Teutsche zu übersetzen ist, ist ein Jedem gelehrten Bekannt, zumahlen einem (wie ich) der die Teutsche Sprache nicht mächtig ist, dahero auch Ihro hochw. Magnificence Herr Oberkirchenrath Doct. Mayer, mit dieser uhnzierl. aber von Wort zu Wort abgeschriebenes שפתי ישנים... v. (so) zur Ehre Gottes, v. seiner hochw. Magnif. כבוד solches von mir übersetzt worde (so), gantz wohl damit zufrieden sein wird. Kommt aber ein Spötter, ... so will Ihm auff obgesetztes Hebräisches Carmen angewisen haben". Wolf ³1005, ⁴970.

---

318. 96 (Uff. 119). Qu., aus 2 HSS.: I. 4 f. klein deutsch XV. J.? II. f. 6—36 vielleicht Autograph, unschön deutsch rabb.; f. 22 (und zuletzt 3mal): אני התחלתי זה הגור, dann (so) אני יחיאל בר שלום הרופא שלי (ותלתא זימנא הוי חזקה) ר"ח סיון וסימתי ר"ח ניסן במזל טוב. Mai p. 333 sieht in den (irrthümlichen?) Worten זה הגור das Datum 226, welches der Schreiber für 336 gesetzt habe! Eher ist in den beiden Monaten eine irrthümliche Umstellung anzunehmen.

¹ Mose[?] ibn Tibbon [העולם הקטן, Anf. defect]. Ueber Makro- und Mikrokosmos, die Hauptglieder und ihre Functionen etc.; f. 2b: אע"פ שאינו הולך בדעת חכמי משפטי הכוכבים הטחול קר ויבש כנגד שבתי, f. 4 ist von שמחזאי die Rede. Die eigentliche Schlussstelle ist ותהיה כללית ותשוב.. בצרור החיים לעד ולנצח. Daran schliesst sich ברוך שאמר והיה העולם, בשש ימים יצר תולדותיו ונשלמו והארץ bis — [ונשלם], זסוף קץ מעשה עולמו עשה את האדם בצלמו וכו' נתן לבני אדם. In Cod. Michael 82 (vgl. Register S. 345) folgen noch einige Bibelverse: חנסתרות לה' אלהינו וגו' und למען צדקו וגו'

und die Schlussreime. Hier (s. Mai p. 331) zuletzt חיבר רבי יו'ד'
שמואל..., bei Mai יודא שמואל, weshalb Wolf, [3]340 n. 775d, an
einen Doppelnamen denkt; das proleptische יו'ד' (welches in
Mich. 82 fehlt) ist aber mit den *virgulis censoriis* bezeichnet.
Die Identität unseres Fragments habe ich schon in Catal. Bodl.
2004,[5] (vgl. 2491) vermuthet. Catal. Paris 185,[2], 893,[4] verweist
nur auf Vat. 292[2], über dessen falsches Randdatum 1191 vgl.
H. B. XIV, 101. Auch in Brody war 1858 eine HS. nach Mittheilung Schorr's.

[2] 6 [Jechiel b. Schalom?] Commentar über Proverbia,
grossentheils deutsch und nach Raschi erklärend, ant. משלי שלמה
ליום 22 .Ende f ;כל דבריו דומיות ומשלות משל(!) את התורה באשה
אחרון יום המיתה. Eine Probe aus K. 9 bei Mai p. 332. Wolf
[2]1401 n. 571; Serapeum 1864 S. 91 n. 430.

[3] 23 [desselben Autors] Commentar über Hiob, desselben
Characters wie [2], am Rande voll von Nachträgen. Anf. איש היה
אלט און זט טאג 36b .Ende f ;באָרץ עוץ באָרץ אָרם. צמד פר רינדר.
Wolf [2]1400 n. 561; Serap. l. c. n. 431.

319. 135 (Uff. 215). 51 f. Qu., verschied. deutsch rabb. (f. 50—1 neue
Current), geschr. von Naftali Kohen b. Isak, Eidam des Jehuda Loeb aus
Prag, a. בא יב"א משיחי, beendet Montag 15. Ab עקב פ' a. את בן ירצה in Posen;
in [3] beendet 16. Ab שפא in Posen; Naftali ist ohne Zweifel der 1635 lebende
Grossvater des bekannten Homonymus (gest. 1719), s. Catal. Bodl. 2025 u.
Perles, Gesch. d. Juden in Posen S. 43.

Fragmente; [1] Magische und sympathetische Mittel, n. 1—
225, anf... בשמותיו הקדושים א' להעמיד דם כתוב על[מצחו..; לשם יחוד
zuletzt f. 12b ע"כ העתק מהספר הנחמד עם שמות הקדושים והטהורים
נפלאים ... עד מסיני ממש ומכאן ואילך מספר דרך ישרה. Es sollten
also Exerpte aus ד' י' [von Zebi b. Jerachmiel] folgen:

[2] 13 Fragm. aus ס' הגלגלים [Uff. p. 48, bei Wolf [4]972: de
orbibus coelestibus... ex Sal. fil. Abr. Abigdor! confundirt גלגל,
s. N. 305], aus Chajjim Vital etc., vgl. zu Cod. München 335.

[3] 26 David ibn Jachja, לשון לימודים Pf. II K. 5. Vgl. N.
271. Uff. u. Wolf [4]785 geben מגן דוד von Elischa b. Abr. an;
vgl. Catal. Bodl. p. 968 u. Add.

[4] 31 Grammatische Notizen, meistens nach dem Lehrer des
Schreibers, Manoach [Hähndel, s. Catal. Bodl. p. 965,[3], 1653].

[5] 50—1 Bemerkungen zu einzelnen Pericopen mit Beziehung auf den Talmud.

320. 136 (Uff. 87). 80 S. Qu., S. 66—71 fehlt, verschied. deutsch, XVI. J.; f. 10b beendete Mose b. Isak aus Ulma (איש יולמא) Donnerstag 14. Tebet 295 (Ende 1534) in Bonn (בון) am Rhein. S. 65—75 beendete Freitag vor Sonnenaufgang 26. Schebat 316 (1556) Samuel b. Chajjim für Elieser b. Mose, genannt Lipmann קריונך (Creuznach?), S. 78 mit verschiedener, kleiner Schrift derselbe S. b. Ch. מריוץ (aus Deuz?)[1]) für seinen Schwager Lipmann, also identisch mit dem obigen. S. 80 שפת אמת ואש אשתי מיר אלש גטאן אין ה' חדשים צווישן חצי טבת עד חצי סיון תכד"ל בר"ח ארר תכד"ל הוט זי מיר אין אהרפייג .געבין, וויל איך איר האב ניט וועלין ציית זיין מיט איירי מוטר צו צענקן

בעזרת שוכן חזקים, אתחיל ספר הרזים. אלה משמות מלאכי נסים [1]
החזק במוסר ואל תרף סליק ספר הרזים, (119 .Ende (bei Mai p) אוריאל;
רנן וזמר ושיר ליוצר ארזים. Wolf [2]1423 n. 651 vermuthet, dass es ein Theil des רזיאל sei (vgl. N. 230), was nicht der Fall ist. Eine ähnliche Aufzählung findet sich in dem מפתח des Königs Salomo, Buch IV (Schönblum 121, jetzt mein, f. 87, vgl. auch Reifman in ישרון IV, 60, הכרמל VIII, 239), abweichend in dem רזיאל derselben HS. f. 30b.

[2] 4 Erklärung von Neujahrsgebeten durch גימטריא, Anf. האדרת גימ' ירת והאמונה בנים' והוא המלך לחי העולמים הבינה, bricht האוחז הוא שם ד' אותיות וגימ' יהוה וינצא, f. 5 לא מצאתי יותר 4b ab; התם כך קריאתו של שם המפורש ונקרא כן בספר הקומה 5b, מאותו פסוק ואילו ממונין על השופר. Dann אילו מימין השם שמותיו של כ"ב f. 6 וזהו ממית ומחיה ודי'ל, Ende אנקתם בנים' השופר. Mai hat keine Ahnung, worum es sich handle; auch sind diese beiden Stücke nicht von Mose b. Isak geschrieben.

[3] 8 über Symbolik der Siebenzahl im Leuchter (מנורה); Anf. defect, Ende 10b ודי. וממנו מתפשט רוה חיים לכל איברי הגוף. Dann Epigr. סיימתי עניני. למבין כמו שרמזתי וברוך ה' לעולם או'א ... המנורה, הנקייה והטהורה, אשר בידינו נמסרה Die 5 von Osten nach Westen sich erstreckenden Klimate sind: ארץ ישמעאל א', תוגרמה יוון ב', אשכנז צרפת ד', ספרד ה', 8b. Falsch combinirt bei Wolf [2]1356 n. 378, [3]1203; vgl. Catal. Bodl. 2370.

[4] 12 ein Loosbuch [גורלות], Anf., Mitte u. Ende defect, hier anf. השון מזל עקרב נפתלי, also beim 8. Monat, Probe bei Mai p. 122 (Wolf [2]1273 n. 110, Zunz z. Gesch. 166, jedoch nicht deutschen Ursprungs), s. H. B. VI, 121 u. München 228[3].

---

[1]) Mai p. 133 las אריוץ „*Oruiz*"; auf dem Titelbl. von אלה אזכרה (unten [6]) מריוץ, daher in Catal. Bodl. 585 n. 3730: Rewitz (רויץ fehlt im Index geogr. p. c.), מריוץ könnte auch Marwitz sein? Dass Samuel nicht n. [6] abgeschrieben, ist schon bemerkt in Catal. Bodl. l. c.

b) 27 Fragment des Loosbuches in N. 325 (Achitofel), was Mai p. 124 nicht erkannte, Wolf ausser Acht liess.

[5] 33 מדרש אלה אזכרה‎, auch עשרה הרוגי מלכות‎, über die 10 Märtyrer (Zunz, Syn. Poesie 139), aus dieser HS. her. von Jellinek 1853 und in בית המדרש‎ II; vgl. Schönblum-Ghir. 24B. Wolf [2]1291 n. 164, p. 1332 n. 346, [3]1199. — Die deutsche Bearbeitung erschien nicht in Bern, sondern Verona (H. B. VIII, 16, XII, 39).

[6] 40b (so) מעשה‏'באדם אחד כשר שהיה לו בת להשיאו‎; zwei Bewerber um die Tochter werden geprüft durch die Entscheidung über einen Streit; die Moral ist: man soll nicht heucheln.

[7] 41 זה הספר נקרא דרך ארץ ויפה הדרכה (so) שידריך בה האדם‎ ושאר ליקוטים השייכים ויפים לבני אדם. וסדר גיהנם שישטור האדם מפניו וילך בדרך הטוב‎. In der That eine Sammlung eschatologischer Stücke, die unter verschiedenen Namen und in verschiedenen Recensionen existiren und der Bequemlichkeit halber hier zerlegt werden (Mai p. 129—132 geht auf den Inhalt näher ein, ohne die Bestandtheile zu unterscheiden; bei Wolf [2]1284 n. 130 zwei Zeilen): a) לפני גאונו מי יעמוד ומי יקום בחרון‎ ונשמות אני עשיתי והקב'ה ירחם‎; Ende 42b אפו ר' אבא פתח לעלוקה‎ מסכת ג'ה ... וחסדיו הרבים. סליק סדר גיהנם‎; gedruckt als פרק ג'ה‎ (Catal. Bodl. 602 n. 3846, auch in Jellinek's ב'ה‎ I, 147); als München 232,[7], wo אחא ר'‎, wie bei Jellinek V, 49, wo also ein 9. Stück u. S. XXI. zu berichtigen. — b) 42b אמר ר' יוחנן מאי דכתיב‎ יצירת הולד‎ ist בתחתיות ארץ‎; Ende עושה נפלאות‎ nach der Recens. in Catal. Bodl. 553 n. 3576; das Kind gleicht successive dem König, Schwein, Zicklein, Pferd (5—18), Esel (bis 40), Hund, Affen etc. (fehlt bei Löw, Lebensalter, 23, 371, vgl. H. B. XVI, 17); Jellinek's Ausg. (I, 153) nach der Leipziger HS. hat zuletzt (S. 155) 8 Zeilen mehr als אבקת רוכל‎ (von ארבע עולמות‎ בis דמצה דקה‎). Zu Jell. S. 155 vgl. München 222,[10]. Eine Ueberschrift hat weder dieses noch das folg. Stück.

c) 45 ראשית חכמה יראת י'י אשרי אדם שיש בו החכמה עם היראה‎, über Vergeltung; auch Oppenh. 311 Oct. (Catal. Bodl. 554); ר' מאיר אומר משום‎ 47b אמר ר' יצחק בן פרנך[1]‎ כל עונותיו‎ f. 46b ר' אליעזר קשה דין הקבר יותר‎ (ähnlich Esthori Pharchi 35b, vgl.

---

[1]) פתך‎ bei Assemani zu Vat. 324[5]; bei Jellinek V, 48 (vgl. S. XXI u. XXIX) abweichend von Catal. Bodl. 546 n. 3527[3] (s. auch Add.). Ein selbstständiger מדרש ר'י ב'פ‎ ist schwerlich vorhanden.

המגיד 1862 N. 32 Beil., wonach Catal. Bodl. p. 547 zu berichtigen ist); Ende 48b למיתה הם עומדי׳ והמקום יצילנו... סוף אדם למות
חיבוט הקבר, vgl. Jellinek V, 49. ממיתה רעה... חיים ושלום Ist also

d) 49 Collectanen von verschiedenen gezählten Dingen: על
שאל רבינו עשרה שהתפללו ושמעו כולם קדוש, der nächste Absatz
יצחק בר יודא לרבינו שלמה בר יצחק על ניקוי הצבי והשיב לו חלבו
מותר — ...; 49b הוי רך כקנה שרוח בה האדם. זה יפה הדרכה שידרוך
מנשבת בו, Sentenzen; f. 51 ז׳ דברים קשה לשכחה, העובר בין שתי נשים
u. dgl. 7, 6, 5 Dinge u. s. w.; f. 53 die vormosaischen Propheten etc.   Ursprung von Gebräuchen; 53b מדרש שוחר טוב
(Mai p. 131 lässt מצאתי כתוב שישראל מקיימין המצוות בכל איבריהם
die Quelle weg).   Ende 54b ובצאתו בהליכתו לחיי׳ ולשלום ולשמחה אמן.

e) 54b זמר נאה. שי"ר מזמור ליום חשבת אשר בו נפש משיבת,
Akrost. מי ימלל שלמה (fehlt in Zunz, Lit.), und ein Nachgebet
גבורות אל, Akrost. und zuletzt סליק מנחם ציון (von Mai übergangen); die in Catal. Bodl. 1742 vermuthete Identität mit Menachem Ziuni nimmt auch Zunz, Lit. 523 an.

[8] 57, המנהגים המפרשים, (so) באתי להעיק אני מכל הקלושים,
כמנהג אבותינו חקדושים, אשר על פיהם ראוי לקבוע עבור מועדים וחדשים.
בר"ה מזכירין תפילת ערבית; bricht f. 63 ab, wo סימן הפרשיות של פסח
folgen sollten; ob vom Verf. des Folgenden?? Wolf [2]1380 u.
הפרשיות 492 (so) סדור.

[9] 65 שערי ציון [von Salman Zion oder Seligman Bing,
Zunz z. Gesch. 161, 166; Berliner in H. B. IX, 81 und meine
Bemerkung S. 86; falsch Sel. Oppenheim bei Grätz VIII, 435,
s. Wiener in Berliner's Magazin I, 81].   Wolf [2]1266 n. 76=1440
n. 723.   Anf. לפי שראיתי הרבה מחלוקת בהלכות בדיקות מאת זובחי
הזבח; später וכתבתי... הדינים בקוצר (so) וחברתי שערים הללו מבוארים
בו מנהגי הקהלות והמדינות אשר סביבותינו כל אחד מנהגו... אמר ר׳ יוהנן
f. 72 וקבלתי ממהר"ר יצחק מאר וויילר וממהרי"ל; למה נקרא שמו ריאה
ל"ז זלמן; später גם יש לנו קבלה ממהרי"ל ז"ל; nennt besonders Mainz
(bei Mai 132 zu [8]!) u. Worms; f. 74b וכן ראיתי ממהר"ר זוישקינט
Ende .מקלוניא ז"ל שמיחה בקלוניא לבדוק קצב אהר שהיה משותף בשור
75 ופקח וגדול דוקא אלא יבדקו לא.   Das Buch enthält 8 Pforten
nach den Buchstaben von שערי ציון, aber f. 66—71 fehlen.

[10] 75 b חיי עולם ס׳, s. N. 88[3], Wolf [2]1301.

[11] 78b (so) הר"ר שלמה גבריאל זצ"ל ,אלו שלש עשרה מירות שיסוד
jedenfalls dem Salomo b. Gabirol beigelegt, zum Theil aus

מבחר הפנינים (vgl· Zedner Catal. S. 724). Wolf ³1031; Catal. Bodl. 2338.

321. 172 (Uff. 221). 36 f. Oct., deutsche Cursiv XVIII. J.? Einzelne Wörter lateinisch. Gehörte Wolf aus Amsterdam (משטרדם so).

Chiromantie, wahrscheinlich aus einem deutschen gedruckten Werke mit hebr. Lettern umschrieben ; anf. f. 2 (א) — פאָרם פריאָר אדר ערשטר טייל דאש 1 קאפיטל פון דער גהיראמאנטציא (so) בשרייבוגנ אונ אפטיילונג. דיא .. גראמאנטצי איז איני זאלכי ווישינשאפט, נאך וועלכר מאן אויז דעם (so) 7ליניען. בערגין אונט נאגילן דער האנדי. פרק כ״ב דע מאנטע F. 35b. אין דען אויז פראפאראציאן דאש געזיכטש קאפיטל 36b; מארקוריייא (so) .1 ווען דער בערג מארקורייא וואל ערהאבין דע מאנט לונעא (so) ד״ב; endet mit einem Custos defect. Wolf ⁴1046 n. 238b fingirt den Titel ידיעת הידים und vermuthet ein lateinisches Original wegen der technischen Ausdrücke; Serapeum 1864 S. 403.

322. 175 (Uff. 111). Zusammenges. Fragmente, 23 f. Oct., meist deutsche Cursiv XVII. J. F. 2b (von blasser verschiedener Hand, was Mai, p. 311, nicht beachtet) אני מרדכי בן כהר״ר יצחק ז״ל חתן אב״ד מו' האלוף בתורה מוהר״ר; wohl identisch mit מרדכי מלמד f. 2b, der הירץ וזאת ע״ב שמות יגעתי ומצאתי מזומן Sohn f. 3b: ממני איצק בן הר״ר מרדכי שליט. F. 1 Notizen über Geschäfte mit יוקב ליב כץ u. andere vom J. 431 (1671); auch (?) .. שלום כץ מכונה.

¹ 1b אמר המבאר והמגיה איך השם הנכבד והנורא היוצא מג' פסוקים, Erklärung des שם בן ע״ב; s. das Nähere bei Mai p. 311—21; vgl. N. 256; Anderes aus עץ חיים in קנה חכמה ed. Wilmersd. 18b. Bei Wolf ³716: „Introductio in abbreviaturas kabbal." von Mard. b. Isak.

² 5 (bezeichnet ב, also fehlen 19 Bl.) למי שרוצה לראות את מלכת שבא, eine Reihe von magischen Mitteln u. dgl., wovon Proben bei Mai p. 321 ff.; f. 10 (כה) (so) וואן דו ווילשט האבן דז איין; וויא מן עש איינם פר טוט und זאל א ביצה פר שווירן גיד von einem Ochsen Bräutigam und Braut zu essen etc.

³ 11 (von anderer Hand) Predigt (מורי ורבותי לא לדרשה קאתי) über 2 Chr. 36, 22; — f. 14b jüdisch-deutsche Auslegung der Psalmen 1—4: (אשרי האיש) וואל דעם מינש איז טייטש וואל דעם נסה עלינו אור· פניך ה' הבן מיר; מענש אש ער תשובה טהוט Ende 17a; דיא תורה ביקומן...ווערשט דיך לעה״ב מיט זיא דער מאן; verschieden von N. 57. Serapeum 1864 S. 91 n. 429 B.

⁴ 19 Fragment aus Talmud, Baba Kama Kap. 2 bis Ende f. 28 (in Quadratlett.)

322B. 216. 40 f. Oct., deutsche kl. Current, Autogr. nach der Deckel-
inschrift:... ‏אני לקטתי זה הספר בידי... יחודה המכונה יידל‏.

Alphabetisch geordnete Notizen über verschiedene Gegen-
stände, deren Index vorangeht, von Jehuda (Jüdel) b. Bendet
Levi, beendet Montag 17. Adar I. A. ‏ולמדה את בני ישראל‏
(1679). Buch ‏א‏ hat 7 Art. (‏ערך‏) ‏אדם‏ (31 §§), ‏אסתר, אברך, אברהם‏,
‏אבות ואמהות, ארבע מיתות, ארץ ישראל, איוב‏; die, meist jüngeren
Quellen sind angegeben. Rückentitel „Jalkut" ist im Büchel-
chen selbst nicht zu finden; Wolf ³304 n. 699c berechnet unrichtig 1688.

323. 220 (Uff. 182). 43 f. Oct., deutsche Current, Autogr. um 1700 ff.

¹ ‏דש ספר הכ איך אויש גצוגן‏ ,‏ספר פתרון חלומות‏ langer Titel:
‏אוש דען לשון הקודש דז גשריבן האט הרב המקובל ר' יצחק לוריא דר‏
‏נעטליך מאן. . דר בייא האב איך אך איין רעגישטר. . גשריבן אונ' גדרוקט‏
;‏דורך הר'ר דוד זויגרש לפרט שבא הוא ושבא להוי רחמנא לשוי לטב לפ'ק‏
aber sämmtliche Buchstaben des Datums sind bestrichelt; hingegen f. 16b ‏לפרט כל החלומת הולכים אחר הפה לפ'ק‏ ganz unbe-
zeichnet. Die Vorr. geht bis f. 4b, folgen 304 kurze Sätze:
‏ווען איינר זיכט זיין ברודר‏...; f. 17 das alphabet. Register; 24 die
Nächte des Monats. Wolf ³184, 592 (‏לשון הקודש‏ als Titel!), ⁴805.
Cat. Bodl. 887, 2873. Fehlt in Serapeum 1864 S. 79.

² 26 ‏ספר סיומה הפרשות‏ als Anhang zum Pentateuch bestimmt (nach ‏קק‏ ‏פה‏ ‏נדפס‏ und ‏לסדר ולפרט‏ offen gelassen) von
David b. Schemaja Saugers aus Prag, aber nur f. 28, 29 enthält
ein Fragment dieses Index der Pericopentheilung nach den
Personen; f. 34.. ‏לוח חיים קיצור הנהגת אדם‏ u. dgl.

324. 223 (Uff. 196). 12 f. (früher 15?) Oct., verschied. deutsche Current XVII—XVIII J.

¹ ‏הקדמה לבעל המחבר‏; über uubefugte Einmischung beim
Vorlesen der Thora wird [‏הבורא‏] ‏בעל עבודת בורא‏ [zuerst 1688
gedr.] im Namen des ‏תולעת יעקב‏ citirt; es kommen manchmal
‏עממין‏ in die Synagogen und spotten darüber. Uff. bei Wolf
⁴1055 n. 536b: ‏ענין קריית יששכר‏ „sensum eorum quae de Isa-
chare leguntur"! richtiger ³1210.

² 2 ‏הא לך שמות היוצאאים מפסוקי' ברית‏, nach den Pericopen:
‏בראשית ייום השׁשׁי ויכולו השׁמים‏.

³ 4 („6") eine Predigt über ‏יתרו‏ beginnend mit einem viel-

fachen בְּרָשׁוּת. Dazu scheinen f. 11, 12 zu gehören. — F. 6, 7 unbeschrieben.

4 8 („12‟) Fortsetzung einer דרשה. — F. 10 über זאת חקת התורה.

325. 251 (Uff. 122). Zusammges. Fragm., jetzt nur 21 f., verschied. deutsch rabb. u. Cursiv XVI—XVIII. J.; f. 17 ff. deutsche Lettern. Mai p. 342 sah 39 f.

1 (bezeichnet יג bis יט) Ende eines Loosbuches (ספר גורלות f. 6b) enthaltend 90 Fragen, 1: הדבר הזה שחשבת אתה מתירא ממנו, n. 90 ... אין בזה הדבר ריוח, ועתה אל תירא ממנו, abgedruckt und übersetzt bei Mai p. 345—65, ohne zu beachten, dass er die identischen Fragen, 1, 2, 87 p. 125 (oben N. 320[4]) mitgetheilt habe (auch Wolf [2]1274 merkt Nichts). Ein früheres Blatt enthielt die Einleitung und Tabelle, bei Mai p. 343 incorrect und mit falschen Conjecturen. Sie lautet in Cod. München 235,[6] סוד גדול הוא זה לראות בו האדם מזלו בבא אדם (!) בלא גורל ובלא השבון ובלא יגיעה[1]) והוליכו האדם על מניין האותיות ויש בו תמהו [תמה .l] גדול שאם יחשוב [יבא .l] אדם וישאל על שאילות לבו ואמר דבר שבליבו וישליך אצבעו על אחת מן הבתים הללו מן ע ועד פ"ט אותן האותיות הנימנות למעלה והוא יגיד לו עצתו ומחשבתו והסדר (so) הזה לא גילהו (so) הראשונים לבריות ויטמנוהו ויגנזוהו באלכנסדריאה ובעת שבטלו הגזרות העלימוהו ביניהם וביומי רומיים נועדו ביכנה ובקשוהו ולא מצאוהו וגזרו ביבנה ועשו תענית ונגלה להם ונשתמשו (2 בו. ואח"כב נגנז במערה והלכו לשם והוציאוהו ומסרוהו זה לזה והוזהרו בו שבו סוד גדול וחכמת הראשונים והתשובה שישיב שישיב אמת וברור בעזרת הבורא. וזאת התחנה יאמר קודם שישליך באצבעו וישאל. רבונו של עולם הראיני אות ומופת כדבר שאני מבקש ושאול ממך בגורלות האלה בפעם הזאת. הש' מנת חלקי וכוסי ... אמנם אני אדע כי אתה השם מגלה רזים וכו' וכו'. In jener HS. fehlt die 30. Frage (bei Mai p. 353), die folgende 30. (Mai 31) lautet richtig אל תקלל אויביך n. 1 lautet dort הדבר שאתה ירא ממנו אל תירא ממנו שהשאלה הזאת עלה בידך לשיון זלפדות ודברים עמוקים יגלו לך ושכר טוב ינתן לך; n. 89 (Mai 88) ואל ... פרנסתך כבר כי רעים עם תלך. אדם שב n. 89 (Mai 88) ואל ... פרנסתך כבר כי רעים עם תלך. אדם שב ... תיגע בהרים ... כבר נפקדת מן השמים ואם אשתך .. — Dieses Loosbuch wird in Cod. Almanzi 157 dem Achitofel beigelegt (vgl. H: B. VI, 123 über Sabbatai's Confusion), findet sich auch in Cod. Asulai (Catal. Schönblum) 55 f. 16b.

2 6b .. העיגול לדעת החיים והמות, Onomato-Mantik für Kranke; das Rad s. bei Mai p. 367; f. 7b מזלות und לדעת כוכבו של אדם

---

1) ובלא שול .(! שלו Mai emendirt שלו vielmehr עמל.

2) ונשתנשו will Mai in ונשתנו verbessern.

שׁל אִישׁ וְאִשָּׁה והנהגתם ביחד mit einem Zodiakalkreise; dann die ominösen Tage für Kranke. — [Mai p. 369 verzeichnet hier unter f. 8: Heilmittel, Specifica, Sympathetisches etc. 47 Nummern, f. 10 andere 44, deren Jugend aus לפני קדחת (!) hervorgeht; n. 36 bei Mai p. 373 (?) אומו מליניי אומו סנאטו סנדיק אנוילדא הימז ist offenbar corrumpirt aus dem Italienischen: .... *uomo maligno*. Davon ist jetzt nur vorhanden:]

[3] 8 (מא) § 38—40 u. dgl., zu n. 40 eine Tabelle des 72buchst. Namens, welche Mai p. 374 mittheilt.

[4] 9, 10 (לד, לה, Mai 14, 15) Fragm. von anderer Hand מהקלף כתוב כי תעבור במים, s. Mai p. 374.

[5] 11b (מו, Mai 16b) זה כתב הרוצה לידע מזלו של אדם יחשוב, dann .. עבר הנהר (wahrscheinlich jenseits des Sambation), ein magisches Alphabet, bei Mai abgedruckt.

[6] 12b (מט, Mai 17b) Psalm 91 mit Engelnamen.

[7] 14b (M. 19) תשובות הגאונים, theilweise nur ein Index, theilweise Excerpt. Wolf [3]167.

[[8] bei Mai f. 27 ff. Mittel etc. fehlt.]

[9] 17 ff. (Mai f. 31) mit deutschen Lettern, fast dasselbe zweimal, offenbar nicht jüdisch (was Mai verschweigt, vgl. Serapeum 1864 S. 83), sondern Fragmente *christlicher* HSS.; Z. 1: „darin finden sich fiell (wofür פיל) Kabala kunsten," auch mit hebr. Lettern umschrieben; f. 18 ist „24" paginirt. Was Mai p. 375 hebräisch aus f. 32b bis 36 mittheilt, u. A. סגולת אבן עזרא, fehlt jetzt. Die Benennung: „Scutum Salomonis" für das s. g. Davidsschild gehört wohl nicht der Handschrift; vgl. S. Günther, Ziele u. Result. d. neueren histor. mathem. Forsch., Erlangen 1876. S. 118.

326. 282. 20 f. Duodez, span. rabb. XV. J.; F. 1 beschädigt.

גורלות, Loosbuch, anf. יחשוב (?) הרוצה לחשוב בגורלות אלו יחפש בלוח השאלות, auch über die günstigen Zeiten, und sonstige Begründung der Anordnung dnrch Bibelstellen; f. 2 יהי רצון; dann 36 Fragen; f. 4 פרצוף א מטלה לך אל נמרוד בן כוש אבי כנען; [5] die 12 Könige: 6 die 12 wilden und 12 zahmen Thiere, zuletzt die Vögel. Ist also die Bearbeitung des פזרי in München 235[4], wesentlich identisch mit dem edirten Pseudo-Saadia; vgl. Wolf [3]861; H. B. VI, 122 A. 2 zu berichtigen.

[2] 20b גורלות מרבינו סעדיה ז"ל, nur Anf.; s. Wolf l. c., München 235[5].

327. 255. Zusammengesetzt, 111 f. Qu., [1] ital. XV. J.? Das Übrige deutsch rabb. XVII. J.?

[1] Ethische Abhandlung ohne Ueberschrift, beginnend אמר אבן אפרים (Wolf [4]789), defect; als ס' המוסר von Wittkowski in שומר ציון 1853 f. 205b — 321b (zum grössten Theil), dann 1871 („zum 1. Mal") in Lyck unter dem Namen „ibn Efraim" edirt. Der Verf., wahrscheinlich Efraim b. Joab b. Mose aus Modena, war iu Vasto in den Abruzzen im Elul 1481 (so) seit 20 Jahren; eine theilweise vollständigere Abschrift enthält Cod. Halberstamm 242 f. 96b mit der fingirten Ueberschrift חמס חזמן; s. H. B. XI, 103 (u. VI), XIV, 78 (wo 1482 Druckf.) und 95 (wo Anm. 1 Z. 3 Schebat הכ״ד, 1463).

[2] 20 Fragment einer kabbalist. Schrift (כוונות über Gebete aus Chajjim Vital's Schule), f. 22 behandelt die Haggada: ויהיה הפת מגולה בשעת ההגדה (vgl. N. 238). — F. 34 ein Fragment über טבילה.

[3] 35 [Abraham b. Arje Löb], מעין החכמה (s. N. 244). Nicht erwähnt in Wolf. — F. 84 הנהגות בתפלה וקצת ייחודים.

[4] 88 [Fragment aus König Artus-Hof]; s. N. 288.

328. 279 (Uff. 219). 47 f. Qu., deutsch rabb. XVII—XVIII. J. Uff. hat 60 f. und theilweise anders geordnet.

[1] Aus dem Buche קנה חכמה [von Elasar Perls??] und [oder?] ספר הקנה, דיני ס״ת הקורא והמקרא bis § 22 defect. Uff. bezieht es auf die Predigten des Jehuda Poçhawitzer (Catal. Bodl. 1367); ich konnte beide Bücher nicht vergleichen; s. unten. — F. 6b ושמעתי בשם הגאון מה״רש ז״ל מפראג f, 9b; פרק ה' מסכת היבוט הקבר; שער שביעי שער העבודה([1] דעת f. 22; פרק שלישי משער התשובה f. 10 חכמה über Erziehung; f. 27b ff. הלכות הנוהגים בסעודה u. so andere Ritualien bis מסירת מודעה.

[2] 21 (34) [אגרת השבת] זה הכתב שלה הרב אברהם אבן עזרא ז״ל לבני הגולה, nur eiue Seite.

[3] 46 („57") לוח הדקדוק ולמען יהיה בתכלית השלמות ללמוד וללמד הקטנים הצנתי לפניך איזה סימנים... מה שלקטתי מן ספרי דקדוק אשכנז בל' הנדברים מגופי א לוח..., jüd. deutsche Regeln zur Conjugation. Fehlt im Serapeum 1864 S. 58.

---

[1] Der so betitelte 2. Theil des דברי חכמים hat nach Catal. Bodl. 1367 nur 4 Pforten.

329. 292a (Uff. 133). Zusammenges. 80 f. Qu., verschied. deutsch, XVII—XVIII. J.; Mai zählt 102 beschrieb. f.; [1] mit rother Einfassung (vgl. N. 290) ist unvollendet, enthält eine Anzahl unbeschriebener.

[1] [Josef del Medigo] מעין חתום, f. 24b abbrechend, was Wolf [3]427 nicht angiebt.

[2] 25 בכ״ם׳ חולין דף ל״ב בתוספות ארי״א לר״ש מצינו שאוכל חמור; f. 25b über Tosafot B. K. 2; 26b über Midrasch Rabba Hohl. u. dgl. bis f. 36 (א — יב bezeichnet), Halachisches und Haggadisches. F. 37 יעניר שנה חדשה 1723 יו׳ ו׳ בר״ד בטבת. F. 38 („34") Index zu den einzelnen Stücken.

[3] 39 (5 Bl. Oct. gehörten einem Jehuda) Exod. 6, 2—9, 18 ohne Vocale. (Mai, p. 393 unten, sah sie nach f. 33 eingeheftet.) — Was er als f. 40 u. 41, 52 (Erklärungen von 5 Selichot) angiebt, fehlt jetzt.

[4] 43 (קנד קמא קמב u. קנה 42a gezählt) Varia; f. 45 נלמד תחלת זמ״ן קיץ תעא״ל, also 1711.

[5]47 Fragment einer mathematischen Erklärung: האחדות יובן על ב אופנים או בשלוח ובחלוטין, או בהצטרפות, ובשלוח לדעתי אין האחד בכלל המספרים לעולם, אבל בהצטרפות לפעמים הוא מספר; citirt אלא שצריך לי עיון רב ואיני מסכים בדבר זה כעת שאני 47b; Euclid מאד טרוד. ואולם הה ראב״ע ז״ל כתב בפירושו שהאחד עקר ויסוד ע״כ המובן מדבריו; zuletzt (nach einer Radfigur): והתחלת כל מספר ובפירוש לספר האחד נרחיב בעזרת האל. Einen Comm. zu האחד ס schrieb Mordechai Comtino.

[6] 48 (56) יורה דעה הלכות שחיטה מי הם הכשרים לשחוט [Josef Karo, nicht Jakob b. Ascher, wie Mai p. 393], mit den Noten des Mose Isserls.

[7] 56 (64) 133 Fragen über Schlachten, ששחט [היכא תימא] ה״ת דכתיב (so) ביום f. 59; רוב הקנה ולא רוב הגרגרת וי״ל אם נהפך הקנה ג, כ״א ימים בחודש כיסליו תלט לפ״ק, also Herbst 1678 (was Mai nicht beachtete). — F. 66 (74), 67 verschiedene Notizen. [Was Mai im Namen des Gerson aus Wien, Reuben u. Salman Krotoschiner (l. קראטשינר) angiebt, fehlt wieder.] F. 67 בפסוק מפי הגאון מהור״ר העשיל אב״ד ור״מ נר״ו.

[8] 68—79 (89—102) Fragmente aus verschiedenen Heften. F. 69, 70 ist eine astronomische Abhandlung angefangen: תניא אמר רשב״ג כך מקובלני... ואתה דע לך שהלבנה היא כדור קדורי (!) ספיריי הבלתי מאיר; Vieles ist gestrichen.

F. 73—8 gehören zusammen; f. 77b שבת שובה דרש שדרשתי פ׳ האזינו שנת עת״י [1720] פה קאבלענץ.

330. 297 (Uff. 93). 1 u. 30 f. Qu., dieselbe deutsche rabb. Schrift, XVII.
J. (s. ³). Über f.30b sind 2 Namen geschrieben, der 2. vielleicht חיים ב'ר שלו';
dann יודא בלא"א דוד שמואל ז"ל העכינגן זה הספר שייך להיניק חכים כמר ליוא בן מהור"ר
שלו' ז"ל ונפל לו מירושת אביו ז"ל עם שאר ספרי הקובץ. Der Cod. wurde von Mai an
Uff. geschenkt.

¹ 2 Notizen über Ereignisse in Regensburg 1513 u. 1519,
abgedruckt bei Mai p. 175; Wolf ²1277 n. 18 unter dem un-
passenden gemachten Titel ספר על גרוש.

² das. צוואת רבינו יודא הסיד ז"ל מרעגענשבורג ohne Zählung.
Darin צוה לבנו משה שלא יבא בממשלת הגאונים מוירצבורג, daher
Mai: „potissimum Mosi." Fehlt bei Wolf ³311.

³ 3 ראיתי להעתיק דברים אלה מפרק דרך ארץ שמביא ראשית
חכמה וגם פרק זה מקצת דברים מחופפה אליה רבה והוא מעין מעשה
תורה שהיבר רבינו הקדוש ז"ל מפני שהן דרך ארץ.. להיות לי לאורה אמן;
ואני הכותב שמעתי על זה ממורי שי מוהר"ר ישעי' f. 4b Paranthese
סג"ל מ"ק ורנקבורט, זה שאמרו ז"ל אין לך פקודה שאין בו מפקודת עג"ל'
נוטריקון עריות ג'זל ל'שון הרע. Diese Stücke sind aus Israel Äl-
maqua (oder Alnakawa), מנורת המאור.

⁴ 14.. חידושי דינים (das Weitere abgeschnitten), Notizen an
Talmudstellen geknüpft, u. A. ונהגו להתיר להחזיר המשכונות לגוי
ע"כ מצאתי בחידושי אגודה, לה' כי טוב הודי מזמור אלם..; zuletzt
לתודה, also aus Alexander Süssleiu Kohen's Buch, was Mai,
p. 177, übersah.

⁵ וגם אני באתי אהריו והעתקתי העתק 15b Anf. abgeschnitten
אחר העתק וז"ל אלה התקנות אשר נתקנו בימי ר' דוד ממינצבורג. בנידוי
באלה ושמתא וחרם גזרנו... ועל תקנה זו חתומים ק"ך (so) רבנים. וחידשנו
עתה בתתק"ף לפרט מה שתקנו קדמונים מקדם לפני כמה שנים פה מגנצא
לבד תקנות מאור הגדול (so) רבנו גרשום ז"ל. לא ישום אדם יינו בחכיות
ולשאר דברים הצריך (so) Ende f. 17; של גוי אם לא יעשה עידוי או הגעלה
לעניים. עכ"ל. אשרי למי שנותן על לבו.. ברוך ומבורך הגואל אמן.
Darin (16b) ואין לנפקודו (so) לעכב שום ספר הנפקד אצלו בשביל שום
תביעה שיש לו על המפקיד כי כן הוא חרם קדמונים רק מלמדי תינוקות
יכולים לעכב ספר שלמדו בו ולא דבר אחר (vgl. H. B. XVI, 32, 136
u. die s. g. תקנות des Gerschom). Ueber diese s. g. תקנות שו"ם
vgl. Grätz Gesch. VII, 29, welcher das Datum 1223 vorzieht,
wie Zunz, Lit. 325. Bei Wolf ³200 n. 505c unter David aus
Münzburg, identisch mit David b. Kalonymos (vgl. ¹1004 n. 1889,
Catal. Bodl. 2162 uud oben zu N. 140). — Notiz über ג חינות
(Sota 47), welches in אמת קנה (Prov. 23, 23), nämlich אשה,
מקח, תורה, augedeutet sei.

[6]18 אסתר (so) מגילות, auch zuletzt סליק מגילת אסתר, ein fort-
laufendes Glossar zum Targum, und [7]23b מגילת שיר השירים, desgl.
zum Hohenlied bis 25b; s. Mai, p. 177, wo ein fingirter Titel
פירוש מלות זרות; bei Wolf [2]1401 n. 578 zweimal.

331. 298 (Uff. 187). Zusammenges. 6 f. zweierlei deutsche Cursiv,
XVIII. J.

[1] אלה השמות העתקתי מספר קטן קשת (so) יהונתן שלא ישכח שמו.
(פסוקים, אברם אך טוב וחסד ... ימים, תהלים כ"ג, Bibelverse (s. g.
welche mit den Buchstaben eines Namens beginnen und enden,
ohne Zweifel aus קסת יהונתן v. Jonatan b. Jakob (1697?), wie
Wolf [3]376 nach den Angaben Mai's richtig conjicirt, zu berichtigen Catal. Bodl. p. 1432 Ende.

[2] 5 Einleitung (.. בראשות) zu einer Predigt über מצורע, es
sei alte Sitte an 2 Sonnabenden (ש' תשובה und (ש' הגדול zu pre-
digen. Das Ganze durchstrichen. F. 6 Fragment einer Predigt.

332. 299 (Uff. 190). Zusammenges. 10 f. Qu. u. Oct., verschied. deutsch
XVII.—XVIII. J.

[1] 1 Notiz, f. 2 unbeschrieben.

[2] 3 Erklärung des Hymnus אדר דר מתוהים jüd. deutsch:
מתוחים בל"א אים היִמל.

[3] 3b Bauernkalender כשהל להיות ר"ח שבט ביום א' אז תהיה
החורף טוב. 1. Schebat (am Sonntag!) ursprünglich Januar.

[4] 4 Erklärung von Daniel 2, 41 ff. פליגא חלק לשנים גיטיילט,
נצבתא פי' מצב אן שטנדא.

[5] 7 („42") wahrscheinlich letztes Bl. eines Codex: נאם יעקב
המכונה קאפל בר יואל שליט אמן סלה. אני הסופר אשכול הכופר הנותן
קאפל בר יואל, משה בר יואל שליט א'ס, אמרי שפר יעקב בר יואל oben
נתן שליט, אברהם בר יעקב ,קאפל ... u. nochmals משה בר יואל, שליט,
mit der Formel יעקב בר יואל 3 mal אשר בר אברהם שלי"ט א'ס
אני אברהם בר יעקב נתן זצ"ל 7b. תלתא זימנא... דקיימא לן כרבנן ..
und wieder Jakob מהערירדן במדינת אנשטאטט und מהעריִרין (so)
Koppel etc. 3mal und יואל בר אברהם u. Mose b. Joel.

[6] 819 (Oct.) Paraschijjot aus Peric. Bereschit u. Noah.

[7] 10 Die Schlussformel הדרן עלך.

[8] 10b Jüdisch-deutscher Brief eines jungen Mannes an seine
Mutter (ליבה מימלה) genannt אינלה, worin: זייט וויִשן אז איך גר גרויש
פר גנינן האב עשרים וארבע צו לערנין.

[Uff. 190 giebt 40 f. und als Inhalt an: ¹ Remedia ad sanitatem conservandam et prognostica tempestatis etc. (oben ³),
² ³ (oben ³ ⁶), ⁴ Fragm. ex lib. Kabbalistico, ⁵ Multos tit. ex
Anonymi ילקוט חרש, ⁶ Oratio etc. (oben ⁷). Also fehlen Blätter
in der Mitte.]

333. 300 (Uff. 158). 1, 6 und 8 f. Qu., ¹. ² deutsch rabb. u. Cursiv
XVII—XVIII. ³ älter; f. 1 ist von alter Hand 14, f. 3 aber 23 gezählt, war
falsch gebunden.

¹ Index zu oder Excerpte aus einer Schrift (ob der folg.?)
f. 1b — ;דף א' עמוד א' פלפול באריכות שחייב להוכיח חברו עד הכאה
דף ג ע"א סימנים למצא דברי חפץ בספר זה. ע"ב בסידורי אשכנזים שנכתב
הנוסחא אתה הוא עד שלא נברא... ולכתוב אתה הוא אלקים.

² Fragment des סדר היום (N. 70 f. 31; 1. Bl. gezahlt 12),
erklärt, wie man die Namen nach Zahlwerth berechne; zwischen
f. 2—3 defect. Abtheilungen sind: סדר הנהגת האדם בע"ש ושבת
ועו"ט וי"ט. יזהר האדם להשלים פרשיותיו בכל ע"ש שמו"ת וע"י הדחק יוכל
הנהגת 6b; סדר ההקזה und הנהגת הרחיצה f. 6 ;להשלים אותה בשבת
בעל 7b citirt ;ה' התתשמיני .u השינה 7 Benehmen gegen Andere;
קיצור ראשית הכמה בשער הענוה, zu dessen 15 Regeln 2 hinzugefügt werden.

³ Contractsformulare [שטרות Wolf ³1220 n. 680], meist aus dem
Jahre 1557; incorrecte Abschrift; zuerst als Überschrift שטר הוב,
dann זע שהיית בפנינו עח"מ [אח"מ .1] בששי בשבת בשני עשר יום לחדש
אחר (so) שנת חמשת אלפים ושלש מאות ושבעה עשר לבריאת עולם למנין
שאנו מונין כאן בעיר גויגצבורג איך באה לפנינו מר' הינדל בת ר' משה
והרר בעלה ר' יצחק בר אברהם Die später genannten Orte sind:
בפראג מתא דמתקריא מזי גרדא דיתבי על נהר f. 7: ,אולמא ,פפנהיים
שטר מתנת שכיב מרע נורלינגן, f. 8 ווילטוווא ועל נהר בוטיץ nämlich
der Sara b. Simon, endend בצוואת ש"מ כתבנו וחתמנו הכל שריר וקיים
f. 8b ohne Custos, also vollständig. F. 4b,זה שטר מכירה כתבתי בפראנ
והכשירו מהר"י בד"י (!) ז"ל ומהר"ר מנשה ז"ל ומהר"ר אליה ז"ל zwischen
Hanna b. Chajjim und ihrem Gatten Mose b. Jechiel; offenbar
ist מהר"י ברונא zu lesen, vgl. N. 218. — [Unter den jetzt fehlenden,
bei Uff. verzeichneten Stücken, ist (β) העתקות מן כוונות ארי ז"ל..,
bei Wolf nicht unter Chajjim Vital u. Isak Loria, vielleicht
jetzt in einer anderen HS.].

334. 309 (Uff. 96). 22 f. Qu., durchaus dieselbe deutsche Cursiv, nach
den Köpfen auf jeder Seite vom 27. Cheschwan bis 15. Tebet 472 (1711) in
Wien geschrieben.

Deutsche Briefe, wahrscheinlich zur Uebung abgeschrieben (unzutreffende Beschreibung bei Mai p. 226, Wolf ²1253 n. 20 und Serapeum 1864 S. 100). Mit Ausnahme von f. 7, wo eine hebr. Adresse an den פרנס ומנהיג׳ הקילה (!) .. כהריר מענדל איצק, steht f. 1—15 dasselbe Schreiben des Gumpel Hannover in Wien, der eine Wasserkur gebrauchte, an seinen Schwager Loeb, und fast jedesmal darunter ממני יהודה בן יחיאל מיכל ז׳ל מהאך הויזן. Es ist darin von dem „miserabeln Zustande" einer Verwandten, Edel (עדל) aus Hildesheim, die Rede. F. 15b vom 2. Tebet an denselben Loeb von dem obigen Jehuda Hochhausen, worin es heisst, dass der Schreiber mit seinen Brüdern sich nach der Rückkehr des Adressaten sehne; dazu ein Gruss von der Tochter des Adressaten, Lea Oppenheim: איך גרוסי כיין ליבן עטי ליב (?Särkes?) זאמבט ר׳ משה שרקש, Mose werde hoffentlich die versprochene Haube mitbringen. — F. 16, datirt Sonntag 10. Tebet תע׳ל, enthält ein Fragment einer (brieflichen?) Erzählung eines 15jährigen Schreibers, der bei Krakau, wie es scheint, von einem Edelmann (פאריץ) zum Abfall verleitet werden sollte, aber den Versuchungen widerstand. — F. 17 vom 11. Tebet תע׳ב enthält ein kurzes Schreiben des Jehuda b. Jechiel an eine Verwandte Sara. — 17b Glückwünschung zu einer Reise u. s. w. scheint aus einem gedruckten Buche, das mindestens 580 Seiten zählte, umschrieben. Die an sich unbedeutende HS. ist vielleicht für die Geschichte einer berühmten Familie zu verwerthen; Gumpel aus Hannover ist wahrscheinlich Gumpert Berens (dessen Bruder Isak einen Cassier Jechiel Halle hatte, s. Jahrb. f. Gesch. d. Juden II, 42, 47, vgl. Wiener in Berliner's Magazin I, 83). Lea, Tochter des נגיד הקצין Loeb עניגל [Enkel?] Oppenheim, Frau des Lima פ׳ב (Pressburg?) Levi, starb in Wien 1763 (Frankl. Inschriften S. 88 n. 465). Drei junge Töchter des קצין Jehuda Loeb Oppenheim, die letzte Edel genannt, starben 1707, 1710, 1718 (l. c. S. 116 n. 674—6, überall die Jahresdifferenz unbeachtet).

335. 318. Codex Fragmentorum u. Miscellen, Verzeichnisse von Büchern etc., wovon nicht Alles hier verzeichnet ist.

¹ 1 Bl. כתובה 1. Oct. Adar 1. 5491 in Hamburg; David b. Meschullam פייבל heirathet Rebekka, Tochter des Reuben; unterschrieben: Dob Bär b. Mordechai קרא u. Mose b. Abr. Goldziher.

² 1 Bogen לוח וואריש דאש יודיש טייטש אויף איינה לייכטע ארט געשווינדר צו ערלערנין. Diese Ueberschrift und alles Uebrige

mit deutschen Lettern. Vgl. die Wolfenbüttler Anleitung bei
Ave-Lallemant, das deutsche Gaunerthum, III, 245??

³ Briefe an Christ. Gottl. (Theophil Unger), u. A. v. Simon
Wolf b. Abr. in Frankfurt (1710), Is. Ch. Cantarini, von Jacob
Aboab b. Sam. (1716, erwähnt HSS. bei Saul מררי und Mose
טררי¹), Mordechai Zahalon, „Angelo de Grassin Cantarini ebreo
Medico Fisico,“ vom 2. 7bre התעו (1716, verspricht עולם הפוך von
Catalano) u. 1718,²) David Nieto 1719. S. Vorrede.

⁴ Epistola Ms. Karaei cuiusdam ad Triglandium, aus Cod.
Warner 1113 von Wolf copirt: שמח לבי ויגל כבודי, 2 S.

⁵ 1 Bl. Queroctav hebr. Quadr. punktirt u. deutsch: נוים
אונט וואר איזט, אלס איך גרייזט הבי אין אונט: שידליכן רַאייַאַמעַן, lobt
die Frau des Peter heus (hebr. הויאש); unterschr. Isaac Bern-
nard (so).

⁶ 14 S. Qu. latein. bibliographische Notizen von Wolf.

⁷ Perg. 2 f. Fol. (1877 aus Einbänden abgelöst) alt deutsch.
Fragment von סליחות, welche Zunz untersucht hat. Ausser 3
gedruckten Stücken finde sich: 1) eine Selichafragment, endi-
gend והעתיר לנו בתפלתינו פ׳ ש׳ in V ierzeilen (1, 2, 3 stets beginnend
מיע׳, מה׳ und (ו׳כ׳ה von Simson b. Schemaja, unbekannt; 4)
Fragm. end. ויאמרו תמיד יגד ל י״י אוהבי תשועתך mit Akrost. ירש
ארבע מלכיות אכלוני ותמטוני (6; ארץ אמן חזק ואמץ anonym, Zunz,
Lit. 226, 48.

⁸ 1 f. Perg., Sefirotbaum, schön, durch Falten ruinirt.

336. 332. 4 S. Quadratschr.

Josef b. Jehuda, פקידת השלום דברי שלום ואמת לאיש כהן
בעמו נכבד ויקר בישראל א׳ קלעפקי (Clevki ?) מזכרת אהבה היא ממני
1821 . . . בצאתי בשלום מן העיר האמבורג. Widmung eines Buches.

337. 326. S. 27—100 (vorne scheint Etwas herausgenommen) Qu.;
S. 35 ff. von J. C. Wolf? „Totus tract. Berachoth . . . est apud Rev. Joach.
Morgenwegium, sed mendose descriptus, ex quo haec ego speciminis loco
descripsi. Vol. est in 4⁰ justum. Idem habet ex Scheidii versione omnes
tractatns Ordinis Seraim sed hic quod ad Mischnam;“ s. N. 159.

---

¹) Saul Merari b. Josef, Rabb. in Verona, approbirte 1664 פרק שירה;
169⁵/₆ und 1701 schrieb er Antichristliches ab (Wolf ²484, 485, de Rossi, Bibl.
antichr. p. 123 n. 168, 9; Cod. Leipzig 38, von Bourget u. Jablonski her-
stammend, Zunz Add. p. 322, und Cod. Schönblum-Ghir. 29). 1701 verkaufte
er Bourguet verschiedene HSS.; Mose b. Josef, wahrscheinlich Bruder des
Vorigen, verkaufte 1702; s. Index der Besitzer; Mose (Menachem) war Rab-
biner in Venedig 1696 etc., s. Wolf ³795, כרם חמד II, 65, Zunz l. c., Nepi p.
253 n. 52.
²) S. die Citate in H. B. XVI, 37.

[1] 27 Epistola Sancti Thomae (sc. de Aquino) de Judaeis, ad petitionem Comitissae Flandriae feliciter incipit. (Randnote: „am rand steht geschrieben: Alii dicunt, eum scripsisse ad Ducissam Brabantiae".) Illustri Dominae etc. Frater Thomas. S. 34 NB D. Joh. Eck führt diese Epistel zweymal an in seiner Schrift sub tit. Eines Judenbuchleins Verlegung A. 1542 zu Ingolstadt. U. zw. in dem 24. Cap. welches handelt von dem Wucher der Juden.

[2] 35 Versio latina tractatuum Talmudicorum facta a Balth. Scheidio Theol. D.

[3] 59 Theodori Dassovii Historia Hebraea Annis 2 cum dimidia Wittebergae explicata. Mit Motto: Ingrates, Hebraei, pertaesa scientia terras ... S. 61: Classis I. Auctorum recentiorum, qui parum sunt laudandi, nämlich Cunaeus, Ed. Lee, Witsius, Cappellus u. s. w. bis Meibom, welche characterisirt werden. S. 63 Classis II. Auct. recent. qui imprimis laudandi sunt, nämlich Van Till, Ant. Bynaeus, Gul. Guisius, de Veil etc. bis D de Pina. S. 64 Antiquitt. hebr. Cap. 1 de templo Hierosol. — Endet: videntur satis accurate loqui.

XIII. SPANISCH, PORTUGIES. UND FRANZÖS.

338. 186. 94 f. kl. Oct., mittlere hebr. span. Cursiv, XVII. Jahrh.? Nach Catalog Hinckelmann n. 166 stammt die HS. von David Cohen de Lara; f. 87b oben: סרוק.

Ein zu Anf. defectes Werkchen über die 70 Wochen des Daniel, vielleicht Fragment eines antichristlichen? [1]) Eine Eintheilung ist nicht ersichtlich. Anf. לאש ארגניש אופ׳יסיאש סרסיאש אי קונטינפלאציוניש

שינון לה מאטיריאאי שרגיטם (so) שי דיוירשיפ׳יקא׳אי שון אונאש נובליש אלטאש

f. 55b ;אי שובלימיש אי אוטראש אינפ׳ימאש אי אינפ׳ירוריש איל אבישפו

f. 57 ;די בורגוש אוטורה טירסיאה אובג׳יקסיון אה פיאישטו קונטרה נוש

---

[1]) Ein solches Buch (שבועים שבעים?) besass und widerlegte der Judenprediger Gregor Boncompagni de Scarintiis in Rom (gest. 1688), s. De Rossi, Bibl. antichr. 105 n. 148; bei Wolf [2]1296 n. 180 unter זה, השער לה׳, [3]106 n. 256 unter המקובל אליה; vgl. Catal. Lugd. 118 und Add. zu Cat. Bodl. p. 949. Eine Erklärung der 70 Wochen enthält die „Apoloxica Repuesta" etc. des Ishac *Lupercio*, „Luperio" im Catalogue de la collection:.. de Isaac da Costa (Amst. 1861, p. 89 n. 2330 ms.), nach welchem das Buch in Basel 1658 *lateinisch* gedruckt wäre; s. dagegen Wolf [1]671 n. 1226, [4]883 n. 1219b, [2]1052, De Rossi, Bibl. antichr. 58 n. 81 u. Diz. stor. s. v. (daraus Ghirondi, Toledot 201 n. 184, Titel ungenau bei Fürst, Bibl. Jud. II, 275). In der Bibliotheca Hulsiana (8 Hagae 1730, IV, 372 n. 5136) wird nur der span. Titel angegeben; den Catalog Nuñes Torres kann ich nicht vergleichen. Der Druckort Basel ist jedenfalls verdächtig. Eine Erklärung der 70 Wochen schrieb auch Is. Orobio de Castro (vgl. unten N. 342); s. De Rossi l. c. 86 n. 126; Kayserling, Gesch. II, 304.

ניקולאי לה קואל אפלאזי אל אובישפי די בורגוש; f. 76 wird die Ansicht des Raimund Martin angeführt und folgen 4 Objectiones;
f. 86 Chrysostomus, Antonius Galatin und die „modernos todos.“
Ende: קון לה ליאניזה דילה אישקריטורה שי קונקורדאן.

Eingeklebt ist ein, die Schrift und den complicirten Charakter betreffender Brief (datirt Freitag 7. Tischri וסכתי, Herbst
1735) von [Mose] Chagis an Wolf, welcher (auf dem Vorderdeckel) vermuthet hatte, dass die Sprache arabisch (!) sei, dann
die Auskunft des Schreibers hinzufügte. Darin heisst es: ולהיות
כי לא אליך [עליך] אדוני חלוש אני מאד, ואור עיני אין אתי כאשר בימי
בחרותי... שלש אלה גרמא שאין לאל ידי להעתיק לאדוני דף אחד מהספר
כי הכתיבה דקה דקה מן הדקה. Eine Copie dieses Briefes enthält Cod.
Mich. 846 (Register S. 342); Catal. Bodl. p. 1788.

339. 85b. Bl. A—H (letztes mit Federzeichnung) u. 383 f. Fol., lat.
Cursiv: „Copiado De suo orixinal en Amsterdam 5434“ (1674).

Saul Levi Mortera (auch Morteyra), Providença de Dios
con Ysrael y Verdad, y Eternidad de La Ley de Moseh, ynu-
lidad de las demas Leyes. 71 Cap. mit Index. S. Catal. Bodl.
2508; H. B. III, 59;[1]) VI, 20 zu Almanzi 253 u. zu folg. N. Die
HSS. da Costa 2326 f. sind theilweise identisch mit Muller's in Amsterdam, Cat. 1857 S. 52 n. 875,[6]; בית הספר 1868 S. 354 n. 5181,[2]
(jetzt in Neu-York); andere in Catal. 1870 S. 82 n. 1399, 1400.
Grätz Gesch. X, 11 urtheilt über Schriften, die er schwerlich
gesehen.

340. 240d. 122 f. Qu., zuletzt: „Delamano (so) Ipluma De My Mosseh
De Leao Henriquez.“ Hinter dem Titel „toca este Liuro a Moseh de Leao
Cratto g...emo Hamburgo Anno 5471...a 26 domer de Hesvan (=1710).“

Saul Levy Monteyra de lexiore memoria, Livro de ex-
plicação de Mahamaxime. Anf.: „Aunque siempre conserve en
mij Coraçon;“ f. 3b: „en particolar de lo q. trata el *Sinensy*'
en su Biblioteca tratando del Talmud y caluniando los Sabios
del, Diziendo, = De q. parto nacio yesu...“; hier beginnt die
Randzahl 1.⁰, welche bis 49 fortläuft und die Objecsiones gegen
den Talmud nebst den angebl. antichristlichen Stellen darin bezeichnet. welche hier widerlegt werden. Ende: „entre la Men-
tira y la Verdad. Finis Vesalom.“ — Dieses seltenere Werk

---

¹) Die Repuesta gegen Jaquelot ist nach Roest (Weekblad 1861 N. 14
S. 2) von Abr. Gomez Silveira.

meint Barrios bei Wolf [3]1001 (vgl. [4]969, unbeachtet von De
Rossi, Bibl. antichr. p. 72). Cod. da Costa 2325 (wo jetzt?)
hat den Titel: „Repuestas alas objectiones conque el Senense
injustamente calumnia el Talmud. Compuesto en el año de
5406" (1646).

341. 240e. 188 Seiten Quarto.

[1] Preguntas hechas à los Xpianos yotras Cossas (so) tocantes
a sus Evangelios por la orden dellos. Enthält 177 §, anf. 1.
Pregunto con que razones se prueva que no sea Dios Una pu-
rissima Unidad... Ende S. 155: y tres personas pues el vno
Se predica del otro. Finis Laus Deo. Die HS. De Rossi hisp.
3,[2] v. J. 1621 enthält nach Bibl. antichr. (p. 128 n. 182) 200
Fragen.

[2] 157 Contem As. 23 Preguntas que de França Mandarão
ao M. R. S(aul) L(evy) M(orteyra) e acada hua responden no
modo seguente; Pr. prim. Como Seprueva que en Ds. no
puede auer tres personas en vna esencia. Reposta. Nao ha
divida que se este Sr. procedera como Logico. S. 188 enthält
den Anf. der 16. Pr. —' Unbekannt? Hoffmann, H. B. IV, 51,
erwähnt dieses 2. Stück nicht.

342. 85a. 66 u. 104 f. gross Fol., grosse schöne Schrift 171³/₄, s.
unten. Initialen mit schönen Zeichnungen; vom *Portrait* ist die Unterschrift
weggeschnitten; Prachtband.

Jshak Orobio de Castro, Catedratico de Methafissica e Medicina en las Universidades de Alcala i Sevilla, Medico de Ca-
mera etc., Prevenciones Divinas Contra La vana Idolatria de
las gentes. Libro I. Pruevase que todo quanto se havia de in-
ventar contra la Ley de Mosseh previno Dios a Ysrael en los
Sinio Libros de la Ley para que advertido no pudiesse Caer en tantos errores. (*Jacob Guedella*[1]) Loescrivio (so) em Amsterdam a
25 de Dec. 1713). L. II. Contra los falsos misterios de las gentes
advertido a Ysrael en los Escritos Propheticos (1 Henero 1714).
—· Andere HSS. s. bei Wolf [3]552 (vgl. [4]878), eine in Madrid
beschreibt Rodriguez de Castro I, 605 (vgl. De Rossi, Bibl. antichr. p. 84 u. 123); Cod. da Costa 2328 enthält Gedichte von
Barrios (vgl. n. 2577 und Roest im Weekbl. 1863 N. 8 unter

---

[1] Vgl. über diese Familie H. B. I, 108, IX, 79. Samuel G. in Amsterdam 1683 bei Barrios, Yesiba de los Pintos 54.

3), wie Carmoly's (Hist. des méd. p. 176, Catal. n. 197); eine
v. J. 167⁷/₈ besitzt Kayserling (H. B. IV, 51, Gesch. II, 303); und
s. folg. N., auch über den Verf.; vgl. Israel. Annalen I, 323,
Grätz, Gesch. X, Anh. S. X. Die 4 Schriften aus Sarrasin's
Sammlung, jetzt in Wien, beschreibt Denis, Catal. II, 1353 n.
602; andere s. Tabulae Codd. Vind. V, 185, n. 10388.

343. 240a. 89 u. 157 f. gross Quarto.

„Jschack (so) Orobio de Castro, Tratado ô Repuesta à un Ca-
vallero Frances Reformado, que con el devido Secreto propuso
differentes Questiones para probarle y Oponer a la Divina Ley,
con Expecefice y demonstrativa Respuesta." Dann nochmals
Titel: „Prevenciones Divinas" etc. Hoffmann, H. B. IV, 52 n.
10, giebt den zweiten Titel nicht, daher hielt Kayserling (daselbst
und Gesch. II, 304) die HS. für ein anderes Werk. — Vorne
eine deutsche biographische Notiz: „Don Balthasar Orobio, ein
Beitrag zu den Gräueln der Inquisition".

344. 240c. 57 f. Quarto.

R. Semuel de Lião (so) „Questoins [Questoẽs] com Suas
repostas. que propor na academia de queter tora." Hamb.
A. 5439 (1679) a 3 de tamus. — 2. Titel: „Libro de Diversas
questoins e suas Repostas composto por my ... I respondˢ em
Jesiba ..." Enthält 23 Fragen, fast stets beginnend: „Perguntase
se" u. zw. N. 1 „P. se aquele israelita que consede em todas opi-
niones Judaicas lhe e' milhor, espicular asnecoins e causas de
sua fé ..." Qu. 23: „Preguntase se aquelle (so) que todos os di'as
de sua uida foy mas epreuerso eno cabo della Se arependeo
com coracao perfecto ..." — Der Verf. kann nur Samuel de
Leon in Amsterdam sein, wo die Gesellschaft כתר תורה war,
obwohl Barrios (1683) ihn nicht unter dieser anführt; vgl. H.
B. III, 95.

345. 240b. 132 S. gross Quarto.

Respuesta a las proposiciones de vno que siendo de la na-
çion Judaica por se mostrar tan catolico cristiano quizo que
se la Respondiese a ellas.[1])

---

[1]) In dem, wahrscheinlich fingirten (HB. X, 84) Catalog von HSS. in
Constantinopel (Carmoly, Revue or. II, 112 n. 2) wird als Verf *Daniel b. Josef Abendana* angegeben, welcher das Buch 1689 dem Ishak Levi Ximenes
gewidmet habe. Kayserling (Frankel's Monatschr. IX, 34 u. H. B. III, 96)
nimmt ohne Weiteres diese Angabe an, für welche ein besserer Gewährs-
mann abzuwarten ist.

Anf. „Que Bien se confirma en V.̅m lo del Propheta Jesayas que los asoladores de la Iglesia de Dios." Ende: „Mas. nuestra Salvacion no consiste en la venida del Massias. Si no Solo en Dios. observando ... Mose, el qual dise (Deut. 33, 29) Bien aventurado ... Pueblo Salvo (en el Señor) A.

Enthält 15 Proposiciones, 1. (S. 4) „que el Massias hauia de venir, quando faltase Rey en Jerusalem .... Gen. 49, 10. Dañ. 9, 23". Columnentitel: ceptro de Jeuda. Prop. 15: „Que el Rielo de Malquisedeck. fue figura del Sacramento. Gen. 14, 18 ..." — Am Schlusse heisst es: „Y nŏ les parezia, a los contrarios (Var. in folg. N. adversarios); que es mucho esperar por (para) esta libertad. de nuestros cuerpos, 1588. annos; que passaron dende la Ruyna del Templo, Gasta el presente del 1655, y avn que fueron muchos mas; pues que conforme ellos disen; por la venida de sus Massias (aquel Gombre); a librar las almas; y trayer (traher) Salvaçion al mundo, tan necessaria, esperaron 3761 annos, que tantos uvo, dende el Pecado de Adam; Gasta su venida.

346. 240h. 53 f. Quarto.

Ohne Überschrift enthält die „Respuesta" mit einigen Varianten, s. N. 345. In H. B. III, 96 n. 4 nur: „Proposiziones," ohne Angabe der Identität.

347. 240i. 165 S. Qu., blasse Schrift. Vorne: „Este Liuro he De Selomoh Senior."

Respuesta a las proposiciones etc. Stimmt wortlich mit 240b. N. 345.

348. 240f. 311 S. Qu. Der Hauptinhalt stets, an der Seite angegeben.

Abhandlung ohne Überschrift, zuletzt: „Fin de la semana sobre la Criacion del mundo," in 7 Tage getheilt, deren jeder mit einer Anrufung Gottes beginnt; so der Primero dia (S. 17, es fehlt Titel und Einleitung) „Tu que guías el flamigero Cielo, que Verdadero Neptuno, tienes el humido freno de las aguas." Ende: siendo como e il dia de oy el Sabardo dado para el reposo. Fin de la semana Sobrela Criacion del Mundo.

Dieses gewissermassen kosmographische Heptameron, welches mit dem philologischen des Benjamin Musaphia nur im Thema sich berührt, ist in sehr eleganten und zugleich pathetischen Wendungen geschrieben, will die Bewunderung Gottes gegenüber der heidnischen Zufallslehre und dem Atheismus begründen, greift, nach dem Geschmack der mittelalterlichen Kosmographie,[1]) gern nach den s. g. Naturwundern, die mitunter der Fabelwelt angehören. Der ungenannte Verf. kennt die italienische und spanische schöne Literatur. Nähere Inhaltsangabe in H. B. XVII n. 100. Kayserling (H. B. III, 95,2) identificirt irrthümlich ein *Gedicht* von *Isak de Silva* (vgl. Wolf ³608 n. 1249b Kayserling, Homil. Beibl. zur Bibliothek jüd. Kanzelredner I, 33).

349. 240g. 115 f. Qu.; der Namen des Abschreibers (Copiado Por ... em ..) ist abgerissen.

Dialogo curioso de dos hermanos differentes en la Profession de su ley y arguyentes sobre la verdad de cada qual. Compuesto Por un secret⁰ de sus Razones. A honor del summo Dios Y prouecho de los descosos de su saluacion. — Anf. „Argumento del primo dialogo di Obadia. Un Flamenco por nombre Andres Antonio haviendo en Flandes entendido, que un hermano suyo llamado Bernaldo Antonio se havia hecho Judio se determino venir a Marrvecos en donde residia abuscarlo." Der Proselyt hat den Namen Obadia b. Israel angenommen; die — im Dialog figurirende — Frau heisst Sinca [= Simcha]. F. 2 beginnt: Al Lector. Der Leser solle nicht meinen, dass der Verf. aus Hoffnung auf Lohn geschrieben, sondern um den curiosos [lies cristianos] die Falschheit ihres Evangeliums durch dieses selbst zu zeigen. In Marocco haben Prediger aus der Gesandtschaft ihm Vorwürfe über seine Bekehrung zum Judenthum gemacht. Er habe daher die Gespräche der beiden Flamänder niedergeschrieben (.. platicas de que yo fuy sabedor, quise poner lo todo por escrito, y ordene y compuso este dialogo que intitulo en su nombre *dexando el mio* por agora *en cubierto*, mas no tanto que los descosos de saberlo, Buscando como el di Celestina, no lo hallem, a los quales si hallare ser grato ...). Der 2. Dialog beginnt S. 63. Ende: „los dos palos de Jeuda, y efraim en uno para su (Sancto, in N. 350) servicio Amen." — H.B. III, 96, 3 ist nur der Titel mitgetheilt; s. folg. N.

---

[1]) Vgl. die Literatur des „Physiologus" bei Pitra, und Fr. Hommel, die Aethiop. Übersetz. des Phys. 1877. Vgl. Humboldt, Kosmos I, 165. — S. 83 der HS. wird Aristoteles als Autorität (Quelle) genannt.

350. 333. 42 f. gross Folio, feine blasse Schrift XVII. J.? Titelbl., Anf.
u. letztes Bl. von jüng. Hand.

„Dos Dialogos Compuestos en Maruecos. Son Interlocuto-
res" etc. (Wolf ⁴487). Columnentitel (vielleicht der ursprüngliche):
Fortificaçion de la fée. Ist identisch mit N. 349, jedoch fehlt
die Einleitung, die vielleicht auf den vorne abgeschnittenen
Blättern stand. Dialog I f. 2b, Anf. und Auszüge bei Wolf ⁴726
(De Rossi, Bibl. antichr. 30 n. 41). Dialog II f. 24.

Dasselbe Werk betitelt: „Verdad de la Lei de Moseh acla-
rada en dos Dialogos. Interlocutores Andres... En Maruecos
Á. 5422" (1662) beschreibt Denis II, 1355 n. 603 (geschr. in
Rotterdam 1710), hinzufügend: „Quae (Wolfius) Biblioth. IV
p. 726 inseruit, valde mendosa (?) sunt." Dieser Cod. stammt
wahrscheinlich aus Sarrasi's Bibliothek (p. 20 n. 108), ist aber
von Wolf und De Rossi übergangen.

351. 334. 26 f. Qu., sehr feine Schrift XVII. J. Vor- und eingeheftet:
a) ein Bl., französ. Brief von Alph. de Vignoles an La-Croze, 18. Jan. 1710
(übersetzt bei Wolf ⁴488) ¹), anf. „Assurement, Monsieur votre Rabbin n'est
pas trop bête, et Maimonides n'est pas le seul *inter Judaeos, qui delirare de
siit.*" Eine Nachschrift lautet: „J'ai écrit à Amsterdam, et n'ài pas oublié
votre Mémoire." Auf der Rückseite sind Beispiele der für La-Croze's Übersetzung empfohlenen Censur gegeben: „pag. 2. eo dementiae devenerunt, ut
neque pudore neque verecundia detenti ea nugare sustinuerint. Ce serait
assez, de dire, eo devenerunt ut ea negare sustinuerint," u. s. w. — b) ein
Bl. Titel von La-Croze's Übersetz.]: „Liber blasphemicus... scriptus Amstelo-
dami, a Judæo Lusitano, ling. lusit. Opus impium quidem, attamen eruditum;"
darunter ein Vorwort, über die Vernichtung der Übersetzung, 12. Kal. Sept.
1709 (Wolf ⁴488). Darunter: „ex cuius dono possidet Jo. Chr. Wolfius. Ms.
hujus copiam habet cl. Uffenbachius," mit Verweisung auf die Stellen in der
Bibl. hebr. und die Suppl. in Bd. IV. (die Uffenb. Abschrift ist nicht in
Hamburg). Unsere HS. selbst erhielt La-Croze von *Jaquelot* (nach Unger bei
Wolf ⁴488, 895).²). Die Worte: „nunc exstat in Bibl. Zalusciana" etc. bei de
Rossi (Bibl. antichr. p. 95) sind unrichtig, Bei Jo. Dan. Janotzki (Specimen
Bibl. Zaluscianae, 4. Dresd. 1752, p. 78 n. 259) wird nämlich aus einer HS.
(jetzt in Warschau?) der Titel wie oben (Liber blasphem. etc.) mit der
Notiz La-Croze's mitgetheilt und „mpr." (manu propria) hinzugefügt.
De Rossi hielt daher diese HS. für identisch mit der unseren. Die HS.
237 der Leipziger Rathsbibliothek enthält ebenfalls eine Abschrift La-
Croze's mit der Bemerkung: „Cujus benevolentiae non solum apogr. Msti.

---

¹) De Rossi, Bibl. antichr. 95, übergeht diese Stelle und berichtet
ungenau.
²) Jaquelot vermuthete, Orobio de Castro sei der Verf.; aber Wolf
wendet ein, dass Orobio spanisch schreibe, nicht portugiesisch.

sed etiam *Versionis Latinae* partem debeo." Naumann, p. 77, kennt den
Schreiber dieser Zeilen nicht; bei Wolf ⁴487 heisst es: „Exstat ex apogra-
pho B. *Ungeri* Lipsiae" etc., nach einem Brief desselben an La-Croze vom
6. März 1713. — c) 4 Bl. s. unten ².

¹ „Reposta ahum Papel, qui aqui mandou de França Xuma
pesoa denossa naçao', afirmando, quatro puntos, fundamenta'is,
da religia'o X͞pam, asaver" (1. dass der Messias Gott und Mensch
sein müsse, 2. dass er schon gekommen sei, 3. dass Jes. 53 von
ihm handle), 4. que avia de Çesar aobservancia da ley' Com
avinda de Masias." Die Widerlegung des Anonymus zerfällt in
6 Kap., deren Inhalt bei Wolf ³663 (auch bei De Rossi l. c.)
nebst der Schlusstelle, endend: „évarao aseu compañey'ro."¹)
— Die Citate „Monarchia Eccles." und „Mon. Lusitanica" bezieht
Wolf auf Schriften, die 1594 oder 1632 gedruckt sind.

² (4 f. zwischen f. 8 u. 9) „Responsio ad scriptionem," eine
von J. Chr. Wolf angefangene Widerlegung, einige Zeilen f. 2
und zu Kap. II f. 4.

352. (240k). 147 S. Qu., Autogr. Auf dem Vorderdeckel: „Me jam
in 15ᵐᵒ Lustro aetatis versante concepi, composui & ipse scripsi has animad-
versiones ego, qui posthac, favente Numine jam nunc aetatem 80 annorum
nactus, nunc nuper subscribo nomen meum. Altonae 5551 O. C. m. pp.
Benjamin Mussaphia Fidalgo senior. Altona d. (Lücke) März 1791."

Tit. „Essays du Vieillard du Mont Libanon pour servir
d'Éxamen à certaines assertions du livre Du Vieillard du Mont
Caucase. Discite Justitiam ... Aeneid. lib. VI. Premier Essay.'
— F. 1 „Aux amis de la Vérité. Veritas in profundo latet. Si
jamais cette sentence ..." Man könne und solle mit der Digres-
sion in der VII. Section beginnen (p. 126). S. 2 „Avantpro-
pos. Le hazard m'a fait tomber entre les mains un traité
dont voici le titre: Le Vieillard du mont Caucase aux Juifs
Portugais, Allemands et Polonois, ou Réfutation du livre inti-
tulé: Lettres de quelques Juifs Portugais²) ... à Paris 1776,
Ouvrage attribué à un ami de l'Autheur (so) de La Henriade,
orné du Portrait de M. V*** Rotterdam 1777." [Der darin ent-
haltene Brief vom 15. Sept. 1776 ist unterzeichnet La Roupliaire,
kein Anderer als *Voltaire* selbst]. Unser Autor wendet auf
diese Schutzschrift die Worte Ovids (Trist. 1, 1, 26) an: „Causa

---

¹) Wolf trennt Partikeln, die in der HS., wie in vielen anderen, mit
den folgenden Wörtern verbunden sind; vgl. oben S. 137 A. 2.
²) Zuerst 1769, nach Grätz, XI, 60.

patrocinio non bona pejor erit." Das Buch Voltaire's sei nicht
blos gegen alle Juden, sondern auch gegen alle Christen und
Muhammedaner gerichtet, insofern es die Mosaische Offenba-
barung bekämpfe. Er schickt noch ein Excerpt des Hieronymus und das 47. Cap. der Voltaire'schen Schrift voraus, und beginnt S. 10 die 1. Section des fingirten Dialogs. Von den Lettres
de quelques Juifs, Portugais etc., benutzt er eine 4. Auflage. Die
VII. u. letzte Section schliesst: „Da veniam scriptis, quorum
non gloria nobis | Caussa, sed utilitas officiumque fuit. (Ovid, ex
Ponto, in fine L. III)." Angeheftet ist ein Zettel, worauf Genes.
47, 30 u. 1 Kön. 11, 10 französisch übersetzt ist. — Fürst, Bibl.
Jud. III, 486 unter Voltaire: „Eine Gegenschrift gab heraus"
etc.; vielleicht nach der Notiz über unsere HS. in H. B. IV, 52.

NACHTRAG (zu V: Halacha).

353. 337 (Scrin. 132). Perg. 121 f. Duodez, Text zweierlei gothisch (1477
u. 1492), Noten in rabbin. Minuskel, mit prächtigen nun schadhaften Miniatur-
bildern in Gold und Farben, offenbar christlichen HSS. entlehnt, z. B. f. 75b
die Trauung; der Bräutigam steckt der Braut den Ring an, der Geistliche
sitzt vor ihnen. — F. 118b חזק ונתחזק הסופר לא יוזק, עד שיעלה חמור בסולם, דהיינו
לעולם, נאום הסופר מנחם ב"ר יקותיאל הכהן רפא שלי"ט, וסיימתי שנת רל"ז לאלף הששי
פה עיר פדואה הש' יזכני להורישו לבני ולבני בני עד סוף כל הדורות ושיהגו בו בניי עד סוף
כל הדורות. — מנחם ist auch in den Zeilenanfängen f. 21b gezeichnet. F. 121
נשלם ברכות מהר"ם בקצור שנת יב"רכ"ך ה' יום ג' כ"ג אדר הראשון לפ"ק. Censur des
Camillo Jaghel 1613. — F. 121b מנחם בן מהר"ר קוזי ז"ל; f. 1 folgende, über die
Familie Rapa instructive, theils verblasste Notizen. Sonntag 21. Ab 1479
starb und Tages darauf wurde in טעריווז [Trevigi] begraben Esther, Frau des
ungenannten Schreibers [Menachem], der es für seinen Sohn Meschullam
קוזי הכהן notirt. Letzterer notirt wahrscheinlich den Tod seines Vaters
יהודה מנחם[1]) am Sabbat (?) im Ab רס"ה (1505) und dessen Begräbniss in
טעריווז am Sonntag. Derselbe (משלם קוזי בן מהר"ר יודא מנחם כהן רפא זצ"ל) schenkt
unsere HS. am 10 Tebet רצ"ב (1531) in מונטניינה seinem Sohn מענדלין. Letzterer wahrscheinlich verzeichnet in מונטניינה (so) die Geburt seines erstge-
bornen[2]) Sohnes משולם קוזי Donnerstag 8. Cheschwan שט"ו (Ende 1554) und
des Sohnes Ascher Anschel בר מנחם Freitag 8. Tebet 320 (8. Dec. 1559) in Pa-
dua. Auf einem Vorbl. verzeichnet Bourguet Inhalt und Datum; er erwarb
den Codex (nach f. 121) in Venedig 16. April 1701. רפא übersetzt er „Medici", und so Wolf [3]560 (der den Codex aus Unger's Bibliothek erhielt); es

---

[1]) Jehuda ist wahrscheinlich in einer Krankheit angenommen.
[2]) בכורי ist hinzugefügt, als der Folgende hinzukam.

ist aber Rapa; s. Catal. Bodl. 2828¹). Der Schreiber Menachem ist vielleicht
der Sohn des von Josef Kolon genannten Jekutiel = קוזי?²) Meschullam קוזי
in Pieve de Sacco ist vor 1475 gestorben (Catal. Bodl. S. 2991); Schalom b.
Mesch. קוזי lebte 1476 (Zunz in Geiger's w. Zeitschr. V, 38, Gẻs. Schr. III,
194); Mesch. קוזי b. Mose Jakob (s. oben N. 152 S. 57, wo Salomo dessen
Sohn?) schrieb 1501 eine HS., bei Schönblum 1867 (vgl. Serapeum 1869 S.
157 n. 451), identisch mit Cod. Valperga Calusius 210 in Turin, wo der Index zu den Briefen a. 5247—99 von „Ascher b. Mesch. קוזי שלי״ט" („Kózi Slit"
in Peyron's Catalog), während Schönblum einen anderen (abgetrennten?)
Codex als קוזי משולם לר' עברית ותיקון שטרות לשון מכתבי verzeichnet. Da es auch
Mosche קוזי Levi giebt (Catal. Bodl. l. c.), so ist das Verwandtschaftsverhält-
niss der Einzelnen noch unsicher.

¹ Isak Düren, שערי דורא); (vulgo שערים, oder איסור והיתר
im knrzen Vorwort: ואתחיל להם בדין מליחה והדחה in 10 Pforten
(s. zu Cod. Benzian 10, München 232⁹, Urbin. 32³, oben S. 75
N. 191); f. 17b דיני כבד etc., nicht gezählt; f. 75 (זבוב בקדירה)
endet (so) כמו כן הכל מותר. סליק איסור והיתר דמהר״י (so) דמאיירן. F.
76 ohne Ueberschrift אשה הרוצה לינשא, Ende f. 93 סליק הלכות
נדה. חזק ונתחזק.. — Noten, oft in Doppelreihen, manchmal
הגהה, oder העתקה u. s. w. gezeichnet, sind meist aus den Autoritäten des XIII. u. XIV. J. geschöpft.

²93b Meir [Rothenburg] ברכות מהר״ם (so zuletzt f. 118b)
mit Noten (s. N. 156²), Ende: על המזון שאכלנו משלו.

³119 ברוך א״י חי העולמים נשלמו, Ende על כל פירות האילן
ברכות מהר״ם בקיצור

354. 335 (Uff. 230). 34 lose (früher ungeordnete) f. Oct., bezeichnet
כ״ח—א und למ״ד etc., deutsch rabb., XVII—XVIII. J.

Index über verschiedene, meist halachische Themata ohne
sachliche Anordnung, mit Nachträgen; ausser den Ueberschriften
sind am Rande Schlagwörter für die einzelnen Stellen der Ru-
brik angegeben. Die Quellen sind hauptsächlich Talmud und
Midrasch, daher auch פלח הרימון u. dgl., [von Bezalel,
1659]. Anf. .. אם למקרא ואם למסורת סנהדרין ד״ז ע״א. Die meisten
Rubriken sind überschrieben אי אמרינן u. dgl., daher wohl als
„Quaest. et resp." bei Uff. — Ende defect.

---

¹) Vgl. auch Carmoly, העורבים ובני יונה Rödelheim תרכא (gefälschtes Da-
tum, da S. 31 Landshuth's Onomast. [1862] citirt wird) S. 2. Von Mose b.
Jekutiel weiss Catalog Paris, 48, 49, Nichts; die Synagoge Porto in Mantua
(Catal. l. c. und daher Carmoly l. c. S. 10) verlegt Catalog Paris S. 52 n.
381 nach *Forti*! — Mose „Rap" (?), Arzt in Venedig 1475, s. H. B. VI, 67 A. 11.
²) Vgl. das, noch jetzt in Deutschland gewöhnliche „*Kusel*" (bei Zunz
Ges. Schr. II, 55 unter deutschen Namen) und Meschullam *Cusser* 1570 bei
Osimo, Narrazione, 1875 S. 106 Anm. 11.

(Zu XII. Verschiedenes)

355. 336.　3 lose Hefte zu 24, 8, 10 f. nur auf Einer S. von J. Chr. Wolf in Quadratschr. geschrieben.

[1] תקון הקראים, Abschrift aus Cod. Warn. 60, wonach der Abdruck in Wolf's B. H. [4]1070, s. Catal. Lugd. p. 271.

[2] ענין שחיטה עם ארבע פנים יפות קיצור ענין השחיטה באדרת אליהו שחברו כוהר'ר (so) יוסף בכהי'ר מרדכי הי'ד שנת חמשת אלפים ושלש מאות וחמשים ותשע שנים לבריאת העולם בשנת אל תגעו במשי'ח (so) לפ'ק. Enthält eine kurze, ungedruckte Vorrede des karait. Verf. Josef b. Mardochai (Catal. Bodl. p. 1609, Gottlober, Bikkoret, S. 178; er besass Cod. Mich. 414), anf. אני הגבר ראה עני בשבט והני ענין השחיטה עם שהוא אינו, endend: עברת צרת הזמן הבלתי נאמן מיסורות האמונה ואינו מקשיוני (?) הדת ופלואיה (so) א'א גם הוא נעלם מעיני אנשי הדור כי איננו בהם שידענו כראוי אם מפני הקוצר (!) ההשגה ואם מפני עומק המושג המתחייב מהנחת המחברים ז'ל שהניחוהו בקצת פרקיו כפי שרשי ההגיון　　לכן כדי שלא יתיאשו ממנו התלמידים אמרתי לקצרו בקצור נאה כפי קוצר שכלי למען ירוץ קורא בו. ודרכתי דרך בעל האדרת ז'ל לפי שהוא היה האחרון שבכפומקים. ואע'פ שלפי הנראה לי היה יותר טוב לדרך לדרך (so) בדרך רבינו אהרן האחרון בעי'ח ז'ל כי הנחתו בכל העניני' נכונה ביתר שאת מהנחת ר' אליהו בישישי' (so) זי'ל אמנם נמעתי מפני שר' משה בן ר' אלישע קודם זמן הנירוש קדמני להבר (so) של רבינו אהרן ז'ל בענין השחיטה ולכן אני בחרתי לקצר בשל רבינו אליהו בישישי. Folgen 2 Kap. bis f. 5 und Index bis K. 21, wo das uncorrecte Prototyp endete; vgl. Wolf [3]1220 n. 679, [4]856.

[3] פירוש ישעיה und העתק הקדמה von Ahron [b. Josef], dem Karäer, Verf. des מבחר, bis 2, 5; nach Wolf's durchstrichener Notiz (f. 2b) aus Cod. Warner Fascic. N. 18; s. Catal. Lugd. p. 293 n. 73 E.

Anhänge.

I. Samuelbuch (N. 33, oben S. 7).

Die nachfolgenden Stücke (S. 270—2) sind Parallelen zu den Proben aus der Ausg. 1612 des Samuelbuchs, welche H. Lotze in Gosche's Archiv für Literaturgesch. Bd. I. S. 70—2 gegeben, und beziehen sich darauf die hier beigesetzten Ziffern der Strophen und Zeilen.[1])

I, 3   אוג׳ דש דער אנדר דריטייל אבישי זייב׳ ברודר

4   אוג׳ דש דריט טייל איתי נון איז עש גר

II   דוד קלייד זיך מיט יואבר מיט אין רינגגען שטעהיליין

2   ער שפראך איך וויל אין גוטן בייא מיינן ליבן זיין

3   אויף באגדן זיא אי העלם אוג׳ ליכט שטעהיליין גוואנט

4   דס פולק אוג׳ זיין קנעכטן די זיינן דא צו האנט

III   איר זולט דא היימן בלייבן דוד הער מיין

2   דען דער שטרייט אישט אויף יודן דא טויכט איר גיט איין

3   איר מוכט מען זיא לייכט טארן פ׳×ר לירן וויר דען שטרייט

4   איר זולט היא דיא היימן בלייבן דש דונקט אונש איצונד צייט

IV   איר וועלט דער יודן שונן דער הער דער קוניג רייך

2   נון אישט אל איר גדאנקען אויף אויערן לייפא אליין

3   איר ווערט (?) אין אלן ליבר צו טוט דאר שלוגן (so)

4   וועגן אונזר צייהן טויינד דש הור איך זי וואל זאגן

V   דרום בלייבט הער דא היימן אוג׳ פ׳זולגט אונזר לירן,

2   מיר מוישן גר וואל שטרייטן אום דען לייפא מוישן ווי אונש ווערן

3   נון אישט אלל איר גדאנקן אויך (euch) צו שלאגן טוט

4   אוג׳ בלייבט היא דא היימן הער אוג׳ פ׳זולגט אונזרם רויט

VI   וויר מוישושן אל גמיין גר זער אויף אויך זעהן

2   זא מיכט דען שטרקן רעקן לעכט אובר דראנג גשהען

3   פון דער גרושן מעניג דיא דא קומן דורט

4   איר זולט היא היימן בלייבן אוג׳ ביטט אונזרן גוט

VII   עש אישט אונש גר ויל בעשר דש איר מיט אונש ביט

2   ווען דש איר דעם [צום?] שטרייט הין אויש הין מיט אונש ריט

3   זא מוגן וויר וריקליך שטרייטן ווש וויר צו שטרייטן הון

4   וש איר וועלט שפרך דער קוניג דש זייא אלש גיטון

übereinstimmend   VIII

IX   הין וואלמן

2   שפרך — גוט מויגש

---

[1]) Die während unseres Aufenthaltes in Hamburg von Hrn. Dr. Bamberger, Rabb. in Königsberg, besorgte Abschrift wurde von Hrn. Wittkower mit der HS. nochmals verglichen.

X אונ אל דען הוייבט לייטן דען הערן אין דעם הער

2 קומט אייך מיין זון אבשלום זא שלאגט אין בויארט ניט זעהר

3 נעמט אין גפאנגן אונ' שלוגט אין ניט צו טוט

4 דער קוניג ערנאשטליכן דען זיינן ער עז גבוט

XI דא פונדן זיא דעש קוניגש דוד קנעכטן

2 אבשלום אונ ישראל וי זיך הובא אן אין גרושש ועכטן

3 אבשלום קונט קיין העלם אויף טון דש אישט ווער

4 ער פרוג אויף זיינעם הייפט איין גרושן שובר האר

fast übereinstimmend XII, XIII

XIV צוואנציק טויזענד העלדן די האטן זי דר שלאגן

2 איטליכער דען זיינען, דען מושט מן טוט הין טראגן

3 ישראל מושטן וויכן דער שטרקן העלדן אונצר צייט

4 דורך דעש טודש ווילן דש וש אבשלום לייט

Auch XV—XVII ganz und gar abweichend, XVIII—XXXI übereinstimmend, XXXII ff. wiederum ganz und gar abweichend.

II. Die Disputationssammlung, Cod. 187⁷ (S. 71).

Dieses Werk ist nach Zunz (zur Gesch. 86) in Frankreich (worauf Ortsnamen und Fremdwörter hinweisen) wahrscheinlich um 1240—60 verfasst. Dukes (Litbl. d. Or. VIII, 84) identificirt es mit יוסף המקנא, worin (ñach einer mitgetheilten Notiz am Anfang des Pariser Codex) die [hier fehlende] Einleitung bis התחלת בראשית von einem *Elia* herrühre, das Werk selbst תשובות von *Josef* b. Natan aus Joigny[1]) und dessen Vater *Natan*, enthalte. Carmoly behauptete zuerst (France Isr. 157), „Josef b. Natan b. Josef b. Natan b. Meschullam" aus Étanges gebe zu Ende Maleachi Einzelheiten über seine Familie an und nenne (zu Genes.) „Josef Official," der ebenfalls Josef b. Natan Official hiess! Das Buch habe anderen zum Muster gedient, sei sogar mit dem Titel נצחון gedruckt (Confusion mit dem alten נצחון, s. oben S 71). Die Unterscheidung von Homonymen desavouirt Carmoly selbst in einem Artikel in Ben Chananja IV, 204, wo dafür andere unbelegte Angaben treten; unter Anderem wird *Natan b. Josef*[2]) 1274 zum Deputirten beim Concil Gregor's X. in Lyon ernannt und stirbt um 1275. Ein Verwandter, *Elia* (der einen

---

[1]) היוני lässt auch Grätz, Gesch. VI, 435 stehen; es muss מיוני heissen und steht hinter Natan.

[2]) Vgl. weiter unten S. 178 A. 2.

Bruder Josef hat), sammelt die Disputationen Natan's und des
Sohnes Josef, wird nach kaum begonnener Arbeit plötzlich er-
mordet, worauf Josef selbst dieselbe fortsetzt und bis über die
Evangelien beendet. (Letzteres wiederum Confusion mit dem
alten נצחון). Nach der Behauptung, dass Josef „geschriebene
Dokumente" benutzt habe, z. B. ויכוח ר' י"ט מיוכי (lies מיוני, also
Jomtob aus Joigny), schliesst der Artikel: „Diese Dokumente,
die er wörtlich abschreibt, würden bei den ähnlichen Namen
der Kontroversisten, die grösste Confusion hervorgebracht haben,
hätte er nicht, am Ende Maleachi, ein genaues Verzeichniss
seiner Familie bis an (so) R. Todros de Narbonne hinauf gegeben, und dem wir in dieser Notiz folgten." Der Pariser Catalog N. 712 weiss Nichts davon, freilich auch Nichts vom „hei-
ligen" Elia und der Notiz am Ende von Maleachi. Auch dieser
Catalog spricht von dem Buche als „connu sous le titre de נצחון",
und verweist auf Munk (!) in der Hist. lit. de la France XXI,
509[1]). Die HS. beginne ראה קראתי בשם החבור יוסף המקנא,
vorangehe ein Fragment über messianische Weissagungen (נחמות),
die vorzüglichsten Disputanten seien *Natan l'Official*, und sein
Sohn Josef. Hiernach bedarf die HS. an den erwähnten Stellen
einer kritischen Prüfung.

Aus demselben Werke stammen höchst wahrscheinlich Citate
zum Pentat. in לקוטות, Cod. München 252, woraus 20[2]) Excerpte
bei Berliner, Pletat, hebr. S. 29 ff. (vgl. dazu den Index der Autoren in H. B. XVI, 129). Dieselben stehen, mit Ausnahme von
n. 2 (Meir b. Jecheskiel und Simson) und 8 (Saadia), in unserer HS.
f. 53c—57a, theils mit schlechteren, theils mit bessern Lesearten,
z. B. n. 12 סובל hier f. 55c richtig חובל (Cordeliter, auch 53b,
58a בעיר דורא, 63a, 71c, s. Zunz z. G. 181, ob auch (?) האבל מקלינו
f. 54c? oder lies האבט, der Abbate?); n. 11, 15 besser אח נירין
f. 55c 56a,[3]) 57b, אח נרין 63b[4]). Die wichtigste Abweichung

---

[1]) Dort steht ein Artikel *F. Lajard's* (1847) von wenigen Zeilen. Der
Verf. des יוסף המקנא heisse Josef b. Natan und der Vater Natan l'Official,
wahrscheinlich in Sens, XIII. J. Unsere HS. (bei Zunz) wird einfach identificirt. Vielleicht ist mehr zu finden iu Munk's handschr. Catalog, welchen
der gedruckte benutzte?

[2]) So ist bei Berl. S. 31 für 21 zu lesen, n. 21 S. 34 hebr. ist nach
S. 33 aus Cod. München 50.

[3]) מחגירא bei Dukes, Mittheil. S. 24, Litbl. VIII, 84, Berliner S. 32.

[4]) Der Bequemlichkeit halber bezeichne ich von nun an mit B. Ber-

besteht darin, dass wo Cod. München (und Paris) in der 1. Person spricht, in H. *Josef* genannt ist;[1]) — für נתן יוסף bei D. und Zunz S. 86[2]) hat H. 63b נת׳ן, also mit der virgula censoria, ähnlich 54d הר׳ר נת׳ן אשר,

Für Zeit und Charakter der ursprünglichen Compilation, wie für das Verhältniss unseres Compendiums, wären hauptsächlich die citirten Quellen und Disputanten zu verwerthen. H. bietet in dieser Beziehung einige Lücken, z. B. f. 51c שאל גבול למצוות יש׳ להר׳ מפריש (so) — הקונצייר (D. יש׳ להר׳ mit Fragezeichen); 54a (so) אל הר׳ מקארטרש, G. 439 supplirt יוסף, aber B. 3 (vgl. H. B. XVI, 131) hat מתתיה; s. unten unter יוסף. 70c וכן אמר הר׳ ר׳, ב ה׳ר׳ יוסף הכהן, mit einem Zwischenraum in der HS. (wonach D. zu berichtigen, vgl. Zunz S. 86). In Bezug auf die von Zunz l. c. aufgezählten Autoritäten und die bei D. uncorrecten Mittheilungen ist hauptsächlich (nach der Reihe des hebr. Alphabets) noch Folgendes zu bemerken.

אשר Sohn Natan's 57b, vgl. 63b, auch 54b (wo נת׳ן, s. oben), bei[3] Mai p. 385: „Asai." — יוסף מקרטרש, Mutterbruder Natan's 58a, auch דוד הר׳ר נתן מקרטרש שמו 63a (vgl. oben zu הר׳ מקארטרש,), heisst in Cod. München Josef *b. Ascher*; B. S. 32[3]) identificirt ihn mit dem Grossvater in n. 3. s. jedoch unter נתן (vgl. auch oben S. 28 N. 67). — יחיאל 55d (s. A. 1 dieser S.), bei Zunz (S. 86): „Jechiel (aus Paris?);" allein f. 58c (Jerem.) ausdrücklich גלח אחד אמר אל רבי׳ הר׳ ר׳ יחיאל מפריש זצ׳ל, also höchst

---

liner's Plet. nach der Zifferzahl der Excerpte, ein hinzugefügtes S. bezeichnet die Seitenzahl der deutschen Abtheilung; **D.** = Dukes, Mitth. S. 24; **G.** = Grätz, Gesch. Bd. X; — **H.** = Cod. Hamb., vor Blattzahl, wo letztere allein nicht deutlich genug ist.

[1]) Abigedor b. Isak (vgl. H. B. XVI. 129, Litbl. l. c., B. 13) סיפר לי etc., H. 55d, und סיפר כי הקונג׳ מפריש אומר אל ר׳ יחיאל והר׳׳ר יצחק מה זה שאתם אוכלים zuletzt הר׳׳ר יוסף (das Stück ואני אליעזר bei B. ist also Zusatz). Eben so כל f. 52a, דברי הר׳׳ר יוסף (כלו?) f. 52a, הר׳׳ר יוסף 53c, am Ende von B. 1, und f. 59a. — B. 3 שאל .. לר׳ יוסף... ואני השבתי לו כמו שאמר מורי זקני הרב ר׳ יוסף בשם אביו והרב (so) לר׳. והשיב כמו שאמר שאמר זקנו הר׳׳ר יוסף בשם ר נתן (2 ,H. 54a (G. 438, נתן בן הר׳׳ר משולם (vgl. weiter unten). — B. 6 ואני משיב להם, 54c ל׳׳א. — B. 7 ואני אומר und שמעתי 54c והר׳׳ר יוסף אומר und שמע. — B. 19 שאלני גלח und ואמרתי לו שאל גלח אל 57 und ל׳׳א. — Vgl. auch בעל התשובות oben S. 73. החׄ ר׳ יוסף

[2]) Im Index S. 599: N. b. J. ist auch die Seitenzahl 14 zu streichen: vgl. N. b. J. in Cod. Wien 32 S. 37; „ex Claramot" (קלאראמונט) in Cod. De Rossi 313,[8]; vgl. auch Jellinek המזכיר קונטרסים S. 18 und oben S. 176 A. 2.

[3]) Die Emendation für Carpentras, bei B. S. 49 A. 48, hat schon [Carmoly] Litbl. XI, 550 zu Zunz, z. G. 98 und 86.

wahrscheinlich Jechiel b. Josef (oben S. 73), nicht ein älterer
(G. 438 A. 1, B. S. 48 A. 28), wodurch wenigstens die Zeit
unserer Bearbeitung (und wohl auch des Originals) auf Zunz's
Annahme zurückgeführt wird (vgl. weiter unten). — מנחם aus
Joigny, f. 70d מירושלים (¹האפ'טיאטקלא אל מיונני מנחם ד' והשיב.
— מפריש משה 57cd, fehlt bei Zunz, vgl. B. S. 27. — נתן bildet
das Centrum, zugleich den schwierigsten Punkt der Untersuchung.
Natan hat schon Wolf ³848 n. 1720b aus Mai. Für נתן במולינש
54c hat Zunz „der Rabbi in Moulins", vgl. unten הנמון. Natan
schlechtweg identificirt G. 437 auf Grund einer Parallele im
alten נצחון mit N. Official; dass dieser um 1200 gelebt habe,
ist nicht zwingend bewiesen, eine eingehende Besprechung würde
zu weit führen. Beachtenswerth ist der Umstand, dass Natan
b. *Meschullam* (um 1150) in H. nirgends genannt ist. B. 20
stammt zunächst aus einer Quelle des XIV. Jahrh. (vgl. H. B.
XVI, 131), aber auch in Cod. Paris heisst es zu Jesaia לי אמר
מורי זקני הר' יוסף בן הר נתן בן רבינו משולם, wonach der
Schreiber ein Ururenkel des N. b. M. war, also frühestens
um 1230 schrieb. Auffallend ist B. 3 (oben S. 178 A. 1), wo
Josef gefragt, in der 1. Person geantwortet und der Grossvater
Josef citirt wird. G. 438, 2, der die Stelle nur nach H. kennt,
bezieht sie dennoch auf den Sammler Elia. Liegt in B. eine
aus zwei Quellen combinirte Leseart vor? Ueber N. aus Char-
tres s. oben unter יוסף.

Die *christlichen* Disputanten oder Fragesteller sind fast nirgends mit Namen bezeichnet. Ausnahmen sind „Bruder *Hieronymus*" אה נירון, s. oben S. 177), יודן הכישומד 61c (bei D. מדן),
Pabst Gregor (IX., 1227—41): אל (so) על דבר מעשה נירוג ה ר
האפיפיור גרינוייךא (so) תפח נפשו בניהנם להתוכח על המחילה 63d (vgl.
Zunz z. G. 86). Sonst sind es meistens Geistliche und Apostaten,
die als solche, häufig mit Hinzufügung des Ortsnamens, in fol-
gender Weise benannt werden: מירושלים (?) אפטיקלא (s. oben
Zeile 5). — האפיפיור 55d (G. 436, B. 14) und 68b וזה השיב הרב
גלח אל' הא — אפיקורוס 55c, B. 10. — גלח אחר, insbesondere גלח

¹) Mit Punkt über dem א. D. liest מנחם מאאני (א ist von יו kaum zu
unterscheiden), in Kontres ha-Masoret S. 17 ohne Weiteres מיונני.
²) Vgl. B. S. 33. Im Index von Zunz z. G. 599 ist S. 101 zu streichen,
und zur S. 111 der fehlende Natanel b. M. zu setzen, Vgl. auch Cod. Wien
32 S. 36 des Catal.; Meschullam b. Natan in *Melun* um 1160, bei Zunz, z. G. 53.

‫ג ממוקניט‬ antwortet Ascher ‫אחד בטרוייש‬ 57a, vgl. B. 19; dem
b. Natan 57b; ‫ג׳ המלכה‬ 56b, B. 18. — ‫הגמון דאנגיירש‬ 59c;
‫ה׳ מונש‬ mit Josef b. N. 57d, 58a, 66c; ‫ממנש‬ B. 3, steht nicht
54a (G. 438, 2); ‫מייונין‬ 54d (D. ‫בומיאן‬, G. 436 Z. 5 ‫מיוני‬, B. 9
‫ממילנש‬, S. 32 wird dafür „Melun" gesetzt); f. 62d heisst es:
‫נדרשתי ללא שאלו בעלילת פונץ, כאו גוים ואמרו להג מפוטיייריש‬
‫ומאנגוולימו שהיה השקץ עושה פוקה עיורים זוקף כפופים מסיח אלמים‬
‫הג (אחד) משנץ‬ (ist Poitiers und Angoulême); endlich ‫איל הרר נתן‬
‫משנין‬; 54d (B. 9, vgl. 15, nicht f. 56a, s. G. 436) 57cd, 63d, 64a;
bei Mai 384. — ‫חובל‬ s. oben S. 177. — ‫יקופין‬ (Jacobiner) 53a.
58c ‫משומד‬ — 56a B. 15, G. 436. — ‫המלך‬ — 55c. ‫מין אחד‬ —
‫קונצלייר‬ 51c, ‫קוצייר‬ (so) ‫מפריש‬ — ‫יודן המשומד‬. vgl. oben und d;
55d, 56a (B. 13, 17), ‫קנצלייר‬ ohne Ort f. 70. — Endlich mag noch
folgende Hinweisung auf die Kreuzzüge Platz finden, f. 61b ‫ולא‬
‫כמו עתה שהמשרה גורמת אכילת חרב ומלחמת בין הגוים ובין הישמעאלים‬
‫אבל במשרה זו שלום יחיה.‬

III. Robert's Circular [1328, Cod. 253⁵ (S.103).[1]

‫העתקת כתב אדוננו המלך רובירט י"ה לכלל אייניש על מות הדוכום‬
‫בנו י"ע.‬

‫רובירט בחסד האל מלך שזיייא אל כלל אייגייש הנאמנים שלום ורצון‬
‫טוב. אליכם אשר כלי פרוד באהבה ויושר אמונת צלמנו המלכי תתחברו‬
‫ועמנו באותו המושג הורגלתם ובכל הדברים בזה המרוץ נכרתם אם למצליחים‬
‫בכם ואם לקשי יום הוכרחנו להגיד ענין הפרידה המבכה מהיותר חביב ויקר‬
‫אלינו הוא הנולד הראשון לנו גם יהידנו דוכום קלבריא אשר באמת הלך‬
‫בדרך קודמיו מהבית הקדוש אל צרפת ואם בפרט מעצמו עם נדיבות גדולה‬
‫כאשר יאות בעניינים נודעים או קנינים ובשבועות האקרלשיאה‬ (so) ‫כראוי‬
‫אל פרמציר‬ (so) ‫מאמין וקאטזיליק יום תשיעי לחדש נובמרי כאשר יתכן‬
‫להאמין עבר אל קיר׳שט‬ (so) ‫ולא נרצה להעלים מכם ומאמונתכם כי‬
‫אנחנו‬ [‫?בטחנו‬] ‫באל ית׳ לנמרי ובתכלית ההתאפקות ובאבירות לב נתאמץ‬
‫זוה ונביט לנמצא בכתבי הקדש באמת גם את הטוב נקבל‬ (!) ‫מצורף למה‬
‫שאנו בטוחים בזה להיות אהובים לאל כי בהכנעה ראוי שיוקחו צרות זה‬
‫העולם ונביט ג"כ למה שאנו מנידים לשמחתכם והוא שממנו נשאר זרע‬
‫ומאשתו ההרה בעזרת האל בן זכר אנו מקוים סוף דבר י"י נתן וי"י לקה.‬
‫גם תוחלתנו שהאל העתיקו אל מעמד יותר נכבד‬ (‫טוב‬ dafür) ‫בלי הערכה‬
‫ממה שהיה. והאל אבי הרחמים יביאהו למנוחות ויתעורר לעזרנו. ובאמת‬
‫שמעשי הראשונים יורו לנו ולכם כי חאל ית׳ בצרות וסכנות לא עזב חסדו‬

---

[1] Die Schrift ist auch dem Geübten schwer leserlich.

אבל לירא ולנואש חיש השניח. ודעו שאפי׳ בננו (הדזכום (darüber) החביב
שהיה לא להנהגתי והצלתי לבד בתכלית הטובה וההעזר היה אך בכל
הענינים ההכרחיים היה מעולם ונסתלק מעמנו. אף גם זאת אנו מקוים
כאשר אמר לאב הקדוש אברהם לפחדו פן ילך עריר׳ הבטיחו כהשגנחתו
יורש מבורך על משפחות האדם ולהרבות זרעו מכוכבי השמים ואותו הבטיח
להציל ממלכים לא מאמינים וניצוח עד לתת לו עליהם (so) וכן היה כן
אין לנו ולכם להתיאש ולירא פן יעזבנו לפי שאין אנו נרדפים לסבת מרדנו (?)
בו. ולפי שראוי לקצר באבל המתים ומכאובם לפי שלא אבדו אבל שולחו
לפנינו ראוי אם כן לנו ולכם מן הדין להתאפק באל לפי שאנו עשוייו והמניע
אלינו הוא הרצון האלהי. והנה אמר גריגו״ריש שלא ירצה האל רק בטוב
אם כן כל עוד שנכאב במה שירצה. האל נתראה מגונים ומורדים במעשיו
ורצונו והולכים כנגד גזרתו הקדושה אשר אין מי שינידה ולזה תהיה תמיד
תקותכם ותקותנו שאין להרהר במה שיחול עלינו כי הכל מאתו מניע וכל
מעשה לפי טוב ומשפטיו בלתי מושגים אלינו ולא נחקור תכליתם כתהום
(הסתום?) לפי שלא נתן אלינו לחראם (?) לגדלם ולגודל עושיהם וגם באותם
שיראו נכרים אם היו מושגים כפי מה שהם בגנני טובו היו בלי שום ערך יותר
טובים וישרים. ולפי שהוא ית׳ התחלה ותכלית תקותנו וקיומנו ראוי שתהיה
אליו בקשתנו ותפלתנו ואליו יכלו כל תשוקותינו ויוקבלו, נחלה אם כן לזה
ונבקש ונצוה אמונתכם ואהבתכם הנאמנה ביותר יקר שנוכל שבכל בתי
העבודות אם מהכתדרים אם מהפרוק״יאש ובפרט ברליניו״ש תתקנו בכונה
חזקה שיעשו תפלות וזבחים שנה תמימה למהר׳ דרכו אל האל ביותר קצר
שתוכלו למען תשמח נפשו בשכנו בהיכלות השמ.ּים (su) והארמונים העליונים
ושמה לנצה יתעננ. א״א.

IV. Jacob Anatoli's Vorrede, Cod. 263 (S. 108).
(Benutzt sind Codd. München, 64, 106, 388).

איה מצרף מסוג שלי	קול תופשי (חופשי) בינה ככסף
כור לבין מאב נתן לי	חכמת דבר תשיב אמר
ויצא לצורף כלי.	בו (בי) הגו סנים מכסף

מצרף לכסף התבונה, וכור לזהב האמונה, לחכמת הדבר היא למנה,
כי בו יבחן כל מאמר (המאמר), אם מתוק (הוא) אם מר, הרע הוא אם
יפה, החזק הוא הרפה, אם יכשר ואם יערב, המעט הוא אם רב, והמאמרים
מורים על הענינים אשר בשכל האדם מצויירים, והציורים ההם נשואים על
הדברים, אשר חם חוץ משכלו נמצאים (מוצאים), וכל הנמצאים יודיעו (יורו)
ממציאם, ויורו כי הוא בראם, לכן כל הבא לדרוש את י״י באמת הוא צריך
לחכמה הזאת (כזאת), כי (אם) איננה (חכמה) לעצמה, כי אם (אמנם)
תועלתה גדולה לצרוף כל חכמה, שאין שלמות לחכם זולתה והיא אצלו ככלי
(ה)אומנות אצל האומן ואין זה בחכמה העיונית לבד כי גם (כן) במקומות

רבים בתורה ובמקרא ובתלמוד יש לה מבא גדול להתיר ספקות גדולות
(רבות) וזאת הוא הכונה הראשונה בחכמת הדבר.

והכונה שנית כי היא מחדדת השכל ומכשרת התלמוד (הלמוד) כססים
המכשירים האוכל ומעירים תאות המזון, והיא תועלת טובה (גדולה) לכל
מבקש, מצורף אל זה שהיא צריכה מאד לעמוד כנגד החולקים והטועניס
בטענות (בטעות) השלי (so) ר"ל ההטעאה, וכבר הזהירו רבותינו ז"ל על
זה, הוי שקוד ללמוד תורה (ודע) מה שתשיב לאפיקורוס (את אפיק'), ולא
על אפיקורוס בלבד היתה (כונתם ו)הזהרתם כ"א על החולקים על האמת,
וידוע שאין כח באדם ממנו לעמוד כנגד הפקחים כנגד שאר האומות החולקים
(החולקות) עלינו אם לא ילמוד (למד) החכמה הזאת.

ומפני שראיתי שרבו ההוללים הרעים המתפארים עלינו בדרך המחלוקת
והנצוח, קנאתי בהם אני יעקב בר אבא מרי בר' שמשון בר' אנטוליו
(אנטולי) ז"ל, והתעוררה תשוקתי להעתיק החכמה הזאת. כפי אשר תשיג
ידי ואמת כי נתתי אל לבי להקל מעלי (עלי, תחלה) עבודת ספרי (חכמת)
התכונה הכבדה בהעתקתה ולמודה (לפי מה) שהיא צריכה (ל)ספרים
רבים ולהתבוננות רב, אכן הציקתני רוח אחי (אהי) ורעי אלופי ומיודעי
החכמים המשכילים אשר בעיר נרבונא (ובדרש) אשר מלאם לבם לקרבה
אל המלאכה הזאת ולאהבתם אתה שכמי לשאת משא על משא (משאי)
ובעזר(ת) הנותן ליעף כח אזרע בבקר בחכמת התכונה, ולערב בחכמת
ההגיון תהיינה ידי אמונה.

ואם יאמר אומר הלא (אמרו) רבותינו ז"ל (מנעו החכמה הזאת כי הם
אמרו) מנעו בניכם מן ההגיון, נשיב לו השמיע לאזניך מה שאתה מוצא בפיך
(מפיך), כי הם אמרו מנעו בניכם ולא אמרו מנעו עצמיכם, וזה שזאת החכמה
ושאר החכמות הנמשכות אחריה נמנעות (נמנעים) מן הנערים לשתי סבות,
אחת מהן לפי שהן מושכות לב האדם מאד, ואם יתחנכו הנערים בהן לא היתה
נפשם חושקת בתורה (לתורה) לפי שאין למודה על דרך ההגיון כדרך (העיון
בשאר) החכמות, והשנית כי היה האדם זמן רב בלא תורה ובלא אלהי אמת
אם לא היה חנוכו בתורה, ולזאת הסבה (ב)עצמה מנעו האדם מללמוד
(את בנו) חכמה יונית לפי שצריך שיהנכהו (שיחנכנו) בתורה לישב דעתו
באמונת האל הישרה ולהדריכו במדות (במצות) הטובות, ולזה (ועל זה) רמז
החכם באמרו חנוך לנער ע"פ דרכו וגו', וזה (ה)דבר שיקל עליו בנערותו
לסמוך על דברי (דעת) התורה האמתית המקובלת, לפי שאין צרך לצרפם
כי כבר צרפם ובחנם נותנם, כמו שאמר כל אמרת י"י צרופה (וגו') ואמנם
אחר זה ראוי לכל חכם שיחפף ויצריף (הבנת) דברי התורה (והבנתה) הטמונה
ואז יבין (תבין) יראת י"י ודעת אלהים ימצא (תמצא) (כמו שאמר החכם
אם תבקשנה . . . תמצא), ואין החפוש בה כהפוש הטמונים מבלעדי החכמה
העיונית. ועל זה אזרתי להתחזק ולהתאמין (להתא' ולהתח') במלאכה הזאת
ואם ידעתי כי לא יאות לאיש כמוני להרום ולעלות אל (ה)הר הגדול הר
ההעתקה כי רב הדרך ממני ורבים המכשולים לפני מחסרון ידיעתי בלשון

הערב ומקוצר יד הבנתי, אמרתי (ו)אולי במעט הדבש אשר ימצא בספרי
העתקתי יארו עיני העוינים (העורים המעיינים) בהם, ויתקנו המעוות בם
(מעוותי) ומעט התועלת בחכמה (בחכמות) הוא גדול לאוהביה. והבוחן לבבי
וצורפי (וצורפו) יעזר לי (יעזרני) להפיק רצון מאתו ושגיאות יבינני ומנסתרות
ינקני.   יהי לרצון אמרי פי (והגיון לבי אמן).

V. Arthurs Hof, N. 288 f. 1 und 327 f. 88 (S. 119). [1]

1   נוא זאג איך דיר דוא קלוגר קנאב (מן!)
  דז איך ליידר קיין זון ניט (fehlt) האבי (הב)
  ווען מיין איניני (איינציגי) טאכטר (טוכטר) די איז איין שויני מייד (מייט)
  דש זייא דיר ור וואר גיזייט (גיזאגט)

5   די שיינשט (שוינשט) די אי ווער גיבורן
  זיא איז שון (אישט בון) זעכצהן יארן
  איך ווייש איר זיט איין קלוגר מאן (מן)
  ווען איר זיא (זי') ווערט זעהן אן

9   אייר ורב (אויער פֿארב) ווערט זיך ור קערן
  און אייער (אויער) שטערק ווערט זיך מירן (מערן)
  פון (בון) איר גרושה שונהייט
  דיא גוט האט (הוט) אן איר גיקלייט (זי גילינט!)

13   ווען זי איז פון (fehlt) הויט און האר (הור)
  שוין (שון) אז דער זונן קלאר (די זון אזו קלור)
  וייל עש. גוט ניט וויל הון
  דאז איך זאל האבן איין זון

17   זא, (דא) וויל איך דער ליבה (ליבר) טאכטר מיין
  (נר) איין גיטרייאר ואטר (פֿאטר) זיין
  אונ' איך וויל איר געבן איין מאן (מן)
  דער דא אויך עצאס קאן (איז איין דעגן צו לובן!)

21   דער דא איז איין שטוארקר הילד
  אונ' איין דעגן אויש דר וילט
  פון אייער שטערק (אויערי שטערקקייט) איז מיר וויל ווארן גיזאגט [2]
  איך דאכט מיר צו ביריטן מיין קלייד (Zeile fehlt)

25   וויא קוים (קאם) איך בייטט (ביטיט)
  דז איך שטיג צו פפערד אונ' רייטט (Zeile fehlt)
  ביז איך אוינז קיניג ארטיז הוב (הוף) קאם
  אונ' איך אייערר דא (אוימדר דו so) ור נאם

---

[1]) Auch diese Probe exerpirte freundlichst Hr. Dr. Bamberger, die
wir mit den HSS. verglichen. Die Varr. sind aus Cod. 288.
 [2]) Muss wohl ursprünglich גזייט (geseyt, für gesagt) lauten, um mit Kleid
zu reimen, vgl. Zeile 4.

Dieser Text ist wohl von Josel Witzenhausen leicht um-
gearbeitet (s. Wagenseil, Belehrung u. s. w. S. 172, 175), da
die alte gedruckte Bearbeitung (Serapeum 1869, S. 146) in Acht-
zeilen mit 3 alternirenden Reimen verfasst ist.

VI. Honein's Einleitung (308,[5] S. 133, 309,[4] [5] S. 140 ff.).

Für die nachfolg. Inhaltsübersicht benutzte ich den ver-
kürzten arabischen Text (**A.**) aus ibn abi 'Sadik's Comm. (שרח
מכ'חצר מסאיל) in Cod. Münch. 804 (Aumer S. 352) in X Abschnitten, die hebr. Uebersetzung (Mose Tibbon's, **T.**) in 2 Re
censionen (**Ta.** = Hamb. 308,[5] und Münch. 270, **Tb.** = München
250 u. Coronel),[1]) die lateinische Isagoge (**Is.**), Ausg. 1527 der
Articella, und deren 2 Uebersetzungen (**Ua.** = Hamb. 309,[4],
Ascher 21, **Ub.** = München 270).[2])

Anf. A. אמר השואל (חנין) אל כמה חלקים T. ;אלי כם ג'זו ינקסם אלטב
(הרפואה)הרפואות הרפואות (נחלקת חכמת) יחלקו. .Is: Primus liber medicinae.
Medicina dividitur in duas partes; U. s. oben S. 140 — I. A. אלי כם
"ני'זא ינקסם אלנט'ר. אליתילאת'ה" אנ'זא ומא הי אלנט'ר פי אלאמור אלטביעיה
ומנה יסתכ'רג' עלם אלאמראץ' בזואל תלך אלאמור אלטביעיה" ען אחואלהא
אל כמה חלקים T. ;ואלי אלנט'ר אלי אלאסבאב ואלי אלנט'ר פי אלדלאיל
יחלק העיון, אל שלשה חלקים ומה הם, (אל) העיון בדברים הטבעיים אשר
מהם תצא ידיעת החליים בסור הדברים הטבעיים (ההם) מדרכיהם ואל העיון
במופתים העיון ואל בסבות (והעיון). .Is: Theorica dividitur in tria,
s. in contemplatione rerum naturalium et non naturalium et earum
quae sunt contra naturam (ου und παρὰ φύσει); Ua. והחכמה
(ואמנם הה') נחלקת לשלשה דברים והיא בהכרת הדברים התולדיים
והעיון מהם יהלק לנ' Ub. ;והאין (והבלתי) תולדיים והוץ מהתולדת
.חלקים אל העיון בדברים הטבעים והבלתי טבעים ואשר הם נגד הטבע[3])
— Folgt von Elementen, Temperamenten (מזג), Säften (ליחות),
Gliedern, Kräften, Wirkungen, Seelen (רוחות, *spiritibus*), auch
in Is., wo sich Alter etc. (s. unter VIII u. IX) anschliessen.

---

[1]) Die Worte א' השואל und א' העונה bleiben weg, wie in A. — Derselben
Anordnung folgt auch die *tabellarische* compendiöse Bearbeitung (vgl. unten
zu VI) in Cod. Sprenger 1835, deren Titel der gedruckte Catalog durch eine
Inhaltsangabe ersetzt; er lautet הד'ה מסא יל חנין בן אסחק עלי טריק אלתקסים ואלתשג'יר
(vgl. oben S. 133 A. 3 und Virch. Bd. 39 S. 327, Bd. 42 S. 100). Dieser Cod.
ist in sehr kleinem, die Augen anstrengendem Character geschrieben und
stark von Würmern beschädigt.

[2]) המבוא הנקרא יואניציאו ס' citirt schon Serachja, unten Anhang IX.

[3]) Am Rand והסבות וחמופתים, aus T., wo jedoch die obige Eintheilung
als eine zweite, s. unten unter VIII.

II. A. כל יהדת׳ אלדי מא .אלטביעה׳ ען אלכ׳ארגהי אלאמור פי

מה יתחדש .T ;ואחד מן אלאמור אלטביעיה׳ אד׳א׳זאל ען חאלה פי אלבדן

Is.: .בעבור כל אחד מן הדב׳ים (הענינים) הטבעיים כשיסור ממנהגו בגוף

Da re naturali in humano corpore; nur Ub. בצאת הדברים הטבעים

ממנהגם הטבעי, Ua. ohne Ueberschrift, die Arten der Krankheiten

uud die Zustände des Körpers.

III. A. ומן הסבות שני מינים .T ;פי אג׳נאס אלאסבאב נ׳נסאן .

מהם טבעים ומהם (מקריות) יוצאות מדרך המנהג הטבעי .Js.: De modis

occasionum. Occ. vero duo sunt genera; Ua. Cod. H. ומן הסבה

(!) הם שני ענינים האחת (האחד) תולדי והשנית׳אין תולדית והיא חוץ תולדי

Ub. ;והאחת (והאחר l.) חוץ ממרוצת richtiger Asher ממרוצת.התולדת

בסבות. וסוגי הסבות שנים, האחד טבעי והשני יוצא מהמירוץ הטבעי

d. i. extra cursum nat.

IV. אלדלאיל פי׳ ;T.המורים (והראיות) סוגי.המופתים (מיני) כמה הם

על הבריאות והחולי .Is.: De modis et numero significationum.

Genera sign. sunt tria; Ua. (!) האחדים שלשה הם האותות עניני

יורו וכו׳ ;Ub. מורות מהם שלשה האותות וסוני .באותות.

V. (Practischer Theil, s. oben S.134). A. defect (s. unter VI).

T. אל כמה חלקים תחלק החלק המעשי (המעשה) במלאכת חכמת הרפואות

ורפואת ....א׳ ה׳ יחלק אל שני חלקים שמירת הבריאים׳על בריאותם

החולים... Js.: De operatione medicinae. Op. med. habet tri

plicem effectum, aut ei custodit sanitatem secundum multitudinem

(l. similitud.) suam aut ex infirmitate facit sanitatem aut e con-

trario; Ua. השלמת חרפואה נחלקת לשלש(ה ענינים) זהו לשמור הבריאות

בפעולת הרפואה .Ub. ;כפי מראהו או להשיבו בריא מחליו או ההפוך

ופעולת הרפואה הנה יש לה שלשה כוונות אם שמירת הבריאות על

דמיונו ואם עשות מהחולי או מהממוצע או מההפך. Das Ende dieses

Abschnittes lautet bei T. (Cod. H. 308 f. 84): על כמה פנים תעשה

הרפואה בתוך הגוף..בשלשה פנים. אם שינקה דבר ממה שבגוף

כאשקמוניא אם שימנע מה שיורק מן הגוף כמו האספרגול אם בשנות מזג

הגוף כהשקות מים קרים בעת הקדחת...על כמה פנים תעשה הרפואה

מחוץ אמר העונה על ארבעה דברים ומה הם אם לחסר מן הגוף כרפואה

האוכלת הבשר או להוסיף בו כרפואה המצמחת או למנוע היוצא ממנו

כרפואה העוצרת דם או לשנות מזגו כמים הקרים המוצקים על הגוף בקדחת..

כמה הם מיני הרפואות ביד בחכמת הרפואה.. שני מינים ומה הם שאנחנו

אולי נעשנה בבשר ואולי נעשנה בעצמות ומהדמות (so) זאת הרפואה בבשר

הבקוע (?) והחנוכה (?) והכויה...ומה דמות עשייתנו לה בעצמות..אם

אם בתקון השבר [1] בהשבת השמיטה — Is.: Medicinae interioris operatio

[1] Am Rand נ״א התקעה, also aus Ub., s. unten.

in tria dividitur: aut enim solvit, ut pharmacia: aut comprimit: ut
cactana: aut mutat qualitatem ut *aqua* frigida in febribus. Eius
autem effectus quadruplex est: aut enim minuit abundantiam ut
pharmacia: aut replet inopiam ut carnem vel sanguinem: aut
perstringit solutum ut stipticum: aut mutat qualitatem ut frigida
aqua in febribus. *De Chirurgia.* Chir. duplex est in carne et
in osse: in carne ut incidere suere coquere: in ossa ut solidare
aut innectere aut reddere. — H. 309 f. 82b מלאכת הרפואה בשלשה

ענינים או בשלשול כמו בכיבום או במעשה [במעצר .1] כמו בחבוש או משנה
האיכות כמו בדברים קרים בקדחות.(¹ והשלמת הרפואה היא בד' ענינים
או יחסר השפע כמו בכבום או ימלא החסרון כמו מדם (בדם) ובשר או יעצור
המשולשל בדברים עוצרים או ישנה האיכות כמו מים קרים בקדחות; in
ואמנם פעולת הרפואה החיצונית תהיה בארבעה פנים München 270
כי היא אם שתמעט בהרקת התוספת וניגובו ובלווי כמו המאכלים, או ימלא
החסרון במצמיח הבשר והדם, ואם שתעצור הנרפה ברפואה הקובצת ואם
שתשנה המזג בשפיכת הקרים על הגוף בקדחת; Der Passus Chirurgie
מלאכת הכריתות זהו צירוגיאה היא בשני ענינים בבשר ובעצם.lautetin Ua.
בבשר כמו חיתוך ותפירה וכוייה (וכוייה ותפירה) בעצם כמו לקיים או
ואולם מלאכת היד בשני מינים כי היא תפעל אם .Ub; להחזיר אל הדבקים
.בבשר ואם בעצמות אמנם בבשר.. כמו דבוק השבר והשבת ההקע'

VI. A. (²'פי קואנין אלאדויח" אלמפרדה" ואלמרכבה"; T. (f. 84b)
שער בתיקון הסמנין .. בכמה דברים תשלם הרפואות (הרפואה) עד שתהיה
הבריאות בהלאים (בחליים) כוללת .. בחמשה.דרכים באזן [באיזון .1] איכיות
(איכות) הסמנין, ובאזן כמיותם, ובהטבת צד עשייתם, ובשער העת הנאות
לעשייתם, ובטוב בהינתם. Is.: Specierum cognitio quinque modis
fit: qualitatis, quantitatis, temporis, ordinis, boni malive dis-
cretio (so). Ua.הכרת (ידיעת) הסממנים נעשה בחמשה ענינים באיכות
אזון הסמנים. וידיעת .Ub; ובכמות ובעת ובסדר ובבהינת הרעות והטובות
הסמים תשלם בה' דברים והם אזון איכותם וכמותם ואזון [ועת für?]
עשייתם וסדרם ובהינת טובתם ורעתם. Diese Zeilen am Ende der
(vielleicht *unvollendet* gebliebenen?) Isagoge vertreten einen
grossen Abschnitt des arab. Originals, welcher auf anderem
Wege auch in occidentalische Kreise drang, namentlich der

---

¹) Die andere Übersetzung dieser Stelle habe ich nicht notirt. In
dem Comm. Cod. Coronel (s. oben S. 142) findet sich überhaupt nur אמר
השלמת מלאכת הרפואה בג' ענינים במילוי בחסור ובשנוי איכות, vielleicht eine Zusam-
menziehung beider Sätze; auch der folg. Passus über Chirurgie ist dort nicht
erläutert.

²) Der Cod. ist hinter f. 58 (Ende IV) und 60 defect, die Custoden
sind gefälscht; f. 61 עלי כם צלב יקאל אלשי חאר ist in Cod. Ḥ. f.88b כמה פנים על
יאמר כי הדבר הם. A. f. 63b über die Arten der Mittel entspricht H. f. 89.

Theil über die Prüfung der Heilmittel.　A. f. 68 כם הי אלקואנין
כמה (מה) (H. f. 90) T.; ואלדסתוראת אלתי ימתחן בהא קוה" אלאדויה'
הם הדרכים אשר בהם יבחן כה הסמנים הנפרדים; auf diese 8 Wege
folgen (A. f. 71, H. 90) 5 andere, deren letzter der Geruch (s.
Virch Bd. 37 S. 400, Bd. 39 S. 327).　A. f. 88, H. 95b über
die Gewichte (Dosen) der einfachen Heilmittel.　Hierauf folgt
H. 96b von den zusammengesetzten Mitteln[1]), und darin die
oben (S. 134) erwähnte Stelle vom Theriak (f. 97b, Münch. 250
f. 35, M. 270 f. 40, unbedeutende Varr. lasse ich weg):

ולמה נקרא הטריאק טריאקה .. כי יש היה שמה עוקצת (עוקצת שמה)
בלשון יון טריאק ובעבור שיהיה זאת (היות) המרקחת ר"ל הטר' מועיל
מארסי בעלי העקיצות ובעלי הארסים גזרו (לו) היונים בלשונם שמות משמות
בעלי העקיצה וקראוהו טריאק ותקנוהו בארץ הערב וקראוה טריאקה
(טריאקא)..... אמנם המחדש הראשון (לו היה) מאנים (אאנים)
הפילוסוף(2 ואמנם המתמצע והמשלימו היה (הוא) אנדרומכוס כי הוא
(היה) שהוסיף בו בשר האפעה אשר הוא יותר נאות.... ואמנם המגיעהו
(המגיהו) והמגלה טובותיו ומעלותיו הוא גאלינוס כי הוא הגיד סבת מה
שנכגנס(ו) בו מן הסמנים... ואחרי כן חנין בן יצחק אחרי מה שקדם
מנאלינוס בזה אסף (לקח) ממה שאמרו נאלינוס מאמר כולל ושמו בגוף
למבקש העלה ומה שנמצאו לו מן (ה)עינים (ה)(חזקים ברבים מספריו אשר
הם באוצרות לבעלי החכמה חבר (פי') בתריאק ספר ושמהו שני (חלקים
בשני) מאמרים (באר בהם ענין התריאק במאמר מבואר).'

Den Schluss dieses Abschnittes bildet eine kurze Behandlung der 4 Krankheitszeiten (f. 100b), welche ibn abi Oseibia
als Anfang der Redaction Hobeisch's bezeichnet.[3])

---

[1]) Auch hier ist in A. hinter f. 88 eine, von Aumer übersehene Lücke
durch falschen Custos und die rothe arab. Ziffer 125 (auf f. 8) betrügerisch
verdeckt.

[2]) Für מאגגם *Magnus*, s. Virch. Bd. 52 S. 353, 361; vgl. folg. Anm. 3.

[3]) Die Stelle bei ibn Abi Oseibia (HS. München f. 239, Berl. f. 180)
lautet: כתאב אלמסאיל והו מרד'ל' אלי (צנאעה") אלטב לאנה (קד) ג'מע פיה ג'מלא וג'אאמע יג'ר'
מג'רי אלמבאדי ואלאאיל להד'א אלעלם ולים ג'מיע הד'א אלכתאב לחנין בל אן תלמיד'ה הד'א
(so) חביש תממה להד'א קאל אבן צאדק פי שרחה לה אן חנינא ג'מע מעאני הד'א
אלכתאב פי טרום ומסודאת ביע' מנהא אלבעץ' פי מרה" חיאתה ת'ם אן חביש בן אלחסן
תלמיד'ה ואבן אכ'תה כתב אלבאקי ואד פיה מן עגדה זואיד ואלחקהא במא את'בתהא חנין פי
דסתורה ולד'לך יוג'ד הד'א אלכתאב מעננא בכתאב אלמסאיל לחנין בזיאדה" חביש אלאעשם (so)
ואלד'י פי אלנסך' מן הד'א אלכתאב אן זיאראת חביש מן עד ד'כרה אוקפא אל אמראיק' אלארבעה"
אלי אכ'ר הד'א אלכתאב. וקאל אבן אבי צאדק אן זיאראת חביש אנמא הי פי אלכלאם פי אלתריאק
ואסתדרל עלי ד'לך באנה קאל ת'ם אן חנין בן אסהק עמל מקאלתין שרח פיהא (so) מא קאלה ג'אלינוס
פי אלתריאק ולו כאן קאלה חנין לכאן יקול ת'ם אני עמלת מקאלתין שרחת פיהא כד'א וכד'א וקיל
.אן חנינא שרע (פי תאליף) הד'א אלכתאב פי איאם אלמתוכל וקד ג'עלה ראיס אלאטבא אלאסבאע בגרדא
　— In der tabellarischen Bearbeitung, Cod. Sprenger 1885 f. 10b, ist die
Stelle unseres Textes gekürzt: אלתריאק אבדעה מגנם וכמלה אנדרומאכס אלת'אני
;וחנין ... אלק' פיה לחום אלאפאעי וג'אלינום אלך von Honein ist nicht die Rede.

VII. A. אלעווק אלצ״וארב. פי אלנבץ׳; T. מה היא (המאמר בדפק)
ספר לחנן, in Cod. Scal. 2 f. 159 דפיקת הגדים הדופקים. Eine Be.
arbeitung von **Galen's** *de pulsibus ad Antonium* (ed. Kühn XIX,
629 ff.) und daher dem, hinter der Is. gedruckten lib. pulsuum
Philareti sehr ähnlich,[1]) befolgt die Dreitheilung der Naturalia
etc., bespricht 10 Arten des Pulses, zuletzt das Pulsfühlen, über
welches Nichts ‏‎in jenen Beiden.

VIII. A. כין קסם קום איכרון נטיר. פי לואם אלאמור אלטביעיה׳.
אלטב ;T. איך חלקו אנשים אחרים חכמת הרפואות ומעשיה בזולת החלוקה
הקודמת; hier kommt die Dreitheilung in die natürlichen Dinge
(טבעיים), nicht natürlichen und unnatürlichen oder widernatürlichen (יוצאים מן הדרך הטבעי). Zu den 7 natürlichen (s. oben I)
kommen 4 משיגים (מקרים) דבקים בהם, nämlich Jahre (Alter)‚
Farben, Qualitäten (תארים) und Geschlechtsunterschied. Daran
schliessen sich (die nicht natürlichen) Jahreszeiten (Verände-
rung der Temperatur), Bewegung und Ruhe, Bad (רחיצה), Speise
und Trank, Schlaf u. Wachen, Coitus und Accidenzen (חידושים)
der Seele. Alles dies hat die Js. zu Anfang hinter den natürl.
Dingen: „Incipit tract. rerum non naturalinm et primo de mu-
tatione aeris"; Ua. (Ueberschr. fehlt in H. 77b) נאמר מן הדברים
בדברים הבלתי טבעים וראשונה .Ub; שאינם תולהיים מן שנוי האויר
באויר; für Bewegung in Ua. העמל (exercitio), Bad מרחץ (auch
Ub.), Nahrung עניני המאכלין (Ub. wie T. מזון), Wachen תעורה
(Ub. יקיצה wie T.), Coitus משכבי אשה (Ub. משגל wie T.), Accid.
מקרים באו מצד הנשמה, Ub. מ׳ נפשיים. Vgl. Arnaldus de Villanova, Speculum introd. K‎ 78—87.

---

　　　[1]) Ueber dieses Verhältniss findet sich keine Andeutung bei F. Z. Ermerins (Anecd. med. graeca, Lugd. Bat. 1840 p. VII, wo Anfang und Ende
nach ed. 1487 mitgetheilt ist; vgl. in der weitläufigen griechischen Schrift
des „Theophilus Protospatharius" p. 51 die Eintheilung der Veränderungen
κατα φνόιν etc). Haeser, Gesch. d. Med. I, 461, übersieht sogar die von
Ermerins hervorgehobene Verschiedenheit des kurzen Philaretus, welcher zu
Anfang des letzten Absatzes: de causis et differ., auf die „16 Bücher" (ohne
Zweifel des Megapulsus von Galen) hinweist. — Ueber eine *hebr.* Uebersetzung
des Philaretus s. Virchow's Archiv Bd. 40 S. 92. — Philaretus, od. Philertus,
als Verf. eines lib. trium tractatuum (was Haller, Bibl. med. pr. I, 309 auf 3
Schriften über Urin, Excremente und Puls bezieht!) wird im Continens des
Razi citirt, s. die Anführungen in meiner Abhandlung: die toxicologischen
Schriften der Araber u. s. w. in Virchow's Archiv Bd. 52 S. 362. Allein
nach Leclerc, Histoire de la médicine arabe I, 256, hat der arabische Text
Philagrius. Dass Philaret den Arabern unbekannt scheine, habe ich bereits
l. c. S. 363 bemerkt.

In A. f. 116 und T. (H. f. 105 b l. Z.) folgen Eintheilungen
der Glieder, zuerst an und für sich in einfache etc., dann aber
nach Kräften und Rang (כבודם), ferner von den Kräften, grösstentheils Wiederholung aus I! —

Die 3 Widernatürlichen sind (nach T. zu Anf. dieses Ab-
schn.): Krankheiten, Ursachen (סבות העושות להם), und Accidenzen (מקרים הדבקים בהם). Diese Eintheilung hat die Is. am Anfang des nun folg. „tract. rerum contra naturam et primo de divisione eorum," wofür eine kurze Ueberschrift des folg. Abschnittes bei Ua. (חוץ מתולדת) u. Ub. (נגד הטבע).

IX. A. המאמר T.; פי אלהמי. מא חו אלחמי חראן כ׳ארג׳ה׳ מן אלטבע
בקדחת ... מה הקדחת .. חום יוצא ממנהג הטבע יתפשט מן הלב בנידים
הדופקים יזיק לפעולות הטבעיות. Die Namen der Fieber sind grie-
chische. Is.: De Febribus. Febris est calor innatrual, cursum
supergrediens naturae, procedens a corde in arterias, suoque
laedens effectu (sehr kurz); Ua. (H. אינה חום חום) מן הקדחת הוא חום חום אין
תולדי עולה אל (so) מרוצת הטבע (ה)יוצא מן הלב בכלי (ה)רוח וממנגע
הק׳ היא חום חום עובר המירוץ הטבעי .. אל Ub. ; (ומיינע H.!) במעשהו
השתנים (!) מזיק הפעולות הטבעיות. Daran schliesst sich A. f.
134b הצמחים אלנ׳דב; T. (H. 112b) מאמר במורסות, Is. apostema, Ua.
המורסות Ub. ; הם אפושטימאציוני.

X. A. פי אלתפסיר (so) לם צאר אלבול אד׳א למש כ׳ארג׳א מן
המאמר בשתן .. למה השתן כשימושש חוץ למרחץ T.; אלחמאם וג׳ד חאר
ימצא חם ... אמר ג׳אלינוס כי השתן אחד. Ende in meisten HSS.
עינים, l. הרבה ענינו, hier (vgl. zu München 270), או בקיבה מן האשה.

Von dem Einfluss, welchen Honein's Einleitung schon früh-
zeitig ausgeübt, giebt auch die ארג׳וזה des Avicenna Zeugniss.
Da diese versificirte Einleitung in lateinischer Uebersetzung ge-
druckt ist, so sei hier nur auf eine für die Eintheilung und das
Verhältniss zu „Joannitius" interessante Stelle im Commentar
des Averroes hingewiesen (Avicennae Cantica, 2. Textstelle, in
Opp. Aristotelis ed. 1562, T. X p. 221 H); der Gegner Honein's,
(„Humay"), der dort in Alcorazoen verstümmelt worden, ist Ali ibn
Ridhwan (gest. 1068, s. meine Noten zu Baldi p. 45, 48). Jene Stelle
lautet hebräisch in Cod. Wien 167, nach gef. Abschrift des Hrn.
Dr. Friedländer in Wien (Nov. 1877): והראשון שהלק חבמת הרפואה
בחלוקה הזאת חנין הרופא וכבר השיב עליו אבן רצואן זה (so) והשב
ששרשי גאלי׳ ישפטו שזאת החלוקה שקר והשיב עליו בן זוהר והשב
שתמצא זאת החלוקה בקצת הספרים המיוחסים לגלינוס והאמת בזה כמו

שאמרנו. Die Frage, ob die Medicin Wissenschaft oder Kunst sei, bespricht schon Galen's Introd. sive Medicus (K. 5, 6, cd. Kühn XIV, 684).

VII. Namen der Heilmittel nach ihrer Wirkung
(zu N. 308[6] S. 135).

Avicenna, סמים לביים (aus dem Arabischen K. 10), Cod. Münch. 87 f. 123 b, Cod. 280 f. 120):

מדקדק מתיך ממרק מנהיר פותח מרפה רוחץ מחתך מושך עוקץ מאדם משחין מחכך שורף מאכל מעפש כווה מבשל מעבל נופח משבר הרוחות. — ומדרגה אחרת: מעבה מטיח ממעיד מחליק קובץ עוצר סותם מרתיע מרדים מחזק מפנג. — ומדרגה אחרת: באדהר (כאזהר) וממית ומפסיד וארסי ותריאק (ותריאקי).

2. Avicenna, הרפואות הלביות, nach dem Latein. (des Arnaldus de Villanova?) II. Kap. 1 (Cod. Münch. 373[2]):

מתיך ממרק מדקדק מנהיר פותח מרפה רוחץ חותך מושך נושך מאדים מנגע מחתך שורף מפסיד מעפש כווה מבשל מעכל מנפה שובר הרוה מעבה מדביק מחליק משמיט עוצר קובץ שותם (?) מרתיע מרדים מחזק מפנג ממית מארם צוריי. — מתיר השתן או מוזיע מרעיף הדם נותן אסטניסות מקשה עוצר דם או שתן קובץ המותרות מיבש הנגעים מוליד בשר מזהיר הנגעים מטהר אותם בקלוף.

3 Abu 'Salt, כלל קצר מן הסמים הנפרדים, hebr. v. Jehuda Natan, Kap. 6 (vgl. Virchow's Archiv Bd. 39 S. 401):

מבשלים מרככים מקשים סותמים פותחים מדביקים ממרקים מספנים (=מחממים בשווי) מאכבים מתיכים הבשר (=ממיקים) מצמיחים הבשר סותמים דוחים לחוץ מושכים לפנים משקיטים באזהרדיים.

4. Josua b. Vivas Lorki, גרם המעלות, hebr. v. Josef Vidal Benveniste, K. 1 (Cod. Münch. 280 f. 175, vgl. Virchow's Archiv Bd. 40 S. 96). Der Uebersetzer hat für die arabischen Bezeichnungen hebräische gesetzt.

ואמנם השניים הנה קצתם יוצאים ונמשכים מהחום וקצתם מהקור ...
והנמשכים מהקור הם כ"ב: מחמם (כבר נאמר) מדקק שובטיליאטיבוס מתיך שולוט([1] ממרק אבטירוש (absters.?) מטעיר איקשיאשפיראט (so) פותח אפריט מרכך מוליפיקאט מבשל שנטיבאט (so) מעכל דיגישט משביר הרוחות פרניש [פראנגנש [l. וינטושיטאטיש מחתך אינסיש נושך מורדפיקאט מושך מוש אטראקט([2] מאדם רוביקאט מחכך פרוסיטוס פאסינש

---

[1]) Die Endung יבוס ivos habe ich von hier an weggelassen.

[2]) In der Erläuterung sind die 2 letzten umgestellt, eben so שורף, מנגע S. 291 Z. 1.

מנגע אולסיראט שורף ארושט אוכל קורוש מפתת רופינט (faciens)
מעפש פוטריפיטאט (so) כווה קאבטרייזאט מקלף אישקוריאט.
הנמשכים מהקור ו': מקרר (כבר נאמר) מחזק קונפורטאט כרתיע
הפירקוש מעבה אינקרושאט מפנג קרודום פאסינש מרדים אישטופטיקאט.
הנמשכים מהלחות ו': מרטיב (מלחלח, כבר נאמר) נופח אינפלאט
רוחץ לאבאט מטנף הנגעים שורדיאני ממעיד לובריפיקאט מחליק אפלאנט.
הנמשכים מהיובש ח': מיבש (כבר נאמר) קובץ קונטראט עוצר
אישפיריש סותם אופילאט מטיח קונגלוטינאט סונר קונשולדאט (so) מצמיח
הבשר קארניש גיניראט חותם שיגילאט.
אמנם השלישיים הנה הם שמנה כחות והם: תריאק באדזהר
(בדיזאר, so) ממית מארם וינינושים משלשל שוליט מקיא בומיטאט
מגיר פירבוקאט מזיע שנדוריש ארוקטיבורי.

5. Ein Fragment in Cod. Poc. 405 f. 35—6 (übergangen bei
Uri 420) beginnt יש מהם מוליפיקאטיוש ר"ל מרככים ומהם מורדיפיקאטיוש
ר"ל נושכים ומהם מונדיפיקאטיוש; mehr habe ich nicht notirt.

6. Pseudo-Arnald de Villanova, Speculum introd. medic.,
Ende Cap. 32: Prima Tabula: Subtiliativa, resolut., absters.,
exasperat., aperit., mollificat., maturat., digest., incis., frangit. ven-
tositatis, attract., modificat., rubificat., prurit., ulcerat., coros.,
adust., dirupt., putrefact., cauterizat., excoriat. (C. 33 behandelt aber sedativa doloris als allgemeinerer Art). Zur 2. Tab.
gehören: Confortat., repercuss., ingrossat., incrudat., stupefact.
Zur 3. Tab.: Inflat., lavat., sordidat., lubrificat.. lenit. Zur 4. Tab.:
Express., contract., opilat., glutinat., consolidat., carnis generat.,
sigillat. Zur 5. Tab.: Generat. lactis, generat. spermatis, provo-
cativa menstruorum, prov. urinae , prov. sudoris, solutiva ven-
tris. Zur 6. Tab.: Perniciosa, venenosa, tyriachalis.

Vgl. auch Avicenna, Cantica, P. II Tr. 1, Cap. 36; Averroes,
Colliget (כליאת) V C. 5 ff., wovon hebr. Übersetzungen aus
dem Arabischen und aus dem Lateinischen existiren. Griechi-
sche Bezeichnungen s. bei Oribasius, XIV, 36 ff. (II, 532 ed.
Paris 1854).

VIII. Die Curae des Petrocello, Cod. 309³ (S. 139).

Eine Übersicht des Inhalts, namentlich der im Original nicht vorhan-
denen Zählung, giebt die nachfolgende Tabelle mit Benutzung der Überschriften im Texte selbst, u. zw. Menachem's nach meiner HS. Die Indices
sind, wie sonst überall, unzuverlässig; die Zählung ist in meiner HS. im
Texte umgeändert und schwerlich richtig, obwohl eine Verzierung zur Con-

trolle dient. Zu seiner Mittheilung hat Renzi II S. 314 einen nicht durchweg genauen Index gemacht. Die unter Anonymus eingeklammerte Ziffer bezieht sich auf Cod. Florenz (s. weiter unten).

Die Fremdwörter sind als theilweise characteristisch in corrupter Form mitgetheilt, geringe orthographische Abweichungen bei Menachem nicht beachtet. Ein einfacher Strich bei Letzterem bedeutet vollständige Uebereinstimmung mit dem Anonymus; neben anderen Wörtern bezieht sich der Strich in beiden Columnen auf die vorangegangene Bezeichnung der Krankheitsgattung — das Wort קדחת ist unter 2—20 weggelassen.

Falsch ist die latein. Überschrift *interpolata* (14), *cotidiana* und קוטידיאנה des Anon. (16) für quartana, auch im Text; n. 17 lies קוּוארט' für וירא; hier bietet Men. das Richtige.

	Anonymus.		Menachem.	Renzi.
1	קדחת אינפימירא	1	איפימרה	307 diffinitio febris, Effimera (II, 751)
2	איטיקא	2	—	308 ethica (II, 765 Auszug)
3	סינוקא	3	[4 אינפלאטיבה 'ס	II, 738 putrida (sinocha)
4	כבזוניטא	5	קאוזון	II, 742 de causonide
5	מיטריטיקי קטן	6	מיטרידיאו (הקטן)	II, 759 de emitriteo minori
6	אמצעי —	7	—	309 med. emitrit. (II, 760)
7	גדול	8	—	
8	פירניסיאה	9	פירניזיאה	
9	ליטרייאה	10	—	
10	טירצאנה	11	שלישית אמתית	310 tertiana vera (II, 744)
11	נון בירא	12	לא אמתית	II, 744 — notha
12 (13)	דופלא —	13	דופלא טירצה	
13 (12)	פיאלא			
14	קוטידיאנה	14	תדירה קבועה	311 cotidiana interpolata (!) (II, 748)
15	קונטינואאינטרפול'	15	מפסקת	
16	קוטי'יד' קונטינ'	16	רביעית קבועה	312 „coditiana" continua (II, 748)
17	וירא קוּוארט'	17	מפסקת —	312 quartana [interpol.] (II, 753)
18	נון וירא	18	לא אמתית — —	(II, 754 Z. 15 theilweise)
19	פליאוריס	19	פלאוריזיאה	313 pleuresis (etwa Hälfte) (II, 219)
20	פרפליומוניאה	20	—	— peripleumonia, unvollst. (cf. II, 217)
	(כאב הראש 21)			
21 (22)	מאויר קר—	21	כאב הראש	292 (dolor capitis) (II, 134)
22	מחום שמש —	22	מליחות המות	II, 136 Z. 23 et [l. ex] calid. solis
23	הבא מדם —	23	מסבת דם	(II, 134) ex humore (sang.)
24	מקולירא	24	—	II, 135 Z. 10. (ex colera)
25	מליחה	25	—	ib Z. 21 (ex fleumate)
26	ממלינקוניאה	26	—	II, 136 Z. 8 (ex melancolia)
27	מאומרי שבשטומאקו	27	מסבת ליחות האסט'	ib Z. 5 v. u. (ex humoribus .. in stom.)
28	הבא ממלינק'	28	ממרה שחורה שבאסט'	II, 137 Z. 10 v. u. (melanc. in stom.)
	הנתן באסטומכא			
29	מקולורא שבשטומ'—	29	ממררה שבא' באסט'	
30	הבא מדם		מדם — [29b]	
31	מחמת שלא		מעיכול רע [29c]	II, 138 Z. 1 (ex debilit. stom.)
	יתעכל המאכל			
32	מן פלאנציאה	30	חולי אפילינסיאה מדם	293 epilempsia.
33	אפופולוסיאה	31	—	
34	סקוטומיאה	32	—	
35	חולי העינים	33	—	II, 149 dolor. oculor. (ex sang.)
36	כאב עינים	34	מליחות קרות —	II, 150 Z. 21 (ex fleum.)
	מאומרי קרים			

Anonymus.	Menachem.	Renzi.
37 דמעות מחמת אומרי	35 דמעות העינים	
38 לדוקין שבעין	36 . לדוק העין	. . . . II, 151 (pannus)
39 כהיון העינים	37 . (הנק' אישקורייטט אוקלורום)	—
40 חרישות האזנים	38 . חרשות האז'	. . . (2. Hälfte) 293 tinnitus (II, 163)
41 סרחון הזב מן הנחיריים	39 הרפשים הסרוחים הזבים—	
42 סתימת הנחי' הנק' קוריצא	40 חולי הנחי' (ונק' קוריצה)	294 catarr.
43 הרם הזב מנחיריים	41 —	. . . . 294 fluxus sang. (II. 169)
44 בקיעת השפתיים	42 סדק השפ'	
45 כאב השניים	43. —	. . . . . 295 dolor dentium (II, 177)
46 — רקבון	} 44 —	. . . (cf. II, 178?)
47 החניכיים		
48 סרחון הפה	45. —	295 fetor oris (II, 174)
49 — קריעת	46 . .	
50 סדקים וצמחים ובוהק הפנים	47 עדשי הפנים וכל צמחיהם האשקינגנציאה	
	48 . . הפנים	
51 סקינגניאה	49 . הגלנדולי	. . . II, 203 quinantia
52 גלנדולי שבגרון		
53 סקרופולי	50. האשקר'	
54 נמיכות הקול	51. —	
55 השעול	52. —	. . . . 295 tussis (cf. II, 208)
56 הרוקקים דם	53. הנק' אימופטווייצי	— (cf. II, 231 emoptoici)
57 רפש וטיט	54.	
58 אזמא ואורתומי' אלינימו (so)	55 האניליטו	
59 הקרדיאקא היא דפק הלב	56 קרדיאה פשיאון	
60 סינקופין היא רפיון הגוף	57 שינקופיש	. . . . 297 sincopis (cf. II, 233)
61 חולי שבשטומאקו	58 חלאי האסטומכא	. ib. passiones stomaci (II, 239)
62 רוטו הוא גיהוק	59 גיהוק הנק' רוטאציאוני	298 eructatio (II. 247)
63 סונגלוצו	60. פיהוק הנק' סנגלוצו	
64 ההקאה	61. —	. . . . 298 vomitus (II, 251)
65 כאב השטומאקו	62 — (דיאריאה)	. . . . 299 dolor stomaci
66 [השלשל]	} 69	
67 לאינטיריאה	(b)	. . . . II, 274 lienteria
68 דיסינטיריאה	(c)	. . . . ib. discinteria
69 כאב מעי איליאוס הנק' איליאוס	70 איליאוס	. . . . 301 yliaca (II, 256)
70 קוליקא	71 קוליקא פשיאו	. . II, 258 colica passio
71 תולעים שבבטן	72 —	. 301 lumbrici (II, 267)
72 מחורים	73 —	. 302 emorroydes (und ficuli in ano) (II, 284, 287)
73 טינגמון ,	74 —	. 303 tenasmon (II, 282)
74 חולי הכבד	63. חולי הכבוד	
75 דישטינפרמינטו	64 } דישטימפרנצה	. . 304 distemperantia epatis (II, 290)
76 סתימת הכבד		
77 פושטימא	65 הצבות הנק' אפושטימה	II. 293 Apostema
78 הדרקון (79)		
79 טרופיציאה(איפוזרקא)	66 אדרופישיאה הוא. הדרוקון הוא	305 ydropisis (II, 301)
	(איפוזרקה) או אונזרקה	
80 — הנק' אשקטש	(אישקריטיש)	. . . (ascolites)
81 — לאיקופלמנצאיה		
82 — טימפניטס		
83 איקטיריזיאה	67 הירקון הנק' איקטיריציאה	
84 חולי טחול	68. —	. . . . 306 passio splenis (II, 307)

Anonymus.	Menachem.	Renzi.
85 כאב העצה , .	75 הירקון הנק' ריניש .	II, 316 dolor renum
86 הצבות הגולדת בעצה	76 פושטימא הנולד בעצה	
87 דיאביטי הוא	77 זיבות השתן הנק' דיאביט	
זיבת שתן		
88 אבן שבחלוחלת .	78 חולי האבן שבכליות .	II, 316 de lapide in renibns
89 חולי הרחם	79 חליי הרחם . .	
90 זיבות (דם העירות)	(b) (לזיבת דם הנגידות)	
הזב ימים רבים		
91 דחיקות וצרות הרחם	(c) צרות ודחיקות האם	
92 פושטימא של רחם	80 מצבות הגולדות ברחם	
93 אשה שאינה מתעברת	82 —	
94 המקשה ללדת	83 — (בלידתה)	
95 מרחם שיצא ממקומו	81 לצאת הרחם חוץ ממקומה (so)	
96 חולי הירך הנק'	84 —	
שיאטיקא		
97 מעד הרגלים הנק'	85 —	
פודגרא		

Die Kap. beginnen in unserer HS. mit dem Namen der Krankheit, in HS. Florenz (die ich mit Fl. bezeichne, nach Mittheil. Lasinio's Juni 1867) und im Fragm. gewöhnlich נאמר מן (auch . . עתה); dort scheinen noch mehr (vielfach corrumpirte) Fremdwörter vorzukommen, während Menachem auch Kunstwörter gerne hebräisch übersetzt, z. B. טריפירא ישמעאלית für טר' סרצינישקא (trifera saracenisca), רביעית für קוורטאנה (K. 16, falsch קוטידיאנה); hier K. 15 sogar: אינטריפולאטה קוטידיאנה (אינטריפולט נו בירא Fl.) וקדחת זו היא דיווירסי נאטורי (דיוארסי נאטורא Fl.!); dagegen hat Men. z. B. K. 21 כלומר מעינים רבים; d. i. sperto für peritus (II, 292); הרופא חכם וצודק הנקרא שפירטו K. 96 Anon. ונקרא גיד הנשה, Men. בלשוננו ג' ה'. Das Fremdwort steht vor oder nach dem hebräischen; in der Ubersichtstabelle ist das begleitende Wort in der Regel weggelassen.

Die Differenz der Kapitelzählung (vgl. zu Cod. Fischl 45) in Cod. Fl. besteht darin, dass das kurze (bei Men. fehlende) פיאלא als 12 vor unserem 13 steht, dort unser K. 22 genauer in ein allgemeines und besonderes (21, 22) getheilt wird, und daher die Ziffer von da ab um 1 abweicht (was in der Tabelle übergangen ist) bis K. 78, wo in uns. HS. f. 61b: (so) הדרקון הוא טרופיציאה (so) ותן לו משקה זה נחל שרשי מלתרי וזועם (8 Zeilen) eine unpassende Einschiebung scheint, und die Ueberschrift von K. 79 טרופיציאה הנק' אישקוטיש wiederum eine falsche Prolepsis in die von K. 80.

Wie Menachem hat auch unser Anonymus קורא (M. קורה)
und דיאיטה ד'(' ההנהגה הנק Men. K. 1); aber an vielen Stellen
scheint er *Zusätze* gemacht oder vorgefunden zu haben, z. B.
K. 78 (s. oben), 79, 84 (beidemal kommt ושמעתי vor); Ende 93
f. 71 Z. 3 ותתעבר בעלה עם ותטמני entspricht dem Ende Menachem's; hier folgt eine Menge von Mitteln, zum Theil sympa-
thetischen, bis f. 71b, wo nach den Worten מפני מתעברת אינה ואם
הכשפים שיתירו עד תקנה לה אין כשפים noch eine, auf den Talmud
hinweisende Stelle[1]). K. 95 hat f. 72 noch שרש קח אחר דבר
גליונו (so)... und f. 72b... במים תבשל המתהפך לרחם אחר דבר,
ferner ... עומד או לחוץ היוצא לרחם אחר דבר, in Fl. nur bis בין או
חם, hier noch 6 Zeilen כתוש גלדיאה ד'א bis המים במים. K. 96
f. 73 מוטולייני קח האנקא לכאב und ein anderes Recept, endend
סרפיאוני משים וזה, also aus *Serapion*; gegen Ende f. 74 לשיאטיקה
מסינאלה שיהיה בצק קה, 15 Zeilen bis יפה עצמו יכמה. Zu diesen
Schlusskapiteln fehlt auffallender Weise jede Controle des
Textes, dessen Verhältniss selbst noch sehr unsicher ist; wie
auch die Voranstellung der Fieberlehre der Erklärung bedarf.
Die hebr. Einleitung motivirt, warum der Verf. (הספר בעל, fehlt
bei Men.) zuerst vom Magen spreche, wie die 4 Humores, und
die Krankheiten einzelner Glieder auf andere wirken,[2]) Ausserdem gebe es äussere Einwirkungen (היצונים, bei M. הנקר'
קצתם זכרנו כאשר...אקשטרינסיקי). Der Anon. führt (f. 20) die
6 von aussen und 4 von innen kommenden (Humores) in Einzelnen aus. Ausser diesen Einzelkrankheiten gebe es bestän-
dige und schwere (וכבדים תדיר נולדים), nämlich die Fieber.

Beide hebr. HSS. repräsentiren im Ganzen einen Text des
Cod. Ambros., welcher nach Renzi (IV, 317) ein *Compendium*
des im Breslauer *lib. de aegritud.* excerpirten Werkes ist. Eine
genauere Vergleichung dürfte ergeben, dass die Excerpte noch
mehr verkürzt, oft auffallend verschieden sind, besonders wo
nicht *Petro.*, sondern nur *M. P.* angegeben ist.[3]) Wenn hier

---

[1]) in Florenz (woraus die Varianten in Parenthese) mit kleineren Lettern und in schmälerer Columne: ה מלפני רחמים תבקש העלילות אילו. כל בה אין ואם
(ז"ל) הקרושים (ישראל חכמי) דברי רבותינו מדברי מצאנו איך יפקרנה אולי (הבורא מאת)
לעולם תקנה לה (ואין) שאין עקרה (שהיא) והיא [nicht Fl.] מתעברת שאינה [לאשה סימנים
וכו' שערות (ולא הביאה ואינה מביאה שהיא בת שהיא כל הן ואילו; s. Jebamot f. 80b.

[2]) ראיתי כי באמת כי f. 19b, bei M. fehlt ראיתי; vgl. weiter unten.

[3]) Ich finde im Hebr. an den entsprechenden Stellen nicht: II, 83 de
impedim. ling., 184 inflat. uvae, 223 Empici, 244 defectio appetit.; — mit
Petron. bezeichnet: 136, 137 (caput) ex frigido, ex fleumate, 284 Emorroid.

eine Vergleichung materieller, Einzelnheiten zu weit führen würde,
so müssen die Stellen hervorgehoben werden, wo der Verf. von
seinen *eigenen* Compositionen und Kuren spricht (vgl. Renzi IV,
320); sie sind in den Excerpten des lib. de aegr. cur. weggelassen und meistens in unserer anonymen Uebersetzung, die
jedoch שלי bei Mitteln beibehält, bei Kuren manchmal den Ausdruck verallgemeinert und einigemal *Galen* und *Hippocrates*
substituirt! Menachem ist auch hier im Ganzen treu, jedoch
setzt er für die erste Person öfter בעל הספר. Das Verhältniss
mögen folgende Beispiele veranschaulichen. [1]

Kap. 2 f. 21b (!) הליטוואריו שלי שרפאתי, Men. הריקוח שלי שרפאתי
בו רבים, electar. meum, cum quo etc. 3 Anf. גאליאנו, M. hier
und Anf. Cura אמר בעל הספר, bei Renzi fehlen beide Stellen.
4 nur M. הקיז לאיש. 6 f. 25b .. כי גאלינו נמנעתי לא כ׳ואעפ
ונתרפאתי ...M ;אמר בעל הספר השם יעיד Deum testor etc. 7 Anf.
und zu וכן א גליאנו .M, כך אמר אפוקרט וגאלינו אמר ..ויש אומרין
Ende כפי הסימנין שיאמר איפוקרט בספרי הרפואות 8 ודעת אחר שיאמרו
אמר המחבר .M ,(für *Dioscorides*?), רוב האנשים ודיאקורטיאוס (so)
10 Anf. גליאנו אמר, nicht bei M. — Das. Cura׳ ואמר בעל הספר
R. II: איפוקרט רפא .M, שהרבה הולים רפא ׳בעל הס
curavi, R. IV: curati sunt. 11 nur M. 12 שבזאת ואמר בעל הס׳
רפא זקן הרפ׳. 14 haben beide Hebr. nicht „pulvis mea". 17 f. 31
Z. 5 fehlt die Stelle רפאתי..והרבה, welche M. hat; — f. 31b
Z. 6 יתרפאו, M. שנתרפאו ראיתי, beidemal: curavi. 29 beide
ואמר בעל הספר מפני; — Das. Ende nur M. (29c) רפאתי חולים רבים
שחלאי הראש רבים לפרש (so) כל מיני רפואתם לפיכך בחרתי דרך קצרה
לבאר ולהודיע ענין הנהוג והמוטב ברפואתם אך הרופא החכם מכין
תוך (so) שכלו על השאר וידע לעשות מלאכתו בתבונה ובדעת ובכשרון
ואני רפאתי אחד רק בבלנקה בלבד .. (30) 32 nur M. ויחשב חכם
.. פרש אחד ; Deum testor ... (das 2. Mal fehlt auch ו=עוד רפאתי פרש אחד
bei M.). 33 f. 30b Z. 1 fehlt die Stelle bei M. ופעם בא לפני
נער, vgl. R. IV, 320. 34 נתרפאו רבים ובזה .M, ובזה הנקיון רפאתי
רבים; ähnlich K. 96 Anf. נתרפאו, M. רפאתי. 40 פעם גליאנו אמר
נחתי בחנתי .. ודבר זה .. אדם אחד מדרך רחוקה, nicht bei M.;
R. IV, 320 ..*francogena* ... 51 haben Beide nicht die Stelle bei
R. IV, 320, die II, 202 von *Platearius* vorkömmt. M. beginnt mit
den 3 Arten אשקיננציאה שיננציאה u. קיננציאה, wie Plat. II, 201.

---

[1] Ich gebe die Kapitelzahl nach unserer HS., die entsprechende Stelle
bei M. und Renzi ist oben in der Tabelle zu finden.

ובחור אחד.. שראיתיו .M, ואדם אחד היה חולה.. עד שראה אותו אפוקרט 65
אני; R. 300 qui juvenis [so lies] hujus civitatis: 66 in Beiden
Nichts von der Kur eines Jünglings (R. IV, 320). 79 זה שירופו
שלי שהבורא עד שג אנשים רפאתי .M, שלנו קח, aber nicht das Recept selbst, wie im Text: Deum testor etc. 80 ואני רפאתי הרבה,
ובקצרה אדבר בו כאשר דיי לי 89. wie Text. והשם עד בדבר .. M
ובפי' אומר כל העניין כפי אורך הזמן שנסיתי ואכתוב מה שדיי ברפואת .M
ואדם א' נתרפא, M. (84 Ende): .. והוא מנוסה 73b .f 96. כל חולי ..
והרבה .. רפאתי.

כאב הראש תבא מאויר קר. הראש יחלה מהרבה אומרי בין מן העומדים שיעלו
מן השטומקו תמיד. ופעמים יחלה הראש מרוב חום או מרוב קור כי המה הוא אבר דיליקאטו
אשר יתקרר או יתעצר משום אויר קר יבעון ממנו אומורי ברוב איברים כמו ספוג הנעצר שיצאו
ממנו מים. ואם יתחמם או יתיבש מאויר חם כמו מחום השמש יארע למה זה הדבר כמו שהבינטוסי
שואבין הדם כן המה ישאב האומורי מן האברים אחר כן יפורם ומהם יוולדו רובי חלאים כגון
הקונגנציאה (so) הוא עוצר הגרון שלא יוכל לבלוע והקונגנציא.ה הוא שחין הגולד בגרון מכאב האזנים
והשינים והפרפלומוניאה והטיגים (¹ והרבה חלאם אחרים ואחריהם המות. ולכן הרופא החכם צריך
להיות בקי בכל אלה לדעת בבירור ואל יהיה מואם בדבר ליגע ולהבין בו. כאב הראש הבא מאויר
קר שיש לו סימנין כאב לו כל הראש עם קריריות סתומו' ומים צלוים [צלולים l.] ויובו
מהם ויש לו שעול ופעמים שקשול דקה וסחומה וכל איבריו כבדים. קורא רחון רגליו עם מיאפר וכו'.

עתה נאמר מכאב הראש. הראש מהרבה חלאים ומהרבה ליחות בין שיוולדו .M
שם בין שיוולדו באסטומכא ויעלו לראש תמיד. ופעמים שיחלה הראש מרוב קור או מרוב חום
ומחום השמש. ובעבור שהמה הוא עבר מעינג וירגיש מיד ע"כ אם יתקרר או יתחמם או יתעצר
משום אויר חיצוני קר או חם אז ירדן ממנו ליחות ברוב איברים כמו שתראה בספוג הנעצר שיצאו
ממנו המים. ואם יתחמם או יתיבש מאויר חם או קר כמו מחום השמש אז יארע למות מה שתראוה
כווינטוזזה ששואבת הדם מפני חום האש שבה. כך ישאב המות הליחות מן האיברים ואח"כ
יפורם באיברים ומהם יוולדו רובי חלאים. ותמיד ראיתי אני יאמר בעל הספר כי מן הליחות היורדות
מן המה שיוולד ה_הצבת בגרון הנקרא שקינגנסיאה וגם כאב האזנים והשינים ופריפולמוניאה והטיסי(¹
ושאר חלאם שאחריהם מות. ולכ' הרופא חכם וצנוע הנקרא שפירטוזו צריך שיראה וישום אל
לבו בכל אלה כדי שידע בבירור אמתת הדבר ואל ימאס בדבר ליגע בו ולהבין בו. ואלו סימני מכאוו
הראש הבא מליחות קרות או מאויר קר או מדבר אחר שהוא מליחות קרות. הראש יכאב לו בכולו
עם קריריות ונחיריו אטומים וירדו מהם מים זכים ויש לו שעול ופעמים קולו נמוך ודק חנקרא
ריאוקוזי (l. raucoso) וכל איבריו כבדים. קורה רחון רגליו וכרעיו עם מים של אפר וכו'.

IX. Serachja's Vorrede zu קטאגניס, N. 309⁸ f. 121 (S. 143).

אמר זרחיה בן יצחק הן [חן l.] זה הספר הנקרא קטאגנים הנמצא
בידינו ממנו היום הם הג' מאמרים מז' מאמרים שהוא הספר כלו והעתקנום
מלשון ערבי ללשון עברי כפי היכולת וכפי אשר נמצאה יד לה"ק הקצר הלזה
ע"כ הצרכתי בהעתקתי זאת להביא בה לשונות רבות משתנות זו מזו מהם
כמו שהביאם הספר ומהם בלשון לעז ומהם בלשון הקדש עד שתתחבר
לנו מזה כלו הכוונה המכוונת בו ובהיות זה העניין כן אז יגיע לנו ממנו
תועלת מבואר והוא שאיפשר שיעלה בידינו רפואת הגופות לפי הנחת זה
הספר. אמנם מה שאנו צריכים לזכרו קודם החילי בהעתקת הספר הוא שאם (so)
אני נמשך אחר לשון הערבי בהרבה מקומות ואזכור מלה אחת שהיא לשון

נקבה נסתרת שבא ליחיד נסתר ואע"פ שאין נמצא בלשוננו כ"א במקומות
מעטים כמו שתמצא כי אומר על ענין תחבושת איריאם בטעון עליו
גאליאנום: והרפואות (so) המרות תייבש מבלתי תמאיר כי מלת הרפואת מורה
על רבות נקבות ומלת תייבש ומלת תמאיר כל אחת מהן מדברות (so) בעבור
נקבה נסתרת ולפי לשוננו היה לנו לומר והרפואות המרות תייבשנה מבלתי
תמאירנה כי מה שעשיתי אם (so) היה להקל על הדבור לבד ומזה המין
תמצא בהרבה מקומות. וכן תמצא מלת נקבה נופלת על הזכר ומלת זכר
נופל (so) על הנקבה ותמצא נ"כ תמיד (so). וגם זה אמנם עשיתיו זה (so)
להקל על הדבור ולתפארת המלות כי אין ביד המעתיק להשים תמיד נו"ן
המורה על הנקבה בסוף המלה, אבל פעם ישים נו"ן הנקבות בסוף המלה ופעם
ישים מ"ם הרבים, מהם מהן, בהם בהן, וגם' זה' צריך להשתדל בו כדי שלא
יהא הקורא נבוך בהבנת הס' או יחשוב כי המעתיק טעה ולא היה יודע בין
זכר לנקבה ובין יחיד לרבים זה דבר שאיפשר. וכן מצאתי ענין השעורים
והמשקלים כלם זכרתים בל' ערבי אחר שלא מצאתי להם ולרבם שמות לא
בלשוננו. ולא בל' לעז, אין ספק שכלם מבוארים בס' הזה ובשאר ספרים
הנעשים לזאת המלאכה, על כן אין לחוש אם לא בהרתים [?בארתים 1.]
מתחלת הס' כי נשענתי בזה על מה שזכר הס' מהם. ואם תמצאני בזכרי
רפואה או רפואות בשם מסופק כי פעם תקרא מלת. רפואה בשם המרקחת
כלו (so) והתכונה כלה ופעם היא נקראת בשם סם' אחר (אחד?) ואם אני
לא ביארתי זה בכל המקומות הכל הולך לפי הענין ההוא ואין בזה כדי
לטעות בו כי הענין מבואר מאד לפי הענין הנזכר באותו המקום, ודע זה
נ"כ והבינהו. וכן כשאם [כשאני 1.] זוכר שם סם אחד בלשון, הזה זכרתיהו
נ"כ בלשון לעז הוא [או 1.] בלשון עברי ואני מקצר זכרונו פעם בפעם
ולפעמים אזכרהו אות באות תבה [תיבה 1.] בתיבה או בלשון יון לפי מה
שינית זה הספר, ומזה הכת הוא קלקנת וקלקטאר¹) וכנדר והדומים לאלו
כי בתחלת הספר העתקתי מלת כנדר לבונה וכן הקלקנת זכרתיו בל' לעז
ואח"כ זכרתיו בערבי להקל על הדבור. וכן הטרטנטינה [הטירפנטינה 1.] פעמים
אני זכרה בל' ערבי והוא עלך אלבטם ולפעמים זכרתיו· בל' לעז, וכן
הקולופוניאה לפעמים אני זוכרה כאשר היא ולפעמים עלך מבושל וכן הגלבני
אני זוכרו בל' ערבי באזרד ולפעמים גלבנום בלעז וכמו אלו תמצא שמות
אחרים זכרתים על זה הצד והנהגתים בהנהגה הזאת. וממה שצריך לדעת
אותו נ"כ שיש מן המלות שלא מצאתי להם העתקה מבוארת שתורה על
אמתת מהותם כמלת תרמ"ל²), ואם אני העתקתיה בקצת מקומות בל' הזה
דרך העברה לא ברוב [בכירור ?1.] עניינה כי אמת המלה הזאת היא שהביל"ע
(so) [שהבולע? שהפצע?] פתוח יהיה או סתום, כשאינו (!) מתחיל להתרפאת (so)
יתחיל התתחובשת או המשיחה לעשות בה מעשה טוב ויגלה בו פנים מוריםֿ

---

¹) Vgl. mein: Zur pseud. Lit. 49, 96. קלקטאר heisst auch *terra lemnia*,
welche Galen in Cypern aufsucht, bei el-Kifti und ibn abi Oseibia.

²) Von רמל?

על התחלת רפואה מתחדשת. כן זה ענין תרמל בבירור, ומן הצד הזה
דחקתי אני את עצמי במלה הזאת והעתקתיה בענין בישול אע״פ שמלת
תבשל יש לה פנים. אחרים והוא בערבי תנצנ כי מלת תנצנ ומלת תבשל
הם שתי מלות מורות על ענין אחד שוה בשוה אין בהם חלוק כלל בעניניהם
וגם תמת (so) דעתי מאד. וכן יש מלה אחרת בל׳ ערבי קרחה אני
העתקתיה חבורה ונגע בל׳ עברי, ואמנם המעתיקים העתיקוה בל׳ בולדי
וכן הוא כי כשתהיה יציאה קרוחה היא נקראת בלידת (so) בל׳ ערבי
שנזכר זה (so) קרחה בם׳ המובא [המבוא 1.] הנקרא יואניציאו(1 אע״פ
שמצאתי בהרבה מקומות מזה הספר שקראה בענין רחוק מן הבילויי (so)
והוא שיראה חדשה ואפשר שהבילוי בעצמה יהיה ממנו חדש. וכן יש מלה
אחרת שדרך ספרי הערבי (so) לזכרה בכל ענין חלי אי זה חלי שיהיה והוא
אמרם עליה (so) ועלל ואני לפעמים זכרתיה בל׳ עלה ולפעמים בשם עלות
ותחלואים והכל ענין אחד הוא. ואני מחלה לכל הקורא בהעתקתי זאת
שלא יאשימני אם ימצא בה בקצת מקומות שום טעות או מקום נבוך כי לא
היה זה לקוצר הבנת הענין ולקוצר ידיעת הלשון אלא שהספר אשר העתקתי
ממנו לא היה מוגה כלל כי הם׳ הזה יש בו שמות הרבה בל׳ היוונים
יותר משאר ספרי גאליאנום. והשם בחסדו ישמרני משיגאות [משגיאות]
ככתוב שגיאות מי יבין ומנסתרות נקני   נשלמה ההקדמה.

---

1) Vgl. oben S. 184 A. 2.

TABELLE I. Uffenbach.

[U. bedeutet Uffenbach, C. die Nummer des Codex nach der gegenwärtigen Aufstellung; über die nicht aufgefundenen oder nicht identificirten, durch Gedankenstrich bezeichneten siehe die Vorrede.]

U.	C.	U.	C.	U.	C.	U.	C.	U.	C.	U.	C.	U.	C.
1	25, 26	35	35	69	244	103	113	137	81	171	—	205	93
2	10	36	31	70	67	104	167	138	174	172	49	206	227
3	8	37	117	71	229	105	198	139	315	173	—	207	120
4	29	38	182a	72	245	106	116	140	269	174	217	208	76
5	44	39	130	73	290	107	151	141	252	175	272	209	65
6	27	40	23	74	249	108	126	142	258	176	254	210	63
7	22	41	243	75	183	109	152	143	83	177	109	211	331
8	102	42	129	76	242	110	69	144	73	178	84	212	194
9	24	43	105	77	153	111	175	145	295	179	104	213	286
10	204	44	240	78	140	112	234	146	119	180	316	214	180
11	99	45	42	79	—	113	214	147	133	181	122	215	135
12	} Volu-	46	226	80	176	114	145	148	—	182	220	216	149
13	} mina	47	201	81	185	115	147	149	238	183	189	217	273
14	}	48	225	82	144	116	143	150	257	184	230	218	160
15	29	49	128	83	—	117	206	151	271	185	—	219	279
16	20	50	89	84	276	118	131	152	237	186	281	220	263
17	165	51	219	85	261	119	96	153	262	187	298	221	172
18	52	52	34	86	260	120	148	154	107	188	—	222	253
19	110	53	40a	87	136	121	296	155	302	189	—	223	162
20	32	54	62	88	288	122	251	156	159	190	299	224	303
21	54	55	61	89	236	123	197	157	127	191	100	225	164
22	55	56	41b	90	308	124	74	158	300	192	291	226	218
23	108	57	16	91	221	125	195	159	166	193	—	227	270
24	90	58	38	92	182b	126	80	160	—	194	142	228	268
25	111	59	41a	93	297	127	312	161	228	195	87	229	157
26	40b	60	15	94	241	128	248	162	222	196	223	230	335
27	13	61	59	95	250	129	202	163	196	197	187	231	169
28	40c	62	192	96	309	130	163	164	207	198	285	232	232
29	14	63	314	97	94	131	43	165	256	199	301	233	132
30	12	64	292	98	112	132	57	166	141	200	311	234	82
31	36	65	283	99	233	133	292a	167	—	201	95	235	235
32	33	66	98	100	58	134	—	168	114	202	278		
33	30	67	91	101	246	135	274	169	190	203	284		
34	11	68	138	102	150	136	64	170	277	204	306		

TABELLE II. Codices und Nummern dieses Catalogs.

[Über die hier unerledigten Codd. s. die Vorrede.]

C.	N.	C.	N.	C.	N.	C.	N.	C.	N.	C.	N.
1	1	40b	110	78	278	115	72	154	215	191	147
2	2	—c	111	79	314	116	84	155	91	192	172
3	3	41	137	80	187	117	113	156	230	193	282
4	4	—b	121	81	219	118	207	157	226	194	163
5	5	42	87	82	190	119	114	158	75	195	61
6	6	43	43	83	304	120	124	159	221	196	167
7	7	44	18	84	223	121	259	160	268	197	168
8	8	45	19	85	186	122	236	161	252	198	160
9	9	46	20	—a	342	123	338	162	211	199	148
10	17	47	14	—b	339	124	309	163	303	200	93
11	29	48	32	86	262	125	260	164	59	201	127
12	102	49	112	87	224	126	293	165	30	202	25
13	103	50	38	88	44	127	214	166	233	203	26
14	104	51	43	89	88	128	83	167	102	204	27
15	133	52	40	90	58	129	90	168	192	205	101
16	134	53	47	91	183	130	145	169	82	206	128
17	152	54	57	92	53	131	125	170	283	207	150
18	156	55	41	93	73	132	155	171	157	208	94
19	165	56	69b	—a	36	133	119	172	321	209	149
20	31	57	139	94	23	134	146	173	294	210	151
21	175	58	141	95	51	135	319	174	246	211	277
22	11	59	140	96	318	136	320	175	322	212	95
23	(12)144	60	132	97	69	137	60	176	244	213	28
24	13	61	153	98	179	138	49	177	(theol.)	214	116
25	} 15	62	154	99	22	—a	50	178	22b	215	(gedr.)
26		63	171	100	182	139	115	179	24	216	322B
27	} 16	64	197	101	177	140	238	—b	120	217	142
28		65	198	102	21	141	305	180	271	218	100
29	10	66	170	103	39	142	298	181	35	—b	354
30	105	67	199	104	123	143	185	182	92	219	96
31	106	68	169	105	89	144	34	—b	126	220	323
32	37	69	231	106	184	145	200	183	188	221	313
33	107	70	251	107	74	146	158	184	189	222	81
34	85	71	306	108	46	147	191	185	240	223	324
35	108	72	307	109	56	148	225	186	338	224	257
36	109	73	289	110	52	149	204	—a	311	225	117
37	8	74	269	111	42	150	202	187	76	226	118
38	135	75	270	112	54	151	186	188	275	227	71
39	136	76	48	113	57	152	181	189	227	228	161
40	122	77	276	114	55	153	239	190	212	229	220

C.	N.	C.	N.	C.	N.	C.	N.	C.	N.	C.	N.
230	306	241	284	261	255	280b	235	299	332	320	159
231	193	242	243	262	291	281	237	300	333	321	64
232	205	243	98	263	242	282	326	301	217	—b	65
233	129	244	196	264	253	283	258	302	245	322	66
234	97	245	178	265	266	284	261	303	213	323	279
235	45	246	125	266	267	285	216	304	228	324	174
236	247	247	194	267	264	286	316	305	80	325	273
237	70	248	210	268	77	287	229	306	62	326	337
238	208	249	201	269	78	288	222	307	287	327	274
239	130	250	209	270	79	289	288	308	68	328	281
240	131	251	325	271	241	290	218	309	334	329	280
—a	343	—a	176	272	290	291	234	310	256	330	166
—b	345	252	248	273	299	292	329	311	63	331	164
—c	344	253	232	274	296	—b	250	312	317	332	336
—d	340	254	292	275	315	—c	254	313	33	333	350
—e	341	255	327	276	297	293	265	314	173	334	351
— f	348	256	300	277	295	294	272	315	143	335	354
—g	349	257	301	278	203	295	285	316	99	336	355
—h	346	258	302	279	328	296	310	317	(gedr.)	337	
— i	347	259	(s. 256)	280	249	297	330	318	335	(Scrin.	
—k	351	260	263	—a	312	298	231	319	(theol.)	132)	352

Register.

Autoren.

[Cursivlettern bedeuten Nichtjuden. Der hebr. Artikel ה und ספר sind weggelassen.]

Abigedor Kohen פשטים (und פסקים?) 45.

Abraham Abigedor, übersetzt Arnald de Villanova מגלה,פרקי, 308[2·3]. Gerard de Solo מבוא הנערים 308[4].

— Abulafia צירוף 239[2].

— b. Achselrad כתר שם טוב229[5].

— b. Arje L. מעיין החכמה 244. 327[3].

— Asulai חסד לאברהם 243.

— Bedarschi (בתי הנפש) בקשה 283.

— Broda הידושי הלכות 77.

— (Mich.) Cardoso, Rechtfertigung etc. 312.

— b. Chijja צורת הארץ 289. 291[4].

— b. David [aus Posquières] Fragm. 193[3].

— b. David (*pseud.*), Comm. Jezira, Excerpt 244[4].

— ibn Esra אגרת השבת 328[2]. מאזנים Vorr.258[5]. [חידה 32[2]].

— b. Isak ha-Rofe, übers. Isak Alfasi etc. 175.

— Klausner מנהנים 201.

— b. Mose aus Sinzheim . . , Form der Tefillin 200[2].

[— Nahmias, s. Abraham Schalom.]

— Schalom, übers. Albertus M. קיצור הפילוס' הטבעית 266.

[Achitofel] גורלות 320[4]. 325.

Ahron b. Elia (Kar.) גן עדן 158[2].

— b. Josef (Karait) מבחר 355[3].

— Kohen Ragusano מעשה ישורון 311.

Albertus Magnus קיצור הפילוסופיא הטבעית 266.

Alexander Süsslein Kohen אגודה (Excerpt) 330[4].

Angelo Cantarini, Briefe an Unger 335[3].

Anonymus (aus אבריננא, 1197—99), übersetzt Constantinus השלמת הטבע308[6]. ?Hippocrates חידות והשגחות 308[7]. מראות הצובא 309[2]. ? יואניציאו 309[4].

Arje L. b. Samuel Levi ליקוטי האור 202[2]. 301. 302. 304[2]. Materialien 300.

Arnald de Villanova דבור בייגות 308. מגלה 308[2].

Ascher b. Abr. [Crescas] אות נפש 51.]

Averroes (mittl. Comm.) בי' ס מליצה, מאמרות,המבוא 263. הנפש בי' השמע הטבעי 264. שמע הטבעי, Compend. 266[2]. כללי ס' השמים, הויה והפסד זכרנות) חוש והמוחש ,אותות etc.), כללי ס' הנפש 255[3. 9].

Avicenna אלשפא 255[6]. קאנון 306.

Baruch b. Isak aus Worms התרומה 178

— (b.Mose?) Sofer aus Prostitz (Fr. Alb. Christani?) דיני פתוחות .. 293[5].

Benjamin, Lied 209[5] c.

— b. Jehuda (Loeb) Kohen סדר היום 70[5.13]. 333.

Bresselau, Meyer Isr. חכמת בן האסיר 36.

Jonathan (Kohen Lünel), zu Alfasi 175.

Josef b. Alexander לקט יוסף 58.

— Bechor Schor, Excerpte 53[2].

— ibn Chajjun .. מאמר (ברכות התורה) 256[7] ff.

— Chassan ben Elia עין יוסף Vorr. 59[2].

— Esubi קערת כסף 282[4].

— Gikatilia גנת אגוז 231—32. שערי אורה 231[2]. שערי צדק (Excerpt) 244[5].

— b. Isak מראות השתן 309.

— b. Jehuda פקידת השלום 336.

[— Judle בשרייבונג 302[3].]

— Karo ה') שלחן ערוך יורה דעה (השחיטה 329[6].

— b. Mordechai (Karait) קיצור ענין השחיטה 355[2].

— b. Natan [יוסף המקנא] 187[7].

— (Hahn) b. Pinchas Selikmann יוסף אומץ 216. 217.

— b. Zaddik עולם הקטן 53[6].

Josua Falk-b. Alexander דרישה ופרישה 215.

Kalonymus משרת משה 252[2].

— b. Kalonymos, übers. Averroes בי׳ השמע הטבעי 264.

Koppelmann, s. Jakob.

Ledebuhr, de accent. hebr. 279.

Levi ibn Chabib, פירוש zu Mose Maimonides üb. Neumond 300.

— b. Gerson אות נפש, s. Ascher b. Abraham.

Levita, Jo. Isaac. רוח חן latein. 257.

Lewa Oppenheim, Chronologisches 296.

Lieth, Joh. a, בוצינא קדישא 287.

Lipmann, s. Jomtob.

Litte von Regensburg, siehe Abschreiber.

Manoach [Hähndel], Gramm. Notizen 319[4].

Meelführer, Joh., Instit. S. Hebr. ling. 273.

Meir b. Natan b. Jehoschua, Vorr. zu עברונות 290[5], vgl. 304.

— Rothenburg (סדר) ברכות 156[2]. 353[2]. Compend. (בקיצור) 353[3]. תשובות 188. 126[3] הלכות שחיטה od. פסקים 45[4].

[— Spira s. תמונת הכדור].

— Tarnopol מאור הקטן. Exc. 80.

Menachem Asarja מאמר המילואים 239[3].

— Recanati, Comm. über Pentat. u. Gebete 47.

— b. Saruk מחברת 32[4].

— Zion (Ziuni), Gebet 320[7]e.

Mendelsohn, Mose (Hamburg.) פני תבל und (Philo) מלאכות לקיום 262.

[Mord. Comtino?] mathemat. Erklärung 329[5].

— b. Hillel, מרדכי (nebst סימני הלכות א״י) 175.

[— b. Isak] s. Besitzer.

— Zahalon, Briefe an Unger 335[3].

Mose Chagis, Brief an Wolf 338.

— Cordovero פרדס 242.

— Eisenstadt חכמת מספר 303. Uebersetzt Immanuel b. Salomo מחברת? 285[2].

— ibn Esra ערוגת הבושם 256[6]. תרשיש od. תגנים [v. הידה und Abraham] 32[2].

[— (b. Isak Bonem's?) חידושים 285].

— Isserls תורת החטאת 212.

— b. Jehuda b. Mose min ha-Nearim, Supercomm. zu ibn Esra 250[2].

— Maimonides הגיון קצר oder כתב 250. ביאור מלות ההגיון an Chisdai 256[3]; an Sam. Tibbon 255[2]. Entschuldigung 253[2]. מאמר תחיית 258[2]. מאמר הייחוד 252. 253. מורה הנבוכי 258[2] המתי׳ 254. משנה תורה 177. מצוות aus מדע 256[4], הלכות דעות 85[7],

Scheidius, Balth., Nucleus Talmudico-Bibl. 64. Versio tractt. Talmud. 159. 337[2].

Seligmann Bing, s Salman Zion.

Serachja b. Isak [b. Schealtiel], übertetzt Galen קטאנ׳נים 309[8].

Simon (Wolf) b. Abraham in Frankfurt, Brief an Unger 335[3].

— Darschan ילקוט 219.

— Duran b. Zemach תחנות 146.

Simson aus Chinon כ־יתות 192.

— b. Elieser ברוך שאמר 200[2]. 234[3].

— b. Schemaja סליחה 335[7].

— b. Zadok (?) תשבץ 88[4]. 152[4]. 188 ff.

Tassius (Tasse), Significat. vocum Hebr. 274. Collect. philol. 275.

Thomas d'Aquino שאלות בנפש, בענין הכללי, מאמר בכחות הנפש 267[2].[3].[4]. De Judaeis 337.

Todros Abulafia אוצר הכבוד 53[4].

Versorius, Jo. הויה והפסד 267.

Vignoles, Alph. de, französ. Brief 351.

Wallich. Christoph, umschreibt מנהגים 210.

Wolf. Jo. Chr., Bibliogr. Notizen 335[6]. Responsio ad script. (Reposta etc.) 351[2].

Schreiber.

Abraham 163.

— b. Isak Szebrscyn 299.

— b. Mordechai ha-Kohen 34.

Ahron אוּביב 146.

(— b. Jakob 83?)

Arje L. b. Samuel 292.

Ascher 197.

Chajjim Asriel b. Samuel 32.

Chiskijja b. David de Salines (?) 196.

David 41 — 282?

— b. Chiskijja 254.

— b. Mose 48.

Elieser b. Israel aus Prag 35.

Gad b. Salomo 234.

Immanuel? 47.

Isak b. Abraham 84.

— b. Baruch 244.

— b. Chaninai (?) 165.

— Kohen 311.

— b. Menachem ha-Levi 195.

— b. Mose 'Rafael di Cordova 50.

— b. Oschaja ha-Levi 5.

— b. Simcha Gansmann 86.

— b. Zebi Hirsch 161.

Israel Kohen aus Witepsk 239.

Jakob? 152.

— Guedella 342.

Jechiel b. Josef 111.

— b. Schalom 318 (s. Autoren).

Jedidja (Gottlieb) b. Chananel 17.

Jehuda 4.

— b. Elasar 264.

— b. Elieser ha-Levi 183.

— b. Isak 182.

— b. Jakob טרנבעערק (?) 119.

— b. Nechemja 186.

— Paltiel b. Chiskijja 14.

Jekutiel 47.

— b. Jechiel (Rofe) aus Bet El 156.

Jesaia? 193.

Josef? 152 (S. 56, 57).

— b. Ahron Mose Lipschütz 58.

— b. Chiskijja ha-Kohen 134.

— b. Isak 15.

Litte von Regensburg 33.

Manle, od. Mendel [Menachem.] b. Hirsch Nein [Neun?] Greschl. 303.

Martini, Jo. Benj. 158.

Meir ibn Arama 266.
— (b. Baruch 92??)
— b. Natan 290. 291. 304. 305.
329 ; s. Autoren.
Menachem b. Jakob (de Nola?)
272.
— b. Iekutiel Kohen Rapa 353.
Mordechai aus Mainz 298.
Mose? 53[6] — 188.
— b. Isak המלמיד 69 B.
—   — aus Ulm 320.
Naftali Kohen b. Isak 319.
— b. Salomo ha- Levi 198.

Natanel b.Nehemia(=Bensenior
Maçif de l'Argentierre) 175.
Salomo 308.
— b. Efraim מבנטריאו 309.
Samuel b. Chajjim aus Deuz (?)
320.
Saul Alchakim 251.
Simon 51.
— b. Israel Tobia aus Wien
(Wiener) 233.
Wolf, Jo. Chr. 355.
Zebi H. b. Ahron Sam. Koide-
nower 239.

Besitzer.

Abraham 17.
— b. Abraham 202.
— Dahrum 216.
— b. Elasar 140.
— b. Jakob Natan 332[6].
— (b. Josef?) 251.
— ben Kalman (Kalonymos) Falk
Kohen 46.
— Mercado 248.
— Minz ha-Levi 270.
— b. Mose 209.
— b. Samuel 256.
Ahron b. Isak 196.
— Kohen בקאעי 44.
— (Selig) Margaliot 78.
Akiba b. Bezalel 204.
Alexander b. Jehuda 124.
— b. Mose Jekutiel, Familie Spira 17.
Amadjo 283.
Ascher b. Abraham 332[6].
Asriel b. David 201.
Astruc (Gad) 2.
Baruch (Bendet) b. Jakob ha-Levi =
Baruch b. Jakob 45.
— b. Naftali 112.
Bella 16.
Benedetto Finzi 283.
Benjamin b. Baruch 129.
— aus Cologna 38.
— b. Naftali 58.
— b. Sacharja 309.
Bernd Löw von Rauschenberg 297.
Boën 9. 14. 24.
Bourguet, Lud. 9. 14. 24. 39. 60. 69.
93. 146. 147. 180. 193. 252. 266.
282. 283. 294. 353.

Bresselau (Dr. med.) 36.
Chajjim b. Mose Levi Kauders 160.
— b. Schalom 330.
David 123.
— Atias 22B.
— Cohen de Lara 338.
— b. Josef 190.
Diecman, Hans Heinrich 219.
Donna 283.
Elasar b. Josef 124. 138.
— b. Meir 123.
— b. Samuel 3.
Elchanan Heilpron 136.
— Mazliach 120.
— Jedidja Rieti 120.
Elia del Medigo 165.
— (b. Zebi) 161.
Elieser b. Jehuda Loeb 233.
— (Lazaro) Levi 283.
— (Lipman) ben Mose, aus Creuz-
nach (?) 320.
Elischa Finzi 283.
Eljakim מטרנהיים 129.
— b. Abraham 202.
— (Götschlin) b. Samuel 187.
Esdra de Cavaliero 28.
Faber, Jacob 23.
Fidalgo, Benj. Mus. 235. 339—349.
352 (s. Vorrede).
Fran(ces)co (?) 283.
Freudlin 33.
Gabriel (b. Nechemja) 186.
Gerson b. Baruch 45.
— b. Mose (Bachrach) 196. 213.
Göttschlick (Gottschalk) b. Elia 198.
Goetze 22B.

Morgenweg, Joachim, ausser Hinckelmann's (s. d. u. die Vorrede) noch
N. 20.
Mose b. . . . (?ק״ש?) 311.
— Alfandari b. Jehuda 253.
— b. Ascher 20.
— Cordovero 256.
— Gratowal 215.
— Heilpron 2.
— b. Jakob 124.
— b. Jakob aus בעראובן 123.
— b. Jechiel 294.
— b. Jehuda ha-Rofe 156.
— b. Joel 331ᵇ.
— b. Josef Heilpron 136.
— Levi de m. lazaro (b. Elieser?) 283.
— Levi Kauders 160.
— del Medigo b. Schemarja 165.
— b. Menachem 129.
— Merari b. Josef 93; s. Vorrede.
— b. Mordechai 162.
— b. Natanel (Trabot?) 3.
— Neustadt 234.
— נורלינגאן Nördlingen 3.
— משפורטש [de Saportas?] 19.
— (Musa) Tarablusi (aus Tripolis) 69B.
— (Moixes) da Valenza 3.
Nachum b. Jakob ha-Levi 86.
Naftali 293.
Natan 163,
— b. Chajjim 208.
— b. Mose Ascher 17.
— Phoebus 16.
— b. הקרוש Samuel 293.
Nissim Foa 38.
Obadja b. Abr. aus Castello 38.
Pesach b. Kalman in Frankf. 34.
— aus Rauschenberg 297.
Peslein b. Jakob 35.
Phöbus b. Jospa 51.
Rafael Trabot, s. Jechiel Trabot.
Rhenferd, Jac. 49.
Rostgard 28.
Salomo 153 (s. Druckf.)
— b. David 215.
— (Salman) Hahn 223.
— b. Elieser 293.
— (b. Abr.) Heckscher 87.
— b. Israel Aschkenasi 271.
— b. Jehuda Loeb העריךן 88.

Salomo (Salman) Levi גרטן 136.
— b. Meschullam קוזי 152 (vgl. S. 172).
— Pologio (?) 213.
— b. Salomo 16.
— Senior 347.
Samuel 39. 180.
— b. David (?) 171.
— Has Gratowal b. Isachar 138.
— Hildesheim 164.
— b. Jospe 295.
— Kohen בקאעי 44.
— Pheibel aus Hechingen (?) 164.
— b. Samuel 295.
— b. Simson התתן ha-Kohen 123.
Saruk 338.
Saul Merari 69. 146. 147. 193. 266.
283. 294; s. Vorrede.
Schalom b. David Grün 76.
— b. Elasar 76.
— Kohen (Kaz) 322.
— Koppel 76.
— Rafael b. Chajjim ha-Levi 213.
Schneior Phöbus לבית יוסף 155.
Schönle b. Simon Worms . . . 87.
Schulting 251. 253 (?). 267.
Seligmann b. Mose 129.
Simon(e) 283.
— b. Ahron (?) 295.
— b. Meschullam 297.
— b. Sussmann 297.
Sussman (so) Simon 296.
Trigland 4—7.
Unger, Christ. Theophil 2. 3. 9. 14.
24. 38. 39. 43. 60. 69. 93. 130.
136. 146. 147. 152. 180. 184.
189 (?). 193. 252. 266. 270. 282.
283. 288. 294. 353.
Uri (Phöbus) b. Ahron ha-Levi 215.
— — b. Josef Kohen 215.
— b. Samuel 180.
— (Scheraga) b. Simon 48.
Walchlin (Falklein?) b. David Auer-
bach 183.
Winkler 1. 4—7.
Wolf aus Amsterdam 321.
Wolf, Jo. Christoph, gehörte fast die
ganze Sammlung, s. Vorrede.
Zebi H. b. Ahron Samuel (Koideno-
wer od. Kaid.) 243.
Zemach b. Mose 300.

212

Titel (und Anonyme).

1. über **Bibel**, s. Abraham ibn Esra, David Kimchi, Menachem Recanati, Mose Nachmanides. Supercomm. zu Raschi üb. Pentateuch 40—42. Anonymus zum Pentat. 46. Anon. zu Proph. u. Hagiogr. 55.

2. zu **Talmud** u. Midrasch, v. Mose Maimonides 156, 258, Salomo Isaki 170 ff. Zu Mos. Maimon. v. Levi b. Chabib 300 und פי' מדרשות ליקוטי האור von Jedaja 69.

3. zu *Gebeten* 152 ff. 320²; von Menachem Recanati 47², zu

תפלת רנב"ה 229².
355. תקון הקראים
330⁵. (שו"ם) תקנות
178. תרומה
32². תרשיש
[תשבי Uff. 188, s. Vorr.]
219³. מועתקים מל"א (שו"ת) תשובות
325⁷. — הגאונים

193⁴. תשובות מהלכו' שחיטה וטרפו'
45⁴. — רים רוטנבורג
222. — רש"ן ס"ל
227. — (ב"ח ואחרים)
175. — דשייכי לה' אישות
יוסף המקנא. s. —
תשב"ץ s. Simson b. Zadok.

Titellos, meist anonym oder Fragment.

I. **Bibel:** Hohel. 119B. Ruth 106. Kohelet 89². 105². Esther 89². Jes., Jer. 112³. Jona 37¹⁰. Psalmen 92.101².120. Sprüche 183. Hiob 37⁹. 144 ff.

II. **Exegese:** Commentar über Bibeltheile 37³· ⁵· ⁶· ⁷· ¹⁰; über Pentat. (zu Raschi) 40—42. 46. 52. Notizen 58². 319⁵. Hebr. deutsches Glossar 60. Latein. Comm. zu Levit. 63⁶. Comm. zu Proph. u. Hagiogr. 55. zu Psalm 1—4 j. d. 322³, zu Ps. 31—67 französisch 126. Erkl. von Daniel 2, 41 ff. 332⁴. Glossar zu Targum Esther und Hohel. 330⁶. Über Masora 61.

III. **Midrasch** (Homiletik): Predigten, Entwürfe u. dgl. 62². 70 ff. [285⁴]. 322³. 324³· ⁴. 329. 331².

IV. **Gebete:** a) tägliche 62³. 180. 285³. b) Festgebete 180². 185². c) jüd. deutsch Übers. 217³. Sabbatgeb. 248. Kabbal. 240². 249. Christl. 272². d) Erklärung von Selichot 329³. des Hymnus אדר דר 332².

V. **Halacha:** Talmud. Tractate latein v. Schmid 337². Abot lat. 63¹⁰· ¹². deutsch 63¹¹. Commentar 36². — Über Beschneidung 225. Schlachten 133. 198⁵· ⁶f. 329⁷. Index 354. Verschiedenes 62¹. 217². 329².

VI. **Kabbala** und Mystik: Alchemist. Recept 248⁴. Alphabet (mag.) 325⁵. Amulet 81. 310². Chiromantie 321. Engelnamen 325⁶. Gottesnamen in Bibelversen 324². שם של ע"ב 322. 325³. Kabbala-Künste (deutsch) 325⁹. Magische u. sympath. Mittel 319. 322². 325². Onomatomantik 325². Sefirotbaum 237⁸.

VII. **Theologie** u. Philosophie: Latein. Fragm. 63⁷. *Spanisch u. Portug.*: Dialogo (dos Dialogos, oder Fortificaçion de la Fée, od. Verdad de la Ley etc.) 349. 350. Preguntas hechas de los Christianos 841. Reposta a hum Papel 351. Respuesta a las proposiciones 345. 346. 347. Semana sobre la Criacion 348. über die 70 Wochen Daniel's 338.

VIII. **Sprachkunde:** Universal. Philologia orient. 281. Elementarbuch 272. Grammatisches 68². 187⁵. 276 (holländ.). 277 (latein.). Über Accente (lat.) 278. Glossar (alphab.) 53, hebr. deutsch in Reimen 124².

IX. **Poesie** etc.: Gedichte über Maimonides 253²· ⁵. Lied 246⁴. Jüd.-deutsche Lieder 209² ff. Comödie Esther 217⁴.

X. **Mathematik**: Erklärungen 329⁵ Astronomisches 329⁸. Bauernkalender 86². 310ᵛ. 332³. Kalender u. dgl. 47⁴. 183 (Tab. für Cyklus 269 ff.). 201² (1438). 217³ (לחבר לוה). 320.

XI. **Medicin**: Verschiedenes 233²·³. 309⁷. (Vgl. auch unter Kabbala.)

XII. **Verschiedenes**: Brief eines Studenten 332⁸. eines Karäers an Trigland 335⁴. jüd.-dentsche Briefe 162. Collectanen 320⁷ d. Ereignisse in Regensburg 330. Grabschriften 314. 315. כתובה 335. Notizbuch 313. Symbolik des Leuchters 320³. Verschiedenes 47⁴. 70⁷· ⁹· ¹². 209⁵e. 211². 297³. (Vgl. auch unter Kabbala.)

Geographisches.

אברינגא S.138 u. 141, Vorr. S.XV.

אובן 218.

אודן וואלד 234.

אוזינגה 45.

אוטינגן (?) 86.

אויניון 175.

אויערבאך 183.

אולון 137.

אולמא 320. 333³.

אופנהיים S. 125.

(אלנטש) אורלינש, אורלייש, אורלייניש S. 12 u. 16 u. 18. 133.

אושנב', אושינבורג 72. 100.

אייגייש S. 180, s. Vorr. S.XVI.

אייזנשטאט 303.

אינשטטט, איינשטטט 218.

איסטי 149.

אלבה די טורמיש 19.

אליסום (?) S. 147 A.

אלסנדרא 60.

(א)משטרדם 321.

אנגולימו S. 180.

אנגיירש S. 180.

אנגלטירא S. 11.

אנשבך 88.

אנשטאט (מדינת) 332³.

אספילו 156.

אצקליבה S. 141 A. 2.

(א)רגיינטיירה 175.

אר וויילר 320⁹.

ארוייץ S. 150 A.

ארלא S. 59.

ארלד S. 65.

ארפורט 126. 130.

ארץ ישמעאל 320³.

ישראל — 218 (S. 89).

אשכנז 320³. — אשכנזים S.72. S.75 Z. 4.

אישקוטיץ, אישקוטיאה S. 141 A. 2.

בֵדירש S. 65. A. 3.

בוטיץ (נהר) 333³.

בוירשלר 34.

בומבורג 313.

בון 320. בונא 133. S. 57. 225.

בופרט 134. (נוברט 146).

בורגויינא [בורגוניא] 187.

בורגוש 338.

בורדיאוש S. 59.

וורמיישא וורמש 208. בורמש 87.

וורמשה 88. 145. 195. וורמיישה

לונדון S. 11.

לונין 156.

לוצק 218.

לידון S. 59.

לייכט הופין 313.

לינדואה 194.

לינץ S. 24.

ליפ שטטט 230.

לנדא 130.

לנפדושא 255[1].

לעז S. 72.

מאשטריך 209[2].

מגדל לבן 254.

מגנצא 86. 145. 202: 225. 330[5]. מינגסא 248[3]. מיניץ 270. מענץ 87. 298.

מודיינא (?) 38.

מולהוזן S. 94 A.

מולינא 251.

מולינש S. 179.

מונטביליאש 3.

מונטנייונה, וונטנוינה 353.

מוני 131.

מונקיט S. 180.

מונש (מנש) S. 180.

מזי גרדא 333[3].

מיללאן, מילאן S. 132.

מילדשא (?) 196.

מילנש S. 180.

מינצבעורג 145. מינצבעורג 330[5]. מענצבערק 140.

ממקור S. 145.

מסראן S. 142 A. 1.

מרגטום 313.

מרויץ S. 320 A.

מרונגאן (?) 107.

מרפורק 83.

נוא אמון 269.

נוברט (בופרט .1) 145.

נורנבערק, גורנבערק 86[3]. 130.

נורטהוזן 115.

נורלינגן .3 נורל', ניירל 216. 333[3]. נערלגין 313.

ניונבילא .3

נייבורג 218.

ניין גרעשל 303.

ניישטאט (so) 234.

ניקלשבערריג נ"ש 313. 77. 82.

נרבונה, נ—ה 80[2]. S. 66.

ניקלשבערריג s. נ"ש.

סיפונט 80.

סלונימי 59.

סמאלנציק, סמאלניק 219[3].

ספרד 292[1]. 320[3].

ענהיים 53.

ערביים S. 125.

פאטליטש 218.

פורטיגאל, פארטיגאל 70[11]. 292[1].

פריש, פאריש S. 12. S. 16. S. 177 (ter), 179, 180.

פארלי 156.

פ"ב (Presburg?) 334.

פבויא (so) 9. פויאה S. 76 l. Z.

פדואה 353.

פיויאר בך 88.

פוטייריש S. 180.

פוזנן 107.

(קליין) פולין 299.

פונץ S. 180.

(פ'—היים) פ'ורצהים 126.

פיהם 35.

פירבר 165.

פירושה 47.

פירמא 193[6].

פליסא S. 11.

פראג 35. S. 14. 59. 79. 87. 205. 218. 297.

(מזי גרדא) — 333[3].

Druck von Gebrüder Bonn in Altona.

For EU product safety concerns, contact us at Calle de José Abascal, 56–1°,
28003 Madrid, Spain or eugpsr@cambridge.org.

 www.ingramcontent.com/pod-product-compliance
Ingram Content Group UK Ltd.
Pitfield, Milton Keynes, MK11 3LW, UK
UKHW010338140625
459647UK00010B/686